壞胚子

Rogues

True Stories of Grifters, Killers, Rebels and Crooks

騙子、殺手、叛徒與無賴的真實故事

派崔克・拉登・基夫 著
PATRICK RADDEN KEEFE

林熙強 吳侑達 汪冠歧 王婉茜 譯

目次

各界推薦

「派崔克・拉登・基夫深入描寫有趣的角色，藉此開創記者職涯，而且能力超群。除了固定替《紐約客》撰稿之外，他還有兩本書分別揭發薩克勒家族的製藥帝國秘史和記錄北愛爾蘭的紛亂時代……現在這本《壞胚子》收錄了必然令人愛不釋手的系列文章，一如往常，除了充滿新聞報導的嚴謹精神，也能滿足我們亟欲解開謎團的熱情。」

——《紐約時報書評》(*New York Times Book Review*)

「基夫出新書，代表我們該在此時放下手邊一切事務，把窗簾拉上，好好享受那種愛不釋手的樂趣。《壞胚子》收錄了基夫刊登在《紐約客》上有關罪犯惡棍與江湖術士的文章，這當然讀起來非常過癮，但是最耐人尋味的是他對於人之所以為人的著迷：即使在我們最不完美的時候，是什麼造就我們為人類？」

——《洛杉磯時報》(*Los Angeles Times*)

「《壞胚子》的情節緊湊，帶有懸疑感……基夫是說故事大師，以文字敘述犯罪事件如何開展，創造出緊張氣氛。」

——《華盛頓郵報》(*Washington Post*)

「精采絕倫。」

——《華爾街日報》(*Wall Street Journal*)

「派崔克・拉登・基夫是非虛構類長篇的福爾摩斯，他鍥而不捨地調查，把他的報導變成令人著迷的故事。」

——《坦帕灣時報》(*Tampa Bay Times*)

「當代最佳的非虛構類作家。」

——《多倫多星報》（*Toronto Star*）

「當代非虛構寫作的霸主。」

——《娛樂週刊》（*Entertainment Weekly*）

「經典……基夫的筆下傑作。」

——《歐普拉日報》（*Oprah Daily*）

「基夫特別厲害的地方在於，能夠向世界內部和人類心理的陰暗面注入一道光。在這方面的超能力使他產出許多動人的內幕故事，就像前言所說，或許也能幫助我們瞭解自己內心世界的運作方式。」

——《納希維爾現場報》（*Nashville Scene*）

「基夫妥善利用了記者調查事實的工具：細膩的觀察力、嚴謹的研究和洞察人性的訪談……所以每一篇文章都簡潔精練，卻能強烈反映出執著所帶來的創造力與危害。」

——《書頁》（*Bookpage*）星級評論

「本書出自《疼痛帝國》和《什麼都別說》當代暢銷得獎作者之手，介紹了十二個有關不法與詭計的真實故事，扣人心弦。」

——《書店》（*Bookshop*）

「《壞胚子》是一本很棒的書，不只是因為基夫文筆精湛，還因為他那擅長解讀人心的天賦異稟。」

——美國公共廣播電台（NPR）

推薦序　以偵探之眼認識壞胚子們

冬陽（復興電台《偵探推理俱樂部》、《故事與它們的產地》節目主持人）

「我們與犯罪的距離有多遠？」甫閱讀完派崔克・拉登・基夫（Patrick Radden Keefe）的《壞胚子：騙子、殺手、叛徒與無賴的真實故事》（*Rogues: True Stories of Grifters, Killers, Rebels and Crooks*），不禁令我生起這個源遠流長的叩問。

若是從我再熟悉不過的偵探推理觀點切入，這個叩問的起點不會是美國小說家暨詩人艾德格・愛倫・坡（Edgar Allan Poe）發表於一八四一年的〈莫爾格街凶殺案〉（The Murders in the Rue Morgue），雖然西方多數評論者視其為偵探推理故事的活水源頭，因為裡頭有匪夷所思的死亡、看似常人辦不到的犯罪，琳瑯紛呈的證詞證物卻全都指向一個結果，只消用歸納演繹就能得出教人心服口服的真相。

有些研究者認為要把時間再往前推約一個世紀，法國啟蒙時代哲人伏爾泰（M. de Voltaire）寫於一七四七年的《札第格》（*Zadig*），描述札第格這個年輕人從沙地上的足印與奇特的拖行痕跡等線索，明確描述巴比倫國王逃脫的馬與王后走失的狗分別是什麼模樣：馬身高五英尺，尾巴長三英尺半，蹄是銀製的、銜上有金飾釘，而且是馬廄裡所有馬匹跑最快的；狗最近剛生產完、左前腿走起路有點跛、還長有一對長耳朵，是條體型矮小的獵犬云云。萬萬沒想到好心被雷親，札第格被逮捕了，遭法官判處鞭笞與流放之刑，只因國王與王后的手下認為，唯有把馬和狗擄走藏匿的歹徒才能知道這麼多細節——伏爾泰的初衷並不是要講個偵探推理故事，而是想藉此嘲諷世界上就是有這些不可理喻的人，哪怕透過細微用心的觀察就能得到如眼前親見的推論，這理應是我們調查謎案、合理判斷的正常思考方式，不是嗎？

當我們持續溯源，便無可避免要遇上《創世紀》（*Book of Genesis*）中該隱與亞伯的故事了。這對由亞當和夏娃生下的兩個兒子，哥哥該隱是農夫，弟弟亞伯是牧羊人，因為嫉妒與憤怒，該隱將亞伯給殺害了。這是人類史上的第一樁殘酷謀殺嗎？殺人動機真的是嫉妒與憤怒嗎？能否延伸解釋為農業民族與游牧民族的世仇之爭？至少在英國推理小說家暨評論家朱利安・西蒙斯（Julian Symons）於重量級論述書籍《血腥謀殺》（*Bloody Murder*）第一章〈偵探小說是什麼？我們為什麼讀這些故事？〉（What They Are and Why We Read Them）展現的文字中，藉此讓人們意識到你我和犯罪具有以下這層關係：「人生來便有原罪：閱讀犯罪（推理）小說的基本動機是宗教性的，透過儀式與象徵性的犧牲來除去個人或群體的罪惡。這種企盼並不會永遠奏效，真正的犯罪（推理）小說迷就像摩尼教徒，認為光明與黑暗——也就是偵探與罪犯——會永無止境地相互抗衡。」（文字摘自《血腥謀殺》，漫遊者文化，劉章廷譯）

承接這個光明vs黑暗、偵探vs罪犯的重要概念，我們可以在早期的偵探推理作品當中——在此以一般大眾較熟悉的人物，例如亞瑟・柯南・道爾（Arthur Conan Doyle）創造的夏洛克・福爾摩斯（Sherlock Holmes）、阿嘉莎・克莉絲蒂（Agatha Christie）筆下的赫丘勒・白羅（Hercule Poirot）、約翰・狄克森・卡爾（John Dickson Carr）刻畫的基甸・菲爾博士（Dr. Gideon Fell）為例，偵探是他們的身分、職業，神探（Great Detective）美名是被賦予的崇高桂冠，正好套在他們引以為傲的腦袋瓜上頭，甚至有人會驚呼：「那不是腦子，簡直是機器，一台思考機器。」足以引發這些思考機器轟然動作的，是不可能的犯罪、無人能解的謎團，題目以一間間門窗緊閉的密室呈現，以一具具死不停歇的屍體挑釁——考驗的不是偵探們的膽量，而是智商；挑戰的其實是讀者的好奇，敢不敢參加一場願者上鉤的智性遊戲。

於是，這場遊戲被要求得公平進行，偵探所擁有的、全靠邏輯而非直覺破案的充裕線索，絕對不可以忘記提供給讀者——不過這場遊戲還是有不公平之處，因為小說家可以自在地施放煙幕彈、燻紅魚，熱切地誤導讀者走上判斷錯誤的道路。在這個時期的偵探推理，罪惡往往是單純的襯底，是宣告遊戲開始的響亮敲鑼聲，讀者僅僅是看著偵探與罪犯如貓捉老鼠般相爭的熱情旁觀者抑或激動評論員，徹徹底底的吃麵喊燒局外人身分，並且在讀至末頁、闔上書冊的那一刻，就跟關閉遊樂器的電源一樣方便，旋即自虛構世界斷然抽離，毫髮無傷回到現實人生。

然而隨著時間推進，持續在偵探推理類型中努力的書寫者當中，有一批人認為不僅於此也不能如此，例如雷蒙・錢德勒（Raymond Chandler）、達許・漢密特（Dashiell Hammett）、詹姆士・凱因（James Cain）、麥伊・荷瓦兒與培爾・法勒（Maj Sjöwall & Per Wahlöö），他們發出怒吼、企圖掀起革命，但不是要徹底推翻顛覆古典時期眾小說家戮力打造的解謎趣味，而是積極納入推動真實世界運作的法律與秩序（Law and Order，這也是一齣美國長壽電視劇的劇名，台灣譯為《法網遊龍》）。小說家改以角色心理為基礎，這些角色可以是調查犯罪的警察或私家偵探，也可以是正在醞釀動機、即將犯下暴行的加害人，或者是在單一或系列故事中於偵探與罪犯身分之間游移擺盪，可能在自我質疑、厭惡、轉而接受的過程中發生異變，而呈現並非善惡分明、非黑即白的灰撲撲敘事。

這樣的敘事轉變不限於虛構小說，楚門・卡波提（Truman Capote）出版於一九六六年的非虛構作品《冷血》（*In Cold Blood: A True Account of a Multiple Murder and Its Consequences*），對英語文學圈帶來極大的震撼。一九五九年十一月十四日深夜，美國南方堪薩斯州小鎮豪康鎮發生血案，農場主人Ｈ・Ｗ・柯勒特家中遭兩名匪徒理查・希柯克和貝利・史密斯侵入，因為他們聽信獄友「這戶人家的保險箱裡堆滿現金」的說法，想要偷盜一筆之後前往墨西哥展開新生活，豈料柯勒特家並沒有藏放大量現金，於是兩人便持刀持槍將屋內四人全數殺害，一個半月過後遭警方逮捕。

這件轟動全美的殘酷凶殺吸引了十九歲便贏得歐・亨利獎（O. Henry Award）的卡波提注意，與日後發表《梅岡城故事》（*To Kill a Mockingbird*）的好友哈波・李（Harper Lee）一同造訪豪康鎮，展開一連串的訪談——對象是死者親友、鄰居，調查此案的警方，以及兩位行凶的犯人。接下來五年時間，卡波提費盡心神重建事件經緯，尤其著墨希柯克和史密斯的成長身世與調查審判過程，不但可供客觀陳述判斷的外顯行為，更深潛搜索兩人的內心世界。為了卸除凶手的心防，卡波提不攜帶紙筆進入監獄訪問，卻憑他驚人的記憶力詳實記錄下冷血的告白——出版社印在書上的這段介紹文字既精確又令人玩味：「當作家試圖剖析凶手的心靈時，他的目光、他的筆，比凶刀更加冰冷……」（文字摘自《冷血》，遠流）

《冷血》一書出版後，很快被認定是非虛構書寫的鼻祖以及新新聞主義的先驅，卡波提讓傳統文學小說運用的手法與新聞報導寫作合流，前者很大一部分承襲了前述偵探推理敘事的遞嬗流變與核心本質——這塊類型創作於二次世界大戰之後逐漸傾向犯罪事件及相關議題的挖掘探問，直截了當地細數犯罪手法，對法律、正義、社會運作方式等毫不留情地提出質疑針砭。時至今日，犯罪涵蓋的範疇更是已經溢出奪人性命的血腥暴力，從而觸碰到金融、政治、恐攻、性別、人權等龐大又複雜的領域，另一方面也向心理、經濟、社會、神經生理等專業學科取經，多面多元地處理宗教神話時期未曾理解更遑論表述的錯綜思維。派崔克·拉登·基夫的《壞胚子》，就是站在這條延伸線上的嶄新觀察與敘述，精選過去發表在《紐約客》（*New Yorker*）的十二個和設局犯罪相關的真實故事，深刻表現基夫所言「罪行與腐敗、祕密與謊言、正當與非正當兩個世界之間那片可以互相滲透的薄膜、家人的連結、否認的力量」這個充滿雄心壯志的命題。

在《壞胚子》收錄的故事之中，〈復仇者〉可能是最傳統、最接近古典偵探行徑的一個，只是這位洛克比空難遇害者遺族並非天才名偵探，僅能在官方結案報告的諸多縫隙中尋覓另一個更逼近真相的說法，扮演著準確如復仇者的角色和任務，但結局並不如虛構小說大快人心。〈「矮子」追緝令〉最能滿足讀者所期待的大事件大格局，惡名昭彰、殺人如麻的墨西哥毒梟如何神祕崛起、廣受當地人民愛戴，心狠手辣除去高風險高報酬生意上的障礙，還能屢屢躲過美墨兩國的聯手緝捕，彷彿一齣驚險的紙上電影。〈獲勝〉頗有掀開「國王的新衣」感，前總統唐納·川普（誰曉得會不會是下一位白宮主人？）這位爭議性極強的政治人物，當初是如何被電視製作人以《誰是接班人》精美包裝，鋪出一條直通白宮的長長紅毯，諷刺辛辣的行文應該會讓川粉讀來很不是滋味。〈傑佛遜藏酒〉讓我們看見一樁高明無比且金額叫人難以想像的詐欺，就算採取科學檢驗指證歷歷，仍無法讓這個狡猾的江湖郎中接受制裁，其過程之曲折，肯定要讓人喟嘆「現實遠比小說還要離奇」。

以如此三言兩語介紹這些故事，或許適合沉浸在高張力快節奏生活的現代人利用零碎時間接收資訊、獲取刺激，從所有已知情報蒐羅拼貼、迅速腦補，然後滑滑滑刷刷刷快轉進入到下一則、下下一則——此刻我誠心呼籲，請停下你早已渾然不覺的陋習，因為這些經過詳盡核實，不存在任何一筆錯誤或垃圾訊息的長篇（long-form）專文，結構清晰且文字明快，難得同時具備娛樂性和啟發性，值得沉浸其中細細品味。這不是一本燦爛煙火式的獵奇大會串，這些壞胚子們並非個個窮凶惡極之徒，就以本書壓軸的一篇〈流浪大廚〉來看，主持《波登不設限》的高個兒真性情廚師怎麼會是騙子、殺手、叛徒或無賴呢？

〈流浪大廚〉的開場是時任美國總統的歐巴馬搭乘空軍一號降落越南河內，他緊湊隆重的行程必然與嚴肅的外交和政治有關，豈知在第二天晚上，他換上一套輕便衣著，但隨扈警備依然不能馬虎地赴一場不尋常的晚餐約，要和安東尼．波登一塊來瓶冰涼啤酒、大啖街頭小吃——相信我，閱讀派崔克．拉登．基夫的文字就跟品嚐美食一樣，是想停也停不下來的，你無法預料基夫會從哪個極其平凡悠哉的日常切入，突然間來到性命攸關的非常時刻，接著他卻好整以暇地按下暫停鍵、開啟一扇時空之門，帶領你轉瞬移動到數十年前或數千哩外，補述一段讓你更加了解該篇文章的主人公何以是現在看到的這個模樣，或者公眾模樣底下存在哪些張簡直天壤之別的面容，也能明白這人為何列名壞胚子之林。

可以的話，基夫會多次訪問當事人；苦無機會的話，他會選擇繞道而行，透過或親密或敵對的周遭人士精準寫出連當事人都折服的方方面面。這樣的採訪報導功力，我們可以在基夫已經在台中譯出版的《疼痛帝國：薩克勒家族製藥王朝秘史》（*Empire of Pain: The Secret History of the Sackler Dynasty*）以及《什麼都別說：北愛爾蘭謀殺與記憶的真實故事》（*Say Nothing: A True Story of Murder and Memory in Northern Ireland*）兩冊厚重的書籍窺知一二——相較之下，《壞胚子》裡的每個單篇就輕盈多了（雖然全書還是達驚人卻也迷人的二十多萬字）。而當我以偵探之眼來認識理解這些壞胚子們時，基夫就跟我所熟悉的一眾推理犯罪小說家一樣，刺激緊張的情節、居心叵測的人物，乍看是精心引領讀者往設計好的意外真相走去，實則不斷提問：「我們與犯罪的距離有多遠？」

《洛杉磯時報》（*Los Angeles Times*）對本作的書評正中紅心：「……最耐人尋味的是他（基夫）對於人之所以為人的著迷：即使在我們最不完美的時候，是什麼造就我們為人類？」閱讀完《壞胚子》，身為讀者的你不見得能有斬釘截鐵的回答，但至少開啟了思考，豐富自我觀看這個世界的廣度與深度。

前言

在我的雜誌撰稿生涯中曾有一次奇特經驗，那是二〇一四年五月的某通來電。當時我剛在《紐約客》發表了〈追緝矮子古茲曼〉（The Hunt for El Chapo）一文，描述墨西哥逃亡許久的毒梟古茲曼（Joaquín Guzmán Loera）的犯罪生涯與最終遭緝拿歸案的故事。後來，我在辦公室收到一則語音留言，對方自稱是古茲曼家族的律師，令人不禁心頭一驚。（這樣說還算保守。）過去幾年來，我培養了一個小小特長，在業界稱之為「旁敲側擊」，適用於報導當對象拒絕接受採訪的時候。有些撰稿人非常討厭這種寫作技巧，但我很享受旁敲側擊所帶來的挑戰。完全無法與文中主角對談，卻要把人物寫得栩栩如生，這需要發揮想像力。然而，比起政商名流大方配合、事先擬定內容的訪談，旁敲側擊寫成的文章往往更能反映出真相。例如，我在報導實境節目製作人馬克・伯內特（Mark Burnett）時，雖然他本人不願接受訪談，但與他的兩位前妻聊過之後，我認為就算當初他同意受訪，我對他的了解也不會那麼深。

我開始撰寫矮子古茲曼的報導時，他正在某個墨西哥監獄服刑，不讓外界採訪，所以我理所當然地以為他不會願意跟我坐下來聊聊，也沒認真思考過他可能會讀到文章。據說雖然他經營規模數十億美元的販毒集團，但幾乎是個文盲——就算他識字，也不會是《紐約客》訂戶那種人物。沒想到報導出刊之後，墨西哥媒體截取文中揭露的一系列內幕，想必古茲曼也因此輾轉發現了我的文章。

收到語音留言後，我過了一陣子才回電給那位律師。我猜他可能會針對文中部分細節提出異議。（報導中我提及古茲曼是威而鋼的愛用者。該不會是為此找我麻煩吧？）我的某位消息來源替我悄悄打聽一番，證實來電的律師的確效力於古茲曼家族，他告訴我：「就打給他吧，應該沒什麼大事。」接著又補了一句：「用工作電話打，而且不管任何情況都絕對不要報上你的住家地址。」

我鼓起勇氣打給律師。他說話有個腔調，用語正式而拘謹。我盡可能從容地表明我是《紐約客》的派崔克．基夫。

「我們讀過您的文章。」律師說道，嚴肅的口吻可謂十分戲劇化。

「嗯。」我說，努力為他接下來的話做好心理準備。

「文章十分……」他停頓許久才接著說，「有意思。」

「喔！謝謝。」我馬上接話。還可以接受，「有意思」不算最糟的情況。

「古茲曼先生……」他開口後再度陷入意味深長的沉默。「準備要……」時間一秒一秒地過去，我緊握電話，心臟怦怦跳，「撰寫他的回憶錄了。」

通話之前，我像準備高中辯論賽一樣，推演可能的對話情境，想著如何回應他的每一句話。該怎樣你來我往、會有什麼狀況，我事先統統做好準備了，唯獨沒料到他會這樣說。

「嗯……」我支支吾吾，努力擠出像樣的句子，「聽起來是我會有興趣讀的書。」

律師打斷我：「先生，那麼會是您有興趣寫的書嗎？」

我承認，知道有機會代寫古茲曼的回憶錄時，我的確認真考慮了一下。他在逃亡的那些年幾乎成了傳奇人物，能夠聽他親口道出人生故事，對於身為新聞工作者的我而言著實誘人，但那天通話結束前，我還是婉拒了律師的提議。遭古茲曼直接或間接謀害的人高達數千、甚至數萬位，若要如實寫下他的故事，肯定會提及這方面的細節（並觸及多名受害者的生平），但古茲曼想寫的回憶錄應該不太可能是這種書。這讓我覺得自己好比驚悚片第一幕裡倒楣的雜誌作家，受到獨家報導的慾望蒙蔽而不見得能活到最後一幕。

我盡可能圓滑地向律師說明：「再怎麼順利，影子作家與主角的關係偶爾還是可能會……擦槍走火。」這位律師從頭到尾都相當有風度。一週後，他再次打來：「您繼續考慮這項提議的同時……，」但我直接推辭：「我考慮完了！已經想好了！」通話非常簡短，然後我們再也沒聯絡。雖然這次事件起初令我膽戰心驚，但後來成了晚宴的閒聊趣事，也似乎象徵著寫雜誌的心路歷程：報導者對於素未謀面的筆下主角可能產生奇妙的親密感，而且對於故事公諸於世後可能產生的各種後續發展，也往往深感詫異。

國中時我愛上了雜誌。當時正值紙本雜誌無所不在的一九八〇年代末期，一捆捆裝訂好的鮮豔紙張隨處可見，似乎永遠不會沒落。我們學校圖書館有個「期刊室」，牆上的擺設是最新一期的《時代雜誌》、《滾石雜誌》、《Spin》音樂雜誌與《美國新聞與世界報導》，當然也少不了《紐約客》。

以前沒人使用「長篇」（long-form）這個形容詞，後來為了區分雜誌較為常見的專題報導，以及網路上更加簡明扼要的短文，才出現這個詞。即使當時我只是個學生，但我認為至少就非虛構作品而言，雜誌長文是最崇高的形式，因為內容夠豐富，足以讓人全然沉浸其中，而且篇幅又不會長到一口氣讀不完，結構相當精巧。相較於我那時讀的非虛構書籍，雜誌長文既能照顧讀者的需求，又能尊重讀者的時間，故事鋪陳上更加合乎經濟原則。

我讀《紐約客》長大，暗自幻想有天能為《紐約客》寫文章。二〇〇六年，我以自由撰稿人身分首度在《紐約客》發表文章，但在此之前很長一段時間，幻想就只是幻想，沒有成真。我歷經多年的失敗，還繞遠路去讀法學院——容我奉勸各位，若嚮往記者生涯，別走那條路。

雜誌的矛盾之處在於，既容易消失卻又能永久留存。雜誌的紙質輕薄，極易丟棄，和紙杯一樣就是設計來讓人扔掉的。即使如此，也不乏留存雜誌的人，例如我小時候到家人的朋友家中拜訪，如果發現整個書架擺滿《國家地理雜誌》，看見一排排亮黃色的長方形書脊，就會非常雀躍。

從一般觀點來看，網路扼殺了雜誌，而且就許多層面而言的確如此。網路不只顛覆了原本讓雜誌能夠蓬勃發展的經濟環境，也終結了人們閱讀紙本雜誌的文化：如今，很少人會急著回家從信箱抽出最新一期雜誌，也不會花一個小時站在報攤前翻閱尋找好貨，而人們四處遊走之際也不會在後背包裡擺著終將翻閱到破爛的舊雜誌。但就某方面而言，網路也拯救了雜誌。雜誌免於淪落回收桶的命運，文章得以永久留存。在過去，雜誌的專題報導和櫻花一樣轉瞬即逝，前一週還在，下一週便無影無蹤，現在只要滑鼠一點就讀得到，而且永不消失。

網路與雜誌的關係突顯了「形式」的矛盾。如果我要投注將近一年的時間做研究、寫文章，讀者也打算花上近一小時來閱讀，那麼我就該把故事寫到最好、最完整。我想要捕捉真實的故事，把精采生動、高潮迭起的面向盡收筆下，像昆蟲學家製作蝴蝶標本一樣，用文字把故事固定在玻璃片下。我要的正是如此。

當然，生命不會因為書籍出版就停下腳步，故事依然不斷在舞動、舒展、拍打著雙翅。故事的主人翁畢竟是真實人物，會繼續過他們的生活，所做的事情通常令人驚訝又困惑，例如再度越獄的矮子古茲曼、在法庭上反敗為勝的廢死律師茱蒂·克拉克（Judy Clarke），以及突然輕生殞命的安東尼·波登（Anthony Bourdain）。

本書收錄的文章都是我過去十幾年來的作品，反映出我長久思索的主題：罪行與腐敗、秘密與謊言、正當與非正當兩個世界之間，那片可以相互滲透的薄膜、家人的連結與否認的力量。雜誌撰稿人得以享受的餘裕，就是寫稿時不限於固定領域，因此我會去追蹤報導的故事都是人物性格複雜，或故事神秘有趣、充滿吸引力。但多年來特定主題不斷重複出現，報導對象也因為一些巧合而串連起來。古茲曼和克拉克的客戶佐哈·查納耶夫（Dzhokhar Tsarnaev）遭拘禁在同一間位於荒野中、戒備最為森嚴的超級監獄。一名外號「馬貝拉王子」（Prince of Marbella）的軍火商遭誣指涉及泛美航空公司一〇三號班機的炸彈襲擊案，而這也剛好是肯恩·多恩斯坦（Ken Dornstein）的兄長所搭乘的死亡航班。空難後肯恩持續追查空難真相，時間長達二十幾年。

撰寫報導的過程可能令人入迷不已，當遇到「暗潮洶湧」的故事情節，我有時感覺彷彿可以任由研究方向帶領，快樂地「隨波逐流」，但我總會提醒自己回神提筆，期許自己能夠透過文字讓讀者體驗故事的魅力。這些故事都很離奇，但已通過我《紐約客》的優秀同事仔細的事實查核，一字不假。我希望本書的故事可以帶來啟示，引領我們了解罪與罰、情境倫理難以捉摸之處、我們在世上走這一遭時所做的決定，還有我們告訴自己與他人這些決定背後的故事版本。

第一章 傑佛遜藏酒——收藏家如何覓得這麼多稀世珍釀

一九八五年十二月五日，佳士得拍賣行（Christie's）售出拍賣史上最昂貴的葡萄酒，酒瓶是手工吹製的墨綠色玻璃瓶，以一層有壓紋的厚厚黑蠟封口。酒瓶沒有標籤，只在瓶身以細瘦的字跡刻著年份「一七八七」和「拉菲堡」（Lafitte）字樣，以及縮寫字母「Th.J.」。

據說這瓶酒來自巴黎某棟老建物裡的藏酒，在地窖磚牆後方被人發現。這些酒都來自上等酒莊，除了前述的拉菲堡（如今其拼字已經簡化為Lafite），還有伊更堡（d'Yquem）、木桐堡（Mouton）和瑪歌堡（Margaux）的佳釀。根據拍賣圖錄，有證據顯示瓶身上的縮寫「Th.J.」代表這瓶酒屬於美國開國元勳湯瑪斯．傑佛遜（Thomas Jefferson），人們「視之為稀世珍釀實屬合情合理」。以陳釀而言，該酒的液面「極高」，僅低於軟木塞半英寸，而且顏色「以年份來說非常深」，估價欄寫著「無法估計」。

拍賣開始前，佳士得名酒部主管麥可．布洛德班（Michael Broadbent）向拍賣行的玻璃工藝專家諮詢，證實瓶身與雕刻皆為十八世紀法式風格。一七八五年至法國大革命爆發前，傑佛遜是美國駐法公使[i]，他愛上了法國酒，回到美國也繼續為自己和喬治．華盛頓（George Washington）下訂大量的波爾多葡萄酒，從一七九〇年一封書信可以得知，兩人的貨約定好要標記姓名縮寫，以資區別。傑佛遜擔任美國總統的第一任期內，在葡萄酒上花費了七千五百美元（大約相當於現在的十二萬美元），他甚至被公認是美國史上首位葡萄酒鑑賞家。但他大概也是美國史上首位「葡萄酒煩人精」：一八〇七年，時任參議員的約翰．昆西．亞當斯（John Quincy Adams）與當時已是總統的傑佛遜共進晚餐後，在日記裡寫道：「跟以前一樣又有關於葡萄酒的長篇大論，聽了沒什麼幫助。」

布洛德班除了考究相關史料之外，也品嚐同批的兩支酒。有些十九世紀的酒若保存得當，風味還是不錯，但十八世紀的老酒極為少見，也沒有人知道傑佛遜藏酒的品質是否維持得住。布洛德班擁有「葡萄酒大師」（Master of Wine）證照，代表他同時具備品酒作家、酒商、侍酒師的專業，可以說他與美酒打交道的經驗豐富，鑑賞能力優異。閱酒無數的他也判定傑佛遜藏酒中，一七八四年的伊更堡葡萄酒可說是「色香味俱全」。

那一場十二月的拍賣會當天下午兩點半，布洛德班以一萬英鎊起價，不到兩分鐘後便於十萬五千英鎊落槌，得標者為《富比世雜誌》副總裁克理斯多福・富比士（Christopher Forbes）——他父親是在政壇與財經界都很有影響力的邁爾康・富比士（Malcolm Forbes）。克理斯多福表示：「這比林肯遇刺時所持的觀劇望遠鏡還有趣。」他還說：「那一副望遠鏡也在我家。」

拍賣結束後，其他專業收藏家開始尋覓傑佛遜藏酒：《葡萄酒鑑賞家》（*Wine Spectator*）的發行人透過佳士得購入一支；神秘的中東商人買下一支；一九八八年底，美國商業鉅子比爾・科克（Bill Koch）買了四支。比爾是科氏工業集團（Koch Industries）創辦人弗雷德・科克（Fred Koch）之子，居住在麻州的多弗（Dover），本身也經營高獲利能源企業奧克斯堡（Oxbow Corporation）。〔他的哥哥查爾斯（Charles Koch）與雙胞胎兄弟大衛（David Koch）後來因贊助保守派的候選人與政治理念而聞名。〕一九八八年十一月，比爾・科克向葡萄酒拍賣行 Chicago Wine Company 購入一七八七年的木桐堡，隔月又向英國零售酒商 Farr Vintners 買了一七八四年的木桐堡、一七八四年和八七年的拉菲堡各一支，共花費約五十萬美元。之後十五年，他都把酒貯存在寬敞的恆溫酒窖，偶爾才拿出來向朋友獻寶。

科克的文藝古董收藏價值上看億元。二〇〇五年，波士頓美術館（Boston Museum of Fine Arts）舉辦一場展覽，陳列他的部分收藏。為此，科克開始派人追查那四瓶傑佛遜藏酒的來歷，卻發現除了富比士得標的那瓶酒獲得布洛德班的認證之外，再也沒有任何相關文件。為了找到歷史證據，他們聯絡了傑佛遜基金會（Thomas Jefferson

Foundation），該會位於維吉尼亞州夏洛特維爾（Charlottesville）的傑佛遜故居蒙蒂塞洛（Monticello）。幾天後，蒙蒂塞洛的策展人蘇珊．史坦（Susan Stein）回覆：「我們認為那些酒從來不屬於湯瑪斯．傑佛遜。」

科克的三段婚姻育有六子，現與第三任妻子布麗姬．魯尼（Bridget Rooney）和孩子們定居佛州棕櫚灘（Palm Beach），住家是佔地三萬五千平方英尺的加勒比海式英國殖民風宅邸。不久前我拜訪他們時，前院草坪已經挖空，用來拓展地下室，因為科克需要更大的儲物空間。他向我解釋：「我有點收藏癖。」我們散步經過他的藝術收藏，有莫迪里亞尼（Amedeo Modigliani）一九一七年的《側臥的裸女》（*Reclining Nude*）、畢卡索（Pablo Picasso）藍色時期的《夜店歌手》（*Nightclub Singer*）、雷諾瓦（Pierre-Auguste Renoir）與羅丹（Auguste Rodin）的作品各一件，還有一些竇加（Edgar Degas）、夏卡爾（Marc Chagall）、塞尚（Paul Cézanne）、莫內（Oscar-Claude Monet）、米羅（Joan Miró i Ferrà）、達利（Salvador Dalí）、雷捷（Fernand Léger）與博特羅（Fernando Botero）的傑作。數架監視器從天花板探出，外面罩著小型黑色玻璃球。科克說：「我爸也算是收藏家，我應該是遺傳自他。他收藏少許印象派藝術作品、獵槍，也喜歡蒐集牧場。」

我們到科克的「牛仔房」稍坐，房內的布置是羅素（Charles Marion Russell）的畫作、雷明頓（Frederic Remington）幾座騎馬的男人銅像、古董牛仔帽和鮑伊刀。房內還有好幾把槍，陳列在玻璃展示台裡，例如知名強盜傑西．詹姆斯（Jesse James）的槍、傑西的手下用來暗殺他的那把槍、印地安酋長「坐牛」（Sitting Bull）的手槍，以及卡斯特將軍（George Armstrong Custer）的步槍。六十七歲的科克身材高䠷且四肢修長，頂著一頭蓬鬆的白髮，戴著一副圓眼鏡，爽朗的笑聲相當孩子氣。科克的大學和博士學位都在麻省理工學院取得，攻讀化工博士學位期間他感染了肝炎，身體承受不了烈酒，但還是可以喝葡萄酒，所以他上餐廳時都會點店裡最貴的葡萄酒，因此找到了自己偏好的酒款，慢慢也開始在拍賣會上購買美酒，例如拉菲堡和拉圖堡（Latour）等一級波爾多美酒，還有遠近馳名的康蒂園（Romanée-Conti）勃艮地酒。

科克說：「有次我像是瘋了，為了酒還賣掉科氏工業的持股。」一九八三年，他出脫股份後獲得五億五千萬美元，決心用來打造世界一流的葡萄酒收藏。我問他原因，他臉上好像寫著「你是不是搞不清楚狀況」，看著我說：「葡萄酒是世上味道最好的酒，這就是為什麼。」

科克樂於提告的程度可能與他的收藏癖差不多。他為了家族事業向親兄弟宣戰，官司纏鬥長達二十年，直到二〇〇一年才落幕。他提告麻州政府不當徵收證券交易稅，成功減稅四千六百萬美元。前女友不願離開他所安排的波士頓四季酒店豪華客房時，科克直接帶她上家事法院，將她驅逐。他威脅要「發傳票」的架勢就像丟手榴彈。科克入手四支傑佛遜藏酒的那個年代，很少人聽過假名酒詐欺案，他也只是想要確定他的酒和布洛德班認證的酒來源相同罷了。一聽到蒙蒂塞洛懷疑他的酒是假的，科克氣炸了，他告訴我：「我買了這麼多藝術品和槍枝等，如果有人敢騙我，我絕對讓那個王八蛋吃不完兜著走。」他說這番話時漲紅了臉，但在稍微恢復平靜後，又笑著對我說：「話說回來，這還真是有趣的偵探故事。」

從傑佛遜藏酒可以明顯看出珍罕名釀的身價水漲船高，這也導致近年葡萄酒交易市場的假貨猖獗。二〇〇〇年，義大利政府查獲兩萬瓶搶手的薩西凱亞（Sassicaia）托斯卡尼紅酒；中國也已經開始有人販賣山寨拉菲堡；波爾多陳釀貴為世紀好酒，是地位的象徵，原本在一九七〇和八〇年代的拍賣行非常罕見，現在卻大量湧入市場。蘇富比拍賣行（Sotheby）洋酒部國際主管施慧娜（Serena Sutcliffe）甚至戲稱，一九四五年生產的木桐堡瓶數實際上沒那麼多，但五十年後大家喝掉的瓶數卻超過當年的數字。她表示，仿冒酒問題在美國和亞洲特別嚴重，這些地區的愛酒富豪大量入手收藏的速度快得不得了，「在有錢人家的頂級酒窖裡往往會發現，價值五、六千萬美元的名貴藏酒裡有不少價值不到一百萬的贗品，害他們花了不少冤枉錢。」

美酒交易大都由買家與轉售業者在未經登錄的「灰色市場」進行，轉售業者與酒莊沒有直接連結，難以確認某瓶酒流入市場的源頭，但科克私下派代表到 Chicago Wine Company 與 Farr Vintners，得知四支酒的來源與佳士得拍賣的傑佛遜藏酒相同，皆為德國葡萄酒收藏家哈迪・羅敦司得（Hardy Rodenstock）。羅敦司得作風浮誇，過去曾經是音樂出版人，在一九七〇年代是許多德國流行歌手的經紀人。他住過德國慕尼黑、法國波爾多、摩納哥蒙地卡羅，自稱曾是教授，暗示自己在股市賺了大錢。外頭謠傳他來自精品眼鏡品牌「羅敦司得」家族。

羅敦司得一九七〇年代培養出對酒的興趣，熱愛伊更堡的香甜白酒，特別是根瘤蚜蟲害之前的葡萄酒。十九世紀末，侵襲葡萄藤的根瘤蚜蟲重創歐洲葡萄園，葡萄農不得不將葡萄嫁接到能夠抗根瘤蚜蟲的北美品種砧木上。羅敦司得受訪時曾說：「根瘤蚜肆虐之前，伊更堡的葡萄酒風味更加豐富獨特，焦糖味比較重，更為強烈與細緻。」他向《葡萄酒鑑賞家》誇下海口，說他品嚐過的伊更陳釀甚至多過伊更堡的老闆——對此本人也不否認。

一九八〇年代開始，羅敦司得每年主辦奢華品酒會，邀請酒評家、零售酒商與德國的社會名流顯貴參加長達一週的活動。奧地利酒杯品牌「Riedel」接班人格奧爾格．里德（Georg Riedel）是羅敦司得的朋友，為他特別設計了一款「羅敦司得酒杯」。品酒會上，羅敦司得會自費開好幾瓶珍罕陳釀，倒入朋友提供的客製酒杯裡給客人。他戴著款式時尚的羅敦司得眼鏡，穿搭完美無瑕，襯衫上的白領硬挺，與賓客談笑風生，喝到特別好的酒就會德文和英文夾雜地驚呼：「哈，實在太棒了，一百分！」他很重視守時，晚到的人不得進入會場。品嚐年份比較久的佳釀時，他也不允許吐酒，所以有些來賓考量到要品嚐的酒款太多，會把吐酒桶偷偷藏在大腿之間。羅敦司得會告誡他們：「歷史是要喝進去的，不是讓人吐出來的。」

羅敦司得完全不打算隱瞞發現傑佛遜藏酒的事蹟，富比士刷新高價紀錄買下的酒反而還讓他成了酒界名人。他本人之後說明，他在一九八五年春天接到一通電話，說有人在巴黎碰巧發現積灰的老舊酒瓶，每瓶上面都刻著「Th.J.」，似乎有點意思。羅敦司得不肯透露誰把酒賣給他，但對方顯然不知道上頭英文縮寫的意義有多重大。談起此事時，羅敦司得表示：「這就跟買樂透一樣，純粹是好運。」他拒絕揭露發現地點的詳細地址，也不願說出共有幾瓶酒，有些報導寫「一打左右」，有些甚至說多達三十瓶。羅敦司得為了尋覓稀世珍釀勇於冒險，人盡皆知，傑佛遜藏酒還只是開端而已。他在一九八〇、九〇年代結交的一位收藏家朋友告訴我，一九八九年羅敦司得想籌辦一場「平行」品酒會，品嚐各個酒莊的一九二九年葡萄酒，卻唯獨找不到歐頌堡（Ausone）的酒款。在活動前幾天，那位朋友接到羅敦司得的電話宣示：「我人在蘇格蘭，找到二九年的歐頌堡了！」據媒體報導，羅敦司得也曾跑到委內瑞拉，發掘到一百箱波爾多。他還在蘇聯[ii]找到「消失的沙皇藏酒地」，尋得十九世紀的陳釀。一九九八年，他在慕尼黑的肯尼格索夫飯店（Hotel Königshof）舉辦「垂直」品酒會，品嚐來自一百二十五個不同年份的伊更堡葡萄酒，其中兩瓶正是傑佛遜藏酒。《葡萄酒鑑賞家》記者表示：「嚐起來沒有過度陳化或氧化，一七八四年的酒喝起來像是十九世紀釀的。」

有些葡萄酒記者總是刻意避免參加這種盛會，例如酒評家羅伯．派克（Robert Parker）就只參加過一場。他告訴我，這種品酒會的排場令他避而遠之，會場的酒難以覓得，更別說一般人根本負擔不起，評價會場的酒對他的讀者沒什麼幫助。況且，羅敦司得禁止吐酒，又喜歡拿萬眾矚目的酒款當壓軸，有損評價的客觀性。派克參加一九九五年在慕尼黑舉辦的品酒會後曾表示：「他好像都在大家喝多了之後才上好東西，大家都要爛醉如泥了。」

即使如此，羅敦司得的酒仍然令派克驚艷。派克嚐過一九二一年的一點五公升大瓶裝彼得綠（Pétrus）之後，在文章中大讚：「好到不像話！」他寫道：「這一大瓶酒濃烈得驚人，年份很有機會被誤認為一九五〇或一九四七年。」派克在自己創辦的刊物《葡萄酒代言人》（*Wine Advocate*）中表示，那一場舉辦時間長達三天的品酒會是他「人生中最棒的品酒盛事」，他還說：「我很快就發現，哈迪．羅敦司得若說一支酒是五九年或四七年的，我得特別確認是在說十九世紀還是二十世紀的酒！」

布洛德班經常參與羅敦司得的活動，他在他的《陳年葡萄酒：品飲橫跨三世紀美酒的五十年經驗談》（*Vintage Wine: Fifty Years of Tasting Three Centuries of Wine*）一書中表明，多虧「慷慨大方」的羅敦司得，他才有幸品嚐諸多酒款。書中十八世紀的酒多半來自羅敦司得的品酒會。比爾．科克不曾受邀參加羅敦司得的活動，但他知曉這號人物，二〇〇〇年兩人曾於佳士得紐約分行的拉圖堡品酒會中打過照面。科克說，他主動向遲來的羅敦司得打招呼：「您好，我是比爾．科克，我買過您的酒。」對方握了他的手，但看起來不太自在。「原來您就是那位有名的收藏家。」語畢，羅敦司得就快步離開了。

科克遇上法律糾紛時，偶爾會求助於聯邦調查局的退休探員吉姆．艾洛伊（Jim Elroy）。艾洛伊曾在執法部門負責調查詐欺罪，傑佛遜藏酒開始出現疑點時，他告訴科克：「如果你想把錢拿回來，我絕對可以幫上你。」但科克覺得不夠，他的回覆是：「我想把他送進大牢。」對此，艾洛伊回應：「準備上馬吧。」（艾洛伊也感染了科克對牛仔文化的狂熱，他形容科克是「鎮上的新警長」，他甚至用《黃昏三鏢客》（*The Good, the Bad, and the Ugly*）的口哨版主題曲當手機鈴聲。）

六十幾歲的艾洛伊皮膚曬得黝黑，看上去經驗豐富，笑起來老謀深算。我們最近一起用過午餐，他談起調查細節時完全像個說故事高手，語調充滿抑揚頓挫，聽起來似乎不是第一次講那些話。艾洛伊說：「一般案子不是變得更有意思就是更無趣，這次的調查屬於前者。」他說科克打從一開始就想告羅敦司得，但也想私自出資調查，讓這個刑事案件準備充足，最後才交給聯邦機構處置。科克的野心點燃了艾洛伊辦案的熱情，他認為：「這次要調查的案件特徵完全符合聯邦調查局偵查案，甚至立刻集結了可調用的全球菁英，還省去政府的那些繁文縟節。」據艾洛伊估計，從二〇〇五年起科克至少花了一百萬美元來調查羅敦司得，比當初買酒的錢多出一倍。

艾洛伊的調查團隊有蘇格蘭場的前任督察、英國軍情五處前任駐德國探員，以及幾位來自歐美的葡萄酒專家。二〇〇五年，他們著手調查，從蒙蒂塞洛的工作人員那裡得知，早在佳士得拍賣傑佛遜藏酒時，他們就質疑其真偽。一九八五年秋天，布洛德班曾向蒙蒂塞洛探詢傑佛遜書信中提到葡萄酒的事情。研究傑佛遜大量書信文件長達十五年的仙度．古德溫（Cinder Goodwin），在十一月回信給布洛德班，信中充滿懷疑：「傑佛遜的日記帳本、絕大部分的書信、銀行對帳單，以及那個時期留下來的法國國內海關各項文件，全都未提及一七八七年的陳釀。」

拍賣前，《紐約時報》一名記者問古德溫，拍賣品是否真的是傑佛遜藏酒？她答覆是，雖然羅敦司得提供的酒瓶上寫著「Th.J.」，但傑佛遜通信時更常簽的是「Th:J.」，中間是冒號而非一點。布洛德班並未將以上的疑點載明於拍賣圖錄，《紐約時報》的報導也未能改變競標者的心意。（當時《紐約客》的一篇報導中，布洛德班告訴記者他「沒找到證據」來證明拍賣的酒屬於傑佛遜，但有「大量的」間接證據。）

拍賣結束不久，古德溫寫了一份研究報告，她的結論是：雖然拍賣的酒年份很可能確實是十八世紀，但與傑佛遜的連結並無史料佐證。她極力強調自己並非質疑羅敦司得的誠信，只是好奇：「難道當時沒有其他巴黎人的姓氏縮寫是Th和J，而且剛好喜歡頂級波爾多酒嗎？」古德溫指出，巴黎許多地址都留有住戶名單的紀錄，如果羅敦司得願意透露藏酒的發現地址，「或許就能確立連結。」

羅敦司得寫的信隨即如雪花般飛往蒙蒂塞洛。雖然他的英文說得還可以，但信件內文是德文，後來由蒙蒂塞洛的導覽員翻譯。在一九八五年十二月二十八日的信件中，羅敦司得要古德溫「有點禮儀，把那些沒有根據的懷疑論調留著講給自己聽就好，不應該在媒體面前博取關注」。時任傑佛遜基金會執行長的丹．喬登（Dan Jordan）回信反駁，聲明古德溫是一名備受肯定的傑佛遜學者，不管藏酒真偽都不會影響她的利益，在這方面與羅敦司得和佳士得有所不同。

羅敦司得在信中回嗆：「大學裡會專門教傑佛遜嗎？古德溫根本不懂酒與傑佛遜的關聯，也不懂一七八〇到一八〇〇年的酒長什麼樣子、嚐起來又是如何。」布洛德班也寫信給基金會，支持羅敦司得與藏酒的真實性。維吉尼亞州的歷史學家與歐洲的葡萄酒行家之間，在思想上有著無法跨越的鴻溝。布洛德班和羅敦司得同樣深信飲酒的感官體驗勝過歷史證據。一九八六年六月，布洛德班表示，不久前他品嚐過羅敦司得一七八七年的傑佛遜木桐堡，嚐起來「美味絕倫」，又表示：「若任何人依然對於這款非凡老酒的真實性存疑，喝過便能完全釋疑……的確，沒有確鑿史料載明這些酒曾經屬於傑佛遜，但我現在非常肯定這款酒是傑佛遜下訂的。」

除了蒙蒂塞洛的研究員之外，懷疑這批傑佛遜藏酒的另有他人。佳士得把酒標給富比士之前，羅敦司得以大約一萬馬克的價格把傑佛遜的拉菲堡賣給德國收藏家漢斯－彼得・菲睿（Hans-Peter Frericks）。富比士得標的價錢是他們交易價的四十倍，因此菲睿也決定拍賣手上的藏酒，於是聯絡了布洛德班。羅敦司得將此事擋下，表示他當初答應賣酒給菲睿的條件是不得轉售。菲睿否認有此條款，另請蘇富比幫忙拍賣。蘇富比檢視證據後，表示該酒來歷不明，而婉拒了他的請託。羅敦司得的介入加上蘇富比的疑慮，使菲睿起了疑心。一九九一年，他把傑佛遜藏酒交給慕尼黑的實驗室，想用碳定年法測定該酒的年代。

所有的有機物都含有具放射性的碳同位素 C-14，衰變速度可以預期，能夠幫助科學家藉由分析瓶裝酒的 C-14 含量來判斷年份。C-14 的半衰期長，要為幾世紀前的物品定年相對不精準，但一九五〇與六〇年代的大氣層核試爆使得 C-14 含量大幅增加，有了比較的基準點。以菲睿的送檢結果來看，那瓶酒的 C-14 與超重氫含量遠高於兩百年以上陳釀的一般含量預估值，因此科學家認為該酒內含不同的酒款，而且有將近一半的年份皆屬一九六二年之後。

菲睿將羅敦司得一狀告上法院，一九九二年十二月獲得有利的判決，德國的法院認定羅敦司得「親自將酒摻假，或蓄意提供他人摻假的酒」。（後來羅敦司得上訴，並反告菲睿妨害名譽，最後庭外和解。）鍥而不捨的艾洛伊除了找軍情五處的前探員協助調查，也雇用兩名德國的私家偵探，靠他們發現「哈迪・羅敦司得」其實是個假名。兩位偵探造訪羅敦司得的家鄉馬林韋德（Marienwerder，如今是波蘭屬地），然後向科克回報，羅敦司得本來名叫曼哈德・格科（Meinhard Goerke），父親是地方的鐵路人員。偵探們也訪問了羅敦司得的母親，並參觀他的小學母校，發現他曾經受過工程師的訓練，在德國國鐵（German Federal Railway）工作過。羅敦司得自稱當過教授，但找不到相關證據。偵探們還訪問了德國流行歌手蒂娜・約克（Tina York），她在一九七〇到八〇年代間曾是羅敦司得的女友。蒂娜表示，兩人曾在一起長達十年，自己本來壓根就不知道羅敦司得曾結過婚還有兩個兒子，她說：「他總是把他兩個

『姪子』掛在嘴邊。」

兩位偵探表示，羅敦司得差不多是在認識蒂娜時開始創造新的身分，還說自己來自有名的羅敦司得家族。他和蒂娜在一起時開始對葡萄酒產生興趣，但蒂娜並沒有像他一樣投入，她記得有次她把馬鈴薯沙拉放在有空調的酒窖保冷一天，「羅敦司得就暴怒了。」羅敦司得嗅覺靈敏，是個盲飲高手，艾洛伊猜想他或許身懷「混釀」絕技——就像葡萄園會聘請的那種混釀師，他們有辦法混和各種葡萄，調配出精準的風味。現今科技還無法準確判斷一瓶酒所使用的葡萄品種，艾洛伊猜測羅敦司得可能把不同品種的葡萄酒混在一起，也許還加入少量假酒製造者慣用的波特酒，才得以配製出口感以假亂真的調酒。

艾洛伊的調查團隊發現重重疑點之後，找了一些人訪談，問他們記不記得羅敦司得是否有能夠用來製造仿冒酒的實驗室。二〇〇六年十月，德國男子安迪里亞斯．克雷恩（Andreas Klein）聯繫調查團隊，透露羅敦司得在克雷恩家人名下的公寓住過幾年，克雷恩之前想在羅敦司得的公寓上層加蓋，兩人爭執之下鬧上了法庭。後來羅敦司得離開了那間公寓，克雷恩在二〇〇四年進到羅敦司得的地窖，發現一堆空瓶以及一疊看似全新的酒標。

仿冒酒有兩種，一種不會動到瓶中內容物，一種則會。品質良好的陳釀葡萄酒比品質普通的貴上不少，許多假酒製造者會先把像是一九八〇年彼得綠的標籤與一九八二年的交換。（這款一九八二的陳釀特別受人青睞，價值連城。）好的掃描機和彩色印表機很容易仿造標籤，我所認識的一位前拍賣商稱之為「桌上印籤」（desktop publishing）。酒瓶的軟木塞會標記年份，但有時假酒製造者會把最後一個數字刮掉，假定買家不會注意到。再者，軟木塞本來就容易隨著時間損壞，過了幾十年，有些葡萄園會提供更換軟木塞的服務，因此老酒的軟木塞若看起來比較新，也不會馬上引起懷疑。買家沒開酒之前，軟木塞一般都有酒帽封著，不會那麼快被發現。

假酒製造者最有利的地方在於，許多買家都要過好幾年才開酒，有的甚至完全不開。科克向我表示，有些酒他根本不打算喝，他蒐集特定葡萄園的酒就好像在蒐集棒球卡一樣，目的是湊成一套。他說：「我只是想在牆上有一百五十個年份的拉菲堡。」若真的要科克喝那些難以到手的陳釀，他還會猶豫片刻，因為這樣他的收藏就不完整了，而且最罕見的陳釀通常來自品質最糟的釀造年份。科克解釋道，自古以來，收藏家會把釀造年份比較好的酒擺著，等著品嚐其熟成後的風味，但知名酒莊生產的葡萄酒如果酒質平庸，在裝瓶之後很快就會被喝掉，因此反而數量稀缺。我很好奇為何科克會買不想喝的老酒，他聳肩說：「我也不會真的把卡斯特將軍的步槍拿來用啊。」

假酒製造者的另一個優勢在於，就算收藏家真的開酒了，經驗不足加上味覺不夠敏銳，也不會發現自己被騙了。首先，每瓶貨真價實的陳釀味道大相逕庭，蘇富比的施慧娜告訴我：「酒是活著的有機體，會移動、改變、進化，就算一起貯藏在相似的環境中，過了四十、五十、六十年，每瓶酒的差異也會非常懸殊。」研究指出，嗅聞與品嚐酒的體驗很容易受到大腦的認知所影響。幾年前，波爾多大學（University of Bordeaux）的釀酒學博士生斐德列克・布洛許（Frédéric Brochet）做了一個實驗，請五十七名參與者喝品質中等的波爾多紅酒，酒標上顯示是普通的日常餐酒；一週後，布洛許再請他們喝同一款酒，但這次酒標上顯示是特級酒莊的頂級紅酒。結果，參與者覺得第一次喝的酒「單調」、「失衡」又「淡薄」，第二週的酒「有層次」、「平衡」且「飽滿」。布洛許的論點是，不管酒瓶裡裝的是什麼，我們看到酒標後產生的「感官期待」會凌駕於真實的感受，影響我們品酒的體驗。

因此，某些比較大膽的假酒製造者甚至會用一種酒取代另一種酒。他們通常會從餐廳或古董店取得正牌的空瓶和酒標，用來裝另一種或多種不同的酒，再更換軟木塞和酒帽。假酒製造者以為那些注重地位的買家永遠嚐不出差別，其實很多時候也是這樣，施慧娜也認為許多仿冒酒的買家都喝得很高興。拉傑・帕爾（Rajat Parr）是拉斯維加斯眾多餐廳的知名葡萄酒總監，他告訴我幾年前的某件軼事：一些客人點了餐廳可以賣到六千美元的一九八二年彼得綠，喝完後又點了一瓶，但第二瓶的口感差很多，於是退了回去。餐廳員工滿懷歉意又送上一瓶，最後客人喝得很盡興。帕爾仔細研究那三瓶酒，總算發現問題出在哪裡——第二瓶酒其實才是真品。

若傑佛遜藏酒為仿冒，艾洛伊就得思考一件事：究竟酒本身就是假造的，或者酒真的來自十八世紀，但被冒充為傑佛遜藏酒？布洛德班和其他鑑賞家喝過傑佛遜藏酒後，都認定其真實性，這樣看來酒本身應該是真品。撰寫《金融時報》葡萄酒專欄的葡萄酒大師珍希絲．羅賓森（Jancis Robinson）參加過一九九八年的伊更堡品酒會，覺得兩款傑佛遜藏酒「無庸置疑是陳釀」，初嚐有些許霉味，但「陳年美酒創造了奇蹟」，老酒畢竟是老酒，一七八四年的酒款開始散發出「嬌柔的玫瑰香氛」，而一七八七年的酒款則飄散「焦糖與秋日灌木叢的香氣」。但布洛許告訴我，專家在品酒會上比一般人更容易受到個人經驗與臆測所左右。專家為傑佛遜藏酒掛保證，但菲睿委託實驗室做的檢測結果卻完全相反，實驗發現那瓶一七八七年的拉菲堡裡有將近一半的酒都是一九六二年以後出產的。

菲睿做完檢測後，羅敦司得也委託蘇黎世的喬治．波納尼博士（Georges Bonani）檢測另一瓶一七八七年的拉菲堡。波納尼博士使用碳定年法，測定酒裡沒有一九六二年以後的成分，與菲睿的研究相互矛盾。羅敦司得經常指稱波納尼的檢測結果「確立」了傑佛遜藏酒的真實性，但實際上很難把這兩份檢驗報告當作確鑿的證據。一來，兩次檢測的並非同一瓶酒，單用一瓶酒的檢驗結果來推斷其他瓶酒的真實性太過輕率。二來，碳定年無法準確判斷十八和十九世紀裝瓶的酒，因此從波納尼的報告中可以看出誤差範圍並不小。檢測結果或許可以確定瓶中不含二十世紀的酒，但無法證明年份絕對是一七八七年。波納尼在近期一封電子郵件中寫道：「檢測結果只顯示這瓶酒介於一六七三到一九四五年之間。」

艾洛伊對兩份報告抱持懷疑的態度，於是決定找法國物理學家菲利浦．余柏（Philippe Hubert）來釋疑。余柏發明了一種無需開瓶就能檢測葡萄酒年份的方法，利用低頻率的γ射線偵測物質是否具有銫元素的放射性同位素Cs-137。Cs-137有別於C-14，並非自然產生，而是一種核輻射落塵。在大氣層核試爆之前裝瓶的酒不會含有Cs-137，因此不會在陳釀中驗出來。Cs-137的半衰期僅三十年，如果驗出來有的話，余柏就能更準確判斷酒的年份。

於是，艾洛伊用兩個防彈耐衝擊的箱子裝著傑佛遜藏酒，手提上飛機，到法國尋找答案。（他申請到貨物暫准通關證，帶著價值五十萬美元的酒出境才不必繳稅。他在倫敦希斯洛機場轉機時遇到安檢人員盤查，還面不改色地宣稱：「沒辦法啊，機上都喝不到好酒。」）

余柏與艾洛伊檢測葡萄酒的實驗室位於義、法邊界阿爾卑斯山某座一千多公尺高的山峰下，他們把酒置於以十英寸厚鉛金屬包覆的檢測器裡，進行長達一週的各項檢驗。那時艾洛伊確信他的團隊快要抓到羅敦司得的把柄了，他回憶道：「有了蒙蒂塞洛所提供的證據，加上德國這邊的，我可以百分之九十九確定羅敦司得是個騙子。」然而，最終余柏並未在酒中發現 Cs-137，他說：「我不知道酒的年份是一七八三年還是一九四三年，但都是核子時代之前釀製的。」

艾洛伊告訴我：「說不上來我有多失望。我們有史料佐證，但若要當成刑案來辦，這樣還不夠。我得有科學或其他證據，否則就算告他也無法成案。」在飛回美國的機上，艾洛伊拿出一瓶藏酒握在手上，「我看著酒帽和酒瓶，撫摸上面的雕刻。我就是有個感覺。然後我心想，刻痕是工具痕，那是用某種工具刻上去的。」

飛機落地後，艾洛伊打給聯邦調查局位於維吉尼亞州匡提科（Quantico）的某個實驗室，他們推薦了幾位最近剛退休的專家。那裡的彈道學專家擅長檢查工具痕，不論是槍管在子彈上留下的印記還是螺絲起子撬開窗戶的痕跡，他們都能看出端倪。艾洛伊也拜訪了紐約上州的康寧玻璃博物館（Corning Museum of Glass），他們介紹他找一位名叫麥克斯·艾拉赫（Max Erlacher）的專業玻璃雕刻師。艾拉赫出生於奧地利，曾為幾位美國總統效勞。數週之後，艾洛伊聘用了艾拉赫和聯邦調查局退休的工具專家比爾·阿爾布萊希特（Bill Albrecht），請兩位檢驗科克在棕櫚灘家中的酒。艾洛伊想知道酒瓶上的刻字是否為銅輪雕刻。銅輪是十八世紀玻璃雕刻會使用的工具，在傑佛遜生活的年代，操作銅輪時通常是以腳踏的方式轉動輪子，但機器固定不動，由雕刻師轉動瓶身來完成作品。銅輪雕刻的字母會像鋼筆字那樣粗細不一，但艾拉赫和阿爾布萊希特審視酒瓶，用強力放大鏡觀察雕刻的凸起處，發現酒瓶上的刻字粗細一致得很奇怪，而且傾斜到不像銅輪雕刻出來會有的樣子。艾拉赫下了結論：酒瓶上的姓名縮寫不可能是十八世紀的工法。瓶身的字反而比較像用牙醫鑽頭或是電動刻磨機手工刻成，艾洛伊心想，這個進展可謂「大躍進」，碰巧他家也有電動刻磨機，他回憶道：「我拿了一瓶酒，在瓶身上鑽一鑽，一個小時後就能刻出『Th.J.』了。」

二〇〇六年八月三十一日，比爾．科克提交民事起訴狀給紐約的聯邦法庭，控告「又名曼哈德．格科」的哈迪．羅敦司得。雖然賣酒給科克的是 Chicago Wine Company 和 Farr Vintners，但訴狀上控訴羅敦司得策劃了一場「現在仍在進行中的騙局」，欺騙葡萄酒收藏家，上面寫著「羅敦司得風度翩翩、富有魅力」、「他同時是個江湖騙子」。畢竟科克並非直接向羅敦司得購買傑佛遜藏酒，科克的律師團隊想在提告之前，知道羅敦司得是否願意承認科克手中的藏酒與他有關聯，也想知道他會不會繼續堅稱藏酒為真，並持續犯下被指控的罪行。因此，二〇〇六年一月，科克傳真一封誠摯的信給羅敦司得，表示想驗證手上傑佛遜藏酒的真實性，請羅敦司得回信打包票，讓他「沒理由不相信」那些酒「的確曾經屬於湯瑪斯．傑佛遜」。羅敦司得在一月十日回覆：「那幾瓶傑佛遜藏酒絕對是真品，而且……是在巴黎一間磚牆封住的地窖裡發現的。」他指出佳士得已為傑佛遜藏酒背書，並附上波納尼的檢驗報告，他寫道：「就我看來，傑佛遜藏酒的真實性已隨此信結案了，您一定也能明白。」

到了四月，科克再度寫信給羅敦司得要求見面，請羅敦司得「選定地點，兩人共飲美酒」，一邊討論科克對傑佛遜藏酒的疑慮。羅敦司得回信婉拒：「該次買賣行為已過了法律上的追訴期。」他表示，一九八五年賣酒給他的人當時已六十幾歲，可能已不在人世，對於藏酒的疑慮僅是「八卦報刊的報導題材」罷了。科克提告後，羅敦司得聲請駁回。十月，科克的律師飛到倫敦訪問布洛德班，當時高齡七十九歲的他依然活躍酒界，表示自己「再三」問過羅敦司得藏酒發掘地址未果，但仍舊相信傑佛遜藏酒的真實性。

某方面來說，布洛德班也別無選擇，他的著作與拍賣圖錄中有上百條品酒評論都是羅敦司得供給的酒，這位二十世紀的葡萄酒鑑賞家能夠為十八世紀葡萄酒的風味作證，全都仰賴主要供酒者的誠信。布洛德班多次擔保羅敦司得發現的酒，如果羅敦司得是騙子，他的信譽也會連帶受害。對於為何沒在拍賣前多加研究傑佛遜的拉菲堡葡萄酒，他的回覆是：「我們的身分是拍賣官，和截稿日在即的記者一樣，我沒有足夠的時間。」律師團隊問到佳士得是否有一九八五年的書面證據來證實名酒部對藏酒的描述，布洛德班說他從來沒想到要把東西白紙黑字寫下來，「我們佳士得的人都是堂堂君子。」

二〇〇六年秋天，佳士得美國酒品銷售主管理查・布萊利（Richard Brierley）告訴《華爾街日報》，雖然他並未參與一九八五年驗證傑佛遜藏酒一事，但「回想起來，有很多問題要釐清」。（佳士得對此則表示，布萊利的發言遭《華爾街日報》斷章取義。）一九八五年，佳士得的中國瓷器及藝術品部主管是玻璃工藝專家雨果・莫里－弗萊契（Hugo Morley-Fletcher），布洛德班也向他商討過富比士標走那瓶傑佛遜藏酒的真實性。莫里－弗萊契告訴我：「就我當時的經驗看來是真品無誤……問題是那樣判斷不算是嚴謹的科學方法。」他解釋道，經其鑑定，酒瓶與刻字都能追溯至十八世紀。我追問他有沒有可能誤判上頭的刻字，他的答案是「當然」，接著表示：「我總得提出看法……被騙也不無可能。」

我試了無數次都無法聯絡上布洛德班，但一位佳士得發言人告訴我：「布洛德班先生決定拍賣傑佛遜藏酒，反映出他根據當時掌握的資訊所做出的審慎判斷。我們不會在過了二十二年後才去質疑他的決定。」二〇〇六年十二月，佳士得在紐約辦的稀世珍釀拍賣會主打了一款一九三四的彼得綠，並節錄布洛德班書中對於早些年前品嚐過的一九三四年皇室瓶[iii]彼得綠的描述：「我不曉得哈迪・羅敦司得在哪裡發現這些酒，完全沒有一九四五年之前的生產、庫存或銷售紀錄。我只能說這款大瓶裝實在太美味了。」科克不清楚那瓶酒是不是羅敦司得寄賣的，佳士得和我說不是，但科克非常不滿他都已經提告了，佳士得還繼續用布洛德班對羅敦司得供酒的評價來推銷拍賣品。他打電話抱怨，但佳士得未予理會，最後那瓶起價兩千兩百美元的酒並未售出。

沒有人知道這麼多年來羅敦司得究竟賣出多少真酒和仿冒酒。他通常使用現金交易，為了保護供應者與買家，也不會主動提供特定交易的資訊。（有次他受訪時表示：「現金交易的話，買家不必報稅。二十萬元現金有時勝過一百萬元支票。」）據艾洛伊推估，如果一瓶一萬美元以上，羅敦司得一個月賣十瓶就能年收破百萬。科克提告羅敦司得的同時，麻州一名軟體企業家羅素・傅萊爾（Russell Frye）也向加州佩塔路馬（Petaluma）的經銷商 Wine Library 提告，控訴他們賣給他的十九世紀拉菲堡、伊更堡和好幾支稀有陳釀都是仿冒酒。傅萊爾的起訴書上寫著，其中一名被告「最近告知本人，本人所指稱的仿冒酒或有疑慮的酒，都能追溯到哈迪・羅敦司得身上」。

科克擁有的四萬瓶葡萄酒分別貯藏在三個不同的地窖，我曾在五月去過其中一間。他在鱈魚角奧斯特維爾（Osterville）的房子，地下室有個錯綜複雜的冷藏地窖，擺著許多深色木製酒架。艾洛伊請大衛・莫利紐－貝瑞（David Molyneux-Berry）和比爾・艾哲頓（Bill Edgerton）兩位專家盤查酒窖，尋找可疑的酒。

莫利紐－貝瑞曾在蘇富比工作多年，後來成為私人葡萄酒顧問，當年拒絕讓菲睿拍賣傑佛遜藏酒的人就是他。他在菲睿的酒窖找到好幾瓶明顯是仿冒的酒，根據菲睿詳細的紀錄，那些全都來自羅敦司得。羅敦司得發現美酒的諸多精彩故事也讓莫利紐－貝瑞存疑，時常需要代表蘇富比到蘇聯[iv]出差的他對我說：「我參觀過基輔的酒窖，也參觀過摩爾多瓦（Moldova）的酒窖，聽過最詳盡高級的介紹，羅敦司得卻能去一趟蘇聯就在其他地方找到沙皇的酒窖，還全是一級酒莊的波爾多……而且是一大批一點五公升大瓶裝。」

莫利紐－貝瑞和艾哲頓審視科克的收藏，選定時常出現仿冒酒的品牌，從三千瓶一九六一年以前的陳釀找到一百三十瓶明顯或疑似仿冒的酒。莫利紐－貝瑞告訴我：「久了都會知道酒瓶該長什麼樣子，顯眼一點的仿冒酒非常突兀。」兩位專家在可疑的酒瓶上貼上白色貼紙，隔天由專業攝影師拍攝高解析度照片，以備法庭使用。有時酒瓶、酒標、酒帽看起來都沒問題，但光是酒款的稀缺程度就足以令人起疑，例如科克擁有的兩款一點五公升大瓶裝一九四七年花堡（Lafleur）葡萄酒。莫利紐－貝瑞說「四七年的花堡特別好」，但聽說那年酒莊只出產五瓶一點五公升大瓶裝，「科克就有兩瓶，這機率大嗎？」艾哲頓負責管理線上數據庫，追蹤拍賣交易與價格，發現一九九八年至今居然售出了十九支一九四七年的一點五公升大瓶裝花堡葡萄酒。

蘇富比的施慧娜告訴我，大部分富裕的收藏家寧可不知道有仿冒酒，即使發現了也不想公開。她有好幾次視察收藏家的酒窖後拒絕為他們拍賣，主要或部分是因為多數酒款皆為偽造，沒想到之後那些收藏家還是透過其他拍賣行售出了仿冒酒。施慧娜說，那些收藏家「不想吃虧」。

科克告訴我，「這個案子不只針對」羅敦司得，「我收藏的酒經檢查後，打算找賣酒給我的人負責。零售商知道自己在幹嘛，他們也是共犯。」科克一瓶有問題的酒是一九二一年的一點五公升大瓶裝彼得綠，是二〇〇五年他在紐約零售商施氏佳釀（Zachys）所舉辦的拍賣會上以三萬三千美元購入。科克認為那瓶酒應該是由羅敦司得提供的，訴訟時也提到了這件事。（施氏佳釀表示沒有證據可顯示那瓶酒最初是否來自羅敦司得。）那瓶酒也是派克在羅敦司得一九九五年慕尼黑品酒會上喝到的那一款彼得綠──當年派克喝過後還大讚「好到不像話」，給了一百分評價。去年春天，艾洛伊把酒拿去波爾多的彼得綠堡檢查，酒莊員工表示軟木塞的長度有異，酒帽和酒標看起來並非自然老化，那瓶酒的真偽值得懷疑。艾洛伊問過酒窖總管，對方說從來不知道一九二一年有一點五公升大瓶裝彼得綠，也不認為酒莊曾經生產。

這就有趣了。如果彼得綠堡在一九二一年沒有出產一點五公升大瓶裝葡萄酒，那麼派克在羅敦司得品酒會上喝的是什麼？派克的好鼻子投保了一百萬美元保險，羅敦司得居然請這個大師來喝仿冒酒，未免太違反常理了。艾洛伊認為這正好證明了羅敦司得有罪，因為冒這種險對仿造者來說很常見，他說：「我很懂詐欺犯，也送了很多人入獄。他們有一種想法，覺得『我很聰明，我是世上最聰明的人』，羅敦司得也這麼想。」若派克喝的一九二一年彼得綠真的是仿冒酒，那麼羅敦司得的傲慢或許情有可原。有沒有可能羅敦司得製作仿冒酒的功力厲害到喝起來與真品一樣，甚至更好喝？我向派克問及此事，他急忙表示再厲害的酒評家也會犯錯，但再度讚揚了那瓶酒，「如果酒真的是假的，那麼羅敦司得應該是混釀師。口感真的絕妙。」

二〇〇七年夏天，羅敦司得解雇了和科克打官司的曼哈頓律師團。他在給法官的信中寫道，自己是德國公民，法院並無司法管轄權，而且科克的酒不是直接向他購買，案子應該也過了追訴期。或許科克「的興趣是找人法院纏訟多年」，但他不想參與「這種『愚蠢的遊戲』」。羅敦司得提出異議後宣布：「我不受限於這個法律程序。」

羅敦司得不願接受我的採訪，但從他一系列幾乎全是德文的傳真郵件來看，他一直堅稱自己的清白，強烈否認科克對他的指控，痛斥科克「編造謊言、玩弄把戲」。他坦承自己合法姓名是曼哈德・格科，並強調很多人都會改名，例如美國有線電視新聞網（CNN）的主持人賴瑞金（Larry King）的本名其實叫勞倫斯・哈維・柴格（Lawrence Harvey Zeiger）。羅敦司得否認自己曾告訴前女友約克他來自有名的羅敦司得家族，但聲稱自己的確當過教授，「那是事實！可以查證！」他否認在委內瑞拉找到一百箱波爾多，「那不就是一千兩百瓶了嗎？！」至於克雷恩在他舊家地下室發現的空酒瓶與酒標，羅敦司得表示葡萄酒鑑賞家品嚐過後把剩下的酒瓶和酒標留下來，不是什麼稀奇的事。「我把酒標取下來，打算裱框。很好看！」他否認供應任何酒給 Wine Library，科克訴訟提到的一點五公升大瓶裝彼得綠也與他無關，羅敦司得堅稱：「我手上的一九二一年彼得綠本來就都貨真價實！」他引用帕克的一百分評論，問道：「世界級的專家都說風味絕妙，甚至給出滿分，還有更有力的證據嗎？」

羅敦司得尤其不滿科克描繪兩人二〇〇〇年在佳士得拉圖堡品酒會上見面的場景。他堅決表示：「我沒遲到！我看起來沒有不自在，也沒很快避開他。我很確定我那時的表情充滿期待，滿心想著要品嚐美味的拉圖堡美酒。我心情非常好！」羅敦司得回憶道，科克提到擁有傑佛遜藏酒時，他的回應是：「很好，但您不是跟我買的。」

羅敦司得為傑佛遜藏酒的真實性辯解時，偶爾會自相矛盾。他寫道：「如果佳士得稍有疑慮，就不會答應拍賣一七八七年的拉菲堡。我不該受到指責。」他暗指科克針對姓名縮寫的分析並非科學鑑定的結果，只是他花錢聘用「業餘雕刻師」友人所下的結論。然而，羅敦司得寫給法院的信中卻又表示不排除縮寫是現代雕刻上去的，推測當初賣酒給他的人「以新的刻字蓋過酒瓶上的雕刻……因為原本的字跡已經無法辨認。」羅敦司得也暗示在酒瓶上重新刻字的人可能就是科克本人或他的下屬，「都過了二十年，誰知道他們會對酒瓶動什麼手腳！」（菲睿為了傑佛遜藏酒提告時，羅敦司得也說了差不多的話，暗指菲睿對酒瓶動了手腳來陷害他。）

八月十四日，負責監督審前程序的治安法官建議，既然羅敦司得拒絕參與訴訟，可以採缺席判決。現在承審法官必須決定是否接納羅敦司得針對程序提出的多項抗辯。即使最後裁定為缺席判決，羅敦司得還是堅持德國法庭不會執行。與此同時，艾洛伊把調查結果交付檢察機關，已召集大陪審團聽取證供，聯邦調查局也開始發傳票給眾多收藏家、酒商與拍賣行。科克告訴我：「整個產業都能受益。如果法官因為技術問題而放棄這個案件，我手上還有五個。」

走進科克在棕櫚灘的酒窖，經過好幾排貴重的酒款，可以在典雅的鑄鐵護欄後方，找到科克存放年代格外久遠的陳釀貯藏室，但現在他覺得裡面很多都是仿冒酒。我拿起一七八七年的傑佛遜拉菲堡，摸起來冰冷，重量出奇地重。我撫摸上頭的刻字。傑佛遜在一七九〇年那封信中要求他和華盛頓的酒要分開註記，但想必他指的是酒箱而非每一瓶酒吧。收藏家、酒評家、拍賣家追求稀世珍釀的濃厚熱情是否蒙蔽了他們的雙眼，使得他們看不出酒瓶上出現姓名縮寫有多麼不可能？

科克開了一瓶一九八九年的蒙哈榭（Montrachet），帶我上樓坐在牛仔房裡舒適的皮椅上。酸爽的葡萄酒嚐起來有礦味，對我這種外行人來說十分可口。我和科克討論仿酒案時，發現他並未流露任何憤恨不平的樣子。他對抗羅敦司得和仿冒酒的激情熱血，與一開始收藏葡萄酒的時候相同。他說：「以前我會吹噓自己有傑佛遜藏酒，現在會炫耀我有傑佛遜仿冒酒。」

夕陽逐漸西下，科克的私廚通知他晚餐是軟殼蟹和野味。科克拿起一本厚重的資料夾開始翻閱，那是他的酒窖紀錄冊，列了他所擁有的葡萄酒。我們耳邊響著樓上孩子在拍打籃球的聲音。科克的妻子布麗姬・魯尼抱著一歲女兒凱特琳（Kaitlin）走進來，科克問她：「我們在討論仿冒酒，要加入嗎？」布麗姬・魯尼坐在他旁邊，似乎沒注意到女兒正啃咬她脖子上那一條大珍珠項鍊。她拿起科克那杯酒啜了一口，低聲說：「嗯——這可假不了。」

■

本文於二〇〇七年刊登於《紐約客》。二〇一八年，哈迪・羅敦司得病逝，享年七十六歲。最後比爾・科克擴大他的征討範圍，也對付其他葡萄酒詐欺犯，發起新的訴訟，至今他依然相當享受調查案件的過程。

i・譯註：傑佛遜是Minister，不是Ambassador。1893年以後美國駐法最高外交官才升級為大使。

ii・譯註：請參閱後面的描述。

iii・譯註：六公升的瓶子。

iv・譯註：原文寫Russia，但不合理；因此改成蘇聯。基輔（在烏克蘭）和摩爾多瓦都是隸屬於蘇聯。

第二章　犯罪家族——惡名昭彰的荷蘭黑幫老大遭妹妹大義滅親

亞絲翠．霍雷德（Astrid Holleeder）的水藍雙眼超迷人，但除此之外，我無法透露更多她的外貌特徵，因為她正藏身阿姆斯特丹。雖然人在家鄉，卻是個亡命之徒，兩年來住過許多配有家具的安全屋。她偏好可以地下停車的建築，這樣進到防彈車之前才不會暴露在危險中太久。除了一萬五千歐元買下的二手防彈車之外，她還擁有兩件防彈背心。亞絲翠經常在腦中盤算各種可能被暗殺的致命情境。每次停紅燈時，只要有陌生的車輛像鯊魚般從旁邊冒出，她就會心跳加速、緊抓方向盤，等到綠燈之後才鬆一口氣，繼續往前開。

阿姆斯特丹人口少於百萬，要在這個城市人間蒸發十分困難，從小在這裡長大的她就更不必說了。幸好亞絲翠在生命受到威脅之前就非常重視隱私，網路上完全找不到她成年後的照片。現在她除了和為數不多的朋友密會之外，大部分時間都待在家中，穿梭在城市裡頭也總是小心翼翼，有時還會喬裝打扮。她收藏了許多假鼻子和牙齒，偶爾也會扮成男人。亞絲翠通常身穿黑色衣服，當她懷疑遭到跟蹤，就會躲到洗手間戴上假髮、換上紅色洋裝。這樣的行為不利於社交生活，認識新朋友對她來說也的確風險頗高。雖然亞絲翠個性熱情活潑，與人群相處讓她充滿活力，可是她把自己武裝了起來。她最近告訴我，五十二歲的她仍單身，「戀愛不如大家所想的那麼美好。」

亞絲翠之所以有生命危險，是因為她在二〇一三年做了一個決定：答應成為一場黑幫審判的重要證人，指證荷蘭最聲名狼藉的罪犯——德諾斯（De Neus，意思是「鼻子」，會有這外號是因為他有一副鷹勾鼻）。亞絲翠這個決定相當大膽，她說「其他和他作對的人最後都死了」。德諾斯目前遭拘禁在荷蘭唯一一座高度安全管理監獄，據說在二○一六年，他請獄中幾個黑幫老大找外頭的小弟處決亞絲翠，以及其他兩位在同個案子中對他做出不利證詞的證人，後來其中一名獄友向監獄人員坦白，壞了他的計畫，但威脅的效果迄今未減。亞絲翠表示：「他當然會這麼做，他會殺了我。」她的語氣之所以如此篤定，有部分原因是她曾任德諾斯的法律顧問。逃亡前她其實是事業有成的律師，專辦刑案，重點在於她也是德諾斯的親妹妹。

德諾斯本名威廉．霍雷德，小名「文恩」（Willem "Wim" Holleeder），因為涉及五宗謀殺案、兩宗殺人未遂案以及「參與犯罪組織」而正在接受審判。審判地點位於阿姆斯特丹郊外工業區裡守備森嚴，因而有「地堡」（the Bunker）之稱的法庭。亞絲翠作證時，坐在四周圍起的證人席，前方是不透明的隔板，確保不會有人看見她的臉。她也無法看到威廉，這樣威廉就不能用眼神威脅或者做出兩人才懂的手勢，讓她作證時心生顧忌。最近一名檢察官就在法庭上說威廉「是個恐嚇高手」。

荷蘭媒體幫這樁官司取了個「大審判」（mega-trial）的外號，熱議不斷，人們常常天一亮就排隊瘋搶法庭小型旁聽區座位。亞絲翠本人也是看點之一。二○一六年，她出版回憶錄《叛徒猶大》（*Judas*），談論與威廉一起長大的往事以及背叛他的決定，在荷蘭這個人口僅一千七百萬的國家竟然熱銷五十幾萬本。亞絲翠雖是知名作家，卻幾乎不曾與讀者見面，也不可能在書店舉行簽書會。書名反映出她對於自己指控哥哥犯下謀殺罪的矛盾心理，這個抉擇的戲劇張力正是書籍暢銷的原因，也是為什麼有這麼多人來地堡法庭看好戲。霍雷德兄妹鬩牆把手足間的爭戰濃縮成了法庭上的對決，供人觀賞。

「這真的是背叛的最高級。」亞絲翠三月時在法庭上這樣說。她一邊啜泣，一邊表示即使哥哥身負重罪，她還是愛他。她坦承指證哥哥「很瘋狂，感覺很糟」，「可是如果你養了一隻會咬小孩的可愛狗狗，你還是得優先考量孩子，選擇將狗狗安樂死。」

威廉是四個小孩中的老大，亞絲翠是老么，夾在中間的是宋雅（Sonja）與悉哈德（Gerard）。他們在阿姆斯特丹市中心的約丹區（Jordaan）長大，那裡風景如畫，有著狹長房屋與運河，如今遍布文青咖啡廳和高級精品店，但在一九六〇年代其實是工人階級住宅區。亞絲翠的爸爸也叫威廉，在附近的海尼根釀酒廠工作，十分尊敬公司老闆阿弗瑞德・海尼根（Alfred "Freddy" Heineken）。據說美國四成進口啤酒都出自海尼根公司，海尼根本人也成了荷蘭數一數二的富豪。當亞絲翠還小時，四個孩子寫作業的筆及喝牛奶的玻璃杯上都有海尼根的商標，她回憶家裡簡直是「沉浸於海尼根之中」——她父親也是。老威廉是個酗酒的虐待狂，專橫的他總是嘲弄妻子絲坦（Stein）和孩子們，對他們動手動腳。

因為現在過著處處受限的生活，亞絲翠有時會想起童年時光，她告訴我：「我很習慣監禁的生活，因為我的家就是座監獄。」她哥威廉青少年時期又高又帥，手臂健壯，有著高挺的鷹勾鼻，脾氣和爸爸一樣喜怒無常，兩人時常起衝突。他那時開始傍晚出門、深夜返家，有時回來會叫醒亞絲翠，輕聲問：「小翠，你醒著嗎？爸爸去睡了嗎？他還有再發瘋嗎？」亞絲翠會低聲回覆：「他吼說你太晚回來，但媽把時鐘倒轉，讓他逮不到你。」絲坦說兒子「十二、三歲之前」很貼心，她「不知道他與壞朋友廝混」，同時也指出：「他們都是社區裡的混混」。

官方統計，荷蘭犯罪率是世界最低。近年有二十幾座監獄因為囚犯不足而關閉。荷蘭的大麻與性產業合法化、貧窮率低、社會福利的保障健全，樹立了和平又進步的烏托邦形象，但荷蘭警方有份近期的機密報告外流到媒體，顯示官方數據無法真實反映國家犯罪率。警察機關估計每年有數百萬起輕微竊盜罪與其他違法案件的黑數，因為受害者覺得那些僅是不可避免的小麻煩，或是認為警方抓不到犯人。情節重大的罪行也不在少數。根據歐洲刑警組織（Europol）報告，流入歐洲的古柯鹼有高達一半都經過鹿特丹港。幾年前有一大票毒品在運輸途中搞丟了，引發幫派大戰，至少十二人遇害身亡，多名殺手掃射阿姆斯特丹街頭。

威廉初入黑社會時還不算太壞，負責當房東的打手，趕走擅自佔屋的不速之客，不然就是參與一些騙局。到了二十出頭，他變本加厲，開始持械搶劫，也慢慢顯露與父親一樣的暴力傾向，例如威脅兩個妹妹。亞絲翠說他會對她們說：「我說了算。」

絲坦告訴我：「他自戀傲慢，跟他爸一樣。」威廉偶爾會回家探望母親和弟妹，通常會帶上兒時玩伴科爾奈里斯・范豪特（Cornelius van Hout），大家都叫他科爾。當時亞絲翠挺喜歡科爾，說他「為人風趣」，他也不太把威廉的暴躁脾氣當一回事。宋雅也覺得科爾有魅力，後來兩人開始約會，亞絲翠樂見其成。宋雅是個擅長穿搭的金髮美女，在男人面前乖巧聽話。絲坦說：「宋雅像洋娃娃，亞絲翠像坦克車。」亞絲翠個性太過獨立，哥哥姊姊都笑說她一定是外面撿來的，她本人也半當真，有時還會好奇她的親生父母何時會來把她接走。

亞絲翠功課很好，從小操著約丹區的俚語讓她倍感束縛，堅持學好一口流利的「正確」荷蘭語，威廉則會笑她裝模作樣。亞絲翠也學了英文，而且因為她那暴力老爸不懂英語而覺得很安心。時至今日，使用英文仍然帶給她心靈的庇護。亞絲翠長大成人後，對於兩性的看法有鮮明的差異：女人是受害者，男人是加害者。她告訴我：「我以前就像男人。我不想當受害者，也從來不穿洋裝。」她以前會打籃球，球技達到半職業水準。她十七歲就離家，與父親斷絕關係，打算爭取國外大學獎學金，逃離荷蘭。「我本來準備好要去美國了，卻牽扯進海尼根綁架案而被拖住後腿。」

一九八三年十一月九日，阿弗瑞德・海尼根離開阿姆斯特丹的辦公室時，有輛橘色小廂型車停在他旁邊，幾名戴面罩的男人拿槍抵著他和司機，把他們推進車上。車子在腳踏車道橫衝直撞，來到城市邊緣的一間倉庫。海尼根和司機兩人被推入兩個隔音良好的小房間。當天晚上，荷蘭警察收到一張紙條，要求一大筆贖金，用今天的幣值來看超過三千萬美元。荷蘭犯罪新聞記者彼得・R・德伏里斯（Peter R. de Vries）寫過一本關於綁架的書，他表示：「綁架是那種其他地方才會發生的事，像是美國。」海尼根是荷蘭代表人物，這起案件引起國民的震驚與關注。

綁架案發生時，宋雅正和科爾同居，剛生下女兒法蘭西絲（Frances）。某天晚上，亞絲翠和威廉找他們共進晚餐，看到了相關新聞。亞絲翠記得自己說：「蠢斃了，誰會綁架海尼根？一輩子都會被追緝。」

「你這麼覺得嗎？」威廉問。

「我確定得很。」亞絲翠回答。

過了三週，荷蘭當局還是一無所獲，海尼根的家人依照綁架犯指示準備五大袋四種幣值的贖金，交由中間人拿到烏特勒支（Utrecht），把錢放在排水溝後就離開。人質並未立刻獲釋，但約莫此時，警方接獲密報，循線索找到倉庫以及倉庫內的海尼根與司機。海尼根口供提到：「我左手被拴起來，幾乎動彈不得。」他還說自己會用塑膠叉子梳頭髮，「努力找到一個規律才有事做」。人質自由了，犯人卻消失了，顯然帶著贖金逍遙法外。然而有天早上，亞絲翠在宋雅家時，科爾剛好不在，全副武裝的警察破門而入。有人匿名向荷蘭當局舉報綁架犯身分，指稱主謀是威廉以及科爾。警察逮捕了宋雅和十七歲的亞絲翠。

今年（二〇二二）初春，我聯絡了亞絲翠的書籍出版人奧斯卡．范海爾登仁（Oscar van Gelderen）。活潑的范海爾登仁笑起來像個頑童，《叛徒猶大》並非他第一次代理生命受到威脅的明星作家出版。義大利記者羅貝托．薩維亞諾（Roberto Saviano）在二〇〇六年出版有關那不勒斯黑手黨的書《娥摩拉：罪惡之城》（*Gomorrah*），流亡至今，范海爾登仁就是第一個出版該書譯本的外國出版人。范海爾登仁替我牽線亞絲翠，她答應見我，條件是我事前不能知道要在阿姆斯特丹的哪裡會面，因為如果威廉的同夥發現我和亞絲翠有約，可能會尾隨我找到她。見面前，范海爾登仁叮囑我要照顧亞絲翠的情緒，她現在的危險處境帶給她精神上的折磨。「她飽讀詩書，但很容易受到刺激。」

某天傍晚，黃昏籠罩了阿姆斯特丹，一名司機接我到一家雅致的飯店。我們在地下停車場下車，我搭電梯到樓上的日式餐廳，再由專人帶位到障子門內私人包廂的矮桌，然後亞絲翠拉開門走了進來。以隱居的人來說，她的身材格外勻稱。一身黑色衣裳的她熱情地向我問好，然後認真閱覽菜單。她說：「我很少在外用餐，除非有包廂。」她神采飛揚，不帶掩飾，隨即點了最豪華的十二道菜套餐，並推薦我也點一樣的。接著，她用標準的英文聊起哥哥，話說得又快又自信，滔滔不絕且急切的語氣就像個離群索居、渴望交談的人。她認為，威廉綁架海尼根的決定背後無疑帶有弒父的衝動。海尼根是父親敬重的人物，而且「父親整天喝的都是海尼根的酒」。即便如此，「威廉絕對不可能因為這樣做出綁架海尼根的決定——他自我覺察能力沒那麼好，絕對意識不到那種衝動。」

警方逮捕霍雷德姊妹的同時，威廉和科爾逃到法國。姊妹倆告訴調查人員她們對綁架案不知情；威廉不會向妹妹吐露秘密，宋雅也很識相，不會過問科爾的工作。警方將姊妹倆不起訴釋放。六週後，威廉和科爾在巴黎香榭麗舍大道附近的公寓被捕——科爾一直都有打電話給宋雅，所以才洩漏了行蹤。荷蘭政府請求引渡兩人，但因為一些法律問題而卡關，他們遭羈押在法國將近三年。這段期間，他們偶爾會接受荷蘭媒體採訪，把形象營造成敢於向掌權財閥出手的工人階級好漢，是風流不羈的反派英雄。雖然亞絲翠私底下無法苟同兩人這樣包裝自己，但威廉畢竟是她的哥哥，科爾則是姊姊的伴侶，她內心實在是五味雜陳。宋雅對科爾的支持不變，絲坦每週都會到法國探視兒子。

雖然亞絲翠的內心矛盾，但還是忠於家人，再加上霍雷德家族惡名在外，她想疏遠家人的夢想因而泡湯。威廉和科爾滯留法國期間，亞絲翠愛上大她二十歲的藝術家亞普．維岑豪森（Jaap Witzenhausen）。維岑豪森和霍雷德家的男人完全不同，他性格溫和，也不介意處處讓著亞絲翠。亞絲翠懷念起那段歲月，她說：「他就像我的全職妻子，會做家事，廚藝精湛，樣樣完美。」亞絲翠的家人拜訪小倆口時，看到吸地板的維岑豪森覺得非常搞笑。亞絲翠十九歲誕下女兒米宥蘇卡（Miljuschka），她說自己好幾個月都在努力保護女兒不受包括母親在內的家人影響，深怕女兒會受到「霍雷德家族的門風」荼毒。為了不讓造成她童年扭曲的病態行徑影響到女兒，就算鄰里認為接受心理諮商「代表你發瘋了」，亞絲翠依舊毅然決然地開始了心理諮商。她首先對諮商師提出的問題是「什麼是正常？怎樣才是正常人的行為舉止？」

一九八六年，威廉和科爾總算引渡回國，獲判十一年有期徒刑，但荷蘭的刑期制度較為自由，兩人五年後就恢復自由之身。兩位綁架犯為表慶祝，開了一場糜爛的派對，樂團還演出海尼根的廣告歌曲。此舉震驚了荷蘭大眾。亞絲翠解釋，兩人有充分理有大肆慶祝一番，因為「警方沒拿回贖金」。海尼根和司機獲釋後，荷蘭警察宣稱在阿姆斯特丹東南方三十五英里的宰斯特（Zeist）附近，找到埋在樹林中大部分的贖金。可是警方只找到大約四分之三的金額，剩下的現金卻找不回來（如今相當於八百萬美元）。亞絲翠表示，兩人把部分資金交付給狐群狗黨，請他們投資毒品交易，「所以他們服刑期間有八百萬美元在外面錢滾錢」。本來就富有的他們出獄後又更有錢了。

科爾出獄後和宋雅靠著不義之財過著紙醉金迷的生活，出入以名貴汽車代步，也到地中海度假。之後兩人又生了一個兒子，科爾將他取名為里奇（Richie），因為名字有「富貴」的雙關含意。〔譯按：原意是「手握大權的統治者」。〕科爾和威廉依然是夥伴關係，再加上科爾與宋雅的連結，霍雷德一家已成了實質上的犯罪家族。威廉坐牢期間，父親過世，出獄後成了家中的男主人。（亞絲翠的另一個哥哥已經和家人漸行漸遠。）科爾和威廉遭羈押於法國時，認識了犯罪新聞記者德伕里斯。德伕里斯一九八七年出版暢銷書《綁架海尼根先生》（*Kidnapping Mr. Heineken*），科爾在書中表示不大後悔自己的所作所為，讚揚他和威廉以及其他綁架同黨的交情是「獨特、堅固、永恆的全方位戰友情誼」。海尼根家族並未試圖透過法律途徑收回失去的贖金。德伕里斯解釋道，綁架事件讓海尼根嚇到了，很怕犯罪組織會再度對他不利。有人認為荷蘭文化之所以如此包容多元，不只源於自由開放的精神，也是出於真知灼見的務實考量：就算法令明文禁止也無法杜絕色情產業，那又何必呢？海尼根是個想要平安度日的富豪。一九九〇年代初，德伕里斯安排海尼根的保全組長與威廉和科爾見面，他說「他們告訴他『阿弗瑞德不必害怕』」，但暗示海尼根必須禮尚往來，不能企圖把錢要回來，如同德伕里斯所說，「雙方井水不犯河水」。

綁架案後，海尼根過得像個隱士，並於二〇〇二年去世。（我曾連繫他的家人，但對此他們並未回應。）

霍雷德家族懷疑檢察機關會監控他們，所以在家裡或車上都不會談論正事。亞絲翠回憶道：「為了保護財產，我們必須三緘其口。」她還說家人之間得透過暗語溝通，或當下想辦法比手畫腳。例如「我幫你買了鳳梨乾」代表「過來，出事了」。威廉想與亞絲翠或宋雅坦誠對話時，會邀他們一同散步。（他之後在法庭上打趣地說：「我是個戶外咖。」）就算在散步，如果要聊比較敏感的話題，亞絲翠也會遮住嘴巴，以防有警察拿著望遠鏡讀唇語。若是威廉必須發表可能被拿來定罪的言論，就會對亞絲翠悄悄耳語。亞絲翠說：「我們越來越熟練，可以共享秘密，讓他們用海尼根的錢度日。」她現在已經體認到：她想忠於家人的本能其實就是在道德上有所讓步，「因此我們都成了共犯」。

除了毒品交易，威廉和科爾也把贖金拿來投資性交易產業，賺取阿姆斯特丹紅燈區幾間知名店家的分潤，但因為是委託代理人投資，所以他們的名字不在任何文件上。亞絲翠表示：「法律上不存在所謂海尼根的錢。」大家問威廉消失的八百萬在哪裡，他都會用個錢在海邊燒掉了的故事含糊帶過。亞絲翠說：「大家知道的是一回事，可以證明的又是另一回事。」

威廉和科爾涉足紅燈區的事業在阿姆斯特丹是公開的秘密。他們投資以「真人性愛秀」聞名的紅屋劇院（Casa Rosso）之後，據說海尼根公司向劇院管理層表示店內不得再販售海尼根啤酒。亞絲翠覺得威廉都在欺負和嘲諷女人，而且慢慢變得和父親一樣惡劣，但兄妹之間還是因為一起從噩夢般的悲慘童年倖存，繼續維持著深厚的情感。亞絲翠說：「我們的關係建立在悲劇和秘密上面。恐懼、威脅和暴力建立起的關係最親密，如果你和某人在那樣的情境共處，就會變成某種畢生的羈絆。」她又說，他們家人陷於「彼此依附的」關係。「我學會去愛我不喜歡的人。」

亞絲翠有段時間在哥哥的俱樂部當櫃台。她說：「可能我想要對家裡有歸屬感吧。我不反對性工作，因為太熟悉了。如果沒有腦袋和學習能力的話，那是唯一可以脫離男人獨立的方法。是我也可能從事那樣的工作。」可是她沒有。亞絲翠嚮往法律的明確與嚴謹，二十三歲時上大學讀了法律。她是學程裡面唯一一個年輕媽媽，幸好丈夫配合她的志向，幫忙扛起照顧女兒米宥蘇卡的責任。亞絲翠計劃專攻公司法，可是拿到學位後才發現潛在雇主都覺得他們家的名聲不討喜，她脫離霍雷德家族的如意算盤又再度失敗。威廉剛好認識一些阿姆斯特丹的優秀刑事訴訟律師，替妹妹牽線。亞絲翠發現，霍雷德家族的名聲在這些圈子是資產，「他們很看重我，因為我是威廉．霍雷德的妹妹。」即使在道上，裙帶關係還是有點用處。

後來亞絲翠也喜歡上辯護工作。她可以在古板的法律用語以及幼時學的重口音黑話間切換自如，輕易就能與罪犯客戶的窮困家人打好關係。她告訴我：「我知道怎麼和家屬對談。我知道懷抱希望有多重要。就好像我跟家人的關係一樣，我不是把他們當成罪犯，而是當成人。」她回憶時的聲音顫抖。我問她是否懷念律師生涯，她停頓片刻後回答「是」，接著表示：「你在他們人生低潮時出現，他們會依賴你。」她出庭指證威廉後，法律工作對她和客戶的風險都變得過高。她搖搖頭說：「事實上，我就跟我哥一樣被囚禁了。」

亞絲翠談起哥哥就好像在描述一個黑洞，吸入並吞噬進入軌道內的所有人事物。就連她那個性溫和、觀念進步的老公也無法倖免。米宥蘇卡襁褓時期，維岑豪森到威廉與科爾的一家妓院擔任經理。亞絲翠說：「亞普喜歡拯救女人。每個妓院的女人都需要得到救贖。」後來她發現先生盜取妓院收入——這簡直是在玩命，如果威廉發現，可能會把他做掉。亞絲翠說：「亞普逐漸從知識份子變成了小偷。」二〇〇五年，維岑豪森接受警探調查，透露威廉曾經對亞絲翠和宋雅施暴，家裡還出現「嚴重的恐嚇情形」，亞絲翠反抗威廉，觸怒了他，「所以她每次都被打」。

我向亞絲翠提起這段話，她說自己不記得成年後有被威廉虐待，但也沒有否認。「只要不是打臉，我都不覺得算打。」威廉吐她口水、推她，還試圖拆她辦公室的門，但她說：「當時那對我來說很正常。」現在的她體認到那段時光的矛盾之處：「我有雙重人生，一個是我自己的，也就是和朋友相處及工作時；另一個是和家人在一起的人生，我在其中扮演特定角色。」亞絲翠在專業領域綻放光彩，成為積極活躍、人脈顯赫的律師；然而身為威廉的妹妹，她還是深陷受害者的角色。後來她發現老公偷吃妓院的女人，兩人離婚後她獨自撫養米宥蘇卡。他們分得很乾淨，如今母女倆都不知道維岑豪森的下落。（我也尋他未果。）

亞絲翠無法像離婚一樣輕易拋下娘家的人，她說：「我應該轉身離去，那樣對來我說比較輕鬆，但我捨不得。」她看了同一個心理諮商師近三十年，我們對話的過程中，她不帶猶豫拷問自己當年決定的方式，直白無諱得令我震驚。訪談過程中，她一度說到自己為何無法擺脫家人：「是因為我喜歡那種刺激感嗎？是同理心使然？可能都是吧。我習慣充滿危險的生活。」

一九九六年春天，科爾和宋雅從幼兒園接里奇回家，但沒有馬上下車，因為里奇想跟著廣播唱安德烈・波伽利（Andrea Bocelli）的歌曲。唱著唱著，宋雅看到一個男人逼近，他掏出一把槍開始射擊。宋雅拚命爬出車外，開後門把後座的兒子拉出來。槍手跑走。科爾的手臂和肩膀中彈，下巴碎裂，但活了下來。亞絲翠去醫院探望時發現宋雅的羽絨外套破了一個洞，細小的羽毛沿路掉了出來。她把指頭伸進去外套裡面，撈出一顆子彈。那顆子彈卡在衣服，沒打中宋雅。

科爾一出院，威廉就把他們一家子送到法國避難。調查過後，威廉表示此次攻擊的幕後主使者是兩名阿姆斯特丹的幫派份子——山姆・克雷普（Sam Klepper）與約翰・米雷梅特（John Mieremet）。看來科爾和威廉在荷蘭黑社會已經有名到會惹禍上身的程度。根據威廉的說法，那兩個人承諾，如果科爾交出一百萬荷蘭盾，就不再騷擾他。威廉力勸科爾現實一點，付錢了事，但激憤的科爾拒絕了。科爾和家人在法國樹林裡隱密的農舍休養時，威廉回到阿姆斯特丹處理克雷普和米雷梅特。

科爾一直都是兩人之中比較強勢的一方。年輕時，威廉每天早上都會替他送早餐。現在他的生命受到威脅，兩人關係開始變得緊張。德伏里斯見證了這段轉變，他告訴我：「他們很常爭吵，威廉不想再扮演同樣的角色了。」科爾越來越投入毒品交易等違法活動，威廉則堅持想要金盆洗手。他作證時表示：「我的目標是把錢洗乾淨，退隱江湖。」接著又說：「我比較有遠見。」

科爾的飲酒習慣也造成兩人心生嫌隙。科爾是個擅於社交的話匣子；威廉卻剛好相反，或許是因為父親酗酒，所以不太碰酒。科爾承認自己有問題，有時會拿起啤酒，冷笑著說：「被海尼根將了一軍。」他也會對宋雅拳打腳踢，但宋雅從來沒想過要離開他。亞絲翠說：「宋雅找了一個跟爸爸同樣會酗酒的男人。」在他們的世界裡，這就是男人對待女人的方式。

科爾害怕敵人最終會找到他，所以開始儲備武器。他告訴宋雅，萬一他有什麼三長兩短，希望用馬車當葬禮上的靈車。威廉不斷苦勸他付錢了事，勸到科爾開始質疑威廉不夠朋友，就算威廉堅稱自己是為了他著想，心生反感的科爾還是斥責威廉是個叛徒。二〇〇〇年冬天，聖誕節前幾天，科爾正要進家門前，有個狙擊手把槍口對準他，但沒有射中。二度遇刺的科爾死裡逃生。霍雷德一家很慌張，亞絲翠認為那段時期造就了她瘋狂的生存本能。她回憶道：「當時我們都預期有人會死。」

二〇〇三年一月，科爾在某家中式餐館外頭與另一個黑道混混閒聊，騎著紅色機車的兩個男子停在他們附近開槍，科爾終於難躲厄運。科爾如願乘著菲士蘭馬拉著的白色靈車，抵達他的墓地。賓客則是乘坐白色禮車。部分阿姆斯特丹人覺得這場浮誇的葬禮很倒胃口，亞絲翠說「全城都同感震驚」，然後表示：「我們只是想遵從他的遺願。」科爾遇害身亡讓亞絲翠深受打擊。科爾算不上理想的對象或父親，但宋雅和孩子都很愛他，亞絲翠也一直把他當成哥哥看待。或許因為科爾早逝，霍雷德姊妹可以充滿感性地美化與他的回憶，卻無法這樣對待威廉。無論如何，亞絲翠和宋雅談到科爾時都語帶柔情。

刺殺事件過後，威廉似乎想設法鞏固自己在黑道上的威權，他的犯罪同夥逐一遭到殺害。雖然沒有明確證據顯示他和這些命案有關，但就與海尼根支付的那筆贖金一樣：沒有人可以證明，可是每個人都臆斷威廉在幕後指使。威廉開始花更多時間陪伴宋雅與她的兒女，卻沒打算假裝追悼科爾，甚至還公開詆毀他。里奇長大成為高高瘦瘦、手腳笨拙的青少年，越來越像他已故的父親。威廉會找他麻煩，告訴他科爾生前「什麼都不是」。威廉還向宋雅提議海尼根贖金相關的資產都應該歸他所有，畢竟當年冒險策劃綁架案的人是他而不是宋雅。

二〇〇七年，威廉因為勒索數名阿姆斯特丹的商人而坐牢五年，出獄後在地方聲名大噪。他開始騎著偉士牌在阿姆斯特丹時髦的地區繞，與荷蘭饒舌歌手浪昂・弗朗斯（Lange Frans）錄製嘻哈單曲〈威廉東山再起〉（Willem is terug）。（有歌詞這樣寫道：「入獄像隻動物，出獄是個男人。」）威廉也開始替《Nieuwe Revu》週刊撰寫專欄，自吹自擂，誇耀自己認識哪些名人，並且意指現在當了作家，過去那些「總是寫我壞話」的記者現在都會欣然接納他。威廉聘用專屬狗仔，拍攝並彙整他與名人往來的相片。他外包寫手，把違法事蹟寫成《霍雷德的早年生活》（*Holleeder: The Early Years*）等書。德伏里斯的《海尼根綁架案》改編成電影，由安東尼・霍普金斯（Anthony Hopkins）飾演海尼根。威廉甚至和比爾・蓋茲（Bill Gates）以及屠圖大主教（Archbishop Desmond Tutu）等名流一樣，上了荷蘭熱門電視節目《College Tour》的訪談。媒體開始稱他為「惹人愛的親切罪犯」，阿姆斯特丹的年輕人在路上看到他還會要求與他自拍合照。當地幫派老大斯瑞登・尤奇茨（Sreten Jocić）是塞爾維亞人，他笑稱威廉・霍雷德是繼起司之後最著名的荷蘭產品了。

大眾對於威廉的接受度令亞絲翠詫異不已。荷蘭本土懷舊主義盛行或許可以解釋這個現象。據說，摩洛哥和荷屬安地列斯群島的移民稱霸了阿姆斯特丹的黑社會，人們經常把威廉塑造成瀕臨滅絕的品種：本土罪犯。威廉濃厚的口音以及白皙的膚色很得大眾歡心，感覺像時代錯置的社會寵兒。阿姆斯特丹愛戴威廉就如同當年紐約讚頌義大利黑手黨老大約翰・高蒂（John Gotti）。然而，打個比方來說，明明恐龍絕種很可能是因為其中一隻把其他恐龍殺掉，那隻恐龍卻為世人稱道，似乎有點弔詭。威廉身邊的人死亡率驚人地高，我請德伏里斯列出威廉有哪些熟識的友人，他想了片刻說：「大部分都不在人世了。」讓威廉在二〇〇七年入獄的案子有大部分消息都來自昔日同夥威廉・恩茲特拉（Willem Endstra）與荷蘭調查員的機密訪談，他估算威廉身上背了二十四條人命。威廉吹噓自己在警界買通線人很久了，若他所言不假，背叛他的人都會有危險。恩茲特拉成為證人不久就遭槍殺，威廉被控教唆殺人。

亞絲翠知道哥哥是殺人犯，他時常找她法律諮詢。威廉在阿姆斯特丹涉嫌的每一樁命案，亞絲翠都會創建詳細的檔案，記載潛在證人的簡介以及讓調查人員無法輕易採信他們說詞的方法。她推斷，威廉表現得平易近人是為了轉移大眾注意力，「他在幫自己洗白」，但這更令亞絲翠作嘔。威廉會一早到她家，執意一同出門散步，亞絲翠也會因此起得特別早，以便在哥哥來之前穿戴整齊。有時威廉需要「乾淨的現金」應付開支，她也會借錢給他。她也不只一次為了保護哥哥而誤導調查員，她針對這項罪行接受法庭質詢時的回覆是：「如果必須選擇和司法或威廉作對，當然選司法。」

威廉的同黨一個接一個死去，亞絲翠猜測到的理由連她自己都不寒而慄。雖然威廉把科爾的死怪到克雷普和米雷梅特頭上，但之後卻和米雷梅特合作做生意。二〇〇三年科爾喪命時，克雷普已在阿姆斯特丹遭人槍殺；米雷梅特則於二〇〇五年在泰國芭達雅遇害。亞絲翠越是思索造成科爾死亡的一連串事件，就越清楚明白下令殺他的人不是克雷普和米雷梅特，而是威廉。

某個週日早晨，司機到阿姆斯特丹市中心的運河邊來接我到宋雅現居的公寓大樓。亞絲翠在門口迎接我們，她安排和家人吃午餐，邀請我加入。宋雅在廚房指揮。她頂著一頭蜜糖色金髮，皮膚曬得黝黑，笑起來很文靜，而且和亞絲翠一樣喜歡穿黑色衣服。白色系的公寓一塵不染，陽光從窗簾透進室內。亞絲翠直言宋雅還是靠綁架案贖金的獲益維生，她的坦率令我吃驚。「政府沒有沒收，海尼根也沒有提告，所以這筆錢歸他們。」牆上掛著科爾的裱框照片，旁邊還有宋雅與《綁架海尼根》的演員合照。宋雅的一對子女坐在餐桌，絲坦自己坐在沙發上，慢吞吞地喝著一碗湯，大家分著糕點和起司丁。

亞絲翠大聲說道：「你來之前我們在吵架。」里奇可能會不顧媽媽反對，在法庭上指證威廉。

里奇表示：「媒體讓我們看起來像歡樂的犯罪家族，但他對我和姊姊來說是個爛人。」里奇長得酷似父親，他四肢修長，小圓臉上頂著一頭短短的金髮。他提醒我，第一次有人試圖謀害他爸時他才三歲，而且和他爸一樣在車上，然後在九歲時失去父親。他說：「我現在二十五歲了。」

里奇本來也可能走歪。身為威廉的外甥和科爾的兒子，他可謂黑社會的貴族。然而，他選擇踏上亞絲翠因綁架案而未能踏上的道路：爭取運動員獎學金，留學美國舊金山大學（University of San Francisco）打網球。大學畢業後，他回到阿姆斯特丹，創業當私人教練，不過還是對舅舅懷恨在心，他告訴我：「我想過要殺了他。他奪走我愛的人，我現在還愛的人。」

科爾於一九九六年首度遇刺，在法國避風頭數個月後，回荷蘭買了一棟別墅。亞絲翠和宋雅答應過科爾要保密別墅位置，面對威廉施壓也不肯透露。威廉一度揮槍對準里奇，嘶聲說道：「快說他在哪裡！」（威廉說沒那回事，還說那是「令人噁心的謊言」。）亞絲翠說威廉贊同希臘悲劇的邏輯，所以在受害者的孩子身邊總是不自在，因為他們長大可能會尋求報復。三十五歲的法蘭西絲有著溫暖的臉龐和綠色的眼睛，她說威廉對她破口大罵時，口水會噴到她臉上，但她怕激怒舅舅，都不敢擦掉。她覺得「很難假裝喜歡他」。法蘭西絲回憶爸爸的葬禮上，棺材被打開，威廉指示禮儀師在科爾臉上塗抹更多化妝品，她哀怨啜泣道：「他看起來像小丑。」

亞絲翠與家人相聚看起來很開心。這麼多年不敢吭聲，現在可以侃侃而談威廉帶給他們的折磨，大家都很欣慰。雖說如此，重溫這些記憶還是很痛苦。宋雅話不多，但守在桌邊替我續咖啡、確保大家都夠吃。威廉多年來都很害怕有人會在他的車上偷藏爆裂物，所以只要他想開車去哪裡，都會叫宋雅先出去幫他發動引擎。（威廉否認有這回事。）宋雅說：「我現在的想法是，『當年我到底在幹嘛？』但我就是照辦了。」

亞絲翠和宋雅老早就懷疑威廉是科爾遇刺的幕後主使者，但都避而不談，把這件事當成另一個家族秘密，最後才在二〇一二年互吐心聲、構想計畫。他們徵詢親信德伏里斯的意見，想知道是否該以潛在證人的身分聯繫調查單位。他強烈建議他們小心行事。惹上威廉的人都被他除掉了，他自稱有警方人脈，如果姊妹倆背叛他很可能會被發現，到時候威廉鐵定會想辦法要了他們的命。

亞絲翠不肯放棄這個想法。她對我說：「威廉是謀殺嫌疑犯，但一直未有充足證據可以進行訴訟。」幾乎只有她這個位置的人才有辦法提供所需的證據，而且身為律師的她也深諳荷蘭刑法對於證據的要求。亞絲翠擔心她和宋雅冒險成為證人的話，最終只會變成雙方各執一詞的僵局，但如果她們能夠偷偷錄下威廉平常對她們講話時那種未經修飾的殘暴言語呢？

亞絲翠著手研究隱藏式麥克風，她說阿姆斯特丹有家間諜設備專賣店，但她不敢去，因為威廉有時也會去那裡，「他可能會看到我」，於是派朋友代買。威廉疑心重到連妹妹也不放過，亞絲翠曾看到他翻查自己的抽屜和郵件，但猜想他應該不至於會搜妹妹的胸部，所以一開始選擇在內衣藏著透過語音啟用的小型無線麥克風。

二〇一三年一月，亞絲翠開始在與威廉散步時戴著竊聽器，前幾次沒能收到威廉低聲說的話，所以她把竊聽器外盒拆掉，縮小體積後縫到夾克的領子裡。這招奏效了。她給宋雅類似的設備，教她怎麼用。姊妹倆確信如果露餡的話，威廉一氣之下會至少把她們其中一人打死，但我問宋雅怕不怕，她說不怕。亞絲翠竊笑道：「我看起來很強悍，但其實比起來我更柔弱。你如果想找人搶銀行，她可是不二人選。」宋雅聽了只是笑了笑。

當姊妹倆開始偷錄音時，威廉的親信已經所剩不多。他在小報上持續扮演放浪不羈的壞男孩，私底下則向妹妹透露自己滿心猜忌與敵意。威廉很在意錢財，特別是剩餘的海尼根贖金。二〇一三年一月，媒體報導宋雅和荷蘭政府以一百萬歐元和解，抵銷科爾遺產相關的洗錢、逃漏稅問題。在威廉聽起來，這次和解代表宋雅手上持有更高的金額。宋雅所錄下的對話裡，可以聽到威廉怒斥她，還罵她是「臭婊子」等。只要他覺得姊妹倆有絲毫反抗，不管是不是真的，都會激起他一陣怒罵。一段錄音中，他對宋雅說：「我會踢爆你該死的豬腦袋。」「我是荷蘭名人，沒人可以對我大小聲。」威廉對著亞絲翠咒罵宋雅，說如果宋雅把他出賣給檢調單位，他會「在灌木叢裡揍她」，甚至拿槍射她，還警告「我要是進去關一天，她的小孩會先出事」。

我們在宋雅家坐定吃飯不久，就聽到外頭傳來敲門聲，原來是亞絲翠的女兒米宥蘇卡。三十三歲的她留著濃密棕髮，遺傳了媽媽的藍眼睛，離婚之後帶著兩個年幼的孩子。米宥蘇卡和亞絲翠相擁，相差僅十九歲的母女感情很好，但米宥蘇卡說很難得當面看到亞絲翠，主要都透過 FaceTime 聯絡。米宥蘇卡當過模特兒，現在是荷蘭熱門烹飪節目的主持人，她的名氣讓亞絲翠的困境更加艱難，因為走在街上會有路人認出她來，亞絲翠於是沒辦法和女兒在公共場合見面。

亞絲翠決定背棄威廉時，和女兒討論過可能會有什麼後果。「我跟她說我可能會遇害，就連她也可能被殺。」但米宥蘇卡支持亞絲翠，她說：「這攸關人品，要做對的事。我們抱著必死的決心作證。我是公眾人物，他想找就能找到我。」如果不幸身故，「我的孩子會很難受，但他們會撐下去的。」米宥蘇卡還說他們家人終於可以正面對抗威廉，感覺像一種「革命」，從小到大「我看著媽媽拚命工作，看著那麼堅強的女人備受哥哥欺凌。她告訴我她在竊錄威廉時——我等這一刻等了一輩子。」

我們聊天聊著，門口突然出現的陌生人讓我分了神。那是個全身黑的光頭男子，五官肥軟鬆垮。我心跳飛快，微微站起，接著大家爆笑出來，我則因為難為情而臉紅。原來那個人是亞絲翠，她闊步走來，拉下臉上精緻的乳膠面具，打趣地拍拍我的肩，說道：「就說我會偽裝了吧。」

一九九五年夏日，紐約上州的哲學教授琳達・派翠克（Linda Patrik）和她的社工師丈夫大衛・卡辛斯基（David Kaczynski）有了段難以啟齒的對話。她溫柔地問大衛有沒有想過他的哥哥泰德（Ted）可能是人稱「大學炸彈客」的恐怖份子。大學炸彈客寫了份長篇大論的宣言，控訴科技帶來的危險，派翠克讀過後認為很像出自泰德之手。大衛一開始還很懷疑，他覺得泰德是有心理疾病沒錯，但從來沒有暴力傾向。然而，經過一番調查，大衛也開始同意妻子的猜測，聯繫了調查機關。隔年四月，泰德遭到逮捕，大衛參加了接續的審判。泰德承認犯下多起謀殺，獲判四個終身監禁。大衛從頭到尾都拒絕直視哥哥。

舉發哥哥的決定讓大衛備受煎熬。後來他表示：「這種感覺就像是被困住了，困在兄弟關係裡面。」如果他袖手旁觀，就會有更多人死去，如果聯絡警方，很可能親手將哥哥後半生斷送在監獄。許多人遇到這樣的考驗都會偏袒家人，希臘悲劇作家索福克里斯（Sophocles）筆下的主角安蒂岡妮（Antigone）就主張家人之間的忠誠高於國法。波士頓流氓「白毛巴爾傑」（James "Whitey" Bulger）涉及至少十一起命案，他身為麻州參議院議長的弟弟比利（Billy）也沒有告發他。自願舉發手足的案例相當稀少。泰德被判刑後，大衛說：「我希望泰德有天能夠原諒我。」他的願望一直沒有實現。

二〇一四年十二月，威廉因為幾名黑道同夥的謀殺案遭到逮捕和起訴。四個月後，荷蘭《新鹿特丹商報》（*NRC Handelsblad*）披露亞絲翠和宋雅一直都和警方合作，蒐集對哥哥的不利證據，標題是「我的哥哥威廉・霍雷德是個變態殺人魔」。亞絲翠接受他們採訪時說威廉是「連續殺人犯」。

妹妹的背叛令威廉大為震驚，在法庭上說這是「晴天霹靂」。警方給姊妹倆緊急按鈕，需要時就能按壓求助。她們誘導威廉在錄音中說出重要的自白，除此之外，提供給媒體的部分錄音對話也推翻了「德諾斯」的公眾形象。那位對著家人大吼大叫、威脅要殺了他們的惡徒沒有任何親切惹人愛的地方。荷蘭媒體大吃一驚，亞絲翠的作家朋友提議她寫一本書，她的答覆是：「其實已經寫一半了。」

亞絲翠寫作的目的比較不是為了要出版，而是想為女兒忠實記錄自己的故事，以防日後遭遇不測。亞絲翠努力保護米宥蘇卡免受娘家失能又暴力的家族殘害，她告訴我：「我從來沒和米宥蘇卡談過我的成長背景、我的父親。」亞絲翠的作家朋友把她介紹給自己的出版商范海爾登仁，他對她的作品很感興趣。他對我說：「這不是在講犯罪，而是在講家庭。」亞絲翠表示寫作雖能宣洩情緒，但對她來說很不自然，「我通常不會寫東西，只要寫下來都可能會被威廉發現！」最後她交給范海爾登仁一個內含三十萬字的記憶卡，其中包含大量生動的回憶片段，由范海爾登仁負責編成一本書。他說：「就像荷蘭語說的，我得『製作巧克力』。」（譯按：意思是把文字編輯成可供大眾閱讀的樣貌。）

亞絲翠選擇《叛徒猶大》作為書名是因為那代表了威廉對科爾的背叛以及她對哥哥的背叛。她說：「威廉很討厭我把他描繪成他不想看到的人。我是他的鏡子。」范海爾登仁暗中編輯完後，把書送到國外印刷，以防原稿流出。當時亞絲翠正準備在「大審判」上作證，但她選擇不把即將出版回憶錄的消息告訴她的證人保護官，更不打算告訴她的律師。出版不久，范海爾登仁問亞絲翠：「我們通常都會辦場派對，妳要嗎？」

「我的書？」她說，「這不是拿來辦派對的書吧。我對另一個人做出這樣的事，寫的可不是什麼漫畫書。」

後來范海爾登仁還是辦了聚會，因為他就是那種很識貨的人，他曾對我說他很早就開始收藏神秘街頭藝術家班克西（Banksy）的作品。范海爾登仁深知霍雷德兄妹之爭的戲劇張力與吸引力，精明善用了圍繞亞絲翠的神秘感。去年法蘭克福書展上，他舉辦了一場僅限受邀者參加的晚宴，聚集海外版權的買家，等到賓客就座後，亞絲翠闊步入場。范海爾登仁咧嘴笑說：「大家都驚呆了。」《叛徒猶大》於二〇一六年十一月五日在荷蘭上市，首刷八萬本當日完售。書的內容和犯罪影集《黑道家族》（*The Sopranos*）相似，用親密家庭劇的形式，帶出駭人聽聞的犯罪故事。亞絲翠把父親的暴行描繪得栩栩如生，她的父親百般虐待他們，其中一個手段是要求小孩一定要把盤中食物吃個精光。有天晚上，亞絲翠在他的強迫下吃得太撐而吐了出來，爸爸命令她吃下自己的嘔吐物，怒吼：「吃啊，妳這不知感恩的賤貨。」後來亞絲翠昏倒，當她甦醒時看到「爸爸毆打媽媽，她把盤子從我鼻子下面抽出來就被揍了」。

亞絲翠在書中也寫到有次和威廉開車出門，她提起威廉的同夥遭到殺害的事，威廉叫她「停路邊」，兩人停車後走了一段安全的距離，以防遭到監聽。「他站在我前面，一臉凶狠，然後說：『我們把他們全殺了，一個不剩。』」（威廉否認自己說過這段話。）

《叛徒猶大》改編的舞台劇、荷蘭影集以及美國影集都將由史蒂芬．史匹柏（Steven Spielberg）的安培林娛樂公司（Amblin Entertainment）製作。威廉最近在法庭上抱怨之後很快就會有「美國的電視影集」，其中一個法官回應他說：「畢竟一集根本演不完」。

范海爾登仁講起亞絲翠的人生故事，輕快的口吻常常像是在唸廣告文案，例如他就對我說過「她下定決心：哥哥是犯罪高手，我就要當最厲害的證人」，還說過「原本的他，無人能敵；現在的他，棋逢對手」。亞絲翠的風格也和他差不多浮誇。不久之前，她接受荷蘭報社採訪時說：「只有我死，威廉才能安心；只有他死，我才能放心。說不定最好的解決方式是拔槍決鬥，把我們放在同一個房間，之後再讓人把屍體抬出去。」我有時候會想，亞絲翠精密的保護措施是不是也有點像在演戲呢？她的處境到底多危險？幾個月來，我和她聊了差不多二十小時，她的說法漸漸出現些微的變化。我們剛認識時，她表示自己擁有的裝甲車可不只一兩輛，而是高達五輛，然後幽默地大談買防彈車的困難，煞有其事的樣子令人不得不信。她說防彈車「需要貴的話很貴，想賣掉又沒人買」，指出網路上的二手價十分低廉，但我請她多做說明，告訴我買五輛的原因、車子停哪裡等，她都閃爍其詞。

我們第一次見面時，她說自己在兩間全面防彈的安全屋輪流待著，在法庭上把自己的逃亡生活講得晦暗無光，宣稱：「我女兒不知道我住哪裡。」拜訪宋雅家之後，我又和霍雷德姊妹會了一次面，亞絲翠話語中透露她「目前」與宋雅住在一起，就在我們吃午餐的那間公寓。（在那之後她就又搬到另一個安全屋了。）威廉在法庭上堅稱亞絲翠並無人身危險，向法官表示：「我沒有恐嚇我的家人。」但他這樣說根本抵不過他在姊妹的錄音檔裡對她們多次的威脅。

報導亞絲翠和警方合作的荷蘭記者楊安・梅爾斯（Jan Meeus）告訴我，就算「德諾斯」沒有明確下達命令，也會有野心勃勃的小弟為了在他面前留下好印象殺害亞絲翠，「有些人可能會覺得這樣能為履歷添色」。

我最近和威廉的律師山德・楊森（Sander Janssen）談過話，他說：「亞絲翠可能真的相信自己有危險。要我說她沒有危險是不可能的，得有神力才能那麼確定。」他繼續說：「威廉說她沒有危險，不會傷害她。」但楊森也承認「威廉很不爽亞絲翠」。

二〇一六年四月，威廉在牢房再度被捕。據說他招攬古拉索（Curaçao，譯按：古拉索是荷蘭在加勒比海的前殖民地）幫派「無極限士兵」（No Limit Soldiers）的兩個成員追殺亞絲翠、宋雅以及同在「大審判」作證的德伏里斯。威廉駁斥這是「無稽之談」，堅決表示殺了妹妹對他沒有「好處」。後來舉報威廉的人撤回證詞，但亞絲翠相信他也是出於對威廉的畏懼才這麼做。原告律師團代表告訴我，他們的立場還是威廉下令謀害亞絲翠。我自己總結認為，亞絲翠是真心害怕威廉要她的命，如果我問她生活細節時，她的說詞偶爾有些不一致，應該更可能是不願談論太多細節，而不是想要增加戲劇效果。她向記者提到，防彈車是想讓威廉知道她懂得如何保護自己，要他別再費勁逮到她了。亞絲翠說，「無極限士兵」的新聞嚇壞她了，因為她覺得威廉徵召了街頭幫派而非聘雇謹慎的殺手，應該是被逼急了——他會不擇手段殺了她。亞絲翠不信任荷蘭當局能夠保護她，譏諷他們是「業餘人士」。她和宋雅拿到緊急按鈕不久，就發現按鈕壞了。然而，雖然自己成為追殺目標讓她心生恐懼，但當她聽到威廉籌劃暗殺她的消息還是有讓她高興的理由，因為那些原本把她當瘋子的人說不定就會相信她了。

三月某一天我搭計程車到阿姆斯特丹的西部，經過一排圍觀民眾及一整排維安人員進到地堡法庭的記者席。「大審判」的訴訟為期數月，由三位法官合議。審判開始時，其中一位法官開玩笑說：「法庭不是戲院，但有時候看起來挺像的。」

威廉身著深色的休閒套頭毛衣，面對法官在長桌前坐立不安，與律師群竊竊私語。接著，亞絲翠莊嚴的聲音從隔板後方傳來，充滿了整個空間。她從事法律工作多年，和律師與法官都熟到可以直呼名字。她輕快活潑地以荷蘭語作證，偶爾在情緒潰堤時切換成約丹俚語。威廉的律師楊森一度打斷亞絲翠，她厲聲道：「你都不讓我說話。」

楊森抱怨：「講個沒完沒了，妳嘴巴都沒停！」

原告律師打從一開始就表明「接受審判的這個男人不是犯罪大師或親切惹人愛的罪犯，而是一般的冷血綁架犯」。每次亞絲翠在說證詞時，威廉都會展現一連串看似無害卻充滿敵意的小動作：在椅子上動來動去、搖頭、把眼鏡脫下來在手上轉來轉去。他的律師堅持威廉是阿姆斯特丹黑社會的邊緣小咖而已，只是恰巧結識了許多剛好遭遇不幸的人。楊森告訴我：「原告律師主張『罪大惡極的犯人殺了所有人』，但事情當然沒那麼簡單。把他和那些謀殺案連結的證據其實不多。」

辯方律師主要的策略是朗讀警方竊聽到的逐字稿中，威廉和妹妹們親切友好的那些對話。他們在法庭上請宋雅解釋為什麼和哥哥講話語氣那麼和善，她很快反駁：「他殺了科爾，你覺得呢？難道我要跟他頂嘴嗎？」至於威廉在錄音裡頭多次威脅和辱罵妹妹，辯方堅稱他單純想要「嚇唬」或「說服」她們罷了。他可能偶爾會虛張聲勢，但從來不打算真的毆打或殺害任何人。「臭婊子」這種罵人的話或許粗俗了點，但他本來就是這樣說話的。威廉在法庭上說道：「小鳥歌唱的方式也是受到鳥群影響。我是威廉，是街頭長大的孩子。」

威廉主張自己其實是這場家庭戲碼的受害者——他是忠誠又天真的大哥，受到狡猾的妹妹誘導才失言。他警告法官不要被「亞絲翠的把戲」給騙了，整起事件（包含好幾百個小時的竊錄對話）都是亞絲翠操刀的結果。他說亞絲翠的證詞是在作秀，是「約丹版的歌舞秀」。

亞絲翠說：「如果是陪審團決定的話，他大概會勝訴，因為他很有魅力。」威廉在法庭上表現豪放，會和法官開玩笑，不同意對方說詞時會大笑，沒輪到他發言時會嘀嘀咕咕。他一度還說：「我一點都不在乎錢。」其中一個法官回覆：「一個綁架勒索幾千萬的人居然這樣說。」

威廉馬上說：「我總得找個方法起步。」

然而，當聊到科爾時，威廉就扮不了好人了，他好像連裝出同情心都沒辦法。他說：「那傢伙真的很難搞，你沒跟他吵架才有問題。」辯方律師也播出威廉向宋雅表示自己沒打算殺了她小孩的錄音。

後來亞絲翠詫異地告訴我：「對他來說，那叫同理心。叫律師播放那段錄音的正是他。沒有正常的律師會真的播出來！居然說不會殺掉妹妹的小孩？難道可以選擇……殺了他們？那樣正常嗎？如果是我來打這場官司，作法會完全不同。」她搖搖頭。「通常有我幫他。」

亞絲翠認識威廉的律師團隊，也認可他們的能力，不禁懷疑威廉是不是一直無視律師的建議。我轉述給楊森，他說亞絲翠「指桑罵槐」，但承認威廉「個性強勢」，而且「知道自己要什麼」。亞絲翠每次開庭前都會制定作證的策略，思索威廉會如何應對她的每一步棋，但她知道哥哥大概坐在牢房做著差不多的事，在腦裡沙盤推演亞絲翠會如何接他的招。她告訴我：「我在法庭上看不到我哥，但我聽得到他的聲音。他大概離我兩、三公尺，我能聽到他的笑聲，也能預測他每個舉動。」

亞絲翠已經三年沒和威廉在法庭外講過話，我問她是否覺得還在與他對話。

「沒錯。」她說。

英國小說家魯西迪（Salman Rushdie）在一九八八年出版《惡魔詩篇》（*The Satanic Verses*），伊朗的宗教領袖阿亞圖拉（Ayatollah）何梅尼（Khomeini）以該書瀆神的名義下達宗教裁判令（fatwa），呼籲穆斯林追殺他。往後十年之間，魯西迪都在逃命，接受警方二十四小時保護。後來他表示那段日子是「令人不安的跑路人生」。一九九八年，伊朗政府宣布宗教裁判令失效，魯西迪的危機才解除。〔譯按：可惜《惡魔詩篇》的日文譯者五十嵐一（筑波大學副教授）仍於一九九一年七月遇刺身亡。〕亞絲翠受到的威脅規模比較小，只有一個人要她死。我好奇她如何才能有重見天日的一天，如果威廉被定罪，很可能會在監獄度過餘生，但我問亞絲翠那是否代表她就安全了，她說：「不，沒有快樂大結局。我很了解他，只要他還有絲毫出獄的希望，我們就有活命的機會，但如果是無期徒刑，那他鐵定會報復。」威廉在監獄裡可以全心專注於復仇大計，「我會為我做的事付出代價。他甚至可能因為找不到我，殺掉我女兒或宋雅。」宋雅附和道：「就算他被定罪也不會放過我們。」

亞絲翠談起她令人擔憂的未來，語氣如往常一樣坦然，沒有半點忿恨。「換作是我這樣被背叛，我也會有一樣的反應。我會殺了他。」威廉的審判曠日彌久，亞絲翠同時開拓她的作家生涯，二〇一七年十月發布了第二本書《證人日記》（*Diary of a Witness*），記錄了她逃亡的生活。目前她在寫第三本書，但不願透露內容。威廉在法庭上暗指亞絲翠本來就愛慕虛榮，現在更無恥利用家裡的事來得到好處，「她現在錢多了，就會發現有錢不會使人快樂」。亞絲翠怒道，她當律師的收入就可以過得很好。然而，她也大方承認自己的確希望書賣得越多越好，賺來的利潤可以為她帶來逃走的機會。她向我提過幾次希望帶家人離開荷蘭，可能會去美國。

審判的另一個可能結果是威廉獲判無罪，霍雷德姊妹盡量不去思考這個可能。目前「大審判」都照著威廉希望的走向發展，好幾週的庭訊時間都在分析錄音的對話還有檢驗姊妹倆的可信度，從宋雅的財務狀況到亞絲翠的性生活都不放過。楊森指控亞絲翠與知名毒販過從甚密，她反唇相譏：「你有看過我幹他嗎？」楊森一本正經地回答說沒有。後來亞絲翠向我表示：「那些律師想跟我舌戰，但他們不是街頭長大的，所以我惡搞他們。我整天滿嘴穢言都沒問題。法官都搞糊塗了，因為他們認識的是我當律師的那一面。」

亞絲翠喜愛法律的明確與秩序，但「大審判」感覺像是馬戲表演。亞絲翠和宋雅因為是證人，所以要宣誓證言屬實，但被告威廉卻不用，可以隨意說出誤導人的陳述，或是設法轉移大家焦點。就算有三位法官，還是沒有人能阻止法庭上的喧鬧。幾週前，威廉破口大罵亞絲翠「妳這個滿口謊言的騙子！敗類！」亞絲翠吼回去：「你毀了我的人生！早知道就開槍射爆你的頭！」

法庭上的家庭張力滿滿，令我驚訝的是，談論威廉被控的謀殺細節相對較少。我問亞絲翠為何比重這麼不均，她向我解釋荷蘭刑案審判極度看重程序正當與否：「他們不希望歐洲法院出來推翻審判結果，批評他們沒有給他足夠的機會為自己辯護，所以給他很多空間。」

審判結果不到明年不太可能出爐，亞絲翠對我說荷蘭有個刑事官司打了十年。至少就目前看來，威廉的大審判已經被雙方情感戲取而代之。我問及亞絲翠在法庭上一氣之下說要把哥哥爆頭的事，她說當時威廉持續用一種其他在場人士未能察覺的語氣刺激她。（兩人情緒高漲，分別被某位法官警告過一次。）亞絲翠的外甥女法蘭西絲在宋雅家的午餐會上開玩笑說：「要是官司在美國打就太好了。」

亞絲翠回覆：「要是能在伊朗起訴他就太好了。」

有時亞絲翠看似和威廉一樣，也用沉著冷靜的架勢操縱審判過程。她明白告訴我，也在法庭上讓威廉知道，她並未提交所有錄音給律師。她不只竊錄威廉，也養成了一個習慣：任誰只要可能說關於她的謊話，對她講話時就會被錄音。她向我表示：「罪犯有個問題，就是他們的說詞會改變。他們和妓女沒兩樣，誰付錢就為誰張腿。」亞絲翠在證詞中暗示，如果其他證人說謊，她可能會釋出更多錄音檔來讓他們的證詞無效。「威廉很清楚，我還知道其他謀殺案的事。這是我給自己的保障，要是我的孩子或孫子出事，我就公開錄音檔。」亞絲翠有次覺得法官沒有給她足夠的時間發言，開口威脅：「你如果不讓我講完，我就把在這裡沒說的話統統放上 YouTube 給全世界聽。」

楊森表示「大審判」之所以拖這麼久，是因為原告舉證不易，「如果找到上面有某人 DNA 的凶器，根本不需要這些證詞。」基本上，亞絲翠和宋雅在主張「我們知道是他做的，因為我們和他生活了一輩子」，但大家沒有明確的理由要相信她們，「威廉說我們不該把她們當成一般女性公民，應該當成共犯，事實也是如此，她們打從一開始就是共犯。」我問楊森到底是什麼動機會讓霍雷德姊妹不惜這麼高的代價也要誣陷哥哥殺人，他說：「這就是法庭上要釐清的一大重要問題。」然後含糊地補充道：「我們還在調查。」

亞絲翠對自己的證據寶庫相當自信。她錄下威廉間接承認科爾以及其他人的死亡與他的關聯，還指名與科爾遇害直接相關的其中一人。然而，威廉好幾次還沒明確自白之前就不講了。雖然機會渺茫，但我讓好奇的是：如果亞絲翠的證詞和錄音不足以將威廉定罪，怎麼辦？要是她和宋雅冒了險，威廉還是全身而退呢？

「那我就得殺了他。」她說：「好幾年前早該這麼做了。」

亞絲翠的媽媽絲坦已經高齡八十二歲。兩年前，她寫信到威廉拘禁的監獄，向監獄的人員表明萬一她病倒了，「我絕對不要威廉．霍雷德來醫院探望我，也不要他來葬禮向我道別，因為我知道如果他有機會離開監獄，我其他孩子、孫子、曾孫都會有危險。」但亞絲翠說，媽媽還沒完全放下威廉這個兒子。絲坦以前會留零用錢給威廉付帳單，現在還是會幫他留一千五百歐元的信封在抽屜。亞絲翠說話時眼眶泛著淚。「宋雅說：『丟了吧。』我媽說：『不要，他可能會需要。』我說：『他不會。』」亞絲翠接著說：「我沒有想復仇，甚至沒有怨恨。我恨我爸，後來一次都沒與他聯絡，但威廉不一樣，他是我們的一份子。」

最後幾次對話時，我問亞絲翠：如果她和威廉能夠在氣氛緊繃的法庭外講話，她會對他說什麼，她回答我：「即使事情變成這樣，我還是愛他。我希望他能當我的好哥哥，也希望可以帶他回家。」

本文於二〇一八年刊登於《紐約客》。二〇一九年七月，威廉·霍雷德因五起謀殺而被定罪，其中一名受害者包含科爾·范豪特。亞絲翠繼續寫作，目前依然在逃亡中。

第三章 復仇者——洛克比空難受害者的弟弟最終破案了嗎？

肯恩．多恩斯坦剛得知泛美航空公司一〇三號班機爆炸時，並不曉得自己的哥哥大衛（David）就在機上。一九八八年十二月二十二日，肯恩是布朗大學（Brown University）的大二生，正在家鄉費城過寒假，吃早餐時讀到《費城詢問報》（*The Philadelphia Inquirer*）的新聞：共計兩百五十九名乘客與機組人員全數喪生，著火的機骸從空中墜落，造成十一名蘇格蘭小鎮洛克比（Lockerbie）的居民不幸身亡。當年二十五歲的大衛住在以色列，原本預計搭機返鄉的日期比那場空難再晚個幾天，所以肯恩看著飛機墜毀的細節，就與一般人看到悲劇發生在陌生人身上一樣，深感同情但事不關己。那天晚上，航空公司致電。原來，大衛改變計畫，想提早回來給家人一個驚喜。

接電話的人是佩瑞（Perry）——肯恩的父親。佩瑞是名成功的內科醫師，也是嚴父，與孩子不親；大衛是個熱中於表達自我的人，總是在寫筆記本或日誌。父子關係時常緊繃，現在再也無法修復了。肯恩覺得爸爸失去兒子的痛「難以言喻」，所以兩人都避而不談。肯恩的姊姊蘇珊（Susan）告訴我，派瑞在大衛的告別式過後就很少提到大衛的名字。空難受害者中有一百八十九個美國人，全國的新聞媒體都在悼念死者，看到這麼多人痛失至親，肯恩覺得相較之下，失去手足的悲痛之情「排名不是很高」，但他十足敬愛哥哥。肯恩還在蹣跚學步時，他們的父母就離婚了，母親茱蒂（Judy）則飽受精神疾病與成癮症折磨。大衛對肯恩呵護備至，肯恩表達對寫作的興趣時，也是由大衛指導。空難之後，肯恩在大衛的遺物中找的一個標記「大衛資料庫」的箱子，裡面塞滿了他的日誌、故事、詩集與劇作。大衛一向視自己為文學界的明日之星。在他遇難後不久，某個地方的報社在他的訃聞中表示大衛在以色列寫了一本長篇小說，讓肯恩驚訝的是，報社還引用佩瑞的話，說「他正打算交出第一部分出版」。事實不是這樣，肯恩很難過爸爸就這樣「概括」大衛的文學成就。（佩瑞和茱蒂分別在二〇一〇與二〇一三年過世。）肯恩把大衛的日誌依照時間順序整理好，把手稿用不同顏色的資料夾分門別類。這個過程令他毛骨悚然：大衛有時會打趣暗指自己注定早逝，肯恩還在筆記本邊緣發現寫著「給傳記作者」。

現在的恐怖分子通常會在社群媒體上邀功，但在近期一次談話中，肯恩告訴我洛克比空難是「謀殺疑案」。一〇三號班機在十二月二十一日從倫敦起飛往紐約，大衛的座位是經濟艙第四十排。爆炸裝置藏在行李艙中的東芝牌收音機裡，飛機爬升到三萬英尺高空後，倒數計時器啟動，引爆了一塊塞姆汀炸藥（Semtex），炸開了機身。飛機在六英里高[i]的半空中解體，許多受害者在落地之前都還活著。問題在於：炸彈是誰做的？誰放進收音機裡？又是誰帶到機上？

肯恩好幾年都不太和親朋好友談論洛克比空難或哥哥的事，但曾經默默且執著地整理大衛資料庫的他，開始把同樣的精神聚焦於炸彈襲擊背後的謎團，忙著剪報、研究錄影檔案、聯絡認識大衛的人。某天，他在曼哈頓的賓州車站看見曾與大衛交往兩年的凱瑟琳・蓋斯瑪（Kathryn Geismar），兩人搭上同一班火車，保持聯絡，最後墜入愛河。肯恩一開始不敢向家人坦白這段戀情，怕他們覺得這是「度過悲痛的不當方式」，但兩人的感情並非繞著大衛打轉。肯恩和凱瑟琳在一起很自在，理由之一是因為他不必和她談起痛失哥哥的事，她都已經知道了。

大學畢業後，肯恩搬到洛杉磯，在一家徵信社工作。同事完全不知道他哥哥的事，但肯恩在學習和累積偵探技巧的過程中默默得到慰藉。他回憶道：「我對找人的技術特別有興趣。」肯恩很好奇洛克比空難的幕後黑手究竟是誰。「我沒什麼見識，沒有出去看過世界，但我一直在想，那些傢伙就在外面的世界裡。」

聯邦調查局派人到蘇格蘭偵查，成為當時美國史上規模最大的恐攻調查。飛機的殘骸散落範圍之大，犯罪現場橫跨九百平方英里。一開始，嫌疑最大的是一個巴勒斯坦的恐怖組織，他們的行動基地在敘利亞，後援在伊朗，然而美國司法部檢察官於一九九一年十一月公布調查結果，起訴的卻是兩名利比亞的特工。官方表示是利比亞人把炸彈放在 Samsonite 行李箱，申報為不隨身行李，送上馬爾他往法蘭克福的飛機，然後再運到倫敦，移到泛美航空一〇三號班機。

整個一九八〇年代，利比亞都是支持恐怖主義的國家，美國的雷根總統（Ronald Reagan）甚至直言利比亞領導人格達費（Muammar Qaddafi）是「中東瘋狗」。一九八六年，利比亞恐怖分子炸彈襲擊柏林一家美軍熱愛光顧的迪斯可舞廳後，雷根授權空襲利比亞首都的黎波里（Tripoli）與重要港市班加西（Banghazi），許多人因此罹難，就連格達費本人也是死裡逃生。觀察家猜測，洛克比空難可能是格達費對於這次暗殺事件的致命回應。然而，格達費面對美國檢察官的控告，否認利比亞涉案，拒絕交出兩名被告，直到一九九八年才允許兩人在荷蘭的特別法庭接受審判。審判的證人多達兩百人以上，但事實證明檢方某位重要證人的證詞並不可靠，只能仰賴間接證據和事實來判決。最後，其中一名嫌犯拉明．費馬（Lamin Fhimah）獲判無罪，另一名則獲判無期徒刑。他戴著一副眼鏡，名為阿卜杜拉巴塞特．梅格拉希（Abdelbaset al-Megrahi），是洛克比空難唯一被定罪的嫌疑人。

肯恩相信梅格拉希有罪，但不認為他是單獨行動。二〇〇三年，格達費發布字斟句酌的聲明，承認利比亞可能涉嫌爆炸案，設立二十七億美元的賠償基金提供給受害者。可是，他一直沒有承認授權襲擊泛美航空一〇三號班機。帶頭調查的美國檢察官布萊恩．莫爾塔（Brian Murtagh）對我坦承，爆炸案的主謀逃過了他的手掌心。「我們能做的是盡量起訴可以起訴的人，而非起訴每個我們懷疑的人。」肯恩回想起當時他曾自問：「這麼大規模的殺人事件怎麼會沒有主使者？」

一九九七年，肯恩與已經是心理學家的凱瑟琳結婚，定居麻州薩默維爾（Somervile）。肯恩加入美國公共電視網（PBS）《前線》（*Frontline*）的節目團隊，製作關於阿富汗和伊朗的紀錄片，同事都知道他是焚膏繼晷的分析研究人員。他一直以來都惦記著一〇三號班機的爆炸事件，親自到蘇格蘭洛克比待上數週，訪問調查人員、走過飛機墜落的草地。肯恩讀了蘇格蘭官方發布的死亡事故調查報告（Fatal Accident Inquiry）超過五萬五千頁的文字紀錄，找到大衛著地的那片草皮。二〇〇六年，肯恩出版《天降男孩》（*The Boy Who Fell Out of the Sky*）來紀念大衛，取材自他留下的日誌等文書。多恩斯坦家的多年好友理查．薩柯（Richard Suckle）告訴我：「肯恩寫這本書時，有如找到了他與哥哥合作的方式。」肯恩也在書中誠實探究他調查案子的動機：「我找到可以懷念哥哥又不那麼痛苦的方式，就是設法記錄他的肉身在空難中有何遭遇，完全不去思念他。」

二〇〇九年，梅格拉希僅服刑八年便從蘇格蘭的監獄獲釋。他罹患前列腺癌，蘇格蘭政府不顧歐巴馬當局的強烈反對，准許他保外就醫。他以英雄之姿回到利比亞。肯恩無法不去想梅格拉希殺了人還逍遙法外，懷疑其他共犯也在利比亞自由自在地過活。洛克比空難的蘇格蘭調查組長史都華．韓德森（Stuart Henderson）幫肯恩列出八位一直沒有逮捕到案的「未起訴同謀」，說他如果有辦法去利比亞，或許就能追查到犯人。然而，當時利比亞還是格達費統治的警察國家，肯恩去那邊打聽洛克比的事情風險太高。之後利比亞在二〇一一年爆發革命。

那年夏天，叛軍節節勝利。肯恩對妻子說他想去利比亞，與尚存活的犯人正面交鋒，拍成紀錄片。肯恩通常不是會恣意冒險的人，雖然他與許多戰地記者合作過，但自己不常到衝突區。他和凱瑟琳育有兩子，也尊重妻子拒絕的權利，但他告訴我，他們婚姻中有所謂的「洛克比特許狀」。

凱瑟琳對我說：「身為妻子，我當然不希望他去；但身為他的朋友，我知道他非去不可。」

去年十一月，我和肯恩在他家見面。他們家在薩默維爾一條林蔭街道上，四十六歲的他身材苗條，泛紅的雙頰像個孩子，長得和照片裡時間停在二十五歲的哥哥非常相像。肯恩帶我到三樓，那裡有兩間狹窄的房間專門放置洛克比空難相關的物品。其中一間的書架上擺著關於間諜、航空、恐怖主義與中東的書，巨大的資料夾收藏了他幾十年來的研究資料。肯恩在另一間房的牆上貼著利比亞嫌犯的大頭照。兩個房間中間是一張洛克比的大型地圖，好幾百根彩色圖釘標註罹難者墜地之處。肯恩給我看了頭等艙乘客的聚集地，還有尋獲大部分經濟艙乘客的地方。他與警察程序小說和節目裡頭的驗屍官一樣，從工作中得到滿足，可以抽離情感，並以歡快的語調談論可怕至極的調查結果。他指著比較偏遠的零星圖釘說：「這些是年紀最輕的小孩，用物理來看的話，他們都是被風吹著走的。」

肯恩出發到利比亞前，與自己的孩子共進晚餐。他們一直都知道有個過世的伯父，但不清楚確切發生了什麼事。現在，肯恩把故事告訴他們，解釋為何即便利比亞正在戰亂，他也想去那邊拍紀錄片。他把與孩子的對話錄了下來。肯恩問道：「如果是你，就算得離開深愛的小孩、老婆，拋下與他們在一起的生活，你也會去嗎？」當年十一歲的兒子山姆（Sam）說：「去找犯人嗎？我覺得那非常重要。」

後來我看這段影片時，覺得像是照本演出，但肯恩堅決否認：「我是個製作人，我想要他們的真實反應。」

肯恩找上澳洲攝影師提姆．古魯察（Tim Gracza）幫忙，他有待過衝突區的豐富經驗。肯恩此時已經辭去《前線》的工作，自掏腰包製作紀錄片，問題是利比亞沒有運作中的銀行，所有東西只能付現，而且的黎波里麗笙酒店（Radisson）的房價在戰爭時期貴得嚇人。所幸肯恩有一筆可以動用的資金，他可以提領家人從格達費基金獲得的賠償金。他說：「有些利比亞的人會拒談洛克比，說什麼『我們錢都付了，結案了。』」部分罹難家屬稱這筆錢為「血錢」，肯恩表示：「對他們來說，拿到錢事情就結束了，但那筆錢對我來說是個開端，供我爭取我想得到的，也就是事件經過的故事。」肯恩堅信能夠在利比亞追查到恐怖份子，我問古魯察的看法，他笑著說：「他不是澈底瘋了就是正中紅心。」

二〇一一年九月，肯恩飛到突尼西亞，雇人在晚上開車護送他到利比亞邊界。司機接連從前座後面的保冷箱拿出啤酒，令人不安，幸好早上他們還是安全抵達的黎波里。肯恩和古魯察需要當地人的暗中協助，設法認識了一位名叫蘇利曼．阿里．茲威（Suliman Ali Zway）的年輕人。他是班加西人，曾任《紐約時報》與其他報章雜誌的特約記者。利比亞的情勢不穩定，戰鬥機不停轟炸格達費政權要塞，格達費也在逃亡中，肯恩一夥甚至考慮將旅程延期，但根據古魯察的經驗，這正是出擊的好時機，他說：「就是要趁亂而入。」

茲威帶他們到被炸毀的莊園和被遺棄的情治單位地堡，他們在那裡尋找洛克比空難的線索。茲威告訴我：「我一開始以為他們也只是電視製作團隊，來這邊很快做個報導而已，直到後來才明白他們對案子的執著。」肯恩去利比亞三次，找到名單上八名男子的下落，一一劃掉。格達費政權的情報首長阿卜杜拉．塞努希（Abdullah Senussi）是製作炸彈的嫌疑人之一，他逃離的黎波里後消失無蹤。肯恩造訪他的別墅，在房子中央找到導彈砸出的坑洞。梅格拉希的表親薩伊德．拉希德（Said Rashid）持續擔任格達費政權的中心人物，革命爆發後遭到槍殺，許多人懷疑是格達費在背後下達的命令。

二〇一一年十月，格達費遭叛軍捕獲處死，也在肯恩名單上的伊薩丁．辛希里（Ezzadin Hinshiri）與格達費躲在一起，同樣被射殺。

肯恩還拜訪了利比亞的國家電視廣播公司，發現公司還維持最低人數在運作。他在資料庫找到梅格拉希從蘇格蘭歸國的影片，看到梅格拉希從登機梯緩緩走下來，向歡迎他的民眾揮手。梅格拉希在蘇格蘭登機時，身子被壓低，臉上包著白巾，看起來像個病人，下機時卻穿著雙排扣西裝，繫著粉色領帶，胸口還有袋巾點綴。人們以為他獲釋之後很快就會病逝，但二〇一一年時他還健在，和家人安居在的黎波里的大別墅。肯恩多次約見都被回絕，有次他和古魯察開車到莊園，在大門被請回去。他回小客車上時，一拳打在前面的座椅。古魯察說：「我從沒看過肯恩這麼生氣，氣到動手動腳。」同年十二月，吉姆．斯韋爾（Jim Swire）也從英國來到的黎波里。

斯韋爾可能是洛克比空難遺屬中最出名的一位。他的女兒芙蘿拉（Flora）不幸罹難，他悲傷欲絕，拋下診所的工作，全心投入了解襲擊事件的來龍去脈。他協助說服格達費允許梅格拉希和費馬在荷蘭受審，然後幾乎每天都出席審判，但他看著證據一一浮現，開始覺得利比亞其實與空難無關，兩名被告都是無辜的。

梅格拉希在蘇格蘭坐牢期間，竟與斯韋爾建立了友誼。肯恩與許多美國調查洛克比案的官員一樣，認為梅格拉希有罪，但斯韋爾對於空難錯綜複雜的細節如此熱中，讓肯恩感受到一股親切感。肯恩得知，斯韋爾來利比亞是為了在最後好好探望健康每況愈下的梅格拉希。斯韋爾年近八十，身材細瘦，溫柔堅定的他答應讓肯恩一同探視梅格拉希。肯恩扮起態度開放的調查人員，問了斯韋爾一些問題，可是不願表明自己的看法。他說：「斯韋爾很習慣有人報導了，但我生來偏好待在焦點外。」

梅格拉希的別墅不歡迎相機，更何況美國有線電視新聞網一名記者最近才剛爬過前門的牆而已。然而，肯恩知道若與梅格拉希發生任何衝突，都會是紀錄片的重要片段。彼得・博根（Peter Bergen）的《賓・拉登十年追捕紀事》（*Manhunt*）書中，巴基斯坦記者哈密德・米爾（Hamid Mir）在九一一事件後約好採訪奧薩瑪・賓・拉登（Osama bin Laden）。賓・拉登請米爾把錄音機關掉後，承認自己是九一一的主使者，但米爾把錄音機打開之後，他又改口：「不是我做的。」這段細節困擾著肯恩。要是梅格拉希在臨終之前細聲認罪，他卻沒能錄下來呢？肯恩出發前往別墅以前，在黑色襯衫上特製的鈕扣裡藏了一個鏡頭，用透氣膠帶固定在胸膛，透過細細的電線接到藏在靴子裡的接收器。

肯恩和斯韋爾到了別墅大門，一名深色眼睛的年輕男子出來接待，那是梅格拉希的兒子卡利（Khaled）。他送他們到設有游泳池的寬敞大院，但到了主屋時告訴肯恩「只限一人」能進去，請他在門廊等候斯韋爾進去見完梅格拉希。肯恩心煩意亂之際開口借用洗手間，進去和鏡子裡的自己對望。梅格拉希就在隔壁房間，肯恩本來可以闖入，但他沒有。我問凱瑟琳：肯恩為何沒有硬是和梅格拉希起衝突，她說：「那是他對斯韋爾的尊重」。凱瑟琳繼續說道：「他或許不認同斯韋爾覺得梅格拉希無罪，但他尊重斯韋爾為了得出那個結論所必須經歷的過程，不打算打擾那個片刻。」肯恩認為斯韋爾受到誤導，耗費那麼多時間但到頭來只證明了殺他女兒的凶手無罪。這是一種不幸，但斯韋爾從中找到了意義，就和肯恩從自己的調查中得到的慰藉相似。後來肯恩問兩人的會面如何，斯韋爾告訴他，梅格拉希臨終的心願是希望斯韋爾繼續為他洗刷清白。斯韋爾說：「我們兩人都流淚了。」

梅格拉希的好友巴帝里・哈桑（Badri Hassan）也在名單上，但他在肯恩上門之前就心臟病發走了。肯恩找上哈桑的遺孀蘇瓦德（Suad）。中年的她有著一頭烏黑長髮，眼神緊張。兩人在她老家面談數次，她對肯恩說自己也懷疑丈夫涉嫌洛克比空難很久了，問了好幾次他都不曾承認，「可是我十分肯定。」

肯恩坦承哥哥就在那架班機上時，蘇瓦德看起來非常動容，她喃喃說道：「巴帝里留下了許多傷痛。」肯恩名單上的其他人都是間諜或政府官員，但哈桑生前是個平民，是利比亞航空（Libyan Airlines）的工作人員。蘇瓦德的兄弟亞辛・卡努尼（Yaseen el-Kanuni）告訴肯恩，炸彈襲擊前一年多的時間，巴帝里與梅格拉希在瑞士合租了一間辦公室。他透露：「你去找某個瑞士人就能得到很多資訊——波耶爾先生（Mr. Bollier），他住在蘇黎世。」

一〇三號班機墜落之後，上百名蘇格蘭員警搜查郊外的每吋土地，尋找證據，並在洛克比數英里外發現炸彈計時器電路板的碎片，比指甲還要小片，插在一件襯衫領口裡面。調查人員推斷，藏著炸彈的收音機被包在一件襯衫裡。他們從襯衫的標籤找到馬爾他的一家店，這個線索讓爆炸前一天人在馬爾他的梅格拉希變成嫌犯，店老闆也記得他去買過那件襯衫。

聯邦調查局把電路板碎片的照片寄給中央情報局（CIA），他們對於檢驗激進組織相關的爆炸裝置零件很有經驗，其中一名技術分析師覺得洛克比炸彈計時器很眼熟。一九八六年，一場利比亞被指控支援的政變過後，多哥共和國（Togo）當局找到一批武器，內含兩個訂製的計時裝置。一九八八年初的另一次事件中，兩名利比亞特工在塞內加爾（Senegal）的機場被攔下，身上查獲一個計時炸彈。這些炸彈似乎都出自同一人。中央情報局的調查人員在其中一個計時器的電路板上，發現一個極小的品牌名稱，部分已經被刮了下來，上面寫著「MEBO」。

MEBO是一家蘇黎世的精品電器行，老闆是愛德溫．波耶爾（Edwin Bollier）。聯邦調查局的官員聯繫他時，他非常配合，一九九一年二月飛到維吉尼亞匡提科接受美國官員盤問了五日。他們給他看洛克比現場找到的碎片，他指認那是他幾年前賣給利比亞的一套計時器。我去薩默維爾拜訪肯恩時，他給我看聯邦調查局非機密的原始報告副本，說裡面揭露波耶爾「甚至去到利比亞」協助格達費政權開發炸彈計時器。到達利比亞之後，一名上校指示波耶爾該國需要哪一種計時器，說明是要給炸彈專用的。波耶爾告訴調查人員那名上校「膚色很深」，還說洛克比空難的前兩個晚上他到訪梅格拉希位於的黎波里的辦公室，看到幾位利比亞「惡徒」圍成一團在討論事情。根據聯邦調查局紀錄，波耶爾認為那次聚會「可能是在為泛美航空一〇三號班機的爆炸襲擊做準備」。

波耶爾明確表達在法庭作證的意願，又說希望美國可以為他的付出給予報酬。他也想知道美國情治單位是否需要借用他的技術專業，肯恩說：「波耶爾以為自己會像〇〇七電影的Q先生一樣，成為中情局的軍需官。」然而，在將近十年過後的荷蘭審判，波耶爾發現美國政府無意與他合作，於是改變了他的說詞，在證人席上撤回他原本和聯邦調查局說的口供，堅稱洛克比事件現場找到的碎片是設計來陷害他的。

肯恩表示：「問題出在他們把波耶爾當作證人對待，應該把他當嫌疑犯才對。」

二〇一二年秋天，肯恩飛到蘇黎世，當時波耶爾還在他製作洛克比炸彈計時器的同一棟大樓工作。肯恩靠著個人魅力說服波耶爾用幾天的時間對著鏡頭發言，但七十多歲的波耶爾也不是省油的燈。若是稍微暗指他的說詞與已知事實有出入，波耶爾就會露出一抹神秘的微笑說：「那就怪了。」他承認賣過計時器和其他電子設備給格達費政權，向肯恩表示他與利比亞的買賣讓他變得「非常、非常有錢」，但他不知道計時器是恐怖攻擊的一環。他強調與利比亞交易沒有觸法：「瑞士是中立國，我在這種事情上也保持中立。」

波耶爾坦承認識梅格拉希和哈桑，指向洛克比空難之前租給他們的走廊底端辦公室，可是當肯恩問到他是否認為梅格拉希涉嫌炸彈襲擊事件，波耶爾不以為然地搖頭否認，說梅格拉希是個「大好人」。波耶爾坦言他在利比亞時一度被帶到沙漠，看到格達費的軍隊在那裡測試炸彈和計時器。肯恩說：「你看出來哪裡可疑了嗎？看來你是在幫利比亞製作炸毀一〇三號班機的炸彈。」波耶爾笑答：「我與泛美航空空難無關。」

由於波耶爾向聯邦調查局聲稱他在利比亞遇到「膚色很深」的上校，肯恩便針對這項資訊質問他。儘管那名上校是個神秘人物，但似乎不斷出現在肯恩的研究過程中。肯恩找到一份中央情報局根據線民筆錄寫成的非機密電報，裡面提到一位名叫阿布．阿吉拉．馬蘇德（Abu Agila Mas'ud）的利比亞技術專家，他曾在一九八八年十二月與梅格拉希一同造訪馬爾他。電報中寫道，馬蘇德是個「高大黝黑的男性，大約四十到四十五歲」。他就是波耶爾遇見的那個人嗎？

肯恩在查閱審判中的證據時，發現馬爾他的入境紀錄有馬蘇德的護照號碼：八三五〇〇四。如果他是那位技術專家，他可能真的是製作炸彈，引發洛克比空難的人。

波耶爾告訴肯恩：「我記得有個黑人上校。深膚色沒錯。」可是他印象中那名男子個子不高。肯恩問：「你記得他的名字嗎？」波耶爾不記得。肯恩又問：「那個深色皮膚的男人叫阿布．阿吉拉．馬蘇德嗎？」

波耶爾回答：「不是。」（波耶爾寫信告訴我，任何說他和泛美航空一〇三號班機有所牽扯的言論都是「可鄙的指控」以及「不實的猜測」。我在他的網頁上看到他的電子郵件地址是Mr.Lockerbie@gmail.com，帳號的意思是「洛克比先生」。）

肯恩去利比亞的每個地方都會問人認不認識馬蘇德，但大家都聲稱不認識。茲威說：「我們一直在撞牆，連有沒有這個人都不曉得。」古魯察表示，馬蘇德聽起來有可能是假名或化名，「他感覺像是個幽靈」。蘇格蘭的調查人員也剛好查到這個名字，但一九九九年利比亞政府同意他們入境向部會首長問話時，那些官員都拒絕承認或否認馬蘇德的存在。

一九八六年四月五日，一顆炸彈炸穿了柏林的拉貝勒（La Belle）迪斯可舞廳，牆面倒塌、舞池陷到地下室，造成三死兩百二十九傷，其中兩名死者與超過五十名傷患都是美國軍人。後來美國國安局（National Security Agency）攔截到的通訊內容顯示，歹徒是利比亞安插在駐東柏林大使館的間諜。幾些年後，兩德統一，柏林檢察官德特勒夫．梅里斯（Detlev Mehlis）透過檔案發現，東德國家安全部「史塔西」（Stasi）在舞廳爆炸前後都一直在追蹤拉貝勒的恐怖份子。梅里斯認出其中一個主犯──穆斯巴．埃特（Musbah Eter）。有著一張娃娃臉的埃特是派駐東柏林的利比亞特工，已經逃離德國了，結果一九九六年某天，他跑來德國駐馬爾他大使館自首。埃特離開柏林之前愛上了一名德國女子，兩人有一個女兒，現在希望可以找到方法回到德國，就算必須坐牢也無所謂。梅里斯飛到馬爾他詢問埃特，兩人在假日飯店（Holiday Inn）碰面喝酒，埃特全都招了。二〇〇一年，他與三名同夥因拉貝勒爆炸案被定罪。

肯恩在利比亞追查犯人卻一無所獲，於是把調查範圍擴大到一九八〇年代活躍的利比亞恐怖份子。他決定翻查史塔西有關拉貝勒爆炸案的檔案。史塔西遭廢止前的總部設在東柏林的一座宏偉大廈，肯恩在那裡發現情報報告都以數十萬張小卡歸檔。他從拉貝勒爆炸案凶手的監控檔案中發現，除了埃特和幾位同夥之外，也提到幾次馬蘇德的名字，也就是那名炸彈技術人員。據稱馬蘇德在事件發生之前抵達柏林，之後一直待在當地的大都會酒店（Metropol Hotel）五二六號房。檔案指出他用了許多代號和化名，但史塔西知道他的利比亞護照號碼是八三五〇〇四，與肯恩在馬爾他入境紀錄找到的數字吻合。

肯恩表示：「美國調查洛克比空難時有嫌疑人，但不知道他們各自負責的工作。史塔西都知道誰在做什麼，也知道馬蘇德就在拉貝勒事件之前出現在柏林。」肯恩聯絡上梅里斯，梅里斯告訴他，埃特在假日飯店自白時提過馬蘇德。根據埃特的說法，馬蘇德把拉貝勒的炸彈帶到利比亞駐東柏林大使館，教他怎麼引爆。梅里斯拿出一張假日飯店的信紙，埃特在上面寫著「AbuGela」與「Neger」（後者在德文中意指「黑人」）。

肯恩得知埃特已經從德國監獄獲釋，之後一直待在柏林，經營一家餐廳。埃特是個身材矮小的中年男子，黑髮間有一束白髮，很喜歡阿斯科特式領帶。兩人在二〇一二年末會面時，埃特正與利比亞叛軍成立的政府合作，在德國替革命老兵尋求醫療照護。肯恩起初並未表明他是洛克比空難受害者的弟弟，也沒明講自己正在製作相關的紀錄片，只是友好地詢問埃特一些他為利比亞叛軍老兵提供的服務。埃特向肯恩介紹自己的女兒，她現在已經二十幾歲，似乎不清楚父親的過去。

埃特也沒有太刻意隱瞞肯恩什麼，還帶攝影團隊參觀他以前在東柏林住的社區，並指向過去的利比亞大使館。那裡現在成了辦公大樓和腳踏車店，埃特把在舊大使館大樓上班的德國男子攔下，說自己以前在大使館工作，那個人輕快地說：「有謠言說拉貝勒爆炸案就是在這棟建築搞出來的。」

埃特語調更加輕快地說：「那不是謠言！就是在這棟建築策劃的！」

託那位德國人的福，埃特有權限進到大樓、爬上二樓，然後他用阿拉伯語低聲說了幾句話。後來肯恩請人翻譯：「我們做的事是不對的，我承認。如果人生能夠重來，我不會那麼做。」

對肯恩來說，與埃特會面很有啟發。他說：「我一直試圖從零碎的資訊拼湊出一九八〇年代的利比亞情報活動，現在眼前突然出現在那個時空生活過的人。」他還說，「這就好像把《哈利波特》系列全部看完後，可以和真的讀過霍格華茲學校的人坐下來聊聊一樣。」肯恩知道他必須小心行事，他的研究指出埃特早年在柏林可能當過殺手。許多格達費政權的年輕官員都調派歐洲，奉命處死逃亡的利比亞異議份子。（格達費稱這些異議份子為「流浪狗」。）肯恩越是追問埃特的過去，埃特就益發開始懷疑紀錄片的重點不是他為軍人付出的善行。

埃特在十二月某個晚上邀請肯恩共進晚餐，但並未邀請攝影團隊。肯恩期待埃特可能會揭露某些重要資訊，所以穿戴了隱藏式攝影機。他原本以為會在柏林市中心的餐廳見面，沒想到埃特給他的地址是市郊的一間小公寓。他很緊張，但到場時看到埃特準備了一桌豐盛的中東料理，還附有撒著麵粉的新鮮口袋餅，因此稍微鬆懈了下來。與他們聚餐的還有一位德語翻譯。肯恩開始對埃特的生活與法律地位提問時，埃特帶著警惕的眼神看著他，不發一語地用餐、喝紅酒。最後，他解釋自己為何感到不自在——他開始懷疑肯恩的身分不只是電影製作人。埃特問：「你是聯邦調查局的人嗎？中央情報局？」

這不是第一次有人指控肯恩是間諜，在的黎波里經常有人這樣說他，但這次讓他冒了冷汗。他感覺到襯衫底下胸口的透氣膠帶開始滑掉。每當遇到這種狀況，隱藏式攝影機的鏡頭就會歪向天花板，毀掉畫面。肯恩已經習慣這種時候用手掌順過襯衫，偷偷把鏡頭擺回原位，所以他摸了摸前胸，然後向埃特表示自己不是間諜。埃特看起來比較放鬆了。肯恩給自己拿了一片口袋餅，又再次順了順襯衫。過了一會，他頭往下看，發現他手掌每壓一次上身，就會把口袋餅的麵粉抹在黑色襯衫上，攝影機旁一圈都是，看起來就像白色的大標靶，讓他嚇得不輕。

肯恩急忙說道：「可以借一下洗手間嗎？」

「你現在在錄音錄影嗎？」埃特問，語氣相當堅定。

肯恩越來越慌張，回答：「沒有。我可以借洗手間嗎？」

埃特指示洗手間在餐廳一出去的門後頭。肯恩想把攝影機拿掉，可是取下電線、把接收器從靴子拉出來太費工夫，而且廁所門的材質是毛玻璃，很容易被看見動靜。況且，拿下來了要丟哪？廁所又沒有窗戶可以丟出去。他鎮靜下來，拍拍上衣，回到埃特和口譯員所在的餐廳。他事後告訴我：「我現在光講就覺得緊張想吐。」

那天晚上埃特沒有再質問肯恩，但肯恩對於暗中錄影的行徑感到內疚。他說：「他與我來往都很正直坦蕩。」那次之後，他再也沒有用過隱藏式攝影機。

肯恩最想和埃特討論的是馬蘇德這個人。某次對話，埃特坦承認識那位炸彈專家。肯恩問：「他還活著嗎？」埃特給了肯定的答案。

肯恩在整理大衛的資料庫時，有個新發現讓他非常氣惱。他幫大衛的日誌做好註解之後，找了幾位大衛提過的朋友問哥哥的事。其中某個朋友一副肯恩老早知情的樣子，提及大衛小時候遭受到性虐待。肯恩告訴我：「大衛什麼都跟我講，但他沒跟我說那回事。」加害者是大衛童年好友的哥哥。肯恩往下挖掘這個秘密，得知大衛幾年後曾經主動找過對方。大衛沒有打他或是通報警察，但那個人現在已經結婚有小孩了，大衛想要與他當面對質。肯恩告訴我：「他想讓他在家人面前感到慚愧。」「他傳達了復仇訊息：『我知道你做了什麼。』」

美國哲學家羅伯特・諾齊克（Robert Nozick）區分了「應報」（retribution）[ii]與「復仇」（revenge）的差別。肯恩在布朗大學主修哲學，拜讀過他的文章。他和我說他對「加害者與受害者之間有著奇特連結」的觀點特別感興趣。「他們被鎖在一段關係，復仇者的任務是傳遞『我知道你是誰，我知道你做了什麼』的訊息。」肯恩學習放下哥哥的死時，一直回想起諾齊克的理論。我們在他家的書房聊天，他引述了埃利・維瑟爾（Elie Wiesel）的文字：「有時我們走了很長一段時間，卻不知道我們走這麼遠的目的僅是在某個地方說出一個字、一段話。地點與話語能夠湊在一起是個罕見的成就。」肯恩表示，這段話可能聽起來很抽象又很哲學，但他這才明白自己復仇者的角色。猶太人追查納粹、以色列人追捕一九七二年慕尼黑奧運慘案的恐怖份子，肯恩研讀了記錄這些事蹟的書籍。他告訴我，他要的公道不是「應報」，而是傳達一個訊息：「二十五年前，你逕自選了一天把炸彈放在一架飛機上，改變了我人生的軌跡。現在，我也會選一天到你家敲門，對你說：『對於你幹過的那件壞事，現在我已經海闊天空了。』」

二〇一四年秋天，我與肯恩開始討論他的紀錄片，那時他的焦點全都擺在馬蘇德身上。如果埃特說的沒錯，馬蘇德真的還活著，那麼肯恩會想把他找出來，但有些人不認同肯恩的看法，例如斯韋爾就相信二〇一二年辭世的梅格拉希是無辜的，他覺得炸彈的源頭是倫敦而非馬爾他。（斯韋爾告訴我：「我支持肯恩追查事實的傑出努力。」他補充說他從未撤除格達費及其政權也參與襲擊的可能。）檢察官在審判中犯了許多失誤沒錯，他們請來的部分證人不可信，有些還領了美國政府的錢，但肯恩說：「這不代表梅格拉希無罪。」

每次發生恐攻慘案，就會出現一些根據現有證據編織出的犯案理論。一九八〇年代，中東恐怖主義充斥各種陰謀論，所以也會聽到有人說洛克比空難是巴勒斯坦、敘利亞或是伊朗與利比亞共同策劃而成。激進團體有時會互相合作，交換軍事裝備與長才。肯恩說：「有數不清的名字和密謀，腦袋根本記不起來。」

有些人可能會不把肯恩當一回事，覺得他是個怪人。個人與悲劇有所連結是很特別的資歷，也是一種權力，但情感可能會蒙蔽雙眼。投注長達二十五年調查一個案件可能會讓人變得不夠客觀。肯恩的姊姊蘇珊告訴我，她從來就不想知道洛克比襲擊的細節或是凶手的身分。「我一點也不在乎有沒有找到犯人，那些犯人對我來說完全沒有意義，他們不是衝著大衛來，而是隨機的暴力攻擊，不是針對他。」她強調自己一直以來都很支持肯恩的調查，但補充說道：「我已經不知道那樣算不算健康了。要肯恩放棄大衛的事就太難過了，誰還會延續大衛的生命呢？釋懷的話，大衛就真的離我們而去了。可是過了二十五年，我們都有家庭、有需要我們照顧的人。我們需要往前看。」

肯恩對我說過，他問過斯韋爾有沒有想過放棄找尋真相。大衛離開的時間已經比活著還久，肯恩想知道他到了斯韋爾的年紀還會不會持續調查。他內心深處隱隱希望斯韋爾勸他不要繼續。斯韋爾承認他這麼做自始至終都是「為了調適痛失愛女的悲傷」，但他不打算停止，他說：「你可能要思考繼續下去對自己和愛你的人造成的傷害，以及破案可能帶來的快樂，然後比較一番。」

今年春天，肯恩傳了一個影片給我，是利比亞國家電視台播出梅格拉希在二〇〇九年衣錦還鄉的畫面。我播放影片，肯恩用電話口頭說明。片中，圍觀民眾拉長身子想摸到梅格拉希的衣袖，可以看到第一個上登機梯和他打招呼的是他的表親拉希德，也是洛克比襲擊的嫌疑人。梅格拉希下機之後，進到等候他的運動休旅車，司機抱了抱他，那人正是格達費政權的情報首長塞努希，疑似是事件首腦之一。梅格拉希一直堅持自己與一〇三號班機的炸彈襲擊毫無關聯，結果卻和主嫌摟摟抱抱。肯恩大喊：「好像在大團圓，洛克比空難策劃人遲來的慶功會。」他要我再播一次影片。梅格拉希與塞努希擁抱過後，肯恩說：「好，現在暫停。」我馬上注意到一件事情。兩人相擁到車子開走只差不到一秒鐘，但在那瞬間出現了第三個男人。他原本被後座的陰影擋住所以看不太清楚，現在往前傾，緊緊握住梅格拉希的手，親了他的臉頰。男人在影片中只出現那麼一下子。他穿著白色西裝，幾近光頭，皮膚黝黑。

肯恩決定把影片寄給埃特的律師，希望埃特會看。肯恩在柏林看到埃特有多愛他受到西方教養的女兒，好奇他會不會擔心給女兒留下壞名聲，想要將功贖罪。埃特也有自己想協助破案的理由：他想要取得德國的永久居留證，如果能提供有用的資訊，或許有助申請。埃特的律師同意給埃特看那部影片，問他後座的男人是不是馬蘇德。幾天後，答案出爐了：雖然光線不太好，很難說，但埃特有八成把握那個人就是馬蘇德。

肯恩現在掌握了馬蘇德的名字、護照號碼以及長相，有了捕捉到他臉孔的影片，可能真的有機會找到他。但下一步該怎麼辦呢？利比亞已經開始內戰，比之前肯恩去的時候還要危險得多。叛軍圍捕了格達費的支持者，在米蘇拉塔（Misrata）以及的黎波里進行公審；前政權的高官被拍下坐牢的照片，身穿藍色囚衣的他們愁眉苦臉；塞努希躲到非洲的茅利塔尼亞（Mauritania），又被帶回利比亞。二〇一二年九月，美國駐利比亞大使克里斯多福・史蒂芬斯（Christopher Stevens）在班加西殉職之後，利比亞對美國人來說可謂極度危險。在這種時局下，安排與馬蘇德私下見面會很困難，但肯恩發現，美國近期至少暗中出動兩次軍方的抓捕小隊到利比亞，把嫌疑犯帶出境。二〇一四年，《華盛頓郵報》（*The Washington Post*）發布美軍清晨突襲的影片：特種部隊突然現身的黎波里街頭，包圍納茲・阿卜都－哈默・魯蓋（Nazih Abdul-Hamed al-Ruqai）的車，迅速把人帶上白色廂型車載走，整個過程不到六十秒。魯蓋是通緝犯，涉嫌一九九八年美國在肯亞與坦尚尼亞大使館的炸彈攻擊，落網幾週後，曼哈頓的聯邦法院傳訊他，但據說他在接受審判之前就肝癌過世了。肯恩向我說：「搞不好他們也可以這樣突襲，抓到馬蘇德。」

嚴格說來，美國沒有把洛克比空難結案，但有沒有人繼續積極查案就不清楚了。肯恩把自己的調查發現分享給理查·馬齊斯（Richard Marquise），令他佩服不已。馬齊斯是退休的聯邦調查局探員，也是洛克比案的領頭調查員，他告訴我：「他給我看了好多我沒見過的東西。中央情報局的非機密文件！我知道裡面寫了什麼，但我沒有真的看過。」馬齊斯說調查人員聽過馬蘇德的事，「我們本來就懷疑他是當時準備引爆炸彈的人，但一直得不出更多他的資訊。蘇格蘭警察沒能讓那些利比亞人承認他真有其人，我們也不太確定，以為可能是假名。」

看完肯恩搜集的證據，馬齊斯打給聯邦調查局：「我有一些你們應該留意的資訊，或許能起訴更多人。」馬齊斯轉告聯邦調查局肯恩的發現之後，埃特很快就被請到美國駐柏林大使館出席會議。二〇一五年六月，我和肯恩談話時，他的態度保守但相當樂觀，表示司法部已經在德國審問過埃特，似乎正循著新線索調查案子，他說：「我覺得美國現在在施壓了。」埃特向美國官員透露，馬蘇德和梅格拉希都與洛克比空難脫不了關係，他曾經聽到馬蘇德提到要去馬爾他為襲擊做準備。即使歐巴馬當局不願派遣特種部隊到利比亞逮捕馬蘇德，埃特也說到他可能可以試著把馬蘇德引出利比亞。

埃特的提議在國際執法上並不少見：嫌疑犯躲在受到司法保護的國家時，可以用計把人引誘到能夠將他逮捕到案的國家。這樣做對埃特可能有風險，但只要有助他在德國的居留資格，他都可以考慮照做，而且德國也能從中受益，因為馬蘇德不只涉嫌洛克比案，也和拉貝勒爆炸案有所牽連。

美國政府與埃特交涉的同時，肯恩正把他錄製的影像製作成電影，標題已經想好了，叫做《殺害我哥的炸彈客》（*My Brother's Bomber*），但他還沒決定如何收尾。《前線》想要在秋季將紀錄片分成三段播出，有了這個期限，也暴露出肯恩在悲傷的弟弟與紀錄片製作人這兩個身分之間的拉扯。肯恩一直都是個說故事的人：大衛過世之前，肯恩還是青少年時，他夢想成為喜劇作家，也從未埋沒過他的才能。在《天降男孩》書中，肯恩直到第七十三頁才揭曉他妻子是哥哥的前女友。（他寫道：「我承認，我漏講了故事的重點。」）肯恩的朋友理查・薩柯現在是好萊塢的製作人，他很有自信地告訴我，雖然肯恩起初拍攝紀錄片是為了療癒自己，但他說故事的本能終究會佔上風。薩柯說：「我覺得這不只是宣洩情感之作。多達數千人調查洛克比案都沒人挖出真相，這部紀錄片是關於一個男人在其他人辦不到時，衝破終點線的故事。」

肯恩深知，如果他在紀錄片中揭露有關馬蘇德的新發現，馬蘇德很可能會躲起來，讓政府前功盡棄。他在七月時對我說：「至於時間點，重點是看我想在什麼時候完成這部電影、達成我的使命。我得捫心自問：『再跟我說一次，你這麼做是為了什麼？』我有多在乎抓到他？沒抓到也心滿意足嗎？因為只要我的影片播出，一切就結束了。我現在處在很奇怪的位置，政府現在的計畫是因我而起，也可能因我而敗。」

我問肯恩：在不在意馬蘇德受到法律制裁？他說那不是他最關心的事。他再次提起諾齊克的復仇理論。「他能告訴我什麼有意思的事嗎？我不覺得。我甚至不認為他做那些事有什麼特殊的理由。」重要的是傳達訊息。「我心心念念這個人這麼久，這麼久以來他都好像根本不存在。如果叫出他的名字可以讓他轉頭，這樣對我來說就足夠了。能夠證明他的存在，我就贏了。」

肯恩目前只有埃特的一面之詞可以證明馬蘇德尚在人世，他希望得到綁架談判專家所謂「活著的證明」（proof of life），確定他真的活著。去年夏天，埃特的律師寄給肯恩一張畫質不高的男人合照，背景中的一個人膚色非常深。肯恩注意到，裡面所有人都穿著藍色囚衣，於是在電腦上搜尋利比亞最近公審的照片，從 Getty Images 的一堆圖片中找到那張低畫質照片的高解析度版本。照片的前景是滿臉皺紋、板著臉孔的塞努納，也就是那位前任情報首長。他的肩膀上方，有個膚色很深的光頭男子靠在牆上。肯恩覺得他看起來很像在運動休旅車上和梅格拉希打招呼的那個人。

肯恩發現之後興奮地打給我。隨著調查推進，肯恩也開始使用加密手機方案，堅持我們使用加密連線，他才要對我說他聽到什麼消息。他說：「我覺得很不可思議。埃特說那人確定活著，但從沒聽說他在坐牢。」

肯恩把高解析度的其中一張照片寄去柏林，不久之後收到律師的回覆，他說埃特表示：「百分之百。就是他。」

這是肯恩調查的一大進展，但他怕埃特的指證還是不夠妥當，畢竟埃特因為移民簽證問題所以不完全算是無利害關係的證人。（我在柏林聯絡埃特時，他拒絕了本文的採訪。）進一步研究過後，肯恩找到了一位非營利組織「人權觀察」（Human Rights Watch）的研究員漢楠．薩拉（Hanan Salah），她主要待在肯亞首都奈洛比（Nairobi），一直緊密觀察著利比亞的公審。肯恩透過 Skype 聯絡她，兩人談論利比亞的政治情勢與公審的大方向，聊了一個小時。肯恩接著說明自己正在確認照片中一名被告的身分，薩拉問：「你要跟我說他叫什麼名字嗎？」肯恩答：「好。」接著打了「阿布．阿吉拉．馬蘇德」。

薩拉安靜了片刻，查看起訴紀錄，然後說：「沒有那個名字的人。」

肯恩結結巴巴地回應：「你覺得那是完整名單嗎？」

薩拉說：「對。」聽得出來她知道這不是肯恩想聽的答案。

肯恩：「好，呃，很有用的資訊，可能跟我說的人……錯了。不管是什麼原因……」

薩拉打斷他：「喔，等等，等一下，我這邊有個名字，只是有點不太一樣……阿布阿濟拉．馬蘇德（Abuajila Mas'ud）。」

肯恩欣喜若狂。薩拉與洛克比空難無關，而且驗證了利比亞公審的深膚色男子就是中央情報局檔案、史塔西檔案以及馬爾他入境紀錄出現的人。馬蘇德好幾年來都只是個幽靈、一串護照號碼，現在有了起訴紀錄與高畫質的照片可以證明他的存在。薩拉說：「他是二十八號被告。」

肯恩問：「你知道罪名是什麼嗎？」

薩拉看了審判筆記後說：「好像是……製造炸彈。」

馬蘇德被控在革命爆發後的二〇〇一年，在利比亞異議份子的汽車暗藏遠端遙控的爆炸裝置。肯恩請人翻譯阿拉伯文書寫的起訴紀錄，上面寫著馬蘇德不是生於利比亞，而是一九五一年在突尼西亞出生。肯恩說：「這對我來說改變了一切。那個人在監獄。他一直那麼低調，現在在接受公審。」他又說：「沒有比這些指控更能確認他身分的了。」最讓肯恩震驚的是，馬蘇德並未終止他的炸彈製造事業：拉貝勒與洛克比事件幾十年後，馬蘇德繼續效命於格達費，奪取人命，估計近期還有更多受害者喪生他的炸彈之下，也就是說，還有其他與肯恩一樣因而心痛不已的家屬。他說：「整件事情累積成了糟糕的現狀。」

我向美國帶頭調查的莫爾塔檢察官問及肯恩的發現時，他變得有點好強。莫爾塔表示調查人員好幾年前就知道馬蘇德，但他躲藏得太好，一直是「可疑人物」。莫爾塔說：「我們有沒有想過『天啊，如果他是技術專家，那組裝炸彈的人可能就是他？』？當然有，但我們不知道他的長相。」莫爾塔爭論，肯恩的記者身分比政府調查人員在某些方面更具優勢，他說：「聯邦調查局探員如果要去肯恩去的那些地方，必須向利比亞政府取得許可，還要有美國國務院授權。記者不必理會這套規則。」莫爾塔還說：「我們有權起訴許多人，但如果找不到那個人，那也沒什麼太大作用。」

利比亞的公審有種令人哀愁的色彩：馬蘇德沒有因為炸毀一〇三號班機而受到法律制裁，但他在利比亞被繩之以法並在的黎波里接受公審，罪名卻是因為製造炸彈。這個結果令人洩氣，因為利比亞公審的審判過程很難採用正當的法律程序。肯恩追求的向來都是真相更勝於法律制裁，公審恐怕很難帶出任何馬蘇德在洛克比事件扮演什麼角色的真相。

與此同時，肯恩正趕著完成紀錄片。古魯察說：「大家一直在問『有結局了嗎？』」肯恩的調查顯示，馬蘇德很可能拘禁在米蘇拉塔的監獄。不管是為了製片還是宣洩情緒，肯恩的下一步似乎都指向同一條路。古魯察報導過許多戰地新聞，已經準備好前往米蘇拉塔，但肯恩猶豫了，表示利比亞「那裡現在已經毫無王法可言」。助手茲威在當地做了調查，建議他們不要前往，解釋說如果要冒險，馬蘇德還住在自家宅邸的話是一回事，可是他現在人在監獄，「我們不可能進去」。肯恩最後斷定前往利比亞的「風險太高，回報太低」。

二〇一五年七月二十八日，馬蘇德被判刑十年。九月初肯恩打給我說：「有新狀況。」他想辦法聯絡上一位馬爾他的中間人，對方自稱代表負責舉行公審的民兵組織「利比亞黎明」（Libya Dawn），他提議：「簡單來說就是高層邀請你去馬爾他，包機到的黎波里，採訪馬蘇德，然後離開。」這個提議相當誘人，但需要小心看待。「利比亞黎明」為什麼要促成這次會面？他們是伊斯蘭團體，但正與伊斯蘭國（ISIS）對抗，肯恩猜測他們可能想藉此討好美國，表示：「他們想證明支持他們是合理的。」利比亞的安全情勢還是非常不穩，就算利比亞黎明保證可以安全通關，還是有很多陷入危機的可能，例如在的黎波里和米蘇拉塔，光是交通就夠危險了，「你搭的是平板貨車，坐在一群持槍的傢伙旁邊，可能被劫車還沒地方跑」。

肯恩最後認定利比亞太不安全，要他的妻小承擔他為逝去的哥哥所冒的風險並不公平。希臘神話中有個名叫坦塔洛斯（Tantalus）的角色伸長了手卻永遠摘不到果實，肯恩和我提過不只一次這個故事。他製作紀錄片花費三十五萬美元以上，刷爆多張信用卡，還借了二胎房貸。即便在他看似決定不去利比亞之後，他還是回頭與我談論去不去的話題：「就算我去監獄和他面對面好了，我也沒辦法想像第一次見面時他會對我說：『我太佩服你的偵探技巧了，我什麼都跟你說。』好萊塢都這樣演，但現實不一樣。這不是《陸上行舟》（*Fitzcarraldo*），我也不是叢林裡的韋納．荷索（Werner Herzog）導演。」肯恩繼續說：「整部紀錄片都存在向後看與向前看之間的拉扯，但電影的結尾是我放下這一切，回到家人身邊。」肯恩的紀錄片會在二〇一五年九月及十月由《前線》分三段播出。

我問茲威是否認為有任何能讓肯恩滿足的方式討回公道，他說：「肯恩嗎？他永遠不可能滿足。」他指出，馬蘇德僅是肯恩名單上的一人而已。「我確定他手上還有更多名字，既然找到一個，他就會想再找更多。我覺得他永遠不會結束追尋，總會感覺少了什麼。」

當肯恩讀大學時，有次他想造訪黃石國家公園，但身上的錢不夠，爸爸也不願贊助。大衛寫了一張三百美元的支票給他，但肯恩知道大衛也沒多少錢，所以一直沒有兌現，收在身邊許多年。

二〇〇六年，肯恩讓《天降男孩》一書出版後，宣示洛克比空難已經在他心中畫下句點，但其實沒有。他與凱瑟琳剛開始約會時，經常對她說有需要讓大衛「繼續下去」。這個名為大衛的專案有辦法完結嗎？肯恩沒有冒著生命危險去利比亞，選擇回歸家庭，從電影的角度來看是個好結局沒錯，但人生有這麼簡單嗎？肯恩為大衛寫了一本書、拍了一部片，但馬蘇德接下來十年都會在利比亞的監獄度過，我好奇肯恩是否有辦法不再回顧他的決定。我遇到凱瑟琳時，問她覺得肯恩近期會不會把洛克比的檔案清出閣樓，她說：「好問題。這麼久以來他都一腳踩在過去、一腳踩在現在，既是囚犯也是獄卒。努力放下情緒很棒，但我覺得他做的這些比較像是過程而不是終點。」她一臉悲傷和同情地笑了，繼續說：「可能就是一扇永遠關不了的門吧。」

■

本文於二〇一五年刊登於《紐約客》。二〇二〇年十二月，在洛克比空難的三十二年後，美國司法部以製造炸彈的罪名起訴馬蘇德，美國政府也請求將他從利比亞引渡至美國受審。現在肯恩製作的各類型電影涵蓋多樣主題，已經不再與洛克比相關。

i．譯註：相當於三萬一千六百八十英尺。

ii．譯註：這是哲學界的一般用語。

第四章　資訊優勢帝國——一位醫生、交易員和億萬富翁史蒂夫·科恩如何捲入金融大醜聞

當席德·吉爾曼（Sid Gilman）醫生走上台時，飯店會議廳所有的人都滿懷期待，靜了下來。那是二〇〇八年七月二十九日在芝加哥舉辦的「國際阿茲海默症會議」（International Conference on Alzheimer's Disease），與會者有一千人。科學家試驗了好幾十年都無法研發出阿茲海默症的治療方法，但近年來，愛蘭（Elan）與惠氏（Wyeth）兩家藥廠齊心研發出試驗藥物 bapineuzumab（簡稱 bapi），很有機會抑制阿茲海默症所帶來的認知退化。小鼠實驗相當成功，第一期臨床試驗也有少數患者的病症改善，第二期全部有兩百四十名患者，試驗結果即將問世。吉爾曼是安全監測委員會的主持人，將在這場會議上宣布第二期的成果。

美國約有五百萬人罹患阿茲海默症，預測確診人數會隨人口老化急遽攀升。阿茲海默症的危機迫在眉睫，科學家因此更加急需找到解藥。投資人也發現未來世界會有大量減緩阿茲海默症的藥物需求。愛蘭與惠氏投注上億美元調製、試驗 bapi，公開暗示他們可能有了醫學突破。投資人好奇 bapi 能否如同後來大家所說的，成為「下一個立普妥（Lipitor）」，和這種心血管疾病藥物一樣熱銷。芝加哥會議的前幾個月，根據《巴倫週刊》（*Barron's*）的封面故事預測，bapi 會是「史上最轟動的藥物」。

對沖基金經理人史蒂夫·科恩（Steven A. Cohen）是美國億萬富翁，在 bapi 上有鉅額投資，芝加哥會議前的兩年間，手上就累積了幾百萬美元的兩家藥廠股票。一九九二年，科恩用兩千五百萬美元創立薩克資本顧問公司（SAC Capital Advisors），將其打造成員工人數一千人、資本額一百四十億美元的帝國，服務內容是向高資產客戶收取極高

額的佣金與費用，代為管理他們的金錢，而且不只額外收費的金額高得不合常理，還會收取超過三成的平均年報酬。薩克資本投資的股票有幾千家，但公司在二〇〇八年夏天持有最多的是惠氏藥廠，第五則是愛蘭藥廠，科恩總共豪賭七億五千萬美元在 bapi 上。科恩出名的地方在於他選擇交易的依據是「催化劑」——影響股票價值的事件。吉爾曼醫生在芝加哥會議上發表臨床數據就是典型的催化劑：如果結果顯示前景不錯，藥廠股價會沖破天際，科恩也能大賺一筆。

吉爾曼原先不想上台報告。他已經七十五歲，身受淋巴癌之苦，才剛接受化療，他開玩笑說自己光禿禿的頭皮就好像「印第安納瓊斯電影裡面的邪惡科學家」。吉爾曼在醫界受人敬重，長年擔任密西根大學（University of Michigan）醫學院神經醫學系的主任，安娜堡分校的系列講座以及教學醫院的某棟側邊大樓皆以他命名，他的簡歷甚至多達四十三頁。愛蘭的高層力勸他參與計畫，有了醫學權威吉爾曼出面，新藥也能令人安心。

吉爾曼十三分鐘的簡報報告開始不久，就可以很清楚知道 bapi 的試驗並非不成功，有些患者的症狀確實減緩，只是並非全數如此。吉爾曼的態度樂觀，對同事表示數據「看來很有希望」。然而，投資人對於 bapi 的商業前景就沒那麼看好了，一位市場分析師甚至宣稱試驗結果「糟糕透頂」，一語道破大家普遍的感受。

芝加哥會議的確是個催化劑，但不是投資人預期的那種效果，科恩似乎嚴重誤判了。隔天股市收盤時，愛蘭的股票大跌百分之四十，惠氏下跌將近百分之十二。然而，當吉爾曼上台簡報時，薩克資本已無任何愛蘭或惠氏的持股，科恩在八天前已把兩家藥廠約七億美元的倉位兌現，然後「做空股票」，等於賭他們不會漲，科恩因此獲利兩億七千五百萬美元，一週內靠著 bapi 的做空得到總計將近十億元。

吉爾曼與科恩素未謀面，臨床試驗的細節一直都是高度機密，薩克資本卻完美預測了結果。科恩表示自己的投資決策很大部分是憑「直覺」。據稱，他有神奇的能力，憑直覺就可以在看盤時知道走向。錢德勒．波克利奇（Chandler Bocklage）長期擔任科恩的副手，稱科恩是「股市最強作手」。

聯邦政府對於薩克資本這神來之筆則有不同的見解。二〇一二年十二月，芝加哥會議的四年後，紐約的檢察官起訴名為馬修．馬托瑪（Mathew Martoma）的年輕人，他曾任科恩手下的投資組合經理。檢察官指控他利用有關bapi的機密資訊，策劃史上報酬最高的內線交易。起訴書上寫著，馬托瑪近兩年都在掌握機密的臨床試驗進度細節，最後也事先得知第二期的結果不理想。他的情報來源正是吉爾曼。

吉爾曼在加州大學洛杉磯分校（UCLA）完成醫學院學業，並陸續在哈佛大學（Harvard University）與哥倫比亞大學（Columbia University）任教。後來密西根大學於一九七七年招聘他為神經醫學系系主任。吉爾曼和第一任妻子琳達（Linda）以及兩個兒子搬到安娜堡，一九八〇年代初婚姻破碎，老大傑夫（Jeff）出現心理問題，一九八三年在校園附近的旅館吞藥輕生。這不是吉爾曼人生第一場悲劇，他的父親在他童年就拋棄家庭，母親之後也輕生殞命。傑夫死後，吉爾曼似乎靠著全心投入工作來調適悲傷。安妮．楊（Anne Young）是他的門生，後來成為麻省總醫院（Massachusetts General Hospital）的神經醫學科主任。她告訴我：「他認真工作轉移注意力。」

吉爾曼一九八四年與精神分析師卡蘿．巴柏（Carol Barbour）再婚，兩人沒有生小孩。雖然吉爾曼在世的唯一兒子陶德（Todd）也讀密西根大學，但之後父子倆漸行漸遠，吉爾曼與前一段婚姻的家人再無任何聯繫。然而，這些年來他對許多住院醫生與年輕同事而言，都是如師如父。吉爾曼的前同事科特．費希別克（Kurt Fischbeck）現在任職美國國家衛生研究院（National Institutes of Health），他告訴我吉爾曼「樂於幫助年輕後輩，一直以來都是如此」。楊主任說吉爾曼「非常支持」年輕教職員，表示：「他會陪我們仔細看過研究補助，很認真幫忙，很少有系主任這樣做。」

二〇〇二年某日，有位名叫愛德華．申（Edward Shin）的醫生聯絡上吉爾曼。申醫生受雇於新成立的格理集團（Gerson Lehrman Group），那是一家新成立的公司，替投資人找到可以回應他們疑惑的行業專家。公司執行長馬克．

格森（Mark Gerson）向《紐約時報》表示：「對沖基金公司開口請人幫忙解惑，就能得到大量資訊，實在有點荒謬……就算要付錢，公司也心甘情願咧。」申醫生提議吉爾曼加入格理集團的專家顧問群，時薪高達一千美元，吉爾曼答應了。這種情形並不少見：《美國醫學會雜誌》（*The Journal of the American Medical Association*）一篇研究發現，截至二〇〇五年有將近百分之十的醫生都與投資企業建立了交情，是一九九六年的七十五倍。文章指出，雙方關係發展的速度與程度「很可能在專業與企業的關係史上前所未見」。吉爾曼讀過那篇文章，但不認為兩者合作有什麼不對。他給申醫生的電郵中表示，投資人時常幫助他用嶄新的視角切入自己的研究。他寫道：「酬勞是個動機沒錯，但至少對我來說，這段關係最吸引人之處在於彼此交流。」

吉爾曼在大學的年薪是三十二萬美元，在安娜堡生活相當充裕。他接的顧問工作越來越多，年薪增加了數十萬，但認識的人都沒注意到他生活方式有什麼劇烈變化：吉爾曼穿著雅致，除此之外他們夫妻倆都過得相對簡樸。匹茲堡神經退化疾病研究院（Pittsburgh Institute for Neurodegenerative Diseases）院長提姆．格林邁爾（Tim Greenamyre）是吉爾曼以前的學生，他告訴我：「他不喜歡昂貴玩物，不是那種愛現的人。」吉爾曼與格林邁爾還有其他同事商量過，詢問如何迴避正職與擔任顧問的商業行為出現利益衝突，以及如何避嫌。他向眾人強調他絕對不會投資醫療股，後來也堅稱顧問工作只是「消遣」罷了。

二〇〇六年夏天，馬托瑪致電吉爾曼，表示他是薩克資本的新血，目前把目光聚焦在保健類股。兩人聊到阿茲海默症的療法，特別針對 bapi 進行討論。雖然馬托瑪沒有醫學背景，但對於科學相當敏銳。他母親與妻子蘿絲瑪莉（Rosemary）都是醫生，童年在佛羅里達一家醫院擔任志工時就對阿茲海默症很有興趣。馬托瑪和吉爾曼講了超過兩小時電話，結束後請格理集團安排了下一次諮詢。

薩克資本的工作環境是出了名的緊張。公司總部位在康乃狄克州斯坦福（Stamford）某個靠海的區域，眺望長島海灣。公司擺飾中有老闆科恩的個人藝術收藏，其中一件是馬克．奎恩（Marc Quinn）的「自我」（*Self*），是藝術家用自己的血製成的人頭雕像，置於冷凍的壓克力方盒中，作品幾乎和兩萬平方英尺的交易大廳一樣冷冽。科恩把大廳冷氣開得很強，員工都會分發到印有 SAC 字母花押的絨毛外套保暖。辦公室一片寂靜，電話只會閃爍不會響，但整棟樓可以聽到古怪的廣播聲。科恩上班時會坐在大辦公桌前，面向一排平面螢幕，下達他個人的交易指令，同時有一台「史蒂夫攝影機」對著他，播送他對下屬字字分明的連珠炮語。科恩容貌不出眾，皮膚蒼白，酷似地精，牙縫大的他笑起來像是皮笑肉不笑，但在「史蒂夫攝影機」中，他就是奧茲大帝。

起初薩克資本找上馬托瑪接洽職缺時，他心裡很矛盾。當時馬托瑪住在波士頓，任職一家小型對沖基金「希里歐斯資本管理公司」（Sirios Capital Management），工作得很愉快。他知道薩克資本的職涯發展很兩極，投資組合經理會拿到一大筆錢，如果投資持續獲利，很快就能致富，但如果賠錢就會失業。薩克資本的合約有項「時運不濟」條款，職員不是飛黃騰達就是失敗出局。科恩將他的交易員比喻成菁英運動員，好幾年來都會聘請一位與奧林匹克選手合作過的精神科醫生，請醫生一週在薩克資本待個幾天，教導員工如何戰勝恐懼。科恩雇用的員工都是習慣高壓的菁英份子。馬托瑪在杜克大學（Duke University）讀生物倫理學，以最優等成績畢業，在國家衛生研究院就職，與人合寫了一篇〈銀髮歲月的阿茲海默症檢測〉（Alzheimer Testing at Silver Years），發表在《劍橋醫療倫理學季刊》（*Cambridge Quarterly of Healthcare Ethics*）。工作一年後，他考上哈佛法學院（Harvard Law School），又一年後在網路泡沫股災之際離校設立新創公司，接著取得了史丹佛大學（Stanford University）企管碩士學位。薩克資本名號響亮，很吸引馬托瑪這種人。他參觀了斯坦福的辦公室，跟著科恩在交易大廳見習一天後，決定接受薩克資本的工作邀約。

薩克資本仰賴投資組合經理發想新奇的投資妙方，但科恩二〇〇六年向《華爾街日報》抱怨市場充斥對沖基金，「很難找到沒人已經先選用過的方法」。在他們這一行有個術語叫做「資訊優勢」（edge），是細微卻重要的關鍵。理察．霍維爾（Richard Holwell）曾在紐約擔任聯邦法官，負責審理備受矚目的證券詐欺案，他告訴我對沖基金公司為了評估科技股的好壞，會「派人到中國坐在工廠前面，看他們是輪一班還是兩班」。他還說：「資訊優勢是每位投資組合經理的目標。」二〇一一年，科恩宣誓作證時被問到資訊優勢，他說：「我討厭那個詞。」可是薩克資本的廣告卻大力宣揚公司具備的「資訊優勢」，科恩也提供員工一切有利他們競爭的研究工具。

薩克資本的薪酬與業績掛勾，這種激勵員工的企業文化破壞了團隊合作的精神。有資訊優勢的員工不願分享給其他同事，但所有好主意都會上呈科恩。投資組合經理每週日會寄備忘錄到叫做「史蒂夫點子」的信箱，詳細說明他們最有機會發展的線索，附上他們對該投資的信心程度。馬托瑪向來很有研究熱忱，驚嘆於薩克資本的資源。他有一家精品式顧問公司可供差遣，公司內有許多前中央情報局官員，可以仔細觀察各大企業高層的公開聲明，推測他們是否有所隱瞞；薩克資本還有格理集團的「吃到飽方案」，馬托瑪可以隨意聯繫他們的專家。他剛來斯坦福時，對投資 bapi 感興趣，把他想諮詢的二十二名醫生名單給了格理集團。那些醫生都參與了 bapi 的臨床試驗，大部分表示有利益衝突而拒絕馬托瑪的要求；試驗主持人必須簽下保密協議，限制他們談論試驗過程。吉爾曼反倒答應馬托瑪的諮詢請託，回覆格理集團時表明他「只會分享可公開的訊息」。馬托瑪初次與吉爾曼談話之後的週日，寄電子郵件給科恩，建議薩克資本購入四百五十萬美元的愛蘭股份，表示他「非常有」信心。

馬修．馬托瑪生於一九七四年，原名阿傑．馬修．湯瑪斯（Ajai Mathew Thomas），在佛羅里達的馬瑞特島（Merritt Island）長大，父母是一九六〇年代來自南印度喀拉拉邦（Kerala）的移民。他們是基督徒，千禧年前後開始改姓馬托瑪，藉此向喀拉拉邦的正教派三月托馬敘利亞教會（Mar Thoma Syrian Church）致敬。爸爸巴比（Bobby）是個嚴肅的男人，鼻子尖挺、鬍鬚修剪整齊，經營一家乾洗店，總是極力要求兒子要出人頭地。馬修照著父親的期望，不只學業成績優秀，還開創修剪草皮的事業，外包工作給其他小朋友。他是三個孩子中的老大，似乎很自然地接受家中領袖的地位。兒時照片裡，馬修露齒微笑，頭髮整齊分邊，穿著三件式西裝。

巴比剛到美國時錄取麻省理工學院，但經濟無法負擔。他對麻州劍橋有著憧憬，天天期盼長子可以讀哈佛。

馬修高中表現優秀，與同學一起擔任畢業生代表，但最後去的大學是杜克。十八歲生日不久，爸爸送他一塊紀念牌，上面寫著「粉碎父親夢想的兒子」。

大學時期馬托瑪在杜克大學醫學中心（Duke University Medical Center）的阿茲海默症部門志願服務，開始對醫療倫理產生興趣。布魯斯・培恩（Bruce Payne）是馬托瑪一門倫理與政策制定課程的教授，他記得馬托瑪「穿戴筆挺，頗具專業架勢」。培恩幫馬托瑪寫了申請史丹佛商學院的推薦信，稱讚他閱讀西瑟拉・巴克（Sissela Bok）的《謊言》（*Lying*）與阿爾貝・卡謬（Albert Camus）的《瘟疫》（*Plague*），解讀精妙。馬托瑪培養導師人脈的能力超群，達特茅斯學院（Dartmouth College）教授羅納德・格林（Ronald Green）在國家衛生研究院指導過馬托瑪，他告訴我：「他很有野心，想要做出一番成就。我或多或少把馬托瑪當養子看待。」

馬托瑪就讀史丹佛時，有人將他介紹給來自紐西蘭的年輕小兒科醫生蘿絲瑪莉・庫里安（Rosemary Kurian）。她面容姣好，正在準備醫生執照考試，以便在美國執業。她家裡管得嚴，沒有戀愛經驗，但與馬托瑪一見如故。她和馬托瑪一樣，雙親來自喀拉拉邦，也覺得自己又印度又西方。她最近告訴我：「我那時候深陷於他的魅力，而且他對我爸媽畢恭畢敬。」蘿絲瑪莉的父母認可兩人戀愛，小倆口在二〇〇三年結為連理，婚禮辦在佛羅里達州克拉蓋柏茲（Coral Gables）的東正教大教堂。他們搬到康乃狄克州時，已經有一個小孩，蘿絲瑪莉也懷著第二胎。蘿絲瑪莉不再上班，但積極輔助馬托瑪的職涯發展。她笑著對我說：「馬修可不是獨自做那份工作。」馬托瑪工作個不停，蘿絲瑪莉說他的工作「是那種全年無休，一週七天、一天二十四小時的工作」。

馬托瑪凌晨四點起床，追蹤歐洲的保健類股，直到紐約股市收盤才下班。他跟孩子相處幾個小時後，又坐在床上用筆電繼續工作，身邊伴著進入夢鄉的蘿絲瑪莉。他有大量投資項目，但 bapi 最有前景，他也沉醉其中。蘿絲瑪莉說：「投資組合經理的生活隨著股價起伏。股票是你的寶寶，你會跟在他們後面照顧他們。」馬托瑪對 bapi 的著迷成為夫妻之間的玩笑話，對話常常會出現「bapsolutely」這個字，是 bapi 與「absolutely」（沒錯）合在一起的諧音趣味。

蘿絲瑪莉沒見過吉爾曼，但馬托瑪二〇〇六年整個秋天都時常與他見面諮詢 bapi 的事。後來吉爾曼在法庭上回憶兩人這段時常見面的時光，認為是某種利用知識來勾引的手段。他們會聊各種阿茲海默症藥物的臨床試驗，吉爾曼作證時說：「每次我跟他講什麼臨床試驗，他都好像知道很多。我跟他說越多，他越想了解。」吉爾曼發現自己默默希望自己安娜堡的學生也能像馬托瑪一樣聰明伶俐、求知若渴。那年十月，吉爾曼計劃到紐約拜訪其他企業，馬托瑪也安排兩人在薩克資本的曼哈頓辦公室會面。吉爾曼寫信給格理集團，指明希望當天是「我和吉爾曼醫生單獨相處」。他們約在午餐時段，吉爾曼隨專人走進會議室時，很開心看到公司準備的小心意——許多三明治。馬托瑪走了進來，他的肩膀寬闊，有著一頭黑色的短髮，樣子和藹可親，長長的睫毛有種陰柔的氣質。吉爾曼回想他當時「非常、非常友善」。那時，馬托瑪表示對「我們之前的諮詢內容」極為讚賞。

格理集團的紀錄顯示，他們兩人在兩年之間進行過四十二次正式諮詢。這段期間，吉爾曼和其他投資人也有諮詢工作，馬托瑪也跟許多醫生聊過，但頻率都沒有和彼此見面這麼高。吉爾曼和馬托瑪對阿茲海默症的研究同樣懷抱熱情，不只把研發有效治療藥物當成賺錢機會而已。馬托瑪習慣在信中講述專業醫生治療病人時，趁機代入第一人稱複數的「我們」，吉爾曼也感覺得出馬托瑪想當朋友的意願。馬托瑪提議兩人在美國神經學學會（American Academy of Neurology）[i] 會議後喝杯咖啡。他和吉爾曼聊他家人從印度移民美國，還有他和蘿絲瑪莉接連生了兩個小孩的事。馬托瑪會在信中問候吉爾曼的「賢內助」。吉爾曼平常叫馬托瑪「小馬」，而且兩人幾乎天天聯絡，但馬托瑪總是稱呼他為「吉爾曼醫生」。有次吉爾曼到伊斯坦堡旅遊，忘記兩人約好要諮詢，馬托瑪找不到人，請助理四處打電話打聽醫生下落，最後是飯店員工發現吉爾曼一個人在看書，才告訴他有人四處打電話找他。吉爾曼作證時表示：「我在國外，他因為找不到我而四處打電話。我很感動。」

後來吉爾曼想不起來兩人的關係到底在何時跨越了法律界限，但記得有次馬托瑪問了好幾次 bapi 可能的副作用。「我現在覺得那是在套問機密資訊，但當時沒發現。」吉爾曼一開始只談理論，可是馬托瑪執意想知道「實際發生什麼狀況」，最後吉爾曼「說溜嘴」，告訴他有幾位病人和安慰劑對照組的參與者有了怎樣的不良反應。馬托瑪不時會請他放慢語速，好把數字寫下來。

一九四二年，美國證券交易委員會（Securities and Exchange Commission）波士頓辦公室得知地方一家公司的總裁向股東散布前景堪憂的消息，提議購買他們的股份，然而總裁心知肚明公司明年利潤預計漲成四倍，股東卻不知道這回事，讓總裁有了資訊優勢，得以欺騙股東以低於實際價值的價格售出股票給他。同年稍晚，證券交易委員會頒布《證券交易法》（Securities Exchange Act）第十條b項第五款，將內線交易列為聯邦罪。一位長官評論道：「我們反對詐欺，不是嗎？」

接下來數十年，這項禁令並未貫徹執行。有些學者表示內線交易其實是無被害人犯罪，不該如此嚴重對待、起訴，許多金融從業人員至少在私底下也是這樣認為。二〇〇九年，普里特．巴拉拉（Preet Bharara）就任紐約南區聯邦檢察官，管轄權包含華爾街，將剷除證券詐欺視為首要任務。巴拉拉跟我說，證券詐欺的問題在對沖基金產業中益發「猖獗」，部分是因為大家普遍認為內線交易的潛在報酬是天價，但被抓到的代價相對輕微。「他們的工作就是評估風險，交易就是這樣，他們覺得『頂多付付罰款罷了』。」巴拉拉想要改變這種行為，他的策略是在交易員的成本效益分析中加入新的變數：牢獄之災。聯邦調查局與證券交易委員會的探員開始查問投資專家，請他們指出有誰罪行重大。彼得．格魯普（Peter Grupe）負責監督聯邦調查局的調查，他告訴我消息都「指向同個地方——康乃狄克州斯坦福」。

科恩初踏入這個產業時，就一直有他進行內線交易的謠言。他年輕時在小型投資銀行 Gruntal & Company 當交易員，一九八六年因為涉及奇異公司（General Electric）併購美國無線電公司（Radio Corporation of America）的可疑交易，被證券交易委員會傳喚取證。科恩援引憲法第五修正案（Fifth Amendment）拒絕回應，最終未被起訴，但他在一九九〇年代賺了高額基金報酬，許多業界觀察家以及競爭對手都猜測他在做些偷雞摸狗的事情。如同伯納．馬多夫（Bernard Madoff）的投資公司，薩克資本樹大招風，遭人起疑。一家對沖基金的經理人告訴我：「多年來，不少人都覺得薩克資本應該有耍手段。如果他們遵守業界行規，不太可能像那樣長期獲利。」

科恩家裡是中產階級，有八個小孩，住在紐約大內克（Great Neck）。他的父親在布朗克斯（Bronx）有一家成衣工廠，每天晚上回家都會帶回一份《紐約郵報》。科恩讀的是運動版，但注意到「有其他幾頁滿滿的都是數字」。傑克．史瓦格（Jack Schwager）為了寫《金融怪傑》（*Stock Market Wizards*）一書而採訪科恩，他回憶道：「我發現那些數字是每日浮動的價格時，深感著迷，開始在當地的經紀商辦公室觀看股票報價。我高中暑假在一家服裝店打工，跟經紀商辦公室就在同一個街區，我可以在午休時跑去看盤。那時候的磁帶跑得慢、容易閱讀，可以看到某支股票的成交量增加，大概知道會上漲。現在沒辦法了，磁帶跑太快，但我現在做的一切都可追溯到早年觀察磁帶上股票價格變動的經驗。」

科恩從來不是「價值投資人」，不會持續投資他相信的公司。他快進快出，透過鉅額下注賺取短期價差。他底下一位投資組合經理去年宣誓作證時表示：「這方面科恩毫無情感可言。股票對他來說沒有意義，只是點子而已，甚至還不是他自己的點子……。他是交易員，不是分析師，而且交易不斷，那是他愛做的事。」然而，薩克資本的商業模式並非憑藉直覺，而是仰賴全力蒐集累積的大量資料和分析。事實上，聯邦探員針對對沖基金諸多內線交易的調查重疊，逐漸發現薩克資本的企業文化似乎不只默許員工尋求內線消息，甚至鼓勵他們這麼做。邁可．史坦柏格（Michael Steinberg）是在科恩底下工作許久的投資組合經理，近一次的審判中，一位薩克資本前研究分析師約翰．霍瓦特（Jon Horvath）出庭作證，表示史坦柏格告訴他：「我自己就能當日沖銷賺錢，不需要你幫忙。我需要的是你出去找具備優勢的專有資訊給我。」霍瓦特把這句話解讀成要他非法取得非公開資訊，覺得如果做不到就會被解雇。

科恩面試求職者時喜歡說：「告訴我你做過最冒險的事。」二〇〇九年，投資組合經紀人理察・李（Richard Lee）來應徵工作。有人事先提醒科恩他在另一家對沖基金參與「內線交易團體」。薩克資本的法律部門警告，聘用李是個錯誤，但科恩不予理會。（後來李的確也認了內線交易罪。）

白領罪犯通常是執法機構容易瞄準的目標。格魯普告訴我：「要他們配合的成功率非常高。」大部分內線交易的嫌疑人未曾被捕，也沒想過自己會有坐牢坐很久的這一天，所以像是史坦柏格在等待陪審團宣布裁決結果時，居然會在通風開放[ii]的法庭上昏倒。於是，調查機關決定一對一擊破對沖基金的員工，拿出他們犯罪的證據質問出更多資訊。嫌疑人沒料到自己會被監視，所以聯邦調查局能夠跟蹤他們好幾週，等到他們有天進到星巴克準備像平常點餐時，就會有一位探員悄悄現身幫他點餐。

這個戰略類似以前聯邦調查局用來解散紐約黑手黨五大家族的手法。他們的計畫是先逮捕位階較低的手下，威脅說要長期關押[iii]他們，再把他們收為己用，獲取能夠逮捕更高位階犯人的資訊。一段時間後，探員就跟當初掌握西西里黑手黨（Cosa Nostra）的資訊時一樣，畫出了內線交易組織位階的金字塔圖，有涉嫌人物的名字與長相。最上層的人正是科恩。

二〇一〇年，聯邦調查局探員找上諾亞・費里曼（Noah Freeman），他是薩克資本開除的一個年輕人，正在波士頓一間女校任教，後來成為關鍵證人。費里曼在法庭上被問到他有多常試圖取得非法資訊優勢，他答道：「一天好幾次。」聯邦調查局的備忘錄寫道：「費里曼與其他薩克資本的員工都明白，提供給科恩最好的交易點子意味著提供他內線消息。」馬托瑪初來乍到薩克資本時，他的盡職調查報告（due-diligence report）寫著他的「業界聯絡人」以及他個人「在該領域的醫生人脈」。二〇〇七年秋天，他買下的愛蘭與惠氏股票越來越多，科恩也照做，還從私人帳戶提供馬托瑪個人投資組合需要的資金。那年十月，馬托瑪寄信給科恩，告知 bapi 正準備進行即將開始的第三期臨床試驗，他們會是目前「最完善的阿茲海默症專案」。

薩克資本有一套名為 Panorama 的專有電腦系統，讓員工可以即時監看公司的股份，他們也會不間斷上去確認。很多人都注意到，馬托瑪的資歷相對較淺但下的賭注很高，而且科恩還相當支持他。斯坦福辦公室沒有隔間，加上科恩辦公桌的同步廣播，大家可以看到馬托瑪靠近老闆，小聲說出他的建議。投資組合經理大衛・馬諾（David Munno）是神經科學博士，對於 bapi 的前景存疑，既不喜歡馬托瑪也不知道他的信心來源為何。馬諾有次寫信給科恩，問馬托瑪是不是知道有關 bapi 試驗的什麼消息，還是單純有「強烈預感」。

科恩回答：「很難說。我想小馬應該最了解。」

馬托瑪如何鞏固科恩對 bapi 的信心，人們不得而知。薩克資本的投資組合經理通常會為建議的交易案寫下詳盡的支持緣由，但科恩和馬托瑪偏好口頭談論 bapi。馬托瑪寫給老闆的信中經常只有一行，例如「您有時間談談嗎？」或是「您進辦公室時有空談一下嗎？」。馬諾每次追問科恩，馬托瑪怎麼知道 bapi 這麼多資訊？科恩的回應都高深莫測，例如他有封給馬諾的信中寫道：「小馬覺得那個藥會很成功。」另外有一次也只有簡單說明：「小馬在這個領域有很多貴人。」

另一位投資組合經理班傑明・斯拉特（Benjamin Slate）也與馬諾有同感，在信中寫說「沒有經過真正討論就投注五億美元在阿茲海默症藥物，令人完全無法接受」。馬諾在芝加哥的會議前一個月傳訊息給斯拉特，抱怨馬托瑪跟別人宣稱他有「黑色優勢」。後來薩克資本提交法律文件時，聲明「黑色優勢」一詞是馬諾與斯拉特的「幽默評論」中新創的詞，但司法部的法律文件顯示，「黑色優勢」是「內線消息的代名詞」。

吉爾曼一開始洩露機密給馬托瑪可能是「說溜嘴」，但兩人的友誼持續下去的同時，勾結的方式也越來越有組織。每當吉爾曼得到安全監測委員會的會議消息，馬托瑪就會立刻安排諮詢，等吉爾曼分享新資訊。吉爾曼除了諮詢費之外，沒有收取額外費用，但還是輕易且幾乎滿懷熱情地選擇違背倫理，有次甚至直接提議說謊，要馬托瑪假造會面的理由給格理集團，避免他人起疑。

二〇〇八年六月二十五日，吉爾曼寄信給馬托瑪，標題是「一些消息」。愛蘭和惠氏指派他七月時在國際阿茲海默症會議發表第二期臨床實驗的結果。馬托瑪再次預約諮詢，向格理集團謊稱他和吉爾曼要討論多發性硬化症（Multiple Sclerosis）的療法。這時的吉爾曼已經有臨床試驗的安全性結果，但最重要的療效結果還是「遮盲」的狀態，現在為了要上台報告所以會「解盲」。兩週後，愛蘭安排私人包機，從底特律接吉爾曼到公司設有辦公室的舊金山，和公司高層花兩天的時間準備會議報告。吉爾曼回到密西根後，愛蘭高層寄給他一封電子郵件，標題是「機密勿傳」，內容包含他上台報告需要的二十四頁投影片更新版。吉爾曼下載簡報後，接到了馬托瑪來電，兩人聊了一小時四十五分鐘。吉爾曼之後坦承，他在電話中轉述了內容。

然而，信件內容相當複雜，可能在電話上說不清楚。馬托瑪表示自己剛好週末要飛去密西根，因為有親戚之前過世，他忙到沒空參加喪禮，打算補拜訪致意。他問可不可以也順便去探望吉爾曼。

吉爾曼回覆：「當然，你可以順道來訪。」

兩天後，馬托瑪從紐約甘迺迪國際機場搭機到底特律，再搭計程車到安娜堡，然後在吉爾曼的校內辦公室會面一小時。那天晚上，他沒去拜訪親戚就飛回紐約了，接機的是蘿絲瑪莉。隔天是週日，馬托瑪寄電郵給科恩：「今天早上有空更新近況嗎？很重要。」科恩給了他一支手機號碼，馬托瑪在早上九點四十五分打給待在家裡的科恩。呈上法院的電話紀錄顯示兩人通話時間二十分鐘。週一開市時，他們指示薩克資本的首席交易員菲爾・維爾豪爾（Phil Villhauer）悄悄賣掉愛蘭和惠氏的股票。維爾豪爾透過匿名的線上股票交易平台（一般稱為「暗池」，即dark pools）以及其他不易追查的方式拋售了股票。接下來幾天，薩克資本不聲不響地清倉，公司只有幾個人發現而已。七月二十一日，維爾豪爾寫信給馬托瑪：「除了我、你和科恩，沒有人知道。」

馬托瑪對吉爾曼隻字未提清倉的事。馬托瑪通常都會帶著家人一起旅行，一週後也一樣帶著妻小到芝加哥參加會議。吉爾曼也不知道馬托瑪還有其他與臨床試驗相關的消息來源——喬爾・羅斯（Joel Ross）。羅斯是紐澤西的醫生，參與了試驗的療效測試。吉爾曼報告的前一晚，羅斯有個晚餐約會，會與其他試驗主持人一起看到試驗的全部數據。結束後，他馬上和馬托瑪在飯店大廳會合，但對於兩人的互動感到困惑。他監看的病患有所進展，所以對 bapi 還算樂觀，可是馬托瑪就沒那麼有信心。後來羅斯說：「他總是很在意細節。」羅斯稍早在晚餐時才知道的細節，馬托瑪卻看似已經曉得，就好像他「也在餐廳」一樣，讓羅斯很是緊張。

隔天傍晚，吉爾曼上台報告，模稜兩可的試驗結果傳到了媒體耳裡。馬托瑪手下的年輕交易員提姆・詹德維茨（Tim Jandovitz）在斯坦福辦公室看到彭博終端機上的新聞，鬱悶不已。他上去 Panorama 確認，看到薩克資本還持有愛蘭與惠氏的大量倉位，以為他跟馬托瑪害科恩損失了一億多美元，工作也不保了。隔天早晨，他做好心理準備去到辦公室，卻發現 Panorama 上的兩家藥廠股份統統消失了。隔一段時間後，馬托瑪才告訴詹德維茨公司已經沒有那些股份。他們兩人向來在工作上緊密合作，這次卻被排除在外，讓詹德維茨心裡很受傷。馬托瑪解釋道，賣出的決策是遵照「科恩的指示」而保密。

公司外的人知道薩克資本轉敗為勝也倍感震驚。詹德維茨的一個朋友在摩根大通集團（J. P. Morgan）工作，即時傳訊給他：「馬托瑪是不是把愛蘭賣了！」他回覆：「先不講細節，我們週三和這週都很棒！」

朋友回：「太讚了！」

詹德維茨同意：「傳奇就是傳奇。」

那年馬托瑪的獎金為九百三十萬。他和吉爾曼同時上法庭之前的最後一次見面是報告的隔天。他邀請吉爾曼醫生到芝加哥一家飯店共進午餐，對醫生說：「你聽說愛蘭股票的事了嗎？」接著說股票大跌了，並表示市場不喜歡只能幫助半數患者的藥品。

數個月後，吉爾曼在二〇〇八年九月底寄了一封電子郵件給馬托瑪，標題是「你好嗎？」。

「嗨，小馬，很久沒有你的消息了，希望你和家人一切都好。希望你沒有因為股市大災情和愛蘭股票大跌令人失望而太受挫……總之，不必打給我，我沒有什麼事，只是想知道你過得如何。」

馬托瑪再也沒有回信。

紐約證券交易所（New York Stock Exchange）的監理人員負責監看上百萬筆交易。芝加哥會議六週後，調查員注意到薩克資本在吉爾曼報告之前的異常舉動，通報給證券交易委員會。二〇〇九年夏天，證券交易委員會的法務部門主管[iv]查爾斯・萊里（Charles Riely）與調查員尼爾・亨德曼（Neil Hendelman）爬梳數以百計的通話紀錄，想找出藥商與薩克資本串通的連結。調查超過一年後，他們從吉爾曼的通話紀錄找到馬托瑪的電話。負責監督此次調查的山傑・渥華（Sanjay Wadhwa）告訴我：「我們那時候想：『大概就是他了。』」

當時聯邦政府已調查科恩多年，但他比政府預期的還要擅長規避搜查。科恩說他們公司是「軸輻式網路」系統，資訊匯集到他那邊，但投資組合經理管理帳戶時都有一定自主空間。這代表當局可以逮捕有嫌疑的員工，策動他們當吹哨者，但就算他們披露公司的亂紀歪風，也不見得能夠指證科恩蓄意透過內線資訊進行交易。二〇〇九年夏天，聯邦調查局在科恩位於格林威治的豪宅裝設竊聽器（豪宅佔地三萬五千平方英尺），但沒有蒐集到足以將他定罪的證據。據參與調查的人員表示，竊聽的那一個月，科恩大部分時間都待在紐約長島漢普頓地區（Hamptons）的房子。聯邦調查局想在科恩的公司安插線人，讓一位薩克資本前員工再次應徵，但科恩拒絕讓他復職。他在二〇一一年的證詞中表示是因為「坊間傳言」對方身上配戴著竊聽器。

當局偵辦大部分的白領案子，都會發出傳票要求調閱公司內部通訊，但這招對薩克資本並不管用。薩克資本的法律部門警告員工不要「書寫或寄送任何電子訊息，或是留下任何語音訊息，除非您想要……被監理人員讀取訊息」。二〇〇九年七月，一名新進投資組合經理傳送即時通訊訊息給科恩，說他根據「近期研究」決定放空諾基亞（Nokia），還說很抱歉，無法清楚說明放空的理由——因為他才剛接受過法務訓練，「所以不會透露太多」。如果有可能會觸法的書面訊息，科恩都會堅持口頭討論。有次同事傳訊息給他：「我週二下午會和北美學名藥廠的老闆喝咖啡。」科恩回覆：「我們晚點談。」

即使有科恩接收到內線消息而行動的鐵證，他的律師也會發揮能言善辯的口才挑戰證據。二〇〇八年某日，分析師霍瓦特寄了一封電子郵件給兩名同事，內容有關戴爾（Dell）即將發布的收益報告，表示他的消息來源是「該公司看過二手資料的人」。其中一名同事轉寄給科恩個人的研究交易員，他再轉寄給科恩，然後打了電話給他。通話結束兩分鐘後，科恩開始清倉戴爾價值一千萬美元的股票。史坦柏格的審判上，這次交易是一大重點。科恩的律師團隊辯稱科恩賣出股票的決定與郵件無關，雖然他「看過二手資料」的信寄到他的信箱，但他「很可能根本沒讀」。律師繼續說，科恩每天收到一千封信，辦公桌上有七台螢幕，Outlook 收件匣顯示在最左邊的螢幕上，而且視窗被另外兩個電腦程式擋住，也縮小到科恩一次只能看見五封來信的大小。「這樣的話，科恩得轉頭面向七台螢幕的最左邊那台，縮小一、兩個電腦程式，在信箱視窗往下滑，點兩次後打開那封『看過二手資料』的信，往下看三串轉寄資訊，再消化信中的資訊。」（史坦柏格最後因戴爾內線交易案而被起訴定罪，獲判三年半有期徒刑，但他上訴了。二〇一五年，法院限縮內線交易的定義，政府撤回對他的所有告訴。）理論上，史坦柏格本來可以指證老闆，避免坐牢的可能，但他或許無法舉出更多證據證明科恩知情使用內線消息做交易，況且兩人是多年好友，一起工作超過十年，史坦柏格不太可能會背叛科恩。

馬托瑪對科恩就沒這麼忠心。他二〇〇八年得到豐沃獎金後的隔年虧錢，二〇一〇年依據「時運不濟」條款被資遣。同事還在一封電子郵件中虧他「只會愛蘭案那一招」。馬托瑪一家搬到佛羅里達州波卡拉頓（Boca Raton），和妻子在濱水區的社區買了一百九十萬美元的豪宅。他們在二〇〇九年迎接第三個孩子，夫妻倆都沒有工作，全心照顧小孩並投入慈善事業，創立「馬托瑪夫婦基金會」（Mathew and Rosemary Martoma Foundation），捐獻一百萬美元到這個基金會。馬托瑪在杜克大學的摯友塔力克·哈達德（Tariq Haddad）是維吉尼亞州的心臟病學專家，他告訴我馬托瑪一直都很熱中公益，「他捐出了百分之十的積蓄，超過一百萬元都捐出去了」。

二〇一一年十一月八日傍晚，馬托瑪一家辦事回來，便看到前院來了兩位聯邦調查局探員。其中一位是B·J·康[v]（B.J. Kang），是調查科恩的重要人物。康探員的髮型是寸頭，外表凶悍。他時常攜帶配槍以及幾盒彈匣，以負責對沖基金案件的探員來說或許沒那麼必要。他跟蘿絲瑪莉說：「進屋去。這與你無關。」

她回答：「我要待在這裡。不論你要跟馬修說什麼都可以對著我說。」

康探員轉向馬托瑪，問：「你要跟她說，還是我來？」

馬托瑪看起來有些顫抖，說：「你要的話可以跟她說。」

困惑的蘿絲瑪莉很害怕，完全不曉得是怎麼一回事。根據蘿絲瑪莉的說法，後來康探員說：「我們知道你在哈佛做的事。」

然後馬托瑪就昏倒了。

馬托瑪錄取哈佛法學院時，他爸爸非常高興，堅持要租U-Haul搬家卡車載兒子從佛羅里達州到麻州。馬托瑪那時候還沒改名，第一年的表現優秀，既是《哈佛大學法律與科技期刊》（*Harvard Journal of Law & Technology*）的編輯，又是法律與倫理社（Society on Law and Ethics）的共同創辦人。第二學期的秋天，他向二十三名法官申請助理職位，但其中一位法官的助理審視馬托瑪的成績單時發現有異，聯絡了哈佛大學註冊組。一九九九年二月二日，註冊組找上了馬托瑪。他的成績單看起來竄改過，兩個B和一個B+全部改成了A。（剩下的B+、A和A-都還保留原成績。）馬托瑪起初堅稱「這只是在開玩笑」，但法學院把事情呈報哈佛大學行政委員會，委員會建議把他開除。馬托瑪大張旗鼓地為自己發聲，雇用了一位律師，並接受兩次測謊。他表示事情有點誤會：改成績不是給法官看，是要給爸媽看。寒假時他把假造的成績單拿回家，爸媽都高興極了。（審查此案的小組認為馬托瑪的「家裡給他很大的壓力，要他有傑出表現」。）給爸媽看過成績之後，馬托瑪突然必須離家，所以請其中一個弟弟幫忙整理他留在房間的助理申請資料，弟弟沒注意就拿了假的成績單，放進寄給法官的信中。馬托瑪堅稱在註冊組聯絡前就發現烏龍，也寄電郵給幫忙寫推薦信的兩位教授的秘書，請他們不要把信寄出去，「因為我已經沒有在找助理職缺」。

行政委員會態度存疑，因為秘書二月二日晚上才收到信件，那是註冊組質問馬托瑪的幾個小時後。信件的時間戳記是二月一日，馬托瑪堅決表示是伺服器造成延遲，他百分之百是在前一天寄出郵件。他的爸媽和那個弟弟都在委員會面前證實他的說法，馬托瑪甚至把筆電交給一家叫「電腦數據鑑識」（Computer Data Forensics）的公司，讓他們分析那封信的後設資料，產出技術報告給行政委員會。結果顯示郵件的確是二月一日寄出。

即便如此，哈佛還是決定開除馬托瑪。爭取保留學籍的期間，馬托瑪搬到麻州夫拉明罕（Framingham）的公寓大樓，在那裡結交一名年輕的麻省理工畢業生史蒂芬・陳（Stephen Chan）。他們會一起吃晚餐，在附近的同一家武術館練習，最後兩人合夥創業。馬托瑪的父母借了二胎房貸支持他們的事業。他們雇用了幾名員工，馬托瑪並向員工介紹自己是讀過哈佛的律師。公司的名稱就是「電腦數據鑑識」：也就是說，他給哈佛的鑑識報告根本就來自他自己開的公司。不久後，馬托瑪和陳鬧翻拆夥，馬托瑪還對他申請保護令，馬托瑪的父母則不得已要和心生不滿、沒領到薪水員工的調解。馬托瑪的爸爸怒斥兒子「完全是個累贅」。同年稍晚，馬托瑪申請史丹佛商學院，很快錄取。不久之後，他不再使用舊名阿傑・馬修・湯瑪斯，正式改成現在的名字。史丹佛如果知道他被哈佛開除，想必不會錄取他，但史丹佛不願出面回應，所以無法得知馬托瑪是否歪曲了他在哈佛那一年的事實，還是直接省略這段學歷。他對國家衛生研究院的主管格林是這麼解釋的：之所以沒有在哈佛繼續求學，是因為當時他有創業的機會。格林說：「我知道的是他為了創業而輟學，事業蓬勃發展。」

我問蘿絲瑪莉什麼時候知道馬托瑪被哈佛開除，她說他們在一起不久，馬托瑪就告訴她了。她說：「我是講求完全誠實的人。」哈佛的事是馬托瑪與家人的恥辱，後來成為他謹守的秘密，連他最好的朋友哈達德都一直以為他是輟學，最近才在馬托瑪被起訴後了解真相。馬托瑪一直很擔心事情曝光，蘿絲瑪莉說：「那就好像一把匕首懸在他頭上一樣。」（薩克資本都會對潛在員工進行背景調查，但不確定公司有沒有發現馬托瑪紀錄上的汙點。當然，他們也可能知道了卻仍然選擇聘用，畢竟馬托瑪假造法學院成績單還寄給二十三名聯邦法官，顯然是個十分無畏風險的人。）

馬托瑪恢復意識後，康探員告訴他聯邦調查局知道「二〇〇八年交易的事情」，他和蘿絲瑪莉馬上就懂那是什麼意思。另一位探員馬特．卡拉漢（Matt Callahan）有所顧慮而沒有開口，但康探員狠狠說道：「你的人生要垮了，會失去所有朋友，小孩長大也會討厭你，因為你接下來有大把時間都要在牢裡度過。」蘿絲瑪莉說，康探員告訴他們除非馬托瑪配合，不然政府會「搞垮」他。康探員說：「我們要的是科恩。」

馬托瑪不算是理想的重要證人：如果科恩的律師都能用縮小的 Outlook 視窗來開脫，他們也可能會用馬托瑪在哈佛的事蹟來質疑他的可信度。然而，黑幫老大也常常因為道德可能有瑕疵的手下出面作證而被定罪。把紐約黑幫大亨約翰．高蒂送進監獄的關鍵證人是外號「公牛」的薩米．格拉瓦諾（Sammy "the Bull" Gravano），薩米自己就認了十九條謀殺罪。要指證「白毛巴爾傑」（Whitey Bulger）的話，還非得靠那些有案底的人才有辦法。馬托瑪很明顯有強烈自保的本能。他爸媽還是叫他的舊名阿傑，印度語的意思是「所向無敵」。

出乎意料的是，馬托瑪拒絕合作。

康探員早就見過吉爾曼。他們第一次在密西根大學會面時，以及之後幾次談話，調查員問吉爾曼是否有向馬托瑪透露機密資訊，他都撒了謊。他之後表示：「我深感羞愧。我背叛了同事、自己還有大學。」康探員告訴吉爾曼，他只是這個大局中的小角色，是「一顆沙粒」而已，當局真正要追查的人是科恩。最後，吉爾曼以不被起訴作為交換條件，答應全盤托出。馬托瑪會是下一個轉污點證人的人嗎？刑事案件中如果有合作可能，被告的律師會帶著「可供線索」（proffer）去找檢察官，說明客戶可能有辦法提供什麼線索來換取檢方的寬貸處置。康探員警告馬托瑪，如果上了法庭，聯邦調查局會「毀掉他的人生」，但他的律師卻沒有要提出認罪協商的意思。馬托瑪從 bapi 交易案大賺一筆，是個很有機會將科恩繩之以法的對沖基金投資人，但他不動如山。最終，聯邦調查局派出一隊探員回到波卡拉頓，在孩子面前將他上銬帶離家中。

許多金融界與執法部門人士都很好奇，馬托瑪為何願意當替死鬼？很多人都對我說過他們的推測：有人認為馬托瑪在熱帶地區的銀行業天堂開設了不具名帳戶——可是我覺得不太可能。假設科恩打算這樣干擾證人，透過億萬富翁慣用手法、利用好幾個人頭來開設帳戶以便推諉責任，那不就代表他給了馬托瑪可以要脅他一輩子的把柄嗎？若有人承諾拿出一千萬元要馬托瑪不為證券詐欺作證，他又怎麼不會當場立刻協商，開口要兩倍價格，才肯不為證券詐欺以及妨礙司法公正作證？即便如此，科恩的錢還是此案不可忽視的因素。馬托瑪短暫聘請了刑事律師查爾斯．史迪爾曼（Charles Stillman），後來選擇雇用高贏律師事務所（Goodwin Procter），他們是收費很高的大事務所，但付錢的不是馬托瑪，而是薩克資本。換句話說，建議馬托瑪是否要冒上入獄風險或是指證科恩的律師，帳單其實是寄到科恩的公司。

聯邦檢察官辦公室宣布起訴馬托瑪後，科恩在薩克資本召開全公司會議，表示對「少數員工」的行為非常氣憤。馬托瑪是科恩第八位被起訴內線交易的員工——近年來，薩克資本是員工遭刑事指控的人數最高的美國金融機構。就算馬托瑪沒有背叛科恩，公司也有危機。二〇一三年三月，薩克資本律師團隊同意支付六億一千六百萬美元給證券交易委員會，了結內線交易的民事訴訟。數月後，證券交易委員會以另一樁案子為由，起訴科恩，指控他「疏忽監管」下屬，聲稱他獲取「高度可疑資訊，任何理性的對沖基金管理人都會因此……馬上採取行動」。二〇一四年夏天，司法部宣布刑事起訴薩克資本（而非直接起訴科恩），指控公司是「吸引市場詐欺犯的磁鐵」，而且科恩主導內線交易的「嚴重程度目前已知是對沖基金產業之最」。沒隔多久，薩克資本認罪，同意繳納破紀錄的十八億美元罰金。

科恩處理薩克資本違法的指控時，態度總是不屑，擺出一副覺得很無聊的姿態。二〇一一年，律師針對《證券交易法》禁止內線交易的第十條b項第五款取證時，科恩宣稱不知道法條內容是什麼。律師點出科恩自家公司薩克資本的法規遵循教育訓練手冊上就詳細寫出這條法條，但科恩說他也不知道手冊內容。律師不敢置信地問他：「你以公司老闆身分坐在這裡，卻不知道法規遵循教育訓練手冊上寫什麼？」

科恩回答：「沒錯。我是讀過了，但如果你現在問我內容，我倒是不記得。」

薩克資本宣布與證券交易委員會和解後，新聞報導科恩以一億五千五百萬美元買下畢卡索的《夢》（*Le rêve*），是史上第二貴的畫作。不僅如此，他還在長島的東漢普頓（East Hampton）買下價值六千萬美元的濱水區新房。

馬托瑪的審判從二〇一四年一月開始，持續了一個月，地點在曼哈頓市中心的聯邦法院大樓。暴風雪在法院大樓前面留下了巨大的雪堆，馬托瑪夫婦每天早上都會由司機載來開庭，跟律師團隊一起費力跨越一排骯髒的落雪。小孩跟著他們來到紐約，住在市中心的一家旅館。馬托瑪的父母從佛羅里達來旁聽審判，包著冬天外套、圍著圍巾坐在第一排，表情肅穆。負責此案起訴工作的聯邦檢察官阿羅・德夫林-布朗（Arlo Devlin-Brown）對著陪審團說：「各位先生女士，本案的重點不是科學試驗，也不是交易。這個案件的重點是詐欺。」

馬托瑪身著深色西裝，面無表情看著成群的薩克資本前同事作證。蘿絲瑪莉在同意證人的時候會微微一笑，反之則會鼻孔微張。她的衣著亮眼，十分吸引那些聚集在法院大樓樓梯底層的小報攝影師。《彭博商業週刊》（*Bloomberg Businessweek*）一篇文章評論她在法院裡泰然自若的神情，以及與丈夫手牽手進出法院大樓時的自信笑容就「好像她在走紅毯一樣」。

檢方提出馬托瑪寄給科恩與其他同事的多封信件內容，並傳喚紐澤西的羅斯醫生詳述他如何分享內線資訊給馬托瑪，但最重要的還是吉爾曼的證詞。吉爾曼在開庭第二週時緩緩走上證人席。他已經辭去密西根大學的工作，大學行政人員也將他的痕跡一律抹除，教學醫院的那一棟側邊大樓、系列講座、學校網站統統沒有他的名字。他的政府補助也沒了，前同事不願和他扯上關係，他還被禁止出入校園，最近是在免費診所提供醫療諮詢。「我為密西根大學奉獻良多，突然就聲譽蒙羞，結束了我的職涯。」吉爾曼依然打扮風雅，襯衫和領帶緊緊繞在脖子，凸顯出他碩大圓潤的頭型，但他畢竟已高齡八十一歲，身子看得出來相當孱弱，作證的五天期間，他在證人席上看起來孤立無援，狀況簡直糟透了。

一些律師告訴我，馬托瑪的委任律師當初就不該讓這案子進入審判程序，因為罪證確鑿，他根本無處可逃。然而，馬托瑪的辯護團隊是身材精瘦、攻勢猛烈的理察・史特拉斯伯格（Richard Strassberg）與羅伯特・博拉瑟拉斯（Roberto Braceras），他們無情攻擊吉爾曼作為證人的可信度。吉爾曼告訴檢察官他把簡報檔寄給了馬托瑪，但辯護團隊指出，檢方沒能找到那封電郵的證據。吉爾曼有時候看起來搞不清楚狀況，當被問到安娜堡人口有多少時，他回答有一千五百人，但答案實際上超過十萬人。一些同事猜測，吉爾曼研究神經退化疾病幾十年，自己認知也慢慢退化了。當然，這也可能是認識他的人因為無法理解他的作為而產生的良意解釋。曾是他學生的安妮・楊主任說：「大家都無法相信。為了十萬美元左右就毀了他的事業，太不合常理了。」

史特拉斯伯格告訴陪審團，馬托瑪是「典型的美國成功人士」，吉爾曼則是受到政府指使的神智不清老人。史特拉斯伯格和吉爾曼說話時音量會特別提高，就像跟聽障人士講話，語調也像大人對著十歲小孩講話一樣。這如果是他的致勝策略，效果適得其反。每次他問吉爾曼是不是沒聽到或沒聽懂他說的話，這位老醫生就會馬上大發雷霆，生氣地說：「你講話口齒不清。」

馬托瑪的律師表示，吉爾曼給馬托瑪的本來就是公開資訊，博拉瑟拉斯主張：「試圖取得資訊優勢沒有不道德或是不恰當之處，那是職責所在。」檢方的論述是吉爾曼與馬托瑪之間有特別關係，馬托瑪的律師則指出吉爾曼也為其他多位投資人的提供諮詢。然而，吉爾曼之前的同事告訴我，檢方的說法有可能是事實。吉爾曼往日的另一位學生格林邁爾說：「吉爾曼指導過很多人，他很享受其中，也做得很好。」他又說：「如果有狡猾的人想騙他，可以馬上發現並利用他這種特點。那種情況不難想像。」

吉爾曼在證人席上日復一日地回答問題，看起來尤其落寞。他兒子陶德就住在附近的紐哈芬市，但兩人將近好幾年沒說過話。吉爾曼第一天作證時，被問到馬托瑪跟其他合作過的投資人有什麼不同之處，他回答：「他很討人喜歡。」吉爾曼停頓片刻，然後說：「很不幸的是，馬托瑪求知若渴、聰明伶俐，讓我想到我的大兒子。令人傷心的是，我大兒子也很聰明，但他最後自殺了。」

馬托瑪去密西根拜訪吉爾曼後的週日早晨，跟科恩講了二十分鐘的電話，但審判期間並未釐清這件事。如果馬托瑪站上證人席，檢察官就會提出他被哈佛法學院開除學籍的證據，質疑他的可信度，於是他選擇不替自己作證。科恩也未被傳喚為證人。二〇一二年，證券交易委員會向他取證時，詢問這通電話的事，他只說馬托瑪「對愛蘭的倉位開始不太有信心」。委員會的人問他是否有追問馬托瑪原因，科恩說他記得有問，但不記得馬托瑪的回覆。

馬托瑪沒有背叛科恩的第二個解釋是，他們那天的任何對話內容本來就故意講得很模糊。科恩不會傻到就坐在那邊聽下屬說明非法資訊的來龍去脈。霍維爾法官告訴我，某些公司有個「不問不說」的不成文規定，如果資訊來源是內線人士，他們不會明說，而是會用表情、語調或暗語表達，例如「信心程度九成」。社會學家狄耶哥・甘貝塔（Diego Gambetta）在《犯罪世界的密碼》（*Codes of the Underworld*）一書中表示，從事刑事犯罪活動的人因為無法直言不諱說出計畫，通常都會發展出一套複雜的符號與彼此溝通。一位調查薩克資本的聯邦官員告訴我：「黑社會有時候只靠表情溝通。某一個表情代表『殺了他』，另一個表情代表『不要殺他』，這要怎麼拿去跟陪審團說？」

陪審團慎重討論三天後，宣判馬托瑪兩起證券詐欺罪與一起共謀罪成立。蘿絲瑪莉聽到時流下了眼淚。量刑的基準不只包括二〇〇八年薩克資本發給馬托瑪的九百三十萬美元獎金，還有公司透過bapi交易獲益的兩億七千五百萬美元。然而，科恩卻沒有因為這些交易而被起訴，甚至沒有名列未起訴的共謀。該次訴訟的法官保羅・加爾德菲（Paul Gardephe）還要求律師完全不要討論科恩，因為他沒有被以任何罪名起訴。加爾德菲告訴他們：「我覺得關於科恩如何進行交易的許多一般性問題都很危險，可能會要開啟另一扇門，要拓展調查科恩怎麼營運公司……我們應該都不想那樣吧。」（下一次判決中他也篤定自己的觀點，斷言科恩二〇〇八年七月的交易「是根據馬托瑪提供的內線資訊」。）審判進行期間，科恩在尼克隊的籃球比賽上被拍到，與藝術經紀人高古軒（Larry Gagosian）坐在場邊。《紐約雜誌》近期一篇文章報導，科恩跟孩子說覺得被下屬背叛了。「公司有人犯了錯，會為此付出代價。我沒做錯事。」

加爾德菲判刑之前，馬托瑪的家人寄了親友與支持者寫的一百四十三封信給他，懇求他從寬處分。馬托瑪的爸爸寫道：「我們希望他有出息，給他的壓力太大，把他推到極限了。身為父親，我不禁思考……之前那樣懷抱夢想是不是錯了。」二〇一四年九月八日，加爾德菲將馬托瑪判刑九年，必須監禁於聯邦監獄。宣讀判決時，他提及馬托瑪在哈佛的騙行，表示與本案之間有著「共通之處」：馬托瑪「除了最優異的成績、最頂尖的學校、最高額的獎金，其他一概不願接受——不擇手段也要達成目標」。

判決出爐幾天後，我到紐約四十二街的一棟摩天大樓，搭電梯到二十六樓與馬托瑪夫婦見面。我走進看似懸在市中心的玻璃會議室，馬托瑪就在裡面，身著V領毛衣。他跟我握手，感謝我前來。他不願接受訪談，蘿絲瑪莉說會由她代替丈夫發言。蘿絲瑪莉穿著奶油色的上衣以及卡其褲，戴著小小的金色十字架項鍊。馬托瑪離開之後，我們相談將近四個小時。

馬托瑪一家的狀況看起來不妙，政府很可能會沒收他們波卡拉頓的房產。加爾德菲已經命令他們交出多個帳戶加起來的上百萬美元，等於清空存款，還欠政府九百萬美元。我查了馬托瑪夫婦基金會的捐款退稅，發現他們根本沒有捐出一百萬美元。少了他們免稅的非營利組織那筆捐款，馬托瑪夫妻捐出的總額更小，也分散在不同的慈善團體，二〇一一年只有三千美元，這還包括了他們寫給阿茲海默症協會（Alzheimer's Association）佛羅里達分會的兩百一十美元支票。馬托瑪夫婦基金會剩下的錢現在也全數充公。

我問蘿絲瑪莉馬托瑪為何沒有供出科恩，她的答案跟大家普遍的所有猜測都不同。她說：「他是無辜的。」馬托瑪沒辦法承認沒犯過的罪。審判結果出來後，馬托瑪的爸爸在法院大樓外也跟我說差不多的話，他援引摩西十誡，大聲說道：「不可作假見證陷害人。」蘿絲瑪莉向我保證：「政府起訴的案子是編出來的。薩克資本期望員工可以利用資源提出假設，馬修單純照做而已。」我指出吉爾曼承認違反保密協議，她說他可能有過「非常輕微的腦中風，說溜了一些不該講的話」，但都與「馬修的交易無關」。這件事害吉爾曼失去了一切。為什麼他要在證人席上謊稱犯下那些罪行？蘿絲瑪莉的解釋是，吉爾曼一開始接受聯邦調查局探員審問時撒了謊，他們可以告他妨礙司法公正，所以有辦法讓他照著他們的意思說話。蘿絲瑪莉表示：「他是被逼著講那些話。」

蘿絲瑪莉和我說她爺爺的故事。她的爺爺是印度律師，曾與聖雄甘地（Mahatma Gandhi）一同爭取獨立。英國當局將她爺爺送進大牢，他在裡面感染霍亂及其他疾病，後來一直沒有完全康復。蘿絲瑪莉點出爺爺與丈夫壯烈犧牲的「相似之處」。

蘿絲瑪莉的媽媽給加爾德菲的信中寫道：「馬修給了蘿絲瑪莉勇氣，他讓她想到爺爺過去也曾為崇高的原則受苦受難，現在馬修也同樣堅守著崇高的原則——忠於事實。」

我們會面地點在律師事務所的辦公室，蘿絲瑪莉在會議室與我談話，馬托瑪到內室迴避。蘿絲瑪莉不時會去找馬托瑪討論，留我一人在會議室。這樣的訪談形式令人不自在，馬托瑪就像《哈姆雷特》（*Hamlet*）裡的波洛紐斯（Polonius）一樣，隱身在廂房裡。通常堅稱遭到刑事誤判的人都會迫不及待想訴說自己的故事，每次蘿絲瑪莉消失去和馬托瑪報告我們的對話，有一半的我都期待他會跟著走回來，跟我說聯邦政府是如何陷害他入獄，可是他遲遲沒有現身。他們準備了一份雞肉沙拉三明治送過來，用塑膠袋包著放在餐具櫃上面，後來我單獨留在會議室時吃掉了。

蘿絲瑪莉回座後開始長篇大論吉爾曼有多可疑，表示：「他是個奇怪的人，為了自救而背棄他的價值。」她認為檢方說吉爾曼跟馬托瑪有特別關係「太牽強」，吉爾曼是照著檢方的稿演出，事實上兩人「除了誠心諮詢的關係之外就沒有了」。吉爾曼因為初次見面時馬托瑪準備了午餐而為之動容，對此蘿絲瑪莉不以為然，刻意看著我問：「你有因為我們準備三明治給你就感動了嗎？」

面談期間，蘿絲瑪莉表現得機靈、活潑又聰明，但她的論述與我在為期一個月的審判中看到、寫進報導的有所出入。她強調馬托瑪在芝加哥會議前去密西根，真的是因為親戚過世。「他在那邊有跟吉爾曼見面嗎？」我問。她回：「他應該沒有特別印象。」我們談話剛開始不久，我曾問她，馬托瑪上不了哈佛大學，後來錄取哈佛法學院是否倍感欣慰，覺得受到肯定？她進去問過馬托瑪之後，回來告訴我有件事情必須更正：「哈佛錄取過馬修。」

我問：「哈佛大學部？」

她說：「對。他錄取了，但決定去杜克就讀。」

這讓我難以置信。馬托瑪跟叛逆的孩子完全扯不上邊，我問這樣的人怎麼會違抗父親最深的心願，她含糊地說因為杜克「富有南方風情」，「他覺得比較自在」。針對這點及其他事項，我懷疑蘿絲瑪莉是不是根本在對我說謊，但越聊越多，很明顯可以看出她熱切相信馬托瑪。她回憶起在波士頓當住院醫生的日子，當時她得徹夜待命，馬托瑪會陪她在醫院過夜，不讓她孤單一人。她對我說，寫給加爾德菲的信有那麼多封，代表馬托瑪對家人而言是多麼受到喜愛的榜樣。「我認識的每個印度家長都會想替孩子分擔重量。你看著我們兩對父母的眼睛，可以發現每一位的心都碎了。」她提到，馬托瑪的母親最近跟兒子說希望可以代替他服刑，蘿絲瑪莉補充：「我也這樣跟他說過。」

馬托瑪的家人關係緊密，因此對於這個家庭來說，他們似乎非得要堅稱馬托瑪是去坐冤獄不可。我冒出了一個想法，發現馬托瑪不願指控科恩的罪行似乎還有最後一種解釋。他如果要指證科恩共謀，也得承認自己涉嫌其中。有沒有可能馬托瑪為了維持在家人心目中正直的假象，選擇離開妻子、離開家人，在監獄度過將近十年的光陰呢？我想到證人席上的吉爾曼，他遭到了朋友與同事遺棄，但馬托瑪的家人卻坐滿了法庭前幾排的座位——他們都對馬托瑪深信不疑。

馬托瑪預計一個月內要開始到邁阿密的聯邦監獄服刑。他的三個孩子分別是九歲、七歲和五歲。我問蘿絲瑪莉她和孩子要怎麼辦，她說：「不確定。」她表示：「他們理解爸爸要坐牢。我是大人，卻很難理解這件事。」夫妻兩邊的家人都沒有存款可以給他們，蘿絲瑪莉又說：「無論是先前、現在或未來，都沒有任何人提到可以找科恩照顧我們。」

薩克資本在二〇一四年四月改名為Point72資產管理公司（Point72 Asset Management），與政府達成協議，公司僅能運用科恩個人資產投資，當時他的身價大約是九十億美元。科恩宣布他會制定更多法規遵循的措施來預防內線交易，也雇用矽谷的數據分析與安全公司「帕蘭泰爾技術」（Palantir Technologies）[vi]來監察交易員。據說他還禁止公司內部使用某些即時通訊軟體。巴拉拉檢察官花費多年緝拿科恩卻失敗了，我問他的想法，他透過發言人表示他們檢察官辦公室起訴的是「證據充足的嫌疑人」

馬托瑪被定罪之後，史丹佛商學院撤回他的錄取資格，等同撤銷他的學位。教過他的杜克大學教授培恩問道：「要怎麼看待他當初對倫理學的興趣呢？他心懷大志，想知道可能會有什麼樣子的限制？或是他本來就是那種為了個人利益不惜打破規則的人，想找尋遇到危機得以自保的準則？如果是後者，那我就是被騙了，被騙得澈澈底底。」

我問蘿絲瑪莉未來有什麼打算，她哭訴：「我沒有答案，但你知道我的目標就是找到答案。我真心期望美國可以給我們生存、茁壯的機會。」

■

本文於二〇一四年刊登於《紐約客》。馬修・馬托瑪服刑期間，蘿絲瑪莉創立非營利組織「兒童之友」（KidsMates），旨在幫助面臨困境的孩子，尤其是家長入監的子女。二〇一六年，史帝夫・科恩針對證券交易委員會的民事訴訟達成和解，政府規定他只能用自己的錢投資，但禁令僅持續至二〇一八年。他現在依然是華爾街最有錢的人之一，在二〇二〇年成為美國職棒紐約大都會隊（New York Mets）的老闆。

i．譯註：這個單位的譯名在台灣並不統一。

ii．譯註：原文是open court，語意有點歧異：可以是進行公開審判的法庭上，但感覺也可以是指「通風良好的法庭」。

iii．譯註：Jail是看守所，所以jail terms是指尚未審判就能將他們關很久。

iv．譯註：他在證券交易委員的職稱是General Attorney。

v．譯註：《謊言教父馬多夫》一書如此翻譯。

vi．譯註：另一個譯名是帕蘭提爾，與英文發音比較像。

第五章　上膛的槍——大規模槍擊犯的悲劇過往

二〇一〇年二月十二日下午三點，阿拉巴馬大學亨茨維爾分校內，教授神經生物學的艾米．畢許普（Amy Bishop）在會議桌旁坐了下來，稍後就是教師會議。生物系的十三名教職員魚貫走入這間位於雪爾比科技中心三樓的無窗會議室。植物生物學家兼系主任郭比．波狄拉（Gopi Podila）發下議程表，艾米坐在他身旁，另一旁則是會議室的門。她的手提包裡放了一把槍。

四十五歲的艾米雙眼小而湛藍，蓄著內捲黑髮及瀏海，襯托出臉長瘦削。她在系級會議往往好發議論，但此次卻一語不發，甚至顯得心事重重。這番轉變的原因顯而易見：艾米本想申請終身教職，但一年前遭系上駁回；她屢屢申訴且舉措越發激烈，結果卻無絲毫轉圜的跡象。系主任波狄拉這天的會議主軸是下一學期的計畫，所以知道自己即將丟掉工作的艾米顯得沉默寡言也合乎常理——畢竟她是否出席根本無足輕重。

坐在艾米對面的是教授生物化學的黛博拉．莫里亞提（Debra Moriarity）。她非常清楚艾米在申請終身教職時所受到的磨難。二〇〇三年艾米受聘至阿拉巴馬州立大學亨茨維爾分校擔任助理教授，莫里亞提從那時起便與她建立友誼，兩人時常聊及家庭大小事。艾米有四個兒女（最年長的莉莉也在阿拉巴馬州立大學亨茨維爾分校求學），而莫里亞提則剛多了祖母的身分。系上當初討論是否要給予艾米終身教職時，莫里亞提投下了反對票，而艾米也清楚此事，不過兩人仍維持友好關係。有一次，艾米對莫里亞提吐露自己職涯破滅的心聲：「我的人生完了。」莫里亞提要她放心，並表示她一定會找到其他職位。「只是適不適合的問題啦。」莫里亞提這樣說。在會議上，她暗自提醒自己要關心艾米的找工作之旅是否順利。

會議進行了五十分鐘，艾米全程不發一語，但就在會議即將結束之際，她突然站起身來，掏出九釐米儒格（Ruger）半自動手槍，一槍擊中系主任波狄拉頭部，那槍聲震耳欲聾。她旋即又朝系上助理史蒂芬妮・蒙提喬洛（Stephanie Monticciolo）開槍，再來是細胞生物學教授亞德禮兒・強森（Adriel Johnson）。會議室內尖叫聲四起，眾人紛紛蹲伏躲避並想逃出此處，但艾米擋住了唯一的門。莫里亞提起初搞不太清楚情況，直到她看著艾米雙眉緊皺、下巴揚起，將手槍瞄準第四名同事瑪麗亞・瑞格蘭德・戴維斯（Maria Ragland Davis）並扣下板機，才意識到發生了什麼事。

莫里亞提撲到桌下，一邊聽著上方槍聲大作，一邊伸手抱住艾米的雙腿，朝上大叫：「艾米，住手！想想我的女兒！想想我的孫子啊！」只見艾米低下頭來，將槍口對準了她。

「喀噠！」莫里亞提驚恐無比地看著那把手槍。「喀噠！」手槍似乎卡彈了。莫里亞提連滾帶爬地衝入走廊，艾米則尾隨其後，反覆扣板機。趁著艾米修復手槍時，莫里亞提連忙躲回會議室，與另一名同事將門擋住。根據之後檢察官的說詞，那間會議室「彷彿有炸彈爆炸，簡直和戰區沒兩樣」。共六人中槍，其中三人傷重不治。整起事件前後不到一分鐘。

艾米下樓到女廁清洗作案手槍，把手槍和沾滿血跡的格紋西裝外套一併丟棄在垃圾桶。她接著走入一間實驗室，向學生借了手機打給下課後常來接她的丈夫吉姆。「我下課了。」艾米說。她來到雪爾比科技中心後方的卸貨平台準備離開，但當場遭到一名警官逮捕。

衛星新聞採訪車紛紛來到現場報導。到了二〇一〇年，大規模槍擊事件幾乎驚動不了美國大眾。那年才不過二月份，卻已有其他十五起傷亡人數多於三人的槍擊事件。不過艾米・畢許普的槍擊事件顯得格外特別，原因在於她並非典型的槍手形象——女性甚少犯下這種槍擊案件，而且艾米從小便相當傑出，除了小提琴拉得極佳，之後還從哈佛大學拿到博士學位，並於哈佛大學公共衛生學院完成博士後研究工作。她的婚姻關係穩定，而且無犯罪或藥物濫用紀錄。

從一九九九年的科倫拜高中槍擊事件，到二〇一二年十二月的桑迪胡克小學校園槍擊案，美國大眾每每遭遇這種大規模槍擊事件，事後總會尋找某些「凶手何以如此殘忍」的蛛絲馬跡。「這不是推理小說。」負責艾米．畢許普案的公設律師羅伊．米勒（Roy Miller），在觀察亨茨維爾分校的槍擊事件後說。艾米足足留下了九名現場證人的性命，但原因為何？槍擊案後，媒體焦點起初著重在艾米在教職生涯上的不滿，譬如《美國高等教育紀事報》（*Chronicle of Higher Education*）便撰文探問：「終身教職是否真為攸關生死的大事？」但米勒認為問題更加複雜。「我們社區裡頭有些人是行走的定時炸藥，」他說。「要辨識出這些人並不容易。」

艾米遭到羈押的隔天早上，亨茨維爾的警察局接到一位叫做保羅．弗雷澤（Paul Frazier）男子的電話，他自稱是麻州布雷恩垂（Braintree）警察局局長，那裡正是艾米長大成人的地方。「你們羈押的那個女人，我想你可能會想知道有關她的事，」弗雷澤說。「她在一九八六年時開槍殺了自己的弟弟。」

艾米的老家在布雷恩垂霍利斯大道四十六號，是一棟設有山牆和遮蓋式門廊的維多利亞風建築。這棟建物建於十九世紀，原屋主是一名牙醫，平時就在其中一間小屋執業。前院草坪上種著一株巨大的歐洲山毛櫸，枝幹凹凸不平且硬挺，得以讓孩童攀上爬下。艾米的弟弟塞斯（Seth）小時候就常爬到樹上，但又怕得不敢下來，這時他們的媽媽茱蒂（Judy）會慢慢引導塞斯回到地面。

茱蒂在婚前姓桑柏恩（Sanborn），來自新罕布夏州艾克斯特（Exeter），祖父曾在當地經營製鞋工廠。茱蒂在波士頓的新英格蘭藝術學院（New England School of Art）認識山姆（Sam），後來兩人結為夫妻。山姆和茱蒂很不一樣：他本名叫索提爾．帕帕佐格羅斯（Sotir Papazoglos），出生於麻州薩莫維（Somerville）的希臘移民家庭。他在一九五四年入伍加入美國空軍，並改名為山姆．畢許普。當年的茱蒂留著微捲金髮，喜愛與人交際，而體格壯碩的山姆則不愛說話，帶著某種歐陸的內斂性格。「我倒追好一陣子才『追到』他哩！」茱蒂總喜歡這麼說。

一九六四年，兩人搬到愛荷華城，山姆在愛荷華大學攻讀美術研究所，白天畫畫，晚上則兼差門房警衛。隔年，茱蒂生下艾米。艾米從小便聰明且引人注目，她總將玩具精心地排行成隊，彷彿它們正在舉行一場永恆的遊行。之後山姆和茱蒂一家人搬回麻州，因為山姆在東北大學美術系找到一份教職。他們在一九六八年正式落腳布雷恩垂，該年稍晚生下兒子塞斯。

布雷恩垂位於波士頓南方，鄰近布魯希爾，屬於中產階級聚集的郊區。二戰過後，布雷恩垂成了愛爾蘭和義大利移民家庭逃離波士頓較貧困區域後的落腳處。（我本人在幾公里遠的多徹斯特長大，來自布雷恩垂或鄰近城鎮的居民會開玩笑說他們「本來都是多徹斯特人」，語中帶著某種波士頓人特殊的鄉愁：因為來自波士頓而驕傲，卻也因為離開感到高興。）

布雷恩垂的居民有自成一幫的傾向，但茱蒂為人親切，深受當地社區歡迎。她積極參與公共事務、加入鎮民大會，還為地方報紙創作時事漫畫。護理師戴比．科薩里克（Deb Kosarick）曾經向畢許普一家租屋居住，並在此期間與對方建立緊密關係。她告訴我：「她（茱蒂）簡直就是鎮上的官方發言人，要是有任何問題，打電話給她就對了。」

艾米有氣喘，小時候常常得進出急診室，但也引發她對科學的興趣：她決心要找出治療氣喘的方法。她在三年級開始學小提琴，弟弟塞斯也問爸媽自己能否一起學。根據資料，這對姊弟之間似乎是某種競爭關係，而姐姐艾米顯然是常勝軍。但當時認識他們的人堅稱畢許普一家的孩子關係良好，譬如艾米在布雷恩垂的好友卡瑟琳．歐德罕（Kathleen Oldham）便表示：「艾米總是照看著弟弟，他們都喜歡音樂和科學，她也享受有弟弟在旁協助的感覺。」

最近艾米從阿拉巴馬州監獄打電話給我，並在電話中堅持她和弟弟向來「關係良好」，還提及她和弟弟小時候去海灘郊遊的事，以及一起去奶奶在新罕布夏州溫尼伯索基湖（Lake Winnipesaukee）的避暑別墅的回憶。「塞斯和我都喜歡彼此。」她說。

手足可以是敵人，也可以是盟友，尤其在他們覺得與所處環境格格不入時更是如此。「布雷恩垂是崇尚運動的地方。」有一位茱蒂的朋友表示。正因為如此，身材瘦削、書香氣重的畢許普姊弟的確顯得不大一樣。他們倆人在夏夜中練習小提琴時，那些尖銳的琶音總會招來左鄰右舍的好奇及羨慕。「艾米比較獨來獨往，」茱蒂的朋友邊回憶邊說。「但在布雷恩垂這種地方，腦袋好的孩子本來就容易被孤立。」

塞斯也生性害羞，但比較不會拒人於千里之外。「塞斯會坐下來跟你聊聊天，」戴比．科薩里克回憶道。「他會拉來一張椅子坐下，但艾米比較是那種『像風一樣』的人。」塞斯熱中於鑽研各種新興趣。「他喜歡研究事情如何運作。」塞斯最好的朋友保羅．安格紐（Paul Agnew）如此告訴我。保羅與塞斯的友誼來自對火車的熱愛：他們有時會一起研究塞斯在自家閣樓中組裝的鐵路模型，有時則偷偷摸過「禁止進入」的告示牌，闖入當地的美國聯合鐵路公司（Conrail）車廠，近距離一睹巨無霸般的蒸汽火車。塞斯會騎著腳踏車勇闖布雷恩垂以外的地區，用紙和地圖勾勒出他在周遭社區冒險的路線細節。有時候茱蒂開車從家裡出發好幾公里後，會瞥見路旁有個孤身一人騎著腳踏車的年輕人，定睛一看才發現原來是自己兒子。

我訪問了一些塞斯的老朋友（現已是四十幾歲的大叔），不只一位聽到他的名字就哭了出來。他們證實賽斯是個動靜皆宜的人。中學時期，曾有一群同學在學校餐廳包圍住塞斯，嘲笑他整天揹著小提琴活動，還語帶諷刺地要他真的拉小提琴來聽聽。塞斯毫無懼色地取出小提琴，揚起琴弓，美妙樂聲流瀉而出，讓那幾名霸凌者慚愧地默默閉嘴。親眼目睹該事件的安格紐回憶道：「塞斯直接戳破那群傢伙只是虛有其表罷了。」

塞斯升上高三後開始和一名叫梅莉莎．塔特羅（Melissa Tatreau）的高一學生交往。梅莉莎身材嬌小、生性活潑，但當時前往波士頓就讀東北大學的艾米似乎不太贊同這段關係。「在我看來，她似乎覺得我配不上她弟弟。」梅莉莎這麼告訴我。隨著時間過去，梅莉莎漸漸發現塞斯的家庭彷彿是個不容侵犯的存在。

一九八五年某天夜裡，畢許普一家替山姆的父親守靈完後返家，卻發現二樓遭破窗而入，整棟房子被洗劫一空。從茱蒂的婚戒、慶祝塞斯和艾米誕生的一對銀杯到許多值錢物品，統統遭小偷塞入枕頭套帶走。畢許普一家無比懊惱，茱蒂寫了一封信請當地報紙刊登，公開懇求小偷還回他們的珍貴信物；山姆則驅車前往附近坎頓（Canton）的體育用品店，購入一把十二口徑的霰彈槍。茱蒂和艾米反對在家中放置槍枝，但山姆仍將未裝填子彈的霰彈槍放於寢室壁櫃中，彈盒則置於不遠處的矮衣櫃。

過了一年多，在一九八六年十二月六日，布雷恩垂警察局收到一通來自茱蒂．畢許普的報警電話，她的語氣急切，幾欲癲狂。「我的女兒開槍射中了我兒子。」她說。後來她告訴警方自己目擊了整起事件，並表示那是一場意外。

布雷恩垂警察局局長約翰．文森．波利歐（John Vincent Polio）認識茱蒂。他在一九五〇年加入警界，並在一九六二年升任局長，是出了名的狡猾、控制慾強且性格古怪。波利歐有著油亮的光頭、半垂且多疑的雙眼，另外總是穿著細條紋西裝、打著彩色領帶。在外人眼中，他是捍衛道德倫理的急先鋒，不但勒令專播色情片的電影院關門，還強力打擊未經核准設立的非法賭場。波利歐也著手打破小鎮上常見的「便宜行事」，譬如禁止地方有力人士打電話到警局來要求取消超速罰單等。「政治人物和警察之間存在著某種共生關係，」他曾做出如上觀察。「就像憑藉鯊魚維生的吸盤魚一樣。」

波利歐尤其痛恨警察貪腐。一九七四年，他接獲線報聲稱他手下兩名警察計劃打劫一家叫「邁泰」的當地餐廳，便親自出馬將兩人逮捕。波利歐對下屬相當嚴苛（品行端正者亦然），認識他的當地居民曾這麼告訴我：「他的部下可都不大喜歡他。」

當時保羅・弗雷澤也是波利歐的部下，後來也升任局長，那時通知阿拉巴馬州警方有關塞斯・畢許普遭槍殺事件的人就是他。「波利歐誰也不信任，」弗雷澤和我見面時表示。不過，儘管波利歐顯得上下無友，弗雷澤仍強調：「我敢說他是鎮上最有權力的男人。」

我們造訪了弗雷澤位在警局後側角落的辦公室，他已準備卸下警職，但仍同意與我們談談當年的畢許普家槍擊案。「這裡以前是波利歐的辦公室，」弗雷澤笑道。「但之前可不是長這個樣子。」波利歐喜歡自學事物，甚至還參與警局本身的設計。據弗雷澤回憶，波利歐會拉上自己辦公室的窗簾，僅留桌子正上方的一盞燈泡，在微微黃光中怒視訪客，簡直「就跟前聯邦調查局局長胡佛（J.Edgar Hoover）一樣」。

一九八六年十二月六日清晨，茱蒂・畢許普一如既往地早早起床。那時天還未亮，其他家人還在樓上睡覺，她便已驅車前往鄰近的昆西探望她養的一匹年邁公馬。茱蒂通常會帶那匹馬出去運動幾個小時，並打掃馬廄。警方後續釐清塞斯槍擊案情時的一大重點便是要搞清楚茱蒂返家的確切時間，可以確定的是她當天下午剛過兩點時一定在家，因為她就是那時打電話報警。

警局距離畢許普家不到三公里，因此在接獲報案後警察便迅速抵達現場。茱蒂穿著沾染斑斑血跡的衣物，站在前門等候，接著引導眾人來到廚房，只見塞斯胸口中槍，倒臥在血泊中。時年二十一歲的艾米則並不在場。醫護人員一邊嘗試急救塞斯，茱蒂一邊和警察訴說事發經過。她說，塞斯出外採買回家後，與她一起在廚房整理購入商品，這時艾米走下樓來，手中端著山姆所買的霰彈槍。

茱蒂告訴警方：「艾米跟我說：『槍裡裝了一顆子彈，但我不曉得怎麼退出子彈。』我叫她別把槍口指向任何人。」然而，就在艾米擺弄霰彈槍想讓弟弟看看是怎麼回事時，茱蒂說：「霰彈槍擊發了。」她們家的廚房不大，艾米與塞斯站得很近，因此射出的子彈直接擊中塞斯。據茱蒂所言，塞斯倒地時，艾米便逃走了。

警方接著發布通緝公告，沒多久便在鎮上一間修車廠外將艾米逮捕到案，並帶往警局由副警監詹姆士・蘇利文（James Sullivan）偵訊。槍案發生的當天早上，艾米一直獨自在家。她媽媽出門去馬廄後，爸爸和弟弟也接連外出。「艾米表示，她因為擔心『搶匪』上門，所以自己裝填了霰彈槍子彈。」蘇利文在筆錄中寫道。據艾米所言，弟弟塞斯曾經教過她怎麼裝填子彈，但卻沒教她怎麼退出子彈，因此她自己在房內嘗試時還不小心走火，打碎一面化妝鏡，並在牆上轟出了一個洞。她聽到塞斯回家後，便下樓想請他幫忙，但據蘇利文記述，就在此時「她一個轉身，擊發了霰彈槍」。蘇利文接著補充：「我詢問艾米是否蓄意對弟弟開槍，她回答不是。」

艾米告訴警方，當天早上父親和她發生「口角」後便出門去了。根據山姆自己後來的偵訊證詞，他表示自己是因為「對於艾米所講的某件事不太贊同」才會出門。那時約莫早上十一點半，他離家後便去附近的南岸廣場（South Shore Plaza）購物中心挑選耶誕節禮物。等他返家時，霍利斯大道上已是此起彼落的警用警示燈。

山姆連忙趕去醫院，並在下午三點零八分抵達現場，那時也正好是塞斯被宣布死亡的時刻：他得年僅十八歲。運著塞斯孱瘦身軀的急救輪床經過山姆時，床上的塞斯一瞬間似乎轉頭看向了自己父親。「他們一直說他已經去世了，但他看起來不像死了啊，」山姆之後回憶道。「他看了我一眼啊。」

當晚，艾米從警局獲釋，茱蒂和山姆前來接她返家。「艾米・畢許普在布雷恩垂警察局時情緒極度不穩定，幾乎難以進行偵訊。」一份報告如此寫道，因此艾米「得以暫從警局獲釋，但必須由父母監護，等待後續調查」。在畢許普一家離開之際，一些鄰居特地來幫忙擦去塞斯流在廚房地板上的血跡，以免他們一家還得觸景傷情。

承租畢許普家中小屋的護理師戴比・科薩里克約莫在晚餐時間返家，隨後便到廚房裡找茱蒂。艾米此時躲入樓上的主臥室，山姆則在書房閉門不出。科薩里克的祖父是麻州某座小鎮的警察，因此略知執法作業流程的她很訝異艾米這麼快被釋放。茱蒂對科薩里克轉述稍早發生的可怕事件時，科薩里克注意到一些電器上還留有血跡。「妳可不能待在這裡，」她告訴茱蒂，並溫柔地帶對方離開廚房。

「這樣一個年輕人遭遇死亡時——整個社區皆為他靜默片刻，嘗試從震驚中回過神來。」茱蒂的朋友文森・

馬提諾（Vincent Martino）在當地報紙上如此寫道。塞斯死後，人們紛紛前來畢許普家送上中式食物或表達哀悼。塞斯的守靈辦於諸靈堂（Church of All Souls），許多人到場致哀。他的遺體靜靜躺在敞開的棺木中，一旁的山姆和茱蒂則緊緊抓著女兒不放。「艾米看起來和行屍走肉沒兩樣，」她的朋友卡瑟琳・歐德罕回憶道，「她患有緊張性精神分裂症。」

一名驗屍官判定塞斯之死為意外事故，但警方還需要進一步調查。槍擊案發生兩天後，波利歐局長本人告訴《波士頓環球報》（*Boston Globe*）：「目前所有跡象皆顯示這是一場意外槍擊。」不過調查的最終責任落在地區檢察官身上。槍擊案發生十一天後，與地區檢察官辦公室合作處理此案的州警察布萊恩・豪伊（Brian Howe）及另兩名布雷恩垂的警察，到霍利斯大道上的畢許普家進行訪問。豪伊在一九八七年三月三十日發布最終調查報告，其中定調塞斯之死是「槍枝意外走火所致」。

我和艾米通電話時，她說弟弟的死讓她「嚇壞了」。她堅稱那是一場意外，但仍表示自己還是感到「相當內疚」。槍擊事件發生後好幾個月，她都會躲到父母床上同睡。到了早上，朋友必須連哄帶騙把她帶出房子。時至今日，要是有年輕人目擊或親身涉入兄弟姊妹死於非命的事件，後續必定會接受治療，但當時的艾米既沒有接受輔導，也未進行精神狀況評估。艾米的父親對精神病學抱持懷疑態度，她本人也告訴我，她不想面對這件事。「我變得與世隔絕，整天都待在家，努力想要釋懷這一切，」她回憶道，「我感覺糟透了，但我一點也不想『深入探究』這種糟糕的感受。」畢許普一家並未選擇搬遷，因此艾米日復一日地在弟弟身亡的廚房中用餐，並日復一日地行經爸媽刻意維持原樣的弟弟房間，看著裡頭美國獨立戰爭主題的壁紙，還有房門上方刻寫的「s-e-t-h」四字，那是塞斯以前所做的某個木工作業。

艾米回東北大學念書後，仍暫時住在布雷恩垂的家中，每天上完課後就會到山姆在校園內的辦公室，等爸爸載她回家。長期擔任山姆秘書、和畢許普一家相熟的艾琳．夏基（Eileen Sharkey）說，艾米為了轉移悲傷所以拚命讀書，拿到了相當傑出的成績。山姆則變得越來越陰鬱退縮。「茱蒂全心全意在幫助山姆重振旗鼓，也全心全意在幫助艾米不至於沉淪喪志，」夏基說，「茱蒂想要拯救她僅有的家人。」

茱蒂出外開車時，有時會發現前方不遠有個騎著腳踏車的男孩。「或許那場意外根本沒有發生」，她心中會浮現這個想法，欣喜之情油然而生，但當她驅車上前後，卻只會失望地發現那並不是她兒子。

之後艾米從東北大學畢業，接著在一九八八年到哈佛大學攻讀遺傳學博士，在此期間幾乎未曾提起自己身亡的弟弟。她的大學同學布萊恩．勞奇（Brian Roach）說，「反正我們知道：別提就對了。」

其中一位參加塞斯守靈的是吉姆．安德森（Jim Anderson），他也是東北大學的學生，先前在校內一個專門討論《龍與地下城》和其他角色扮演遊戲的社團認識艾米。他們兩人約會數年後，在一九八九年結為連理，婚禮儀式簡樸，就辦在畢許普一家當年為塞斯辦守靈的教堂。

山姆．畢許普告訴女兒，要彌補人生缺失的一項方法，就是要自己創造生命的意義。一九九一年，艾米生下大女兒莉莉，後來又接連有了二女兒西婭和小女兒費卓拉。朋友口中的艾米雖有些神經質，但仍是充滿母愛。她不但會選購生機食品、鼓勵孩子學習樂器，甚至也擔心孩子在學校有沒有獲得「足夠的挑戰」。而艾米的博士之路並不順利，對哈佛的認同感也因此低於東北大學。不過，她多次修改論文後，終於在一九九三年拿到學位，並投入博士後研究工作。艾米、吉姆和幾個孩子有段時間暫住在霍利斯大道上的屋子，原因是艾米只信任茱蒂來替自己帶小孩。但在一九九六年，山姆和茱蒂賣了房子，搬去北邊五十幾公里遠的伊普斯威治。「太多縈繞不去的幽魂了。」山姆如此說道。

二○○一年，艾米產下一名男嬰，並取名叫做塞斯。有些朋友注意到這個名字別有意義。「我在艾米懷孕時認識她，」加利．達克托（Gail Doktor）回憶，「我跟她聊了不少寶寶名字的事，但她始終迴避她想把孩子取名叫塞斯——也就是遭她槍殺弟弟的名字。」巧合的是，如果塞斯還活著的話，男嬰出生的那天，恰好就是他三十三歲的生日。

艾米在大學時曾寫過詩，後來甚至跨足小說。她之所以認識加利・達克托，就是因為兩人都有參加當地的寫作社團。艾米總共寫了三部小說，統統是有濃厚麥可・克萊頓（Michael Crichton）風格的黑暗科技驚悚主題，但從未付梓出版。這幾本小說的主人翁與艾米本人一樣擁有希臘血統，憧憬在科學領域中能闖出一片天，卻因某位孩子的死亡而飽受折磨。對其中幾名角色而言，生育提供了某種象徵性的救贖機會。一名角色擔心自己的孩子長大會變得與過世的路克一樣——「她懷疑自己能否活著看到孩子長大，也懷疑自己能否看著神似路克的孩子跑跳嬉戲，而不掉下一滴淚。」艾米在書中如此寫道。後來，她坦承這些小說和自己的人生「確實有部分疊合之處」，但也強調她「努力保持作品的虛構性」。

艾米在寫作社團中是造成分裂的人物。她除了大肆宣傳自己與一名作家經紀人合作拿到出書合約，還喜歡提到自己和美國著名作家約翰・厄文（John Irving）是遠親。參加寫作工作坊時，她的態度有時顯得粗暴且輕蔑。「整段砍掉吧。」她要是覺得某個劇情元素張力不夠強，便會直截了當地說道。艾米對自己的博士學位深感驕傲，「取得哈佛博士學位」甚至是她小說中推動劇情發展的一大動機。其他寫作同好並不知道當時艾米攻讀博士學位的表現不甚理想。「這是當地醜聞第一名，」熟悉艾米在哈佛研究生涯的人士表示，「她根本不該拿到學位。」

儘管艾米的個性尖酸跋扈，但也有溫暖體貼的一面。不少人向我提到她的反應靈敏，而且有種帶刺的幽默感。加利・達克托以前總叫她「瘋艾米」，變相顯現出她反覆多變的個性。「每個人的振動頻率都不太一樣，」達克托說，「艾米的振動頻率超高的。」後來達克托的女兒確診癌症，艾米為此送來關於全新療程的影片供她參考，偶爾也會緊握達克托雙手為她禱告。

塞斯去世後，艾米在宗教信仰中尋求慰藉，從大學開始參加一間當地福音派教會的活動。對於正在嶄露頭角的哈佛科研人才來說，這件事可說是某種「偏離正軌」。她的父親山姆本信希臘東正教，後來退出；媽媽茱蒂則屬於獨神論派，參加的教會倒還比較像某種「辯論社團」。艾米的小說相當著迷於「從罪惡中解脫」的概念。例如《波士頓的復活節》（*Easter in Boston*）一書中的主角便曾思索「呼召主耶穌究竟能否洗清她犯下的罪孽」。《火星實驗》（*The Martian Experiment*）一書的中心人物則在故事最後聽了朋友說「無論妳做了什麼，耶穌都一樣愛妳」後，才得以獲得內心慰藉。根據艾米本人所言，她接受耶穌基督為她的救主，在獄中也一直翻讀聖經。

二〇〇二年某個週日早晨，艾米、吉姆和孩子們到麻州皮博迪的一間熱鬧美式家庭餐廳享用早餐，期間艾米想幫塞斯向服務生要一張增高座椅，但對方表示最後一張增高座椅已給了另一桌帶小孩來用餐的婦人。「我們才是先到的呀！」艾米出聲抗議，並一邊起身走向那名婦人，一邊咆哮咒罵。根據警方報告，她反覆尖叫：「我可是艾米．畢許普博士！」餐廳主管請艾米立刻離開餐廳，她悉聽照辦——但在此之前先大步走向那名婦人，朝她頭部狠狠揍了一拳。警方聞訊前來逮捕艾米，但因為指控後來遭到撤銷，所以相關事件從未出現在她的永久紀錄上。

那時艾米仍在努力進行博士後研究。這個專業領域要求極高，而且對女性稱不上友善，所有友人都知道她為了獲得成功，承受極大的壓力，遑論她同時還得照顧四名幼童。在艾米的小說中，家庭和工作之間的衝突是常見的一大主題。「我們只要拿到學位證書，別人就會認為我們是這個領域中的領導人物，」一名自視甚高的科學家向女主角說。「但妳卻想像個蠢肥的家庭主婦，天天幫嬰兒換尿布、擦鼻涕和餵食？」

幾名了解她們家中情況的友人指出，艾米幾乎是家中唯一賺錢餬口的人，因為吉姆未攻讀碩博學位，工作也是有一搭沒一搭，多數工作甚至還是艾米協助找來的實驗室工作。《波士頓的復活節》書中的女主角伊莉莎白嫁給了一名程式設計師傑克，但傑克在自身領域保不住飯碗，最終淪落到去某間老牌 3C 商店工作。在伊莉莎白口中，傑克「毫無鬥志」，是個「萎靡愛賴床的魯蛇」。艾米本人也曾與一名在阿拉巴馬立大學的同事說她的丈夫「聰明到沒工作可做了」。

艾米第三本小說《亞馬遜疾病》（*Amazon Fever*）中的女主角奧麗薇亞・懷特（Olivia White）是哈佛大學的博士後研究員，她必須拯救地球免於某種致命病毒所害。在小說中，艾米把阿拉巴馬立大學亨茨維爾分校形容為「美國南方的麻省理工學院」。二〇〇三年，艾米接下這所大學的終身制教職，也舉家搬遷到阿拉巴馬州，財務上多少穩定了一些。不僅如此，她和丈夫開始合作發明一種自動化的細胞培養箱。根據校長大衛・威廉斯（David Williams）向當地報紙所指出的，那將是「足以改變生物和醫療研究進行方式」的重要儀器。但因為艾米汲汲營營於專利權，而非認真產出研究，她的論文發表記錄相當不足。有人提醒她論文產出量會影響能否取得終身教職，但她並不以為意。艾米在教學上的表現也不出色，不時還會貶低學生，說他們的聰明才智不如哈佛大學的同儕，幾次甚至將研究生突然趕離她的實驗室，另外也有其他研究生自行要求轉至其他教授的實驗室。

長期以來，艾米在麻州的親朋好友多少扮演著她的靠山，但隨著她在阿拉巴馬州的教職生涯逐漸偏離軌道，她變得越來越與世隔絕，連朋友和家人的電話與電子郵件也不再回覆。她常常出現難以捉摸（有時甚至是奇怪）的行為。二〇〇九年，艾米在咸認是自費即可出版的《普通醫學國際期刊》（*International Journal of General Medicine*）上刊登了一篇文章，共同作者列了丈夫吉姆、大女兒莉莉、二女兒西婭和小女兒費卓拉。「我們要一起做很多事，並且讓孩子參與其中，」後來吉姆向《Wired》雜誌解釋，「就跟居禮夫婦一樣。」

那年春天，艾米的終身教職申請遭拒。審查委員會中至少有一名成員表示他擔憂艾米「瘋了」，後來還告訴《美國高等教育紀事報》他首次見到艾米「五分鐘後」便認為此人心理健康有問題。艾米為了爭取終身教職提出一連串上訴，還雇了一名律師來幫忙。她擔心自己會步上道格拉斯・普拉修（Douglas Prasher）的後塵。普拉修是一名分子生物學家，因為認為自己在伍茲霍爾海洋學研究所（Woods Hole Oceanographic Institution）的終身教職前景無望，加上研究經費在一九九二年用盡，最終放棄追求科學之路。二〇〇八年，兩名與普拉修合作過的科學家贏得諾貝爾化學獎，其中部分成果其實是來自普拉修的研究。當時普拉修恰好就住在亨茨維爾一帶，替當地的豐田汽車經銷商開接駁車維生。艾米告訴丈夫，她擔心自己將面臨相同的命運。

艾米從小有嚴重的過敏，不是起麻疹就是濕疹。在阿拉巴馬槍擊事件發生的幾個月前，她對我說她承受極大的壓力，還開始出現幻覺。據艾米所言，她在塞斯過世不久後開始「聽到各種聲音」，自此不曾真正中斷，而且有時會和過敏症狀一併發生。「有時很可怕，有時不太可怕。」她如此形容那些聲音，但拒絕進一步解釋「可怕」是什麼意思。

有一天，艾米驅車前往大學，將車停在行政大樓前方，坐在車中打了一通電話給校長室，表達她想上樓討論終身教職申請的意願。接線人員表示校長威廉斯不會與她見面，而且她甚至不應進入行政大樓。根據艾米在獄中所寫的切結書（最近一份法庭文件曾敘述此切結書），當時她隨即看到警察護送著校長威廉斯和教務長威斯塔斯・卡巴里（Vistasp Karbhari）匆匆離開行政大樓。艾米打了通電話給同事黛博拉・莫里亞提說：「他們搞得好像我要進去開槍一樣。」

在槍擊事件發生的前一週，艾米的丈夫吉姆陪她到鎮上邊沿的靶場練習射擊。他們隨身還帶著吉姆十幾年前在麻州入手的九釐米儒格半自動手槍，那是吉姆的友人在新罕布夏州購買的槍枝，後來偷偷送給吉姆，幫助他規避麻州的購槍等候期。至今我們仍不清楚吉姆將手槍交給艾米時，心中是否曾閃過疑慮，他已多次拒絕接受訪談。不過，艾米與朋友聊天時，偶爾會形容丈夫是個「控制狂」。幾名認識這對夫婦多年的人士向我透露，每當艾米因為別人輕視她的專業而感覺受傷或受辱時，吉姆往往不會安撫妻子的怒火，反倒是進一步搧風點火。一名親近好友告訴我：「艾米有自戀人格，非常需要獲得肯定，這就是吉姆掌控她的方式。」

警察拘捕艾米後，吉姆打電話向艾米的媽媽茱蒂告知此事。茱蒂問：「吉姆，你們在家放了一把『槍』嗎？」

艾米·畢許普槍擊大學同事後不久，麻州警方釋出數十年前關於她弟弟之死的文件。長達數十頁的原始報告已然泛黃，有些記述是手寫記敘，有些則是打字。其中透露的內容讓人不禁懷疑：這起警方聲稱是意外的槍殺事件是否真純屬意外？

塞斯倒在地上的瞬間，艾米立即衝出廚房，從後門離家，身上還帶著那把霰彈槍。她跨越霍利斯大道，穿過一片林區，最後來到一條小巷，巷底是戴夫·丁格佛德（Dave Dinger Ford）修車廠。那天是週六，所以修車廠沒開門，但有幾名未值班的技師正在聊天打屁。根據技師的口述，艾米帶著霰彈槍衝入修車廠，要求他們交出一輛車和鑰匙。這群技師一哄而散，而艾米就這麼待在外頭，隨後遭到名叫雷納德·索里米尼（Ronald Solimini）的警察發現行蹤。

索里米尼在報告中形容艾米「宛如驚弓之鳥」，但「雙手緊握著霰彈槍」。索里米尼謹慎趨前，試圖對艾米曉以大義，但她不願意放下武器。

他一邊與艾米對話，一邊發現另一名警察提姆·墨菲（Tim Murphy）已從後方接近，而且已拔出左輪手槍。索里米尼繼續分散艾米的注意力，墨菲則越靠越近，最終在極近的距離大吼：「放下武器！放下武器！放下武器！」根據墨菲的報告，艾米當即選擇服從指示。兩名警察替她銬上手銬、宣讀米蘭達宣言，並取走她的霰彈槍。

不久前的某天下午，我拜訪了一位通曉槍枝知識的朋友，花了一小時裝填並試射艾米·畢許普當日所用的十二口徑的莫斯伯格（Mossberg）霰彈槍。這種泵動式的霰彈槍在動作片中很常見，只要後拉和前推，便會發出令人通體舒暢的機械喀噠聲。艾米所帶的莫斯伯格霰彈槍最多可裝填五發彈藥。霰彈槍子彈呈圓柱狀，由黃銅和塑膠組成，內部塞滿火藥和小型彈丸（霰彈）。一旦扣下板機，霰彈即會從槍身噴發而出，但彈殼會留在槍內。若有任何擊發後的彈殼留在彈膛中，只要後拉前推，即可流暢地推出舊彈殼，並將新子彈推入彈膛。

我試著上膛、擊發，並再次上膛。這時，我忍不住想起當時警察報告中的一個細節。警方在艾米房內的床上發現了共二十五發彈藥的紙盒，其中四發不翼而飛。第一發彈藥是艾米在房內擊發，警方後來在房內地上找到用過的彈殼；第二發彈藥射殺了塞斯；第三發彈藥在艾米外套的口袋內發現；至於第四發彈藥則是在警察檢查那把霰彈槍時發現的，那時已推入彈膛，隨時準備擊發。擊發泵動式霰彈槍後，若要將新的子彈推入彈膛，必須再次後拉前推，所以艾米在射殺弟弟後的某個時間點，必定再次替槍上膛，清掉了殺死弟弟那枚子彈的彈殼。

艾米抵達布雷恩垂警局後，旋即被帶往筆錄室。將上膛槍枝指向他人或可構成傷害重罪，而在警察面前揮舞槍枝更是蔑視執法人員，很少可以輕易脫身。所以，究竟為何警方釋放艾米．畢許普？

阿拉巴馬槍擊事件後不久，布雷恩垂警察局長保羅．弗雷澤提供了一個令人不安的答案。在記者會上，他清楚點出責任該歸咎於誰。弗雷澤說，一名警員為艾米做筆錄時，有人告知警察局長本人要求釋放艾米。

一名記者詢問弗雷澤，當時的局長是何方神聖。

「約翰．波利歐。」他回答。

「那全都是波利歐下的決定。」弗雷澤表示。在艾米接受訊問時，媽媽茱蒂也來到現場。根據那時已回到警局的雷納德．索里米尼所言，當時茱蒂要求見局長，並大聲喊道：「約翰在哪？」

我好奇為何茱蒂與局長如此熟識。針對此問題，弗雷澤說：「她是局長的超級支持者。」據他敘述，從一九八〇年代中期起，茱蒂便是當地鎮民大會的一員，至於當時六十出頭歲的波利歐，則一直「暗地裡遊說」鎮民大會要提高警察六十五歲退休的年紀。

在弗雷澤敘述的這段往事中，清廉出了名的波利歐為了利益交換，最終放走了艾米。弗雷澤告訴我，多年來局內有不少警員會私底下議論此事。他說，波利歐無故放走艾米在局裡是公開的秘密，也讓許多人質疑波利歐當真公正無私。弗雷澤又說，「如果他連兇殺案都可以喬，憑什麼我不能喬一張交通罰單？」這是當時警員普遍的態度。「那是一樁誤判，」他下了如此結論。「他憑著交情就放走嫌犯。」

當這些新的案情浮上檯面之際，波利歐仍住在布雷恩垂。記者現身他家門前時，見到這位八十七歲、雙頰凹陷的孱弱老者。頭上戴著繡有「第一名阿公」棒球帽的波利歐邀請記者入內。

根據波利歐回憶，那時塞斯和艾米拿著家裡的霰彈槍在「鬧著玩」，不小心擦槍走火了。「他們的媽媽說了她所看到的事發經過，聽起來就是一場意外。」他說，並表示若要說他刻意隱匿案情，實在是太過「奇怪」。針對直接釋放艾米的決定，波利歐拒絕扛責。「我沒有命令任何人釋放她。」他說。

時任諾福克郡（包含布雷恩垂）地區檢察官、後來連任七屆眾議員的比爾・德拉杭特（Bill Delahunt）告訴我，如果當時他知道修車廠內發生的事件，一定會以傷害罪上訴，並依此進行精神狀況的評估。「如此一來，她的人生道路很可能會大不相同。」德拉杭特說，並抨擊州警察布萊恩・豪伊在撰寫報告時稱塞斯的死是一場意外，而且略過不寫艾米與警方對峙的事件。

不過，我找到並訪問住在喬治亞州、現已退休的豪伊，他聲稱他沒有將那場對峙納入紀錄，因為他根本不曉得這件事。豪伊說，那時他要求布雷恩垂警局提供原始報告，但對方並未照辦。儘管德拉杭特認為豪伊當初應該更細心、深入地調查此事，但同樣表示布雷恩垂警局要承擔最終責任，尤其波利歐本人更是如此。「要是波利歐沒有同意，他們是絕對不會放走艾米的，」德拉杭特說，「他們才不敢哩。」

最新浮上檯面的證據重塑了艾米的公眾形象。在阿拉巴馬槍擊案後，媒體最初形容她是個「行事怪異的教授」，犯案原因是學術生涯的壓力過大，導致她訴諸極端舉措。但現在艾米的形象變得邪惡且熟悉：天生的壞胚子。由此來看，塞斯之死只是最早遭到忽視的一個危險跡象，艾米在美式家庭餐廳攻擊他人也是一例。另外她和丈夫曾在一九九三年被美國菸酒槍炮及爆裂物管理局訊問——素來與艾米意見不合的博士後導師保羅・羅森伯格（Paul Rosenberg）收到一份可疑包裹，因為當時包裹炸彈客盛行，他打開包裹時格外謹慎，結果裡頭果然藏著兩枚六英寸的管狀炸彈。這個案件一直懸而未決，檢方也未正式起訴艾米或她的丈夫，只是將他們列為嫌疑犯。當時艾米夫婦住在霍利斯大道上的房子，警方曾在兩人在家時登門搜索，但一無所獲。後續的訊問中卻透露，艾米和丈夫吉姆曾與朋友談過如何製作管狀炸藥，而且艾米曾經送給大學同學布萊恩・勞奇一份意外的生日禮物：十磅的過錳酸鉀（可用於製作爆裂物）。根據勞奇所言，那只是「開開玩笑」。

阿拉巴馬槍擊案後幾週，幾名前同事和鄰居現身講述艾米與他們的一些過節，不過絕大都是瑣碎小事。艾米的岳父吉米・安德森（Jimmy Anderson）告訴記者，他曾看過「她（艾米）眼中的魔鬼」。

「大家一直忽視她的不良行為，以至於現在我們付出了如此龐大的代價。」阿拉巴馬大學的某位董事如此告訴《亨次維爾時報》。就連艾米的律師羅伊・米勒（Roy Miller）也認為她過去明顯有暴力行為模式。「這位女士有問題，」他說。「從她的過去事蹟來看，這件事很清楚。」

艾米的新面貌浮現後，母親茱蒂的公眾形象也隨之轉變：悲痛欲絕的母親搖身一變成了工於心計的女人，不惜顛覆法律也要保護任性妄為的孩子，與電影《慾海情魔》（*Mildred Pierce*）中瓊・克勞馥（Joan Crawford）扮演的母親簡直如出一轍——媽媽設法幫寵溺的女兒掩蓋多起非法行為（包括謀殺），最終招致悲劇結果。

希臘悲劇大師尤里比底斯（Euripides）形容母性是「強大的魔法」，而人類想要保護自己孩子的天性往往會創造奇蹟。幾年前的冬天，在魁北克北部，有隻北極熊遊蕩到了一座村落，隨後接近一個七歲大的因紐特孩童，孩童的媽媽奮不顧身撲向這隻重達七百磅的龐然野獸，並與牠對峙許久，直到獵人現身開槍才結束這樁事件。

當然，救孩子一命和助孩子逃脫司法審判是不同的事，但多數家長就算本身不會真這麼做，多半也清楚那種想掩蓋孩子錯誤的衝動。幾年前，亞特蘭大有位叫席拉・米嘉爾（Sheila Michael）的國小教師，就因設法隱瞞二十二歲的女兒撞死五人並肇事逃逸一事，遭法院宣判入獄服刑八年。那時警方在追緝犯人時，米嘉爾偷偷說服一名車廠技工幫忙遮掩車身上的肇事痕跡。到了法庭上，法官發現女兒原本想要投案，但米嘉爾卻要求她別這麼做。據法官觀察，原因在於「米嘉爾不想失去女兒」。

親眼目擊兒子身亡的茱蒂．畢許普，是否做了類似的決定？

歷史懸案往往難以真相大白，塞斯．畢許普之死更是如此。這起案子最初便不被視作謀殺，所以布雷恩垂和麻州的警方皆未進行太多調查，也沒有保留任何實體證據，就連那把莫斯伯格霰彈槍也在彈道測試後不翼而飛。當時雖有拍下幾張敷衍的犯罪現場照片，但畢許普家並未徹底遭到搜索，而且後續有好心鄰居來擦洗地板血跡也導致現場遭破壞。

還有另一個問題：二〇一〇年過後，關於丁格佛德修車廠的事件，任何警方可能用於指控艾米的罪刑皆已超過追訴期。唯一沒有追訴期的犯罪是謀殺，但檢察官若要用此罪名指控艾米，必須先證明她是蓄意殺害弟弟。

有一天，調查人員翻揀查看犯罪現場照片時，無意發現了一項線索。在其中一張艾米房間的照片中，地板上可以看到某一期的八卦週刊《國家詢問報》（National Enquirer）。地區檢察官辦公室有人從美國國會圖書館取來該期週刊，結果發現內容多是關於美國演員派崔克．達菲（Patrick Duffy）父母遭謀殺的事件。一九八六年十一月十八號，兩名兇嫌闖入達菲父母所經營的酒吧，並以一把十二口徑的霰彈槍將他們殺害，隨後離開酒吧並揮舞霰彈槍，試圖搶奪一輛車逃跑。這份週刊或許昭示了艾米在槍擊案當天的精神狀態，但調查人員更想知道艾米是否將週刊內容視為某種教學指南。時任地區檢察官的威廉．基亭（William Keating）向《波士頓環球報》透露，這張照片或可用來佐證犯案動機。

二〇一〇年四月，當地官方展開針對塞斯之死的死因審理，共十二名目擊證人現身昆西的紅磚法院。在修車廠撞見艾米的技師湯姆．佩蒂格魯（Tom Pettigrew）表示，當時艾米手持霰彈槍，要求他們「把雙手舉起來」。

警員索里米尼回憶道，茱蒂闖入警局並用「約翰」稱呼波利歐實在相當奇怪。「我從沒聽過有任何人叫他『約翰』。」他說。另一名當天也在局內執勤的警佐凱尼斯．布萊迪（Kenneth Brady）也證實他聽到茱蒂求見局長。負責偵訊的副警監詹姆士．蘇利文則表示，他在指控書上寫了「謀殺」、「持危險武器攻擊未遂」等字眼，但因為後來收到命令要放走艾米，所以並未根據這些罪名進行上訴。

我最近採訪了蘇利文。他說，艾米的偵訊「突然遭到打斷」，原因是茱蒂．畢許普違規闖入了筆錄室。一名值班警監告訴蘇利文，茱蒂已經向波利歐局長解釋這場槍擊是一場意外，而局長也採信了這個說法。

「我當下的感覺是『搞什麼鬼啊』？」蘇利文說。他記得自己對警監大大抱怨：「如果每次有家長跑來說小孩沒有犯錯，我們就得放人，那麼逮捕嫌犯有何意義？」但警監只說是波利歐本人下令釋放艾米，蘇利文必須「聽從命令」。

在死因審理期間，警佐布萊迪證實艾米和媽媽見面時有互相擁抱：「畢許普太太表示她在那天已失去了兒子，不想再失去女兒。」

山姆．畢許普出庭作證時否認當天他和女兒艾米發生嚴重的口角。「我出門時不覺得我倆吵了什麼大事，」山姆說，並表示一九八五年的那次闖空門事件讓艾米「心理受創」，也導致她挖出那把霰彈槍來裝填彈藥。「她待在那棟維多利亞時期的房子，內心害怕不已，」他說，「恐懼讓她鑄下大錯。」山姆還帶了一張塞斯和艾米的合照，希望提醒法官「他們是真實存在的人」。那張合照的拍攝時間在萬聖節前後，幾個月後塞斯便遭槍擊身亡。在照片中，這對姊弟相視而笑，一起在鋪著新聞紙的廚房桌上雕刻著節日要用的裝飾小南瓜。

「我在清晨六點左右就出門了，一直到下午兩點才回家，」茱蒂出席作證時說，「我開車停入車道，塞斯也跟在後頭回來。」她幫忙塞斯把採買的物資搬入家中，這時艾米則下樓找人幫忙卸除槍枝內的彈藥。茱蒂說，就在那一瞬間，塞斯伸手要接過霰彈槍查看，但艾米一轉身，「槍枝就走火了」。艾米一隻手放在槍管，另一隻手放在槍托，根本「沒有碰到扳機」。

茱蒂既是受害者的母親，也是事件的目擊證人，因此出庭作證時頗具影響力。她講述自己聽到兒子說了一聲

「噢不，媽媽」，隨後頹然倒地。「那些血——一波又一波地湧出來，」茱蒂形容，「我的鞋子浸滿了血，我的頭髮也沾滿了血。」她最後下了結論：「我希望補充說明，那是我們生命中最糟糕的一天。」

茱蒂否認她與波利歐局長有任何私交，並堅持她從未求見波利歐。波利歐和妻子金妮（Ginny）也出庭作證，表示茱蒂和局長不是好友關係。最近我在布雷恩垂的某間咖啡店與金妮見面，結果席間她語出驚人：雖然局內其他同事不知道，但局長那天其實人在警局。波利歐把辦公室設計成有公私兩處入口，私人入口直通外面的車庫，這樣一來，他的下屬便不會知道局長在或不在。「我有一部分的工作在於搞出最難以捉摸的時程表，」波利歐曾如此說道，「我太知道警察心裡在想什麼了，他們必須意識到老大任何時間都可能出現他們身邊。」

金妮說她那天也在警局。她過去曾是波利歐的秘書，一直到一九九九年才與波利歐結婚。她回想那天，一名叫泰德·布克（Ted Buker）的警監在辦公室裡找到波利歐，並告訴他：「局長，你知道鎮民大會的茱蒂·畢許普嗎？她女兒艾米開槍打死了弟弟，但媽媽茱蒂說那是一場意外。」金妮表示，布克那時除了未提及修車廠發生的事，還表示他想將案件轉給麻州的警方和地區檢察官處理。金妮進一步表示，波利歐只回「就這麼辦吧」，此外沒有和茱蒂說話，也沒有下令釋放艾米。至於當事人泰德·布克已經過世，未能證實此番說法。

金妮身材嬌小，但眼神堅定不移。在她看來，這些指控無非是布雷恩垂警局的資深警員聯合起來想抹黑她的丈夫。波利歐本人在二〇一〇年十二月過世，金妮認為他因為捍衛自己的名譽耗費過多元氣，所以身體狀況才會每況愈下。波利歐下葬那天有警隊護送，但在後續舉辦的守靈儀式，家族成員千叮萬囑，要布雷恩垂現任警察局長保羅·弗雷澤當天別出席。

死因審理過後，這起案件交由大陪審團處理。二〇一〇年六月十六日，艾米·畢許普遭起訴，罪名是一級謀殺罪，對象是她的弟弟塞斯。山姆和茱蒂為此發表一則聲明。「我們無法解釋或甚至理解阿拉巴馬大學所發生的事情，」他們寫道，「但我們清楚知道，二十三年前發生在我們兒子塞斯身上的事，純屬一場意外。」

艾米因為謀殺弟弟遭起訴後兩天，她在阿拉巴馬的監獄中弄出安全剃刀中的刀片，試圖割腕自殺。我問起這起自殺未遂事件時，她說在塞斯死後，她也曾經想要了結自己的生命。她說自己那次手法拙劣，不曉得到底在做什麼，但到了二〇一〇年，她已教授解剖學和生理學多年，經驗豐富。「我沿著橈動脈縱向割了下去。」艾米說。她血流如注，在牢房中昏厥過去，但後來被警衛發現，逃過死劫。艾米的律師羅伊・米勒告訴我，如果警衛晚了四分鐘發現她，她必死無疑。

去年秋天的某天早上，我從波士頓出發，往北前往風勢強勁的濱海城鎮伊普斯威治，並輾轉來到一處氣氛寧靜的住宅區，接著停在一棟距離道路有點遠的灰色調隔板房屋旁。前來應門的是山姆・畢許普本人。

我與茱蒂聯絡已有時日。我們通過電話，她往往講話講一講，聲音就會因為啜泣而變得顫抖和含糊，此外我們也來往過一些電子郵件。儘管歷經這麼多苦痛和孤立，茱蒂和山姆仍相當親密，但又或許正因為他們歷經了這麼多，所以關係才如此緊密。他們兩人甚至共用一個電子郵件地址，導致我有時不大確定到底回信者是誰。

「我每次去看醫生，體重好像一次比一次還輕，」茱蒂邊說邊氣喘吁吁地從架子上取下一份相簿。我此刻身在她們家的客廳，這裡空間寬敞，上有暴露在外的橫樑，壁上則掛著她和山姆製作的藝術作品。她穿著一件印有假塗鴉的超大號馬克埃柯（Mark Ecko）T恤，頭髮雖仍蓬鬆濃密，但顏色已變得銀白。「變老這回事啊，」她微笑說道，「可不是膽小的人能承受的。」

我們一起翻閱那本相簿，其中有孩子生日派對的照片、有塞斯和艾米在後院玩木製飛機的照片，還有塞斯出發去畢業舞會前的獨照——只見他騎著那台紅色的卡瑪洛單車，露出燦爛笑容。繼續向後翻，塞斯的照片戛然而止，只看到一朵壓花、一首山姆的母親用希臘文寫成的詩，以及塞斯追悼會當天的褪色流程單。

「畢許普一家所經歷的磨難，確實宛如一場希臘悲劇，」家族友人艾琳・夏基告訴我，「其中一個孩子意外毀了另一個孩子，接下來又毀了自己。塞斯死後，父母只盼望艾米能過上正常生活，現在卻不得不眼睜睜看著這股希望徹底破滅。」

茱蒂預先準備了鮪魚三明治當午餐，我們三人在餐桌上享用三明治時，山姆表示在阿拉巴馬大學槍擊案發生後，新聞媒體跑來他們家外頭大打攝影用電弧燈，導致長達好幾週的午夜都明亮得像是正午時分。茱蒂和山姆未否認艾米在阿拉巴馬大學犯下了重大罪刑，但也不想讓此事縈繞不去。「她是個很聰明、很聰明的孩子，只是一時失去了理智。」茱蒂說。此外，他們兩人也對於麻州當局「趁機算舊帳」的行為表示不滿。「那些人想方設法想搞波利歐。」茱蒂說。這些人竟敢對她講她自己的兒子是怎麼死的，更讓她深感不滿。「我就在現場！」她喊道，「我親眼看著事情發生，我的人生從此不同了！」

畢許普夫婦告訴我，弗雷澤局長在二月那場記者會說了謊。在記者會上，弗雷澤不僅暗示了茱蒂和波利歐局長之間或有共謀情事，還誤將那天早上發生口角的主角當作是艾米和塞斯。針對弗雷澤暗指她在布雷恩垂是具政治影響力的角色，茱蒂嗤之以鼻。她的確是鎮民大會的一員，但鎮民大會足足有兩百四十幾名成員。畢許普夫婦也認為索里米尼警員在死因審理時說了謊，並表示「茱蒂用親暱稱呼求見波利歐」一事純粹是索里米尼的想像。「我們是遍體麟傷的人啊——我們的人生永遠不同了，」茱蒂邊說邊拉高聲音。「這些人不可原諒！我希望他們下地獄受盡凌遲！」

「茱蒂，好了好了。」山姆溫柔地說。他一直緊張兮兮地翻閱著一疊文件，接著抽出好幾份警方調查報告的影本，每份皆有劃線並做了筆記。山姆曾找到一份美國陸軍的報告，裡頭提及軍用版的十二口徑莫斯伯格霰彈槍若是槍口著地摔落，可能會不小心走火，但他在死因審理提出這份報告時卻遭到忽略。不過，當初在塞斯死後執行槍枝檢查的警員作證時曾提及那份報告，可是他指出自己親自以該把武器做過「衝擊試驗」，最後並無走火。

山姆解釋道，他們在霍利斯大道上那處住宅的廚房空間狹小。他站上餐桌，模仿艾米揮舞霰彈槍的樣子。「我覺得她有可能撞到什麼地方了。」他說，猜測也許艾米用槍托撞到櫃子或流理台，進而導致走火。

我問起那天的「口角」是怎麼一回事，山姆說他那天早上十點左右起床，但差不多十一點半才下樓。「我在走廊絆到一個東西。」他說，可已不記得具體是什麼東西，只記得他訓斥了塞斯和艾米一頓，並叫他們把地上的東西撿一撿。「他們反應可大了，尤其是艾米，」山姆說。不過，他們後來好好解決了這番爭吵。「我沒太放在心上。」他堅持道。

談及艾米的心情狀態，茱蒂說：「她脾氣和她爸一樣。」

「艾米和山姆曾經大吵過嗎？」我詢問。

「有啊。」茱蒂邊說邊盯著丈夫邊微笑，山姆則不發一語。

在畢許普夫婦看來，修車廠的事件無疑遭到誇大處理。「她嚇壞了！」山姆說，但無法解釋艾米離家後為何重新替槍上膛。茱蒂指出，如果艾米真想找車逃跑，根本不必拿著霰彈槍到處亂跑。茱蒂的車就在車道上，車鑰匙也就掛在廚房門邊。

讓畢許普夫婦特別生氣的是，弗雷澤和其他警員一直等到二〇一〇年的阿拉巴馬大學槍擊案發生後，才開始大肆談論一九八六年艾米被放走的事。要是他們真的在意這件事情，為什麼期間不曾發言？畢許普夫婦的不滿確實有幾分道理：這些年來，麻州也對數十起懸案重啟調查，為什麼艾米這件案子沒獲得關注？或許警員害怕波利歐清算？但他在一九八七年便已退休。「二十五年來，沒有任何人發表過意見，」山姆說，「到了現在，怎麼每個人突然都可以大發議論？」後來我詢問弗雷澤，為何布雷恩垂警方多年來皆未採取行動。「好問題，」他說，接著沉吟片刻，脫口說：「我們只是從沒想過可以重啟這個案件吧。」

對於艾米在獄中試圖自殺一事，畢許普夫婦直接表示導火線就是她在麻州遭到起訴。不過我詢問他們艾米過去是否曾經嘗試自殺，茱蒂說：「沒有。」

「這個嘛，她之前割傷了自己……」山姆開口。

茱蒂出言糾正：艾米那時是在「雕刻南瓜」，只是「不小心刺傷了自己」（她指了指手腕處），因此「那才不是試圖自殺」。後來她和山姆也帶艾米去醫院縫合了傷口。

「她說她想看看刀子有多鋒利，」山姆解釋。

「那才不是試圖自殺。」茱蒂又說了一次。

羅伊．米勒是阿拉巴馬州本地人，說起話來慢條斯理，聲音頗為低沉沙啞。他在亨茨維爾地區從事法律工作已有近四十年，法院指定他當艾米的律師後，他花了十八個月準備以精神錯亂為辯護理由。事實上，艾米曾要求死刑。「那女人想死。」米勒這麼告訴我。如果艾米不是獲判死刑的話，很可能會是無期徒刑，而且終生不得假釋，到時候或會從亨茨維爾的郡立監獄轉置到阿拉巴馬州中部的茱莉亞塔特威勒婦女監獄（Julia Tutwiler Prison for Women），那邊的待遇是出了名的糟糕。一份二〇一二年向美國司法部提交的投訴宣稱，該監獄存在「頻繁且嚴重的獄方人員針對囚犯之性暴力現象」。我問起米勒有關那邊的事，他說：「那裡傳統保守到不可思議的地步。」艾米曾經告訴朋友，她不想在「窄小的空間」度過餘生。

但山姆和茱蒂出言說服，就算艾米一心求死，現在的死刑案件也往往要等上幾十年才會執行。因此，艾米決定以精神障礙為由進行無罪辯護。律師找了多位知名精神病醫師來評估艾米，但要成功並不容易。綜覽過去案例，阿拉巴馬州的陪審團向來厭惡被告拿精神錯亂作為辯護理由。「這些人犯法被逮個正著，結果兩三下又成了精神障礙？」控訴艾米的地區檢察官羅伯．布魯薩德（Rob Broussard）評論道，「大眾看不太起這種辯護理由。」

艾米告訴我，她對於阿拉巴馬大學亨茨維爾分校的槍擊事件感到「驚駭不已」，但她完全沒有槍擊當下的記憶。事件發生後不久，多名警察將她逮捕並送上警車，她喃喃對他們說道：「事情沒有發生……他們都還活著。」我們難以確定艾米是真有健忘症狀，或者這是辯護策略的一環。艾米也告訴我，雖然她記得開槍誤傷塞斯，但卻記不起任何與修車廠有關的事情。我問她開槍射了自己弟弟後，為何要將槍上膛，她回答：「我完全不記得這件事了。」我提到她記憶喪失的狀況，似乎都與她犯下的重大錯誤有所重疊。她回應：「人在經歷創傷事件後，往往什麼也不記得。」

這起阿拉巴馬大學的槍擊事件之後變得更加複雜，原因是艾米所射殺的幾位職員（包括系主任郭比・波狄拉），其實在艾米的終身教職申請案中是投下「同意票」，導致這起喋血事件不能輕易用報復來解釋。艾米的父母和朋友習慣稱塞斯之死為「意外槍擊」，堅持得彷彿在繞圈打轉一般。而談到阿拉巴馬大學的槍擊事件時，他們則往往會用被動語態，好似艾米在此事中毫無能動性。有一次，我向艾米的朋友勞奇談及此事，他甚至說「阿拉巴馬大學的那場意外」。

艾米告訴我，她正在服用抗精神病藥好度（Haldol），而且她罹患妄想型思覺失調症。律師羅伊則表示她還未拿到明確的診斷結果，同時要在法庭上建構艾米受妄想所困的論述並不容易：畢竟她大半輩子都算是社會適應良好，甚至還拿到博士學位，以及順利地拉拔四個孩子長大。

我詢問茱蒂，她知不知道艾米有時會聽到「一些聲音」。「當然不知道。」茱蒂說，但也補充就算艾米真有幻聽，也不會告訴她或山姆。

即使艾米身處監獄，也絲毫不減尖酸性格。她和米勒開玩笑，她因為獄中同伴的關係，詞彙量和智商都降低不少。「她很有幽默感。」米勒說，但也表示這事有時會為她招惹麻煩。「她的同房獄友出身鄉下，身材肥胖，」米勒告訴我，「這位女士呢，沒有半顆牙齒。」因為如此，這位獄友必須配戴假牙，有次她把假牙放在牢房的窗台上，被路過的警衛瞥見，便詢問兩人是誰的假牙。只見艾米看向警衛，露齒微笑說：「讓我給你一點提示吧。」

「她因為這樣被教訓了一番。」米勒乾笑。

「我幹倒了一個女的，不對，總共三個女的。」艾米如此告訴我，並解釋郡立監獄是個「野蠻」的地方。她堅持自己在這三起鬥毆事件中都是因為「自我防衛」才會還手。有一次她在飯廳中與其他獄友大起口角，最後被對方用托盤痛扁一頓。

艾米的審理預計在二〇一二年九月二十四號開庭，但兩週前米勒與檢方協商：艾米願意認罪，但希望檢方同意不會求處死刑。她將終其一生待在監獄，不得假釋。我們不清楚為何會有如此迥異的立場轉變，但米勒告訴我，如果他們要以精神障礙為由進行辯護，這次出庭只有「百分之一的機率」能說服陪審團。此外，他也表示多份精神報告並未得出明確的診斷結果，所以辯方並無夠有力的證據來佐證艾米的確患有精神障礙。

檢方對此表示同意。開庭當天，我前往亨茨維爾市區的麥迪遜郡立法院見證艾米認罪。數十名警察聚集此處，準備迎接該郡歷史上最惡名昭彰的殺人犯到場。法庭內滿是前來旁觀的人，不過艾米事前已要求父母避開此一場合，所以他們並未出席。警察將艾米帶入法庭時，眾人無不伸長脖子想一睹她的樣貌。她穿著一套紅色連身衣褲、白襪和人字拖，踝處的腳鐐宛如搖鈴，邊走邊發出匡噹聲響。艾米顯然體重掉了不少，而且眼窩深陷，蒼白的前臂細如冰棒棍。儘管如此，她仍昂首闊步、鼻孔微張，帶著最後一絲殘存的傲氣掃視法庭。

在阿拉巴馬州，如果犯下謀殺罪的被告認罪，有關單位仍要在庭上展示簡易版本的證據。於是艾米靜靜坐在那裡，聽著檢方敘述她犯下的罪刑，雙手時而緊握，時而鬆開。檢方公布她殺害同事的照片時，她像學童一樣將臉埋入雙臂，黑髮垂瀉桌面。法官詢問艾米是否認罪並放棄上訴，她首次也是唯一一次在庭上發言：「是的。」接下來，她便轉至茱莉亞塔特威勒婦女監獄收容。

下一個問題是艾米是否還面對麻州的謀殺案審判。若是如此，畢許普夫婦將必須重新經歷一次塞斯之死所帶來的創傷，並且被迫正視艾米在丁格佛德修車廠的可疑行為，還有圍繞艾米獲釋一事的種種疑問，對他們來說這無疑是糟糕透頂的事件轉折。與此同時，檢方也將面臨一大難題。起訴艾米是一回事：許多訴訟律師表示讓大陪審團同意起訴並非難事，但要順利控告她犯下一級謀殺罪，檢方不得不重返這起近三十年前發生的事件，調查並呈現足夠的證據。有些傳喚對象早已年邁、記憶不清，更多則已過世。幾乎所有原始的實體證據都已遺失，包括那把霰彈槍，而且唯一目擊者既是凶手也是受害者的母親，屆時還一定會獲被告方傳喚作為主要證人。

另外，犯案動機也是一個問題。儘管有傳言說艾米和弟弟之間存在些許敵意，但我找不到任何一個認識這對姊弟且可佐證此說法的人，所以檢方在這一方面或會碰壁。保羅・弗雷澤之前在記者會表示十二月六日那天早上是艾米和塞斯起了口角，但所有其他證據皆顯示爭執的是艾米和她的父親。

艾米認罪後數日，諾福克郡的地區檢察官辦公室發布聲明，表示因為麻州沒有死刑，所以將不會尋求司法引渡。此外，由於艾米將在阿拉巴馬州服無期徒刑，而且無假釋可能，聲明也指出：「我們所尋求的刑罰……已經到位。」

案情急轉直下。艾米透過她在麻州的公設辯護人賴瑞・提普頓（Larry Tipton）聲明她希望接受塞斯謀殺案件的審判。她一直堅持那起事件是一場意外，所以麻州檢方撤回起訴讓她頗為不滿。「她盼能用這場審判證明自身清白。」提普頓表示。

「我希望真相水落石出，」艾米這麼告訴我，「為了我、為了我的父母，也為了讓這一切塵埃落定。」

每當暴力事件打亂我們的日常生活，我們往往會告訴自己一些故事來讓情況變得容易解釋。面對雜亂無章的證據，我們也會想辦法將其整理成合理的敘事。以塞斯之死為例，那些認定艾米謀殺弟弟的人，以及那些認定她沒有殺害弟弟的人，都是設法從凌亂的線索中理出故事，但無論是哪一個故事，似乎都不盡令人信服。

無論要說艾米是個從八卦週刊汲取殺人靈感的惡魔姊姊，或是說波利歐局長和茱蒂之間有所勾結，導致事實遭埋藏數十年，似乎都太過輕率。在我花了幾個月訪問布雷恩垂的多位鎮民後，我認為這件事確有掩蓋嫌疑，但動機不是要共謀利益，而是出自同情。在這種小鎮上，某種程度上否認鄰居家門內發生的事情，不僅是必要、更是人性之舉。「我一直相信那是意外，」艾米的朋友卡瑟琳．歐德罕告訴我，「不過就像我一直所說，就算那不是一場意外，我也不想知道。」她語中透露出一股我聽過無數次的逃避情緒。有些布雷恩垂的警察認識畢許普一家，艾米也透過鎮民大會認識部分年輕警察的父母。正因為如此，鎮民面對這起令人困惑的慘案時，最仁慈的因應之道或許就是日子照過——只是這個目光短淺的同情舉措，數十年後卻讓阿拉巴馬大學的教職員蒙受了無法估量的代價。

畢許普一家和金妮．波利歐所抛出的相反敘事同樣禁不起考驗。無論弗雷澤局長和其他警察同仁多麼討厭波利歐，要說他們會為了毀壞他的名譽而偽造證據和編織疑點，似乎也不大可能。布雷恩垂當局為何要在二〇一〇年重新調查這起陳年案件，還有一個更合乎人性與邏輯的解釋：對他們來說，重啟死因審理有助於清除過去的不當行為，並代謝掉舊時代的政府治理結構。「這不僅僅關乎於二十二年前發生的槍擊事件，」鎮長喬．蘇利文（Joe Sullivan）告訴我，「這也關乎現在的布雷恩垂。」

無論旁人對畢許普一家抱持多少同情，都無法否認他們對於那個週六的說法頗為異常。有天下午，我去見了一位認識畢許普一家但要求不具名訪問的女性。「這些事情我二十年來沒告訴過任何人。」她說。

在一九八〇年代，茱蒂有個叫莎綸．吉利斯（Saran Gillies）的密友。吉利斯出生當地，而且在布雷恩垂的政治圈非常活躍。塞斯遭槍擊那天，吉利斯本要造訪茱蒂家喝茶，但聚會卻遭茱蒂提前取消。「家裡吵翻了天。」據另一名友人轉述，茱蒂這麼告訴吉利斯，「情況糟透了。」據說山姆氣到「七竅生煙」。沒多久，吉利斯便聽聞塞斯遭開槍射擊。

「吉利斯和我一起拼湊出了事情全貌。」那名友人告訴我。她們猜測，艾米聽見塞斯採買物資回來時，一定「以為那是她爸回家了」。換言之，她們認為艾米確實無意殺害弟弟——她帶槍下樓時，其實是想殺了父親。

當然，這只是另一種可能敘事，而且吉利斯已在前幾年去世。不過，這個理論或能解釋為何山姆和艾米之間起了口角，最終卻是塞斯身亡。這個理論還可解釋在畢許普夫婦的故事中，為何時間點有重大差異。茱蒂在死因審理及接受我訪談時，都提到她早上六點到下午兩點左右都待在馬廄，到家時塞斯也才剛採買物資返家。但州警察布萊恩·豪伊在事件發生後不久所做的筆錄，卻指出艾米持槍下樓時，依稀知道媽媽已「在家一陣子了」。山姆接受訊問時也告訴豪伊和另外兩名警員，他預期茱蒂在早上十一點到中午間到家。根據茱蒂自己的說法，當時她「返回住處看午餐有沒有東西吃」。茱蒂告訴豪伊，塞斯比她早到家，還說「他要去店裡買些食物，這樣（大家）才有午餐吃」。

按照這個事發後不久的說法，茱蒂回家時，塞斯還未採買物資返家，反而是才正要動身。若此時間線為真，山姆和茱蒂確實會不太自在，畢竟在他們的故事中，艾米一開始會拿出霰彈槍，是因為她獨自在家長達數小時，所以內心有所不安。

在死因審理時，檢查過那把十二口徑莫斯伯格霰彈槍的槍械專家證實，通常要施加五磅壓力在扳機上才會擊發槍枝。

「你是說，即使她的手指放在板機上，這把槍唯一意外走火的可能性，就是有人來拉扯這把槍嗎？」

「試著把槍從她手中拿走。」專家回答，「對。」

前述推論並不盡然代表艾米意圖殺害父親，她可能只是揮舞霰彈槍，想藉此表達對父親的不滿。我在十四歲時也曾和父親大吵一架——其實不是什麼重要的事，我現在也已忘了具體內容，只記得自己憤怒異常。那時我們待在海邊，爸爸每天會沿著沙灘旁的水域進行長泳。那天，他在游泳時，我開始拿石頭打水漂。我看到他慢慢接近，但還是不停撿起石頭往波浪丟去。突然之間，我聽到一聲慘叫。爸爸跌跌撞撞地離開水域，看起來驚慌失措——我無意拿石頭真的丟他，只是想嚇嚇他，想在某種程度上確立我的地位而已。爸爸除了驚嚇，沒有真正受傷，但這也不過是運氣好而已。最近我和媽媽聊起這個故事，令我出乎意料的是，她說：「你知道嗎？這麼多年來，你爸爸可從沒跟我提過這件事。」

我聽到莎綸．吉利斯的故事後，便回去翻閱艾米的小說，試圖尋找更多蛛絲馬跡，結果還真的發現了令人驚訝的細節。艾米首本小說《火星實驗》中的主角艾比蓋爾．懷特（Abigail White）一直飽受童年創傷所苦。在小說前段，艾比蓋爾與學校好友凱西和凱西的弟弟路克一起玩耍，但兩個小女孩玩著玩著竟吵起了架，結果凱西朝艾比蓋爾丟了一顆石頭，艾比蓋爾盛怒之下拾起地上一顆拳頭大小的石頭，然後用力往天空拋去，希望「讓凱西嚇得逃去他處」。那顆石頭高高飛起，隨後重重往凱西的方向落下——最終並沒有擊中凱西，卻砸在了她弟弟路克的頭上。

「路克像玩具士兵一樣向後倒去，」艾米寫道，「永遠不知道是什麼擊中了他。」目睹此一情景，艾比蓋爾嚇得動彈不得，怎樣想不到那顆「原想嚇凱西一跳的石頭，帶給了路克何等令人驚恐的命運」。路克失去意識，後來不治身亡，他的父母認為他一定是併發動脈瘤破裂。

此一段落呼應了有關塞斯之死最有可信度的說法：年輕女子怒氣攻心，揮舞著致命武器想威嚇對方，結果卻失手殺害了另一個人。艾比蓋爾飽受自己犯下的過錯所折磨，並試圖向奶奶（艾比蓋爾用希臘語叫她「雅雅」，與艾米稱呼自己的奶奶一樣）坦白一切。「是我殺了路克。」她說。雅雅語氣堅定地悄聲說道，「那男孩現在與上帝同在了，他知道妳深感抱歉。」

後來，艾比蓋爾的爸爸以為她已入睡，於是悄悄走入她房間，默默親吻了她的額頭。「那一吻告訴她，家人已經下定決心，」艾米寫道。「他們將絕口不提艾比蓋爾在那起死亡事件中可能要負的責任。」

我在電話中對艾米提起塞斯之死的另一種可能假說，她聞言匆匆掛掉電話。隔天，她回電給我，電話中否認她和父親發生嚴重地口角，並提出另一個說法：她那天自己喝完了一壺咖啡，因此山姆「必須另外泡一壺」，導致心情不太愉快。「我不確定我媽打電話向別人說我和爸爸吵架是怎麼一回事，」她說，並補充道：「我們家裡的關係一向很好。」

美國作家安德魯．所羅門（Andrew Solomon）在近期著作《背離親緣》（*Far from the Tree*）中討論父母會如何應對孩子成為殺人犯時，提及「偉大的愛和刻意視而不見有所不同」。所羅門指出，父母或會出於同情而否認此事，但這點可能為孩子帶來極大的混淆感。如果孩子犯下重大罪刑，家長可能拒絕面對現實，彷彿如此才能恢復自我的穩固存在感。然而，這種作法反而讓情況更加惡化。在所羅門看來，家長拒絕承認孩子的重大過錯，會造成「疏離甚或是創傷」。艾米在《亞馬遜疾病》這本著作中，也形容女主角的父親「刻意忽視（她的過錯）」，導致女主角疑惑這種視而不見是否在某方面讓父親也成了「共犯」。這段敘述不禁令我想起山姆。他是否想過艾米可能想要對他開槍？他和茱蒂討論過這個可能性嗎？

雖然我覺得意義不大，但仍決定和茱蒂聊聊這個可能性。「只有兩個人真正知道屋裡發生了什麼事，」告訴我這個理論的女人如此說道。「我想茱蒂已親手埋藏實情，並另外想了一套自己能接受的說法。」她停了片刻才繼續說，「祝福她一切安好。」

她並非唯一有此感受的人。不少布雷恩垂的鎮民問我有沒有小孩，彷彿那是要了解事情背後的道德決策所需的先決條件。「我從來沒問過山姆和茱蒂那天在屋裡發生了什麼事，我不希望他們對我說謊，」茱蒂的朋友戴比．科薩里克說。「猜猜怎麼著？今天如果是要保護自己的孩子，我也是會說謊的——就算手放在聖經上也會說謊。」

感恩節前一天，我再次登門拜訪畢許普夫婦。那是個寒風刺骨的早晨，從外頭可以看見他們家的煙囪飄出裊裊炊煙。在十二月六日，他們夫婦預計要去造訪塞斯在新罕布夏州的墳墓。那是他們每年必做的朝聖之旅，多年來艾米也都陪伴同行，並會在墳前和塞斯分享她的生活和膝下孩子的大小事。時至今日，艾米仍時不時會打電話給爸媽，對他們說塞斯曾到獄中拜訪她，甚至還坐在床沿和她說話。不久以前，艾米告訴我，她提到弟弟時一定會使用現在式，否則寧可不提到弟弟。

艾米想在麻州受審的機率看來不大，畢竟掌握此一決策權的地區檢察官似乎不太願意繼續審理此案。此外，艾米還對阿拉巴馬州法庭的判決提出上訴，此舉讓山姆和茱蒂萬分不解——因為艾米本人已當庭認罪，還放棄了上訴權利，成功機率微乎其微。「身在監獄啊，最糟糕的事情就是要與孩子分離，」艾米告訴我。丈夫吉姆目前還住在亨茨維爾，並且擁有孩子的監護權，艾米只能盡量打電話互通有無。小女兒費卓拉正在申請大學，艾米鼓勵她申請哈佛大學。

山姆泡了咖啡，與我和茱蒂一起坐到餐桌旁。我詢問茱蒂她在十二月六日那天究竟去了哪裡，她重申她整個早上都待在馬廄，直到下午兩點左右才返家，那時塞斯也剛剛買完物資回家。

我點出她在最初對警方的證詞中，表示自己在塞斯出門採買物資前便已到家。

「那是錯誤的。」茱蒂說。

「那些不是證詞。」山姆補充。布萊恩．豪伊和另外兩名警員詢問了他和茱蒂事發經過，接著把彼此的筆記整理成一則摘要報告，所以或許是摘要中弄錯了某些事實。山姆告訴我，他之所以告訴警方說自己預期茱蒂在十一點半或十二點返家，純粹是因為那是她通常離開馬廄回來的時間。

「我知道發生了什麼事，」茱蒂說。「我離開廄舍、開上家中車道，然後塞斯剛好跟在後面回來。」

「我無意替任何人做出什麼不在場證明，」山姆越說越激動。「我們經歷了一場葬禮，我們有個悲痛不已的女兒——那些警察問了一些問題，我們沒有仔細思考每件事的時間點，然後他們『聽到』了一些事情，但可能不盡正確。」

我問茱蒂她那天是否與莎綸．吉利斯有約，但後來因為山姆和艾米吵架才不得不取消。

「什麼？」茱蒂說。「這哪來的事？」

我向她解釋事情經過，並表示對方是吉利斯的熟人。

「我的老天啊，這些人到底有什麼問題！」茱蒂驚呼，語調驟然拉高。

接下來我向畢許普夫婦提到我與爸爸和石頭的故事。「有沒有可能是艾米非常氣山姆，」我開口道。「然後她拿槍下樓，到處揮舞，然後——」

「絕對不可能。」茱蒂說，隨後從桌邊移動到附近的沙發，一旁就是火爐。

我又問，如果吉利斯當天與茱蒂沒約，為什麼要告訴別人她和茱蒂有約呢？

「我覺得她沒有這麼跟別人說，」茱蒂說。「有人在捏造訊息。」她開始掉淚。「所有大談這件事的那些人，他們沒有一個人在現場。」她說。

「都結束了，茱蒂。」山姆說。

「並沒有結束。」她回答。

「我知道，但我們無能為力。」

「那時艾米是個很乖、很乖的女孩，我們的生活很不錯，」茱蒂告訴我，「我知道發生了什麼事，我就在現場。」她緊盯著我，眼中滿是淚水。「我就在現場，」她重複，「我人就在那裡。」她直勾勾地朝我看來，眼睛一眨也不眨，我感到有些尷尬，最終望向其他地方，藉此避開她的視線。

本文於二〇一三年刊登於《紐約客》。艾米・畢許普仍在阿拉巴馬州服無期徒刑。二〇二〇年十一月，她撰寫的短篇故事《寡言之人》（*Man of Few Words*）獲得美國筆會監獄寫作大賽第二名。四個月後，她的小提琴家兒子塞斯和同名舅舅一樣中槍身亡，得年二十。開槍者是他的朋友文森・哈蒙（Vincent Harmon），當時十八歲的他被檢方依過失殺人的罪名起訴。

第六章 「矮子」追緝令——極惡毒梟的落網內幕

二〇一三年十二月某天下午，一名殺手登上荷蘭皇家航空班機，從墨西哥城飛往阿姆斯特丹史基浦機場。這並不是一趟商務旅行：這位時年三十三歲的殺手喜歡旅遊，而且時常在 Instagram 上記錄他在歐洲各處的遊歷點滴。他身穿名牌服飾，手戴骷髏頭形狀的沉甸銀戒，用的是要價不菲的偽造護照，至今已多次順利過關。然而，這次他將護照文件呈遞給荷蘭海關後，旋即遭到逮捕。原來美國緝毒局（American Drug Enforcement Administration, DEA）早已向國際刑警組織（Interpol）發布紅色通報，並且知道這位殺手即將入境荷蘭。不過，一直到荷蘭當局拘捕此人後，才終於知道他的真實身分：荷西・羅德里戈・阿雷奇加（José Rodrigo Arechiga），墨西哥史上最大販毒集團錫那羅亞（Sinaloa Cartel）的重要人物。

在墨西哥販毒集團中做事的人都有綽號，阿雷奇加的綽號是「中國炭疽病毒」（El Chino Ántrax），在錫那羅亞販毒集團中掌管武裝殺人部隊「炭疽病毒」（Los Ántrax），並為綽號「矮子」（El Chapo）的集團老大華金・古茲曼・洛埃拉（Joaquín Guzmán Loera）安排毒品運送事宜。阿雷奇加常在 Twitter 上與其他罪犯談笑風生，並張貼他暢飲水晶香檳的自拍、與珍奇寵物的合影，以及輕撫鍍金 AK-47 的照片，堪稱是數位時代的販毒份子。現年五十七歲的古茲曼則屬於老一代的販毒份子，行事極其低調。據聞他藏身墨西哥偏遠西部的錫那羅亞州（販毒集團即由此得名），從出生地遙控操作價值數十億美金的販毒事業。錫那羅亞販毒集團向美國走私大量古柯鹼、大麻、海洛因和甲基安非他命，咸認每年非法運入美國的毒品最多有一半可向他們咎責。美國財政部視古茲曼為「全球最具權勢的毒梟」。蓋達組織的賓・拉登在二〇一一年身亡後，古茲曼或許成了全世界頭號通緝犯。墨西哥政治人物宣示要將他繩之以法，美國政府則祭出五百萬美金，懸賞可將他逮捕到案的情資。不過古茲曼之所以出名，部分也在於眾人認為他絕不可能落網。他持續成長茁壯，加強鞏固各個重要的走私路線，並將販毒事業擴張到歐洲、亞洲和澳洲等新市場。根據一份研究，錫那羅亞販毒集團目前在五十多個國家活躍。

墨西哥當局曾數次差點逮到古茲曼。二〇〇四年，墨西哥軍方得知古茲曼躲藏在錫那羅亞州的一處陳舊牧場，因此展開突襲行動，沒想到他事先獲知此事，搭乘一輛全地形車沿著難以行進的山路逃離。三年後，古茲曼與一位青少年選美皇后柯蘿納（Emma Coronel）結為連理，並邀請大半墨西哥犯罪圈的人物出席婚禮。墨西哥軍方動員多架貝爾直升機想趁機逮捕古茲曼，但軍人到場了、槍也拔了，才發覺古茲曼剛剛離開現場。美國無權在墨西哥執行逮捕行動，因此美國緝毒局每次獲得有關古茲曼的最新情資時只能轉交給墨西哥的緝毒單位，並祈禱他們順利逮人。華盛頓方面懷疑墨西哥軍隊的能力，但更擔心軍方內部的貪腐情況。一名墨西哥前情治官員告訴我，錫那羅亞販毒集團已經「滲透絕大多數墨西哥政府部門」。是否有軍方內部人士替古茲曼通風報信？在矮子多次有驚無險地逃脫追捕後，美國駐墨西哥大使館的官員只得語帶苦澀地開玩笑說西班牙文裡沒有「包圍」（surround）這個字。

替美國緝毒局在墨西哥追捕古茲曼的岡札羅茲（Gil Gonzalez）告訴我，古茲曼形塑了某種「蒙面俠蘇洛式的名聲」。不少唱頌販毒份子的毒梟民謠（narcocorrido）將古茲曼描繪成從鄉村小子化身狡猾盜匪的角色，儘管變得富裕，但絕不因此安逸，隨身一定帶著墨西哥俚語中稱作「山羊角」的突擊步槍以防萬一。但古茲曼本人的面貌相當模糊，僅有寥寥數張照片在大眾之間流傳，最有名的系列照片是他一九九三年遭捕後所拍，其中可看到一名體型矮壯、下巴方正且有黑眼眸的年輕男子站在監獄院子中，神情略帶尷尬，看向相機的眼神帶有幾分害羞，呈現與他恐怖名聲不符的形象。

八年後，矮子順利逃獄，踏上跑路之途。由於他可能接受過整形手術，所以有關當局難以確定他後來的長相為何。有一首毒梟民謠便描述了這番尷尬困境：「只有他知道自己是誰／快快去找那些／長得像他的人吧／但真正的矮子啊／從此永遠不相見。」

有關當局藉由監控電話線來追蹤古茲曼的下落。在毒品走私這行，採收人員和包裝人員、卡車司機和飛行駕駛、會計人員和執行人員，以及街頭販子和供應商之間往往需要固定電話往來，但位居頂端的毒梟鮮少打電話或寄送電子郵件。據聞古茲曼除了採用極其複雜的訊息加密法，也盡量減少需要溝通的對象。他將集團分成多個部門，並給予各個部門一定程度的自治空間——當然前提是要準時交送貨物。「我從未直接和他對話，」前錫那羅亞販毒集團的重要幹部告訴我，「但我知道他希望我們做什麼事。」有人形容錫那羅亞販毒集團是一個「蜂窩式的組織」，其結構分散，整體較類似於蓋達組織等恐怖組織，但與黑手黨那種傳統的階級結構較不一樣。即使失去了「中國炭疽病毒」這樣的重要幹部，組織仍可自我重組，只是這時領導階層仍不免需要打上幾通電話。

美國緝毒局竊聽成百上千個與販毒份子有關的電話線和電子郵件帳戶，有時也會向犯罪組織施加壓力，迫使對方對外聯絡並趁機監控，這個過程稱為「引蛇出洞」。「中國炭疽病毒」在阿姆斯特丹落網時，錫那羅亞販毒集團也面臨另外兩名高層失足的風波：同年十一月，古茲曼一名重要夥伴的二十三歲兒子試圖跨越諾加利斯（Nogales）邊境時遭捕；同年十二月，墨西哥軍人乘坐直升機出擊，在科爾特茲海（Sea of Cortez）沿岸的高速公路上開槍擊殺販毒集團中另一名重要的執法幹部。趁著販毒集團重整旗鼓之際，美墨兩國的情治單位攔截大量電話、簡訊和電子郵件，並得知古茲曼即將前往錫那羅亞州的首府庫利亞坎（Culiacán）和兩名兒子阿福雷多（Alfredo）和伊萬（Iván）見面，這兩人除了是影響力漸起的毒梟，也是「中國炭疽病毒」的好友。美國緝毒局向墨西哥有關單位提交了一批情資。一月中旬，墨西哥海軍陸戰隊派出一支特種部隊（等同美國的海豹特種部隊）在下加利福尼亞半島南端的度假勝地洛斯卡沃斯（Los Cabos）附近集結，並有一小批美國顧問加入協助。墨西哥方稱這項任務為「雨漏計畫」（Operation Gargoyle），目標是將古茲曼逮捕到案。

根據《達拉斯晨報》（*Dallas Morning News*），墨西哥總統潘尼亞尼托（Enrique Peña Nieto）的政府通知麾下特種部隊和美國夥伴，他們約有三週時間可以拿下古茲曼。一名協助規劃任務的美國官員告訴我此事屬實。在墨西哥，打擊販毒份子成了某種要看「優先順序」的事。不久過後，這批特種部隊將被派往米卻肯州（Michoacán）打擊另一個販毒集團「聖殿騎士團」（Knights Templar）。墨西哥政府發言人桑契斯（Eduardo Sánchez）否認他們針對追捕古茲曼的行動設下任何時間限制。「任務時間是無上限的。」他表示。

墨西哥特種部隊和美國顧問進入洛斯卡沃斯時都保持低調，甚至還調度一艘戰艦至此停泊，當地民眾看到軍人突然湧入，說不定也會認為是海軍演練，從而發揮混淆耳目的功用。但古茲曼能逍遙法外這麼久，一大原因就是他擁有龐大且綿密的情報網。有個參與那場任務的人告訴我：「我們才一上岸，他就知道我們的來意了。」

古茲曼一直是逃亡高手。他是家中長子，出生墨西哥西馬德雷山脈（Sierra Madre Occidental）的山城洛圖娜（La Tuna），父親從事農業，收入僅夠餬口，因此也涉足毒品交易。多個世代以來，錫那羅亞的農場主都會種植大麻和罌粟，常常還讓上了小學的孩子輟學回家幫忙採收作物。古茲曼本人讀到小學三年級便輟學，雖然不識字，他卻在一九七〇年代成為兩名重量級毒梟的學徒。其中一位是阿馬多（Amado Carrillo Fuentes），他擁有一整隊的飛機，外號「天空之王」；另外一位是加拉多（Miguel Ángel Félix Gallardo），他本是警察，後來經營瓜達拉哈拉販毒集團（Guadalajara cartel），成為一大毒梟，外號「教父」。

古茲曼最早擔任空中交通管制員，負責協調從哥倫比亞載運古柯鹼至此的航班。他生性聰穎、態度兇悍，很快便逐漸掌握權力。一九九二年十一月某天夜晚，古茲曼派手下襲擊瓦雅塔港（Puerto Vallarta）的一間熱鬧舞廳，共殺害六人。他們先切斷對外電話線路，避免任何人求救，接著走入舞廳，直接在舞池上開槍射擊。這些手下的目標是活躍於提華納（Tijuana）的毒梟集團，當時古茲曼正和他們爭搶下加利福尼亞幾條獲利甚豐的走私路線。古茲曼手下開槍時，那些毒梟正在廁所，因此得以全身而退。隔年春天，逃過一劫的毒梟也派了自家槍手到瓜達拉哈拉國際機場解決古茲曼——槍聲響起的瞬間，古茲曼連忙下車，連滾帶爬地逃離危險。那起槍擊事件共導致七人身亡，其中包括大主教奧坎波（Juan Jesús Posadas Ocampo）。槍手顯然誤認他是古茲曼本人。

奧坎波大主教之死引來政治後座力，古茲曼沒多久便在瓜地馬拉落網，隨後引渡至墨西哥接受審判。他遭控共謀罪、毒品走私罪及賄賂罪，最終獲判二十年有期徒刑，被送往哈利斯科州（Jalisco）的大橋聯邦監獄（Puente Grande）服刑。這座監獄號稱是墨西哥數一數二戒備森嚴，但仍無礙於古茲曼鞏固他的毒品帝國和打響名號。他買通獄警，直接在獄中過起相對奢華的生活，除了可以用電話遙控生意，還固定招來妓女到獄中服務，甚至為他喜歡的獄友舉辦派對，席間有美酒、龍蝦濃湯和菲力牛排。服刑期間，墨西哥司法部長辦公室要求他接受心理晤談，後續建立的犯罪檔案指出古茲曼的特質包括「強烈自我中心、自戀、精明狡詐、堅持不懈、頑強執著、一絲不苟、具鑑賞力且守口如瓶」。

二〇〇一年一月某天，一名監獄管理員拉開古茲曼所在牢房入口處的臨時遮簾後，大聲驚叫道：「這傢伙逃走了！」後續調查指出，古茲曼收買獄警，躲入送洗衣物的推車逃獄。不過許多墨西哥人認為古茲曼根本無須如此大費周章，畢竟大橋聯邦監獄裡裡外外早已受他掌控，他就算直接走出監獄前門，多半也不會有人膽敢攔阻。針對此事，大橋聯邦監獄共有七十一人遭到起訴，其中包括典獄長本人。

如果矮子逃獄一事暗示了墨西哥的政壇深受黑金影響，那麼他後續的逃亡生涯更無助於緩解這番形象。他逃獄後躲回錫那羅亞州，繼續與敵對販毒集團爭搶美墨邊境的重要運毒路線，試圖進一步擴大事業範圍。義大利社會學家甘貝塔（Diego Gambetta）在一九九三年出版的著作《西西里亞黑手黨》（*The Sicilian Mafia*）中指出，有些犯罪事業深深嵌入當地社群的社會與政治場域，往往變得難以拔除，而他們的「內在韌性」即來自他們可以提供某些國家所無法實現的服務。時至今日，錫州首府庫利亞坎的街道上可以看到不少夜店、加固別墅，以及偶爾呼嘯而過的藍寶堅尼。矮子與其他毒梟會透過收購各式各樣的合法生意來洗白毒品收益，例如餐廳、足球場、日間看護中心或鴕鳥養殖場等。錫那羅亞州前州長胡安．米朗（Juan Millan）曾推估該州的經濟有百分之六十二與毒品金錢有關。

儘管如此，錫那羅亞州仍相當貧窮，古茲曼出生地所在的巴迪拉瓜托自治區（Badiraguato）更是該州經濟狀況數一數二潦倒的地方。人們一直對錫那羅亞州盛行毒品交易一事抱持同情，而沒什麼比樂善好施及賄賂更能深化同情。墨西哥駐美國大使莫拉（Eduardo Medina Mora）曾形容古茲曼在錫州的慷慨之舉：「他用資金挹注了各種事情，從受洗儀式到基礎建設無役不與。要是有人病了，他會提供小型飛機載運送醫。如此一來，當地人當然非常支持他。他就和耶誕老人一樣——沒人不喜歡耶誕老人。」墨西哥的自治區警力往往訓練不足、支薪甚低，而且裝備老舊，非常容易遭到賄賂而倒戈。「實際上來說，組織犯罪集團已幾乎將全國多地的自治區警力納入麾下。」一名墨西哥資深官員告訴我。

古茲曼對公部門的影響不僅止於執法單位。錫州現任州長瓦爾迪茲（Mario López Valdez）有位前保鑣去年開始上傳一系列 YouTube 影片，敘述他是如何陪著剛剛上任的瓦爾迪茲去和古茲曼見面。其中一支影片中，這名保鑣播放了一則州長要求手下不要打擊錫那羅亞販毒集團的錄音，州長甚至表明要協助打擊古茲曼的敵對毒梟。瓦爾迪茲州長本人表示該錄音遭到竄改，絕非事實。去年八月，這名前保鑣在路邊遭人發現，身首異處。

只要古茲曼藏身群山，地形崎嶇加上當地人民大力支持，似乎便足以保他平安。二〇〇九年，美國歐巴馬政府的國家情報總監布萊爾（Dennis Blair）與時任墨西哥國防部長嘉爾萬（Guillermo Galván）會面。嘉爾萬表示，所有人都知道古茲曼的大致藏身處在哪，但如何將他逮捕到案還是一大挑戰。根據維基解密（WikiLeaks）之後公布的外交電報，據信古茲曼有十幾座大牧場可供藏身，而且有多達三百名武裝部隊保護。西馬德雷山脈高聳陡峭，穿梭其間的道路往往到了後頭只剩下單一條泥濘路徑，相當難行。要是有裝甲車隊往古茲曼的藏身處過來，大老遠就會被他的手下發現；要是派出黑鷹直升機襲擊古茲曼，他們在好幾公里外即可聽到直升機轟隆飛經山谷的聲音，逃跑時間非常充分。

不過，墨西哥當局和美國緝毒局更近期發現的情資指出古茲曼可能正在改變作風。墨西哥毒品貿易有一句話這麼說：「好過一年，比不好過十年好過。」步入這個產業的年輕人多期待在鋃鐺入獄或遇害身亡前能至少享受一陣子的好時光，因此年輕的販毒份子往往行事輕率魯莽，除了上夜店狂歡、大飆賓利車，還會上網張貼自己和同夥（有時甚至是屍體）的照片。在錫那羅亞州，只有耐得住山中儉樸生活的毒梟能逃過此一命運。多年來古茲曼也奉行這般行事作風，但或許是他厭倦了，或許是因為娶了嫩妻，又或許是對自己的逃命功夫過於自信，近年來他也開始出沒庫利亞坎和其他城市。「這傢伙在毒品貿易中賺了大筆的錢，卻在山中過著窮人般的生活。」在墨西哥工作多年的前美國緝毒局專員維吉爾（Mike Vigil）這麼告訴我。「但他喜歡嘉年華、喜歡音樂，也喜歡跳舞。」另一名執法人員猜想，儘管古茲曼已經習慣鄉村生活，但他的新婚妻子柯蘿納則非如此。「她不適應山裡的生活。」他說，並補充古茲曼和柯蘿納育有一對雙胞胎女兒，而儘管古茲曼是政府通緝犯，妻子仍堅持他必須參與女兒的生活：「她無所不用其極地想維持這種家庭生活模式。」

古茲曼還有其他弱點。「他酷愛美食。」一名美國緝毒局官員表示。古茲曼時不時會現身錫那羅亞州或鄰州的高級餐廳，每次排場都一樣：大群持槍男子魚貫走入餐廳，禮貌但語氣堅定地要求在場所有客人交出手機，並承諾最後定會物歸原主。接下來，矮子和他的隨從會入坐享用蝦子和牛排，用餐完畢後他們會感謝其他客人配合、歸還手機、幫所有人買單，並紛紛遁入夜色。

曾有報導指出古茲曼是用衛星電話與外界聯絡，但實則不然，他最偏好的聯絡裝置其實是黑莓機。他與許多毒梟一樣都對衛星電話有所提防，原因在於多數製造商來自美國，而且較容易被執法人員破解利用。相較來說，黑莓機則是加拿大公司製造，古茲曼本人也覺得用起來更順手。不過，他顯然錯信了這款手機。二〇一二年初，美國緝毒局鎖定古茲曼的黑莓機，除了得以監控他的通訊，還能使用地理定位技術來三角測量他的訊號，藉此判斷大致位置。該年二月，緝毒局確認古茲曼人在洛斯卡沃斯從事性交易。雖然他至少結婚三次，而且有許多情婦，但似乎對付錢買伴情有獨鍾（不少現任及前任緝毒局官員指出古茲曼服用威爾鋼的劑量異於常人，有人甚至說：「他吃那東西和吃糖果一樣稀鬆平常。」）暗中監控古茲曼電子郵件的人員也說，古茲曼大多數的時間都花在滿足妻子、前妻（彼此仍維持友好關係）、女友和付費伴遊的各種需求，而不是用於管理他的跨國毒品事業。「與《小城風雨》（*Peyton Place*）這部電影簡直如出一轍。」一名負責追蹤這些通訊的執法人員說，「事情真的沒完沒了。」

墨西哥執法單位追蹤黑莓機的訊號來到一處濱海富裕地區的豪宅後，立即派出軍隊前往抓捕古茲曼。但不曉得是否又有人通風報信，古茲曼已事先從豪宅後方遁逃，來到鄰近一處渡假村，混入大批渡假人群中藏身，準備安排逃跑路線回到山中。之後三天，有關當局拚了命地在城市四處追捕古茲曼，在過程中古茲曼想必是察覺到自己的黑莓機已遭入侵，因此決定將計就計。他與一名手下見面，並把黑莓機交予對方。參與這項追捕任務的一名成員說：「那傢伙（古茲曼）耍了我們一番。」不知情的執法人員追著訊號跑遍洛斯卡沃斯，最後順利逮捕犧牲打的古茲曼下屬，這也才發現被擺了一道。與此同時，真正的矮子已抵達北邊的沙漠，並搭上私人飛機回到安全的馬德雷山脈。

「洛斯卡沃斯事件後，他變得更謹慎。」一名美國執法官員告訴我，並補充道：「那王八蛋大字不識一個，但街頭智慧可多了。」過去遇到這種事，古茲曼會換機再用，但此次事件後，他似乎全面停止用手機通訊，甚至可能和賓・拉登一樣改用人力傳訊——但毒品貿易的步調極快，人力傳訊的效率不免太過低落。在美墨兩國執法人員調查之下，終於發現古茲曼所設計的全新通訊方法。在過去，他偶爾會藉由代理人傳遞命令，減少他與其他集團成員的直接聯繫，例如有一名叫做「聲音」（La Voz）的女子便負責為他傳接訊息，擔任守門人角色。洛斯卡沃斯事件後，古茲曼重啟這套代理人傳訊體制，但加入更多層防範機制。如果手下需要和老大溝通，就必須透過黑莓機的即時通訊應用程式 BMM（古茲曼本人顯然讀寫能力足以應付即時訊息的各種簡語），但接收訊息的不是古茲曼本人，而是一名深獲信賴的幹部。這名幹部平時出沒星巴克或其他設有公用 WiFi 的場所，避免使用已知遭到破解入侵的行動數據網路來傳送訊息。這則訊息接下來會再寄給另一名代理人，該人一樣使用平板電腦和公用 WiFi，並將訊息內容記在「他的」黑莓機上，最後才轉交給古茲曼過目。因此，雖然古茲曼持續使用黑莓機，可是幾乎變得無法追蹤。等他收到訊息後，會用相同的間接方法回覆，許多成員都不曉得自己的訊息會經過兩名代理人。這套方法也稱為「鏡射傳訊」，有關當局幾乎無法突破，尤其要是代理人頻繁換用 WiFi 熱點，要藉此鎖定位置更是難上加難。儘管如此，美國緝毒局特種行動部門的專家分析錫那羅亞販毒集團內的傳訊模式後，仍逐漸掌握了其中門路，並計畫先鎖定古茲曼周遭一小圈的物流協調幹部進行突破，藉此確認代理人是誰，最終設法挖出傳訊內容。

今年二月初，墨西哥海軍陸戰隊的特種部隊開始朝錫那羅亞州推進，這是他們首次在該州執行如此重要的緝毒行動。墨西哥陸軍出動時往往行進緩慢，而且會事先通知當地官員（儘管對方有貪腐情事亦然），海軍陸戰隊則是行動迅捷且低調，這次乘坐黑鷹直升機直闖目標，甚至事前未申請相關許可。這些追捕古茲曼的特種部隊身經百戰，近年來曾與墨西哥東北部的哲塔斯販毒集團（Zetas）作戰，其中成員也參與過二〇〇九年的奎納瓦卡（Guernavaca）攻堅，並殺死古茲曼的前得力助手萊瓦（Arturo Beltrán Leyva）。來自塔巴斯科州（Tabasco）的年輕特種部隊隊員科多瓦（Melquisedet Angulo Córdova）在交火中陣亡，後來獲軍方榮葬，但在他葬禮舉辦不久，一群槍手直接闖入科多瓦老家，殺死他的兄弟姊妹、母親和阿姨，警告之意不言而喻。不過熟識這群特種部隊的人表示，此舉只讓隊員更堅定要剷除販毒集團的決心。他們現在極度重視保密，在大眾場所拍照時都會遵循其他墨西哥菁英部隊的規矩：戴上黑色面罩遮住面貌。另外他們也設下防線，避免遭到販毒集團滲透。除了下達命令的上將及少數幾名高階幹部，特種部隊要到登上黑鷹直升機準備出動之際，才會知道目標地點和人物為何。隊員在執行任務的幾天前還必須交出手機，以免任何情資外流。

二月十三日，這批特種部隊在庫利亞坎外的公路上逮捕一群錫那羅亞販毒集團的殺手，為雨漏計畫先下一城。特種部隊沒入殺手的手機，並送交分析。販毒集團成員時常更替手機，如果其中存有組織其他成員目前所用的電話號碼，那光是一支手機即可提供大量情資。美國大眾在辯論美國國家安全局能否任意蒐集所謂的「中繼資料」時，許多有關單位之所以急於辯護這種情蒐手法，便是因為他們只要取得一連串撥打出去的電話號碼，即可建立出一份「連結圖表」，藉此揭露出組織內部的階層結構，可說是相當好用。

墨西哥海軍陸戰隊和美國緝毒局利用逮捕行動中取得的手機情資，逐漸將焦點鎖定一名叫做阿圭羅（Mario Hidalgo Argüello）的毒品走私份子。此人雙頰豐潤、鼻樑凹扁，蓄著下垂小鬍子，原本是墨西哥特種部隊的退役軍人，後來改為毒梟工作。在錫那羅亞販毒集團中，他的外號是「鼻子」（El Nariz）。由於古茲曼現在多半待在都市地區，隨身幹部變得非常少，而鼻子恰好是少數的幸運兒之一，平時任務是協助古茲曼處理大小庶務。在庫利亞坎，古茲曼通常會往返於不同住處，很少在同一個地方連續過夜，而且事前也不會告知周遭親信（就連鼻子亦然），他們往往要等到上路了才知道當晚落腳處在哪。此外，古茲曼有個年輕貌美的私人女主廚，無論到哪都會帶在身邊。據說古茲曼害怕有人在食物下毒，有時還會要求下屬先行試吃確認沒有問題。但有緝毒局專員談到那名私人主廚時表示：「她是非常厲害的廚師，也許擔心有人下毒只是幌子，實際上是要飽嚐口腹之慾。」古茲曼也喜歡外帶食品，在二月十六日那晚，他便派了鼻子去拿訂好的食物。

古茲曼多在夜間活動，會等到很晚才用餐。那晚，他選擇在前妻羅佩茲（Griselda López）名下的安全藏身處過夜。鼻子下班時已過午夜，他一回到在庫利亞坎的家中，卻發現海軍陸戰隊的特種部隊早已久候多時。在審問之下，鼻子承認古茲曼正躲在這座城市，並給出確切地址。「他兩三下就變節了。」一名美國執法人員告訴我。

破曉之前，特種部隊來到住民多為中產階級的利貝塔德（Libertad）社區，鎖定胡瑪雅河街（Río Humaya Street）上的米色雙層房屋。屋子的窗戶設有鐵杆，這在庫利亞坎算是標準配備。特種部隊備好武器，並用破門鎚撞向前門，沒想到門卻紋風不動。理論上來說，木門不可能承受如此一撞，但此門的材料其實是加強鋼材——有些特種部隊成員事後形容那門堅固得像潛水艇裡的氣閘。他們反覆撞擊，發出巨大聲響，只是門本身似乎堅不可摧。破門鎚的摩擦過程通常會加熱鋼鐵，讓它變得更容易變形，不過此門是特殊訂製的產物：外層是鋼材，裡面卻灌滿水，要是有人試圖擊破這扇門，撞擊產生的熱能也不會輕易傳播。特種部隊繼續嘗試，最後花了十分鐘才進入屋內，過程中甚至得弄壞了一把破門鎚。

特種部隊一路闖過外觀樸素的廚房，還有好幾間無窗房間，沿途注意到監視攝影機和螢幕無所不在，有面牆上還掛著一幅俗美的油畫，畫中是一頭迎面衝來的公牛，渾身插滿利劍，但仍顯得桀驁不馴。屋裡似乎空無一人，經過他們一番搜索後，才在浴室發現以液壓從底部舉升的浴缸裝置，角度呈四十五度，下方通往一座漆黑陡峭的階梯——是逃生用的地道。

在古茲曼到大橋聯邦監獄服刑前，也就是他的毒梟生涯早期，他一直以想像力和策略見長。時至今日，橫跨美墨邊境的多條地道是毒品走私的重要運輸途徑，最長可至一點六公里，而且往往設有空調、電力、複雜精細的排水系統及軌道，方便毒梟用推車載運大量走私品。

這些邊境地道正是古茲曼的發明。二十五年前，他委託建築師克羅納－維伯拉（Felipe de Jesús Corona-Verbera）替他在瓜達拉哈拉設計一間作為生意門面用的雜貨店，另外還有一座用來飼養老虎、鱷魚和熊的私人動物園。在這一階段，古茲曼已經有錢到必須要找個安全地點來存放自己的錢、毒品和武器，因此他在藏身處的床鋪下方安裝了一系列的秘密儲藏室——而他隨後想到更大膽的主意：如果他能在美墨邊境附近的屋裡挖出一個密室，何不繼續挖至美國領土？於是他要求克羅納－維伯拉從美墨邊界以南的阿瓜普列塔（Agua Prieta）住處設計一座通往販毒集團在亞利桑那州道格拉斯（Douglas）倉庫據點的地道，最終成果令他相當滿意。「克羅納搞出一座超屌的地道。」古茲曼如此稱讚。

從此之後，美國情報單位可辨識出不下九十座屬於錫那羅亞販毒集團的地道。當特種部隊試圖闖入胡瑪雅河街上的屋子時，古茲曼確實與一名保鑣待在屋內。破門鎚撞擊前門時，他們兩人迅速來到一樓的浴室，隨後插上插頭、扳動化妝鏡旁的隱藏開關，啟動安全閘門。霎那之間，浴缸邊緣的縫隙紛紛破裂，浴缸本身冉冉升起，露出下方的地道入口。這個安全閘門隱藏極佳，甚至連保鑣可能也是當場才知道這是逃生用的通道。

古茲曼和保鑣爬下階梯，走入一條狹窄通道，其中有燈光照明，但非常窄小。他們清楚追兵馬上會到，因此無不是加緊腳步前行，最後來到一個類似銀行保險庫的小門，由此可通往庫利亞坎的主要下水道系統。他們屈身爬過小門，來到漆黑且高度不足一點五公尺的圓柱形水道，並以彷彿事前演練過的高速在髒水中匍匐前進。等到特種部隊進入地道時，古茲曼已逃跑超過十分鐘。

在地道中追逐持槍壞人是非常危險的事，畢竟對方只要回頭射擊，不必特別瞄準也很容易擊中目標。但特種部隊毫不猶豫，直接進入地道追趕。與此同時，不少軍人正在庫利亞坎的街上待命，只要古茲曼一從地面現身，立刻前往抓捕；天上也有一台隱蔽行動的美方無人機，隨時準備追蹤嫌犯下落。

古茲曼此時在下水道中狂奔，與電影《黑獄亡魂》（*The Third Man*）中的哈利・萊姆（Harry Lime）一模一樣。特種部隊進入地道後，在中途遇到一個岔路，因為無法判斷古茲曼往哪個方向前進，一時間有些不知所措，但隨後他們注意到地上掉了一件戰術背心，想必古茲曼或保鑣脫去背心後便是往那個方向跑去。沿著那條岔路前進，特種部隊最終來到一條泥濁河流旁的排水溝，距離入口有足處足近兩公里遠。古茲曼呢？依然不見蹤影。

兩天後，也就是二月十九日，那時正在墨西哥城訪問的歐巴馬總統與墨西哥總統潘尼亞尼托舉辦聯合記者會，會中盛讚美墨兩國在司法案件上「合作相當良好」。潘尼亞尼托在二〇一二年選上總統時，許多美方官員並不看好他具備對抗販毒集團的決心。前任總統卡德隆（Felipe Calderón）曾發起前所未見的毒品戰爭，部署足足五萬名軍人在街頭與販毒集團作戰，而且這些部隊奉行「擒賊先擒王」的策略，試圖擊殺或俘虜各個販毒集團的領導人物，從而使其瓦解。卡德隆總統的方法獲得美國大力支持，但作戰本身相當失敗：販毒集團不只大白天和政府槍戰，內部也多有爭鬥，導致墨西哥國內的死亡人數不斷攀升。華雷斯城（Ciudad Juárez）是一大衝突熱點，每年謀殺率從二〇〇七年的三百人左右飆漲至二〇一〇年的三千多人。如果卡德隆總統順利壓制毒梟，這些犧牲或許說得過去，但駐墨西哥城的新聞工作者伊恩．葛里洛（Ioan Grillo）在近期著作《毒梟》（*El Narco*）中觀察道：「毒品行業即使陷入戰爭，似乎也是運作良好。」在美墨邊界活動的販毒份子數量從未顯著下降，而錫那羅亞和哲塔斯等販毒集團吞併較小的競爭者後，也紛紛鞏固自身領土，變得更加強大且令人生畏。當時主要街道的轉角處時常會有身首異處的死者，相當恐怖。

到了二〇一二年墨西哥總統大選，選民已厭倦各種暴力事件。形象年輕的前州長潘尼亞尼托代表掌控墨國政治多年的革命制度黨（Partido Revolucionario Institucional）參選，並承諾帶來全新氣象。他宣示要著重於減少傷亡，而非一股腦地打擊販毒集團，但他要達成這項目標的方法引來不少質疑。在過去，革命制度黨的官員一向較支持毒品走私，並藉此換取賄賂，所以外界不清楚潘尼亞尼托是否真心想追尋另一條路線。多年以來，美國的執法部門一直很不滿他們只能「建議」墨西哥官員要如何打擊毒梟，他們盼能得到與在哥倫比亞一樣更多的介入空間。相較於先前任何一屆墨西哥總統，卡德隆總統更傾向於容許這種介入程度，但潘尼亞尼托表示他希望兩國之間保持更多距離。年輕的墨西哥官員閱讀墨國軍事史時，無可避免地會讀到許多美國入侵事件，因此放任美國執法部門在墨國境內享有更多自主權，讓不少人有主權遭侵犯之感。潘尼亞尼托就任不久便宣布所有美國主導或協助的行動都必須經過墨西哥內政部的專責辦公室處理，也就是所謂的「單一窗口」，進而削弱美國的介入程度。

因此，當潘尼亞尼托政權開始與美國合作抓捕或擊殺國內大咖毒梟時，許多人都甚是驚訝。去年七月，墨國政府逮捕了哲塔斯販毒集團的重要領袖崔維諾（Miguel Ángel Treviño Morales）。此人殘忍異常，有時甚至會活埋受害者。八月，墨西哥軍方又抓到綽號「光頭」（El Pelón）的海灣販毒集團（Gulf Cartel）首領，據說他會將敵人綁上眼罩凌虐至死。對潘尼亞尼托總統來說，口頭上疏遠外國勢力，反倒可能讓他有政治上的餘裕與其合作。

在潘尼亞尼托總統與歐巴馬總統會面時，特種部隊仍持續在庫利亞坎搜捕古茲曼。在過去，墨西哥武裝部隊若是逮捕失敗，通常便會鳴金收兵，不過這次卻非如此。特種部隊雖在下水道無功而返，但他們發現古茲曼在胡瑪雅河街藏身處的地道不僅連通庫利亞坎的下水道系統，還通往另外六間房子，而且每間裝潢陳設皆大同小異，浴缸下方也都有逃生用安全閘門，他每晚都在這些房屋之間穿梭活動。來自古茲曼一名落網同夥的情資將特種部隊引導至附近一座倉庫，並查獲一批重型武器和重達三噸以上的古柯鹼和甲基安非他命。有些毒品藏在塑膠黃瓜和香蕉中，準備悄悄運至美國。

墨西哥軍方知道古茲曼除了藏身房屋和逃生地道，還有幫手會協助提供新的黑莓機給他，或是載運他離開城市。特種部隊因此佔據了每一個古茲曼遭發現的藏身處，並著手追捕周遭隨行人員，希望藉此斷絕他的支援網路，讓他走投無路。隨著墨西哥軍方升高對古茲曼的壓力，原本隱而不宣的逮捕行動也變得越來越公開。墨西哥政府發言人桑契斯告訴我，有關單位大量設置路障，好讓「古茲曼先生感覺到我們在全力追捕他。」

地道事件後不久，墨西哥軍方逮捕了奧索里歐（Manuel López Osorio），他本屬特種部隊，後來轉換跑道並打入古茲曼的親信圈，平時使用的外號是「尖鼻子」（El Picudo）。在訊問之下，奧索里歐的態度轉趨合作，最後洩漏一項重要情資。據他所言，前往庫利亞坎郊區的排水溝接應古茲曼和隨身保鑣的正是他本人，隨後他帶兩人前往城市以南與另一名接應換車。奧索里歐表示，陪伴古茲曼的保鑣是他最信賴的手下：拉米雷斯（Carlos Hoo Ramírez），外號「兀鷹」（El Condor）。

墨西哥軍方知道兀鷹是何許人也，因此立刻突襲他在庫利亞坎的住處，卻發現撲了個空。他們同時也監控兀鷹的黑莓機通訊記錄，但該裝置似已關機。二月二十日，兀鷹的黑莓機突然恢復通訊且傳出一則簡訊。有關單位追蹤後發現訊號來自港都馬薩特蘭（Mazatlán），距離庫利亞坎東南方約兩百二十公里。特種部隊和美方顧問還記得在洛斯卡沃斯遭耍弄的經歷，因此擔心古茲曼可能早已離開馬薩特蘭。從印度和中國運來製作冰毒的先驅化學品往往會先經過馬薩特蘭，因此販毒集團在當地勢力龐大，足以提供古茲曼所需的保護，但從古茲曼過往行跡來看，出沒人口群聚地並非明智之舉，他可能早已返回西馬德雷山脈藏身。墨西哥聯邦官員此時已得知特種部隊在庫利亞坎的緝拿任務失敗，而特種部隊為期三週的空窗期也即將結束，之後便將轉派他處，但如果古茲曼這個大毒梟如此重視兀鷹，逮捕他或能提供珍貴情資，並進一步限制古茲曼的活動。為此，這些特種部隊立刻動身飛往馬薩特蘭。

馬薩特蘭位處海濱，觀光活動興盛，深受美國和加拿大退休人士喜愛。不過這裡也是毒品走私的重要管道，只是因為長年遭錫那羅亞販毒集團掌控，沒有其他對手競逐，才不至於演變成其他地區那種幫派械鬥頻繁的情況。二月二十一日週五晚上，約四十名特種部隊集結於馬薩特蘭，另有一小批美國緝毒局、法警和國土安全部人員組成的隊伍隨行。法警追蹤兀鷹的黑莓機訊號至當地的美麗華飯店，那是一棟雪白的十二層大樓，面太平洋一側的每套房間外皆設有半月形陽台，足可飽覽美景。

地理定位技術可以追蹤訊號到城市中特定的街區或建築，但未必能確定訊號在建物中的確切位置。因此，週六一大早，特種部隊散開陣型，從四面八方包圍該棟建築。有隊員檢視登記名冊，發現兩套房間昨日有人入住，因此他們兵分兩路，一隊闖入六樓的指定房間，卻只發現兩名醉醺醺的觀光客，顯然還沒從昨夜的派對中恢復精神。（其中一人來自美國，顯然以為特種部隊是來抓緝偷抽大麻的人，連忙拿出美國加州核發的醫用大麻卡，搞得特種部隊一頭霧水。）

與此同時，六名特種部隊逼近四樓的四〇一號房，果不其然在房外看到手持步槍站哨的兀鷹本人——他一度抬起武器準備射擊，但旋即意識到自己寡不敵眾，便果斷地投降。古茲曼決定拋下數量眾多的安全部隊，雖然讓他得以快速且隱密地行動，但基本上變得毫無自衛能力。四〇一號房的木門無比單薄，特種部隊不用其他工具即可破門而入：「海軍陸戰隊！」四〇一號房共有兩間臥室，放眼看去有多個盆栽、便宜家具及白色瓷磚地板，一間臥室有兩名女人，分別是私人主廚和保母，此刻正在陪古茲曼兩歲大的孿生女兒睡覺。室內搭有一座粉色調的隨架式嬰兒遊戲床，恰好與兩名女兒的粉色迷你手提箱相搭。特種部隊一路衝至後方的主臥室，赫然發現剛剛嚇醒的柯蘿納。「拜託別殺他！」她嘶聲叫道。只穿著內褲的古茲曼倉皇跳下床，抓起一把突擊步槍，衝入小間浴室。「別殺了他！」柯蘿納再次出言懇求。「他是孩子的父親啊！」

僵局僅維持了幾秒鐘，在特種部隊大吼和柯蘿納尖叫之中，矮子古茲曼大喊道：「OK! OK! OK!」並從浴室門口伸出空無一物的雙手表示投降。這場任務意外順利，特種部隊衝入房內不到三分鐘便讓古茲曼束手就擒——任誰也沒想到這名傳奇毒梟竟會如此輕易落網。不過，這些日子以來，這批特種部隊已培養出「先開槍後訊問」的名聲。「只要對方稍有反抗意圖，他們就會殺光房內所有人。」一名美國執法官員告訴我。古茲曼或是知曉此事才立刻投降，以免槍戰傷及妻子和女兒。

特種部隊搜索四〇一號房後發現一台藍色塑膠布輪椅，原來古茲曼當初入住飯店時是扮成一名孱弱老人，但其實他本人和早期照片差距不多：牙齒看起來較為雪白，應該是經過美白處理，而且鬍髮仍然烏黑濃密（在庫利亞坎胡瑪雅河街上的那棟房屋，特種部隊曾發現一罐染髮劑）。他們讓古茲曼穿上一件黑色牛仔褲和白色上衣，護送他走出建築，來到轉角處的泥土足球場，由黑鷹直升機移送至附近的海軍基地，再改用里爾噴射機直送墨西哥城。

墨西哥軍方押解著矮子古茲曼走出停機棚時，記者拍到他鬼祟看著自己逮捕者的照片。古茲曼的臉部瘀血腫脹，但特種部隊表示這是他在庫利亞坎的地道中狂奔時造成的擦撞傷，並非他們粗暴待他所致。特種部隊還注意到古茲曼的雙腳有多處傷口，原來他那天逃走時來不及穿鞋子，所以必須赤足在地道中奔跑。

古茲曼語氣不佳，但對逮捕他的部隊仍抱持敬意。據他所言，他原本計劃那天便要返回山中躲藏，要是特種部隊來晚幾個小時，想必便會撲空。「不敢相信你們抓到了我。」他說。

當天早上十一點四十二分，潘尼亞尼托總統在推特上宣布逮捕了古茲曼：「感謝墨西哥國安機構辛勞付出，才能在馬薩特蘭順利逮捕華金・古茲曼・洛埃拉。」這時美國官員早已走漏消息給美聯社，但潘尼亞尼托總統想確定逮到的是本人無誤。二〇一二年夏天，墨西哥官員曾召開記者會宣布他們逮捕古茲曼的兒子阿福雷多，並帶著一名身穿紅色馬球衫、一臉惱怒的矮胖青年到現場供記者拍照，結果該人的律師表示當事人並非古茲曼兒子，而是一名當地汽車經銷商，名叫費利克斯・貝爾川（Félix Beltrán）。古茲曼的家人也附和指出此人不是阿福雷多，語氣中難掩歡欣。在最近另一起事件中，米卻肯州的官員宣稱他們擊斃外號「最瘋狂傢伙」（El Más Loco）的大毒梟莫雷諾（Nazario Moreno），只是此人理應在二〇一〇年與政府軍的對戰中便已遭擊斃，顯然當時是誤傳死訊（美國緝毒局官員開玩笑說莫雷諾是唯一死兩次的墨西哥毒梟）。幸好，這次經過指紋驗證及DNA採樣後，證實遭逮男子確實是古茲曼本人。這是潘尼亞尼托總統和美國緝毒局的一大勝利，但沒人會幻想逮捕古茲曼一人便能壓制猖獗的毒品交易。「你要是殺了通用汽車的執行長，通用汽車也不會因此倒閉吧。」一名墨西哥官員告訴我。古茲曼具備打基奠礎的過人才智，就算他不在了，他所打下的基礎設施也會延續下去。本月稍早，也就是古茲曼落網的五週後，官方又在錫那羅亞的地盤發現兩條起於墨西哥提華納、終於美國聖地牙哥工業郊區的走私地道。

有些人認為古茲曼在錫那羅亞販毒集團的地位已變得象徵意義大於實質意義，甚至在他落網前已不少人抱持如此想法。「他是不參與決策的董事長，」墨西哥駐美國大使莫拉這麼告訴我，「比較是一個象徵性的人物。」不過，逮捕古茲曼仍強力彰顯墨西哥的法治猶存。前墨西哥資深情報官員霍普（Alejandro Hope）告訴我，雨漏計畫傳遞出來的訊息簡單而響亮：「沒人逃得了法律制裁。」只是古茲曼雖落網了，墨西哥政府卻面臨另一個問題：抓得了他，但關得住他嗎？墨國政府派兵至馬薩特蘭逮捕古茲曼後幾個小時，美國司法部長霍爾德（Eric Holder）便收到匯報，指出這名大毒梟是美國亞利桑那州、加州、德州、伊利諾州、紐約州、佛羅里達州和新罕布夏州皆要求引渡的對象。來自德州選區的美國眾議院國土安全委員會主席麥考爾（Michael McCaul）也宣布古茲曼必須引渡至美國受審，並向媒體表示：「過去的教訓很清楚——這傢伙在二〇〇一年時曾經逃獄。」紐約州一名聯邦檢察官宣稱古茲曼應在紐約州接受審判。美國緝毒局芝加哥分部的主管更宣示：「我完全認為我們應該讓他在此地受審。」但墨西哥司法部長卡林姆（Jesús Murillo Karam）迅速回絕。古茲曼仍需在墨西哥服完未竟的二十年刑期，並面臨多項新的指控。在此之後，墨國政府才會考慮將他轉交給美國。本月稍早，卡林姆宣布墨西哥「無意」引渡古茲曼，其中有個疑慮與其他墨西哥官員和我提及相同：美國當局可能會給予古茲曼減刑，藉此換取合作。卡林姆指出，美國向來有和「罪犯妥協」的記錄。另一方面來看，墨西哥之所以反對引渡古茲曼至美國，也可能是怕他交出對墨國高層不利的貪腐證據。

在墨西哥特萊維薩電視台（Televisa）播出的報導中，墨西哥記者德莫拉（Carlos Loret de Mola）提到古茲曼在馬薩特蘭飛往墨西哥城的班機上告訴軍方他共殺了二至三千人。這個數字就算涵蓋他授意部下去間接殺害的人，也肯定是嚴重低估。沒人確切知道過去十年間有多少人在墨西哥毒品戰爭中喪生，但死亡加失蹤數可能超過八萬人。古茲曼本人掀起不少異常血腥的戰鬥，也從這些駭人暴行中獲益，必然要為此負起責任。他的受害者大都是墨西哥人，這也是多數美國人很容易忽視毒品戰爭的一大原因——發生在墨西哥的殘暴事件甚少蔓延至少美國本土。艾爾帕索（El Paso）是美國數一數二安全的城市，但在美墨邊界另一端的華雷斯城則一度是全球最危險的所在，統計上來說，當地居民遭謀殺的機率比生活在阿富汗或伊拉克戰區的人還來得高。古茲曼應當承擔自己犯下的嚴重罪行，這點相當合理，但與我談話的墨西哥官員提到墨國的司法體系相當脆弱，並承認腐敗情事很是普遍。去年春天，因為殺害美國緝毒局專員而遭判四十年有期徒刑的大毒梟昆特羅（Rafael Caro Quintero）某晚突然獲釋，原因是法庭裁決他應在州法院受審，而非聯邦法院，這點讓許多關注此案的人難以接受。美國司法部對此強烈反對，表示昆特羅在美國仍面臨訴訟，因此墨國應該將他引渡來美，但他早已躲入山中，銷聲匿跡。

正因為如此，外界擔心矮子古茲曼會莫名在半夜獲釋，也並非空穴來風。美墨兩國官員在此議題上的互信程度相當低，我聽過一個說法：美國之所以事先向媒體洩漏古茲曼落網的消息，是因為把事情鬧大或能防止墨國官員私下將人放走。「一朝被蛇咬，十年怕草繩。」墨西哥駐美大使莫拉說，但也強調墨國不可能放任古茲曼二次逃脫，否則在政治上不免太過丟臉。

不過除了實際逃脫之外，還有一些令人擔心的可能情境。根據美國財政部的說法，昆特羅儘管人在獄中服刑，卻仍能遙控他的毒品事業，這點和古茲曼過去在大橋聯邦監獄服刑的情況類似。古茲曼這次表面上是「獨自關押」在墨西哥戒備最森嚴的阿爾蒂普拉諾（Altiplano）監獄，距離墨西哥城西方約八十公里，但他不僅獲准和律師見面，還可以會晤其他家庭成員，其中許多人與他的販毒集團頗有牽連。古茲曼在馬薩特蘭被捕不久，兒子阿福雷多便在推特上大表不滿。「這個政府要承擔背叛的後果——他們不該反口去咬餵養自己的人。」他寫道。「我想說的是，我們沒有被打敗。集團是我爸創立的，也永遠會是我爸的。古茲曼萬歲！」他的弟弟伊萬也誓言復仇：「那些狗崽子敢動我爸，一定要付出代價！」

古茲曼落網的一大原因，在於他身邊至少有兩名親信接連背叛，分別是鼻子和尖鼻子。要是其中一人拒絕合作，古茲曼或許至今還能逍遙法外。我最初很感驚訝，考量到這兩人都曾服役於墨西哥特種部隊，而且在販毒集團中打滾多年，理當更加強悍，沒想到如此迅速便向軍方倒戈。一名美國執法官員則告訴我，販毒集團成員叛變是很常見的事。「他們一旦落網，通常沒什麼忠誠可言。」他說。

不過我與一名前美國緝毒局的人員提及此一話題時，曾與涉入任務的墨西哥人員談過的他則有另一解釋。「特種部隊會虐待犯人，」他實事求是地說道，「要不是這樣，那些人才不會吐露情資。」雖然美國緝毒局拒絕對此評論，但有兩名美國資深執法官員告訴我，儘管他們未具體得知墨西哥當局在任務中動用嚴刑拷打，不過如果確有此事，那也「不令人意外」。墨西哥政府發言人桑契斯否認這項指控，並強調在該項任務和其他任務中，「聯邦官員、專員和軍人皆嚴格遵守法律，並最大限度地尊重人權。」雖說如此，墨西哥軍方過往確有拷打逼問毒販的記錄。二〇一一年人權觀察組織（Human Rights Watch）所發布的報告中指出，墨西哥安全部隊「向來會動用嚴刑拷打來逼供有關犯罪團體的資訊」，其中包括「毆打、用塑膠袋使人窒息、水刑、電擊、性折磨和死亡威脅」。考慮到他們廣泛使用各種拷打手段，加上古茲曼是政府亟欲捕獲的大毒梟，他們會使用值得非議的手段來達到目的，似乎也不無可能。

沒人知道錫那羅亞販毒集團的未來會變得如何。古茲曼的重要左右手贊巴達（Ismael Zambada）和艾斯帕拉格扎（Juan José Esparragoza）都比他年邁，不太可能擔下日常管理事務。古茲曼的兒子或許會是繼位候選人，只是他們從小嬌生慣養，可能更喜歡毒梟的糜爛生活，而非毒品交易本身。「毒品交易是墨西哥少數真的『看戰功比高下』的行業，」前墨西哥資深情報官員霍普說道。「就算是矮子的親生兒子也未必勝券在握。」

但無論誰將繼承錫那羅亞販毒集團，或許都是無關緊要，原因在於墨西哥的毒品行業早在古茲曼落網前便已發生變化。錫那羅亞屬於傳統販毒集團，主要從事毒品製造和出口，但哲塔斯和聖殿騎士團這些較新的犯罪集團不只走私毒品，還插手敲詐勒索、人口販賣和綁人勒贖等事業，堪稱多角化經營。由於美國境內的古柯鹼用量下降，加上越來越多州合法化大麻，販毒集團為了存活，必然要涉入更多不同種類的犯罪活動，例如有些集團過去只做毒品生意，現在卻向墨西哥的石油產業抽稅，或將盜來的鐵礦出口至中國。過去幾年來，美國雜貨店內的萊姆價格足足翻倍，原因便是販毒集團向農人索取稅金。「我們沒有毒品問題，我們有的是犯罪問題！」不只一名墨西哥官員如此告訴我。隨著這些犯罪組織持續進化，古茲曼麾下這種販毒集團可能將步入歷史。禁止買賣毒品或許創造了販毒集團這個大怪獸，但正如霍普所言，就算合法化所有毒品，這隻大怪獸仍會想盡辦法生存下去。「我們可不能合法化綁架勒贖，對吧。」他說。

有人甚至猜測古茲曼是預見自己的好日子將盡，所以才刻意遭捕，到獄中度過平靜的退休生活。這或許也算是墨西哥貪腐文化盛行的一大副產品：眾人對於官方敘事總是抱持一種憤世嫉俗的懷疑心態。幾年前，一名叫荷南德茲（Anabel Hernández）的記者出版了《毒梟之王》（*Los Señores del Narco*）一書講述錫那羅亞販毒集團的事情，最近英文譯作也出版了。在書中，荷南德茲表示古茲曼的影響力廣泛，甚已滲透至墨西哥政治系統的方方面面，整個「矮子抓捕戰」不過是一樁可笑騙局。書中進一步表示，當時古茲曼雖被「關押」在大橋聯邦監獄，但其實他根本就在獄中呼風喚雨。他後來得以「逃亡」，其實是時任總統的佛克斯（Vicente Fox）授意將他放走，藉此換取鉅額賄賂（對此指控，佛克斯本人嚴正否認）。另外，此書也認為，多年來人家都知道「逃犯」古茲曼身在何處，但警方卻宣稱他們「抓不到人」，根本是謊話連篇。荷南德茲的書在墨西哥銷出十萬多本，她對陰謀論的品味和辛辣的知情口吻顯然引起不少共鳴。正因為如此，有很多人相信古茲曼「落網」是自導自演的戲碼，也就不那麼令人意外了。後來我聯繫到荷南德茲，詢問她對古茲曼這次被捕有何看法，但她直接挑戰了這個問題的大前提。「要是矮子古茲曼真的被捕了，」她說。「如果此事屬實，我才會回答問題。」荷南德茲不相信那名在馬薩特蘭被拍下照片且經DNA採樣檢測的男人是古茲曼本人。事實上，古茲曼在監獄中接受訊問時，也屢次暗示警方逮捕錯人。他極力強調自身清白，那些死記硬背起的回答帶著某種自鳴得意的荒謬感。

問：「請證人答覆他是屬於哪個集團組織。」

答：「我不屬於任何販毒集團……我只是一位農夫。」

古茲曼堅稱他所賣的產品不是古柯鹼、海洛因、大麻或冰毒，而是玉米、高粱、豆類和紅花，而且每個月收入只有兩萬披索，算起來每年僅一萬八美元。古茲曼落網後，有人針對墨西哥大眾做了一份民調，其中半數認為古茲曼比墨西哥還具有權力，甚至有數以千百計的人走上庫利亞坎街頭，要求政府釋放古茲曼。

古茲曼的妻子柯蘿納在美國加州出生，仍保有美國公民身分，因此和女兒一起被警方放走，自此消聲匿跡。她在二〇〇六年遇見矮子古茲曼，那時她年僅十七歲，在老家杜藍哥（Durango）參加年度咖啡與番石榴節的選美比賽。柯蘿納的叔叔伊納西歐（Ignacio Coronel）是古茲曼的親近幹部，當頂頭上司向柯蘿納表達興趣時，她可能別無選擇，只能接受。當時一支名叫深山快樂夥伴（Los Alegres del Barranco）的北墨樂團也在節慶上表演，他們成員和古茲曼一樣出身巴迪拉瓜托自治區，主打關於錫那羅亞販毒集團的毒梟民謠，頗受歡迎。據說深山快樂夥伴會受邀至古茲曼和手下的私人派對表演，甚至還曾到美國洛杉磯、拉斯維加斯和邁阿密等地巡演。墨西哥警方逮捕古茲曼後，他們釋出全新單曲〈古茲曼落網〉（La Captura de Joaquín Guzmán），曲風輕快，與先前的民謠作品相似，只是歌詞調性明顯不同。「下令逮捕我的人／不曉得自己做了什麼事／惹了什麼麻煩，」歌詞寫道，顯然是從古茲曼的視角出發。「我即將重返洛圖娜／逃亡生涯再一遍。」

■

本文於二〇一四年刊登於《紐約客》。一如預測，後來矮子古茲曼再次逃亡：二〇一五年七月，他利用同夥所挖的地道逃出監獄。那條地道連通他的牢房和近兩公里外的一棟房屋，地道中甚至有照明和空調。不過，古茲曼在二〇一六年再次遭捕，並迅速送往美國的布魯克林受審，最終獲判無期徒刑。目前他在科羅拉多州佛羅倫斯的ADX聯邦最高設防監獄服刑，該監獄戒備森嚴，號稱全美最難越獄的所在。柯蘿納曾出席旁聽丈夫的審判。二〇二一年，她因為協助古茲曼經營他的毒品帝國在美國杜勒斯機場遭捕，後來俯首認罪，被判三年有期徒刑，目前正在服刑中。

第七章 獲勝——馬克・布奈特如何讓唐納・川普谷底翻身，成為受人崇拜的成功人士

一九九七年夏天，瑞典真人實境秀《魯賓遜探險》（*Expedition Robinson*）開播，這個電視節目的設定很刺激：十六位互不認識的參賽者被留在馬來西亞沿岸的一座小島上，想辦法自力更生。為了生存，他們必須通力合作，但同時也互相競爭：每週會有一位參賽者遭投票淘汰，最後一位留下來的參賽者能贏得大獎。節目名稱暗指《魯賓遜漂流記》（*Robinson Crusoe*）和《海角一樂園》（*The Swiss Family Robinson*）[i]，但更貼切的文學典故可能是《蒼蠅王》（*Lord of the Flies*）。第一位被踢出局的參賽者是名年輕男子，叫辛尼薩・薩維亞（Sinisa Savija）。他回到瑞典時心情陰鬱，向妻子抱怨，節目剪接師一定會「剪掉我做得好事，讓我看起來像個白癡」。節目開播的九週前，他往高速運行的火車前一踏，結束自己的生命。

針對這起悲劇，節目製作人表示薩維亞的遭遇和節目無關——並幾乎把他從節目裡剪掉。即便如此，節目仍招來強烈批判，有評論斷言，建立在這樣無情競爭下的節目是「很法西斯的電視節目」。但大家還是照樣收看，薩維亞很快就被遺忘了。二〇〇〇年，製作這個節目的電視台主任斯萬提・斯托克塞柳斯（Svante Stockselius）向《洛杉磯時報》表示：「我們從沒見過像這樣的事情。」《魯賓遜探險》讓人強烈厭惡，卻又深受吸引。斯托克塞柳斯表示，你收看時會感到侷促不安，但「你無法停下來」。

一九九八年，三十八歲的前英國傘兵馬克・布奈特（Mark Burnett）住在洛杉磯，製作電視節目是他的工作。《蒼蠅王》是他最喜歡的書之一，在他聽說《魯賓遜探險》這個節目後，便想辦法取得製作美國版的版權。布奈特之

前曾做過銷售，很擅長品牌行銷。他將節目重新命名為《我要活下去》（*Survivor*）。

第一季的場景選在婆羅洲，二〇〇〇年在哥倫比亞廣播公司電視台（CBS）一開播，收視率就非常好：根據哥倫比亞廣播公司電視台的資料，一億兩千五百萬名美國人——超過三分之一的美國人口——收看第一季最後一集的某個片段。每次淘汰環節的最後，主持人傑夫．普羅斯特（Jeff Probst）都會說的那句：「部落已經決定了。」（The tribe has spoken.）也收到字典裡。

在此之前，布奈特都是好萊塢的邊緣人物，但因為這次的勝利，他也改頭換面，成為製造奇觀的專家。時任哥倫比亞廣播公司電視台總裁的萊斯．孟維斯（Les Moonves）送給布奈特一份禮物表達感謝——一台香檳色的賓士。對布奈特來說，這個舉動毫無疑問意味著：「我終於功成名就了。」唯一的問題是他接下來要做什麼。幾年後，布奈特身在巴西，拍《我要活下去：亞馬遜篇》（*Survivor: The Amazon*）。這時，他的第二段婚姻已支離破碎，他和女朋友住在公司提供的公寓裡。某天，兩人看電視時，碰巧轉到英國廣播公司（BBC）的紀錄片影集《高層的問題》（*Trouble at the Top*），內容聚焦企業的激烈競爭。女朋友覺得這個節目很無聊，希望能轉台，但布奈特看得目不轉睛。他打電話給洛杉磯的事業夥伴，對他說：「我有新點子了。」

布奈特絕不會在電話裡討論他的想法——他的成功守則之一，就是永遠要當面提案、當面遊說——但他確定，新點子具有爆紅的特質：城市版的《我要活下去》。參賽者爭奪一個公司職位。都市叢林！他需要有人扮演重量級企業大亨的角色。布奈特往往都以大膽浮誇的語言，講述自己的故事。有一次他這麼提到這個節目：「一定要有吸引人的東西，對吧？他們一定要替某個來頭很大、重要又特別的人工作。鏡頭轉到：我租了這個溜冰場。」

二〇〇二年，布奈特租下紐約中央公園的沃爾曼溜冰場（Wollman Rink），在那裡進行《我要活下去》第四季最後一集的現場直播。這個場地由唐納．川普（Donald Trump）管理，他在一九八六年取得溜冰場的營運權，並在場邊標上他的名字。節目開始前，布奈特向在場的一千五百位觀眾講點話。他注意到川普和當時還是女朋友的梅蘭妮亞・瑙絲（Melania Knauss）坐在第一排。布奈特一向很自豪自己「察言觀色」的能力：判斷觀眾的個性，找到他們想要的東西，然後給他們這個東西。「我得向川普先生致意。」二〇一三年，布奈特在溫哥華的一場演講裡表示。「我說：『歡迎大家來到川普沃爾曼溜冰場。川普沃爾曼溜冰場是個很好的設施，由唐納・川普先生建造。謝謝你，川普先生。今天晚上我們所在的是川普沃爾曼溜冰場，我們也很喜歡待在川普沃爾曼溜冰場。川普、川普、川普、川普、川普。』」布奈特描述，他講完一下台，川普便和他握手，對他說：「你是個天才！」

時間跳到二〇一五年六月。主演了十四季全由布奈特擔任執行製作的《誰是接班人》（*The Apprentice*）後，川普出現在第五大道上的川普大廈，在鍍金的中庭裡宣布他要參選美國總統。川普表示，唯有「真正有錢」的人，才能「扛起美國的招牌，讓美國再次偉大。」他也針對墨西哥人發表了種族歧視的言論，促使播出《誰是接班人》的美國國家廣播公司（NBC）將他開除。然而，布奈特並沒有和這位他捧紅的明星斷絕關係。他和川普在《誰是接班人》裡，一直都是地位平等的搭檔，這個實境秀也讓他們賺了好幾億美元。兩人也是非常要好的朋友：布奈特很喜歡和別人說，二〇〇五年川普和瑙絲結婚時，自家兒子卡麥隆（Cameron）是遞戒指給新人的戒童。

自一九八〇年代起，川普就是個名人，暢銷書《交易的藝術》（*The Art of the Deal*）塑造了他的形象。但他生意經營失敗，到二〇〇三年時，他成了關注度有限、俗艷浮誇的人物——八卦媒體上的笑話。《誰是接班人》以不同的方式再次為他譜寫新的神話，以更大的規格，將他打造成美國成功人士的代表，受人推崇。傑・賓斯托克（Jay Bienstock）是布奈特長期的合作夥伴兼《誰是接班人》的節目統籌，他對我說：「馬克很喜歡拿經典電影或小說形容他的節目。馬克所有的節目都不同凡響，這全靠精巧刻意的安排。」在《誰是接班人》之後，布奈特做了很多節目，像是源自日本實境秀、聚焦新創公司間競爭的《創業鯊魚幫》（*Shark Tank*，又名《創智贏家》），還有像源自荷蘭節目的歌唱競賽實境秀《美國好聲音》（*The Voice*）。二〇一八年，他成為米高梅電視公司（MGM Television）的總裁。

不過他最重要的影響，是選了一個接連破產的傢伙、一個擅長吸引關注的攬客者（carnival barker）[ii]上實境節目，給了這傢伙一個重要的角色，讓他最後有可能成為自由世界的領導人。

「我不認為我們之中任何人會知道，這會有什麼樣的發展。」《誰是接班人》頭五季的製作人凱薩琳・沃克（Katherine Walker）向我表示，「但要不是那個節目，唐納不會選上總統。」東尼・史瓦茲（Tony Schwartz）是《交易的藝術》的作者，不過這本書有意將川普當作主要執筆者。史瓦茲向我表示，他覺得助長川普行騙，自己多少有點責任。但他說，「馬克・布奈特的影響力更大。」並加了句，「《誰是接班人》是讓川普成為全國焦點的最大因素。」史瓦茲曾公開譴責川普，形容他是「我幫忙創造的怪物」。相較之下，布奈特一直以來都拒絕公開說明他和這位總統的關係，也拒絕談論他在美國歷史上奇特但起決定性作用的角色。

布奈特又高又瘦，臉上總掛著彼得潘那一抹永不顯老的微笑；他那雙眼睛，以他其中一位前妻的話來說，有著「繪圖軟體營造出來的閃亮」。他的額頭很高，留著一頭一九五〇年代電影明星的後梳髮型。大家常把布奈特誤認為澳洲人，因為他有著古銅色的肌膚、喜愛戶外活動的性情，而且也因為長年跨國旅行，口音沒有很明顯。不過他是在倫敦東部郊區的達格納姆長大，在他的記憶裡，這裡「灰濛濛又髒兮兮」。他父親阿奇（Archie）來自蘇格蘭的格拉斯哥，身上有刺青，在福特汽車工廠值晚班。他母親珍（Jean）也在那裡上班，將硫酸倒入電池裡。但在馬克的記憶裡，母親總是衣著光鮮，「從不讓她的社會地位妨礙她展現自己」。

身為獨生子的馬克是看美國電視節目長大的，例如影集《警網雙雄》（*Starsky & Hutch*，1975-1979）和《旋風大偵探》（*The Rockford Files*，1974-1980）。十七歲時，他自願加入英國陸軍的傘兵團。一位和他一起入伍的朋友表示，他加入是因為「傘兵團的刺激和魅力」。傘兵團屬於特種部隊，和他同排的士兵保羅・里德（Paul Read）對我說，布奈特是個格外厲害的特種兵，不僅身手好，也是天生的領袖：「他總是鬥志高昂。就算身處在最厲害的人之中，他也永遠想當最厲害的。」（另一位軍人回憶，布奈特之前的綽號叫男模特兒，因為他不喜歡「指甲沾到任何塵土髒污」。）布奈特先在北愛爾蘭服役，後到南大西洋的福克蘭群島，在那裡參與了一九八二年進攻首都史丹利港的戰事[iii]。後來他表示，這段經歷「很可怕，但另一方面——以令人作嘔的方式——很刺激。」

五年後布奈特退伍時，他打算在中美洲找份「武器及戰術顧問」的工作——後來他堅稱不是做傭兵，儘管很難區分兩者的不同。布奈特離開前，他母親告訴他，自己有不祥的預感，求他不要再找拿槍的工作了。就像川普，布奈特相信自己的衝動。他很喜歡說：「你的直覺很少會出錯。」短暫停留在洛杉磯時，他決定聽從母親的告誡，然後走出機場。後來布奈特說自己就是典型的無證移民：「我沒錢、沒綠卡、什麼都沒有。」但加州的太陽閃耀著，他急切想碰碰運氣。布奈特很擅長說故事，講起自己的故事時，似乎有著三幕劇的結構。第一幕，他來到新環境，很不適應，單純天真，一無所有，但懷抱特別大的夢想。第二幕，猛然驚覺：這個世界和他作對。不可能成功！你會輸光一切！以前從沒試過這樣的事情！一定行不通！第三幕，布奈特總是能大獲全勝。

抵達加州後不久，布奈特找到第一份工作——當保姆。真令人意外：特種兵變保姆？但布奈特做得有聲有色，替比佛利山莊的一戶人家工作，接著又替馬里布的另一戶人家工作。就像他之後說的，這段經歷讓他明白「有錢人的生活方式有多好」。年輕、英俊又善體人意的他發現，成功人士通常很樂意暢談自己獲得成功的途徑。布奈特和一位名叫金姆．戈爾德（Kym Gold）的加州人結婚，她家很有錢。「馬克永遠都充滿渴望。」最近戈爾德對我說。「他一直都有很多追求。」有段時間，他替戈爾德的繼父工作，繼父有間選角經紀公司；他也替戈爾德工作，戈爾德經營服飾生意。她以一件兩美元的價格，大量買進有點瑕疵的T恤，然後布奈特會在南加州的威尼斯海濱大道上，以一件十八塊美金轉賣。就是在那裡，他學會了他所謂「賣東西的藝術」。這段婚姻只持續一年，那時布奈特已拿到綠卡。〔關於賣東西，戈爾德也學到了一點。她接著和人合夥成立丹寧服飾品牌真實信仰（True Religion），最後以八億美元賣出。〕

一九九〇年代初某一天，布奈特讀到一篇關於新型的運動賽事的文章：所謂高盧越野賽（Raid Gauloises）的長途耐力競賽。運動員組隊競賽，連續好幾天在險惡的地勢長途跋涉。一九九二年，他組了一支隊伍參加位於阿曼的比賽。注意到隊友都是「行走、攀爬的廣告」，能宣傳裝備，他便找了贊助商。他也明白，如果拍攝這樣的競賽，能一覽充滿異國風情的美景。布奈特找了美國猶他州、加拿大英屬哥倫比亞省等風景優美的地方，自己辦了這樣的競賽，名叫《體驗大自然》（*EcoChallenge*），並在不同電視頻道上播出，包括探索頻道（Discovery Channel）。賓斯托克參與了一九九六年《體驗大自然》的製作而與布奈特結識。他對我說，相較於競賽項目或美麗的風景，布奈特更感興趣的是參賽者強烈的情感經驗：「馬克認為真人身上的戲劇性是無劇本節目的推動力。」

這時候，布奈特遇見來自長島、滿懷抱負的演員黛安・密涅瓦（Dianne Minerva），並和她結婚。他們全心投入這個節目，想把它做成功。「晚上睡覺時，我們討論這個節目；早上起床後，我們也討論這個節目。」最近黛安・布奈特這麼對我說。在探險越野賽的小圈子裡，漸漸地，布奈特給人感覺是個聰明油滑又野心勃勃的人。「他就像隻響尾蛇。」二〇〇〇年，他的競爭對手之一向《紐約時報》表示，「如果你靠得夠近、待得夠久，就會被咬。」

馬克和黛安過得遠比馬克的父母還要好，但他不滿足於現狀。他們有天參加了勵志演說家安東尼・羅賓（Anthony Robbins／Tony Robbins）的講座，講座名稱叫「激發無限潛能」（Unleash the Power Within）。羅賓建議，一個實現目標的好方法，就是在索引卡上寫下你最想要的事物，然後把卡片放在你家裡好幾個地方，當作持續不斷的提醒。二〇一二年出版的回憶錄《通往現實之路》（*The Road to Reality*）裡，黛安・布奈特寫說，她在索引卡上寫了「家人」。馬克寫的則是「更多錢」。

還是年輕小伙子時，搭飛機出差的布奈特時不時會看著其他乘客，然後想像：如果飛機在荒島上墜機，我在這個新的社會裡，會處在哪個位置？誰會帶領大家，誰會追隨這位領袖？「大自然會撕掉我們每天展現給其他人看的外衣，那時，人會成為真正的自己。」布奈特曾經這麼寫道。他很認同英國政治哲學家湯瑪斯・霍布斯（Thomas Hobbes）的世界觀，認為人是自私的，都是為了自身利益而奮鬥。他製作《我要活下去》時，零和概念是節目很重要的一部分。「這是個滿殘忍的遊戲，就如同人生也有點像是一場殘忍的遊戲。」二〇〇一年，布奈特向美國有線電視新聞網說。「每個人都是為了自己。」

《我要活下去》裡，參賽者被分成好幾小隊，或好幾個「部落」。布奈特表示，在這個大自然的競爭舞台上，觀眾能瞥見人性殘酷的本質。不可否認地，看著不同年齡、體型、性情的參賽者解決諸如生火、找尋遮蔽處、覓食等原始的生存難題，的確很吸引人。同時，這個情境也極度經過人為安排：有攝影團隊緊跟著這群荒島求生的人，直升機轟隆隆地盤旋在荒島上空進行空拍。此外，節目根據試鏡者的個人魅力和性情火爆程度來挑選參賽者。「重點都在選角。」布奈特曾表示，「身為製作人，我的工作是決定要和誰共事，找誰上鏡頭。」他要找的人，身上具備某種「能在一片雜亂中脫穎而出」的性格。選角時，布奈特有時候會激怒試鏡者，看他們面對衝突時的反應。《誰是接班人》的製作人凱薩琳・沃克對我說，有一次試鏡，布奈特譏諷一位有機會選上的試鏡者，影射他是沒出櫃的同性戀。（這位男子很憤怒，反過來指控布奈特才是同性戀，他那一季沒被選上。）

臨床心理學家理查・萊瓦克（Richard Levak）針對《我要活下去》、《誰是接班人》和其他實境秀，提供布奈特諮詢服務。他對我說，製作人選角時中意的對象，常因為心理層面的原因，讓他感到不舒服。情緒不穩定這項特質能成就出刺激精彩的電視節目。但因為這些人情緒不穩定而選他們上節目，而且讓他們參加會在電視上播放的競賽，承受比賽的壓力，這可能是件非常危險的事。布奈特曾被問到辛尼薩・薩維亞自殺的事，他斷言，薩維亞「之前心理健康有問題」。《我要活下去》、《誰是接班人》的參賽者中沒有人自殺，但過去二十年來，很多位其他實境秀的參加者確實有尋短。萊瓦克最後不再為這種節目提供諮詢服務，有一部分是因為他害怕參賽者會傷害自己。他回憶道：「我會想，天啊，萬一出事了，他們會去檢視那個人的性格檔案，有可能會發現有問題的地方。」

布奈特擅長選角，擅長到《我要活下去》第二季在澳洲內陸拍攝時，他那些荒野求生的參賽者花了大把時間八卦上一季的參賽者，花的時間多到布奈特得警告他們：「你們花越多時間講第一季的《我要活下去》，你們上電視的時間就越少。」

但布奈特真正厲害的是行銷。帶著《我要活下去》的提案在洛杉磯四處走訪時，他斷言這個節目會大受歡迎，成為一種文化現象。他向公司高層展示一期假的《新聞週刊》（*Newsweek*），封面專題就是這個節目。（《我要活下去》之後的確登上這本雜誌的封面。）布奈特安排了一系列令人眼花撩亂、獲利豐厚的置入性行銷。第一季裡，其中一隊贏得的補給包固定在降落傘上，而降落傘上印有美國目標百貨（Target）的標誌，那個紅白圓圈構成的標靶圖樣。布奈特曾說，「我把《我要活下去》看作電視節目，同樣也把它看作行銷媒介。」他打造的是身歷其境、電影式的娛樂——他以製作水準鋪張豪華出名、以花大錢留住頂尖製作人和剪接師出名——不過他一點也不介意他的藝術品和置入性行銷、和宣傳買賣掛鉤。早在遇上川普之前，布奈特對品牌行銷就抱持過分樂觀的信心。「我相信，我們將來會看到像『微軟大峽谷國家公園』這樣的稱呼。」二〇〇一年，他向《紐約時報》表示。「政府不會顧到那些——但民間企業會。」

距離二〇一六年總統大選還有七週時，布奈特身穿時髦的披肩翻領晚禮服，和他第三任妻子、演員兼製片的羅瑪．唐尼（Roma Downey）現身洛杉磯的微軟劇院（Microsoft Theater），出席艾美獎。《創業鯊魚幫》和《美國好聲音》那晚都獲獎。但他這意氣風發的晚上卻被主持人吉米．金莫（Jimmy Kimmel）的一席話破壞了。金莫的開場白講到一半時，突然話鋒一轉。「電視節目能讓大家團結，但電視節目也能撕裂我們。」金莫鄭重地表示。「我是說，如果沒有電視節目，唐納．川普會競選總統嗎？」觀眾席裡出現笑聲。「很多人問：『唐納．川普這事要怪誰？』」

金莫繼續說。「我來告訴你要怪誰，因為他就坐在這裡。那傢伙。」金莫指向觀眾席，直播鏡頭切到布奈特的特寫，他略顯尷尬地咧嘴而笑。「感謝馬克．布奈特，我們再也不用看實境秀，因為我們就活在一場實境秀裡。」金莫說。布奈特依然面帶微笑，但金莫臉上一點笑意也沒有。他繼續講：「我現在公開表明，他要負責。如果唐納．川普選上了，然後蓋了那道牆，我們第一位要丟過去的人就是馬克．布奈特。部落已經決定了。」

大概在這個時候，布奈特不再接受關於川普或《誰是接班人》的訪問。他繼續向媒體宣傳他那些電視節目，但他婉拒我的採訪。然而，在川普競選總統前，布奈特不斷重述《誰是接班人》是怎麼產生的。在沃爾曼溜冰場碰上川普時，布奈特對川普說，還是年輕小伙子的他在威尼斯海濱大道上賣T恤時，一位溜直排輪的傢伙經過，給了他一本《交易的藝術》。布奈特說，他讀了這本書，這本書改變了他的人生。他心想：「川普這傢伙真是個傳奇！」任何聽到這個故事的人，如果沒有覺得難以置信，或許多少會覺得有點刻意。布奈特的第一任妻子金姆．戈爾德對我說，她不記得那時候布奈特有讀川普的書。「他喜歡懸疑小說。」她說。但川普聽了這個故事卻格外高興。

布奈特從來沒喜歡過「實境秀」（reality television）這個詞。他一度大膽提倡他做的節目為「戲劇實境」（dramality）——「戲劇（drama）和現實（reality）的混合體」。這個詞沒有流行起來，但代表了布奈特直接承認，他做的節目呈現了一個高度經過安排、具選擇性、巧妙控制的現實版本。布奈特常吹噓，《誰是接班人》在電視上播出一小時，他的劇組就拍了多達三百小時的影像。實境秀的煉金術在於剪接——從一堆片段中篩選、拼湊出一個吸引人的故事。剪接師強納森．布朗（Jonathon Braun）從《我要活下去》開始和布奈特合作，接著做了頭六季的《誰是接班人》。他對我說：「你不會憑空捏造。但你強調那些你認為是主題的東西。」他毫不遲疑地承認，這過程有多扭曲。大部分實境秀都有反應鏡頭：一位參加者講口出狂言，接著鏡頭切到另一位參加者翻白眼。布朗表示，剪接師常會從另一段完全不相干的對話裡，擷取翻白眼的鏡頭剪進去。

《誰是接班人》節目設計了一系列的商業挑戰，每週都有分組競賽。每一集最後，川普會決定哪位參賽者要被「開除」。但就如布朗所說，川普常常都沒準備，對這些內容不熟悉，不太知道誰表現得好。有時候明明一位參賽者表現出色，結果卻因為川普一時興起，就被炒魷魚了。布朗表示，發生這種情況時，剪接師通常被迫「逆向操作」，仔細查找好幾百小時的影片，挑出模範參賽者可能犯錯的幾個片段加以強調，試著拼湊出一個假的版本，讓川普魯莽草率的決定說得通。製作《誰是接班人》時，布奈特承認，節目內容是以這種方式鋪排而成，他說：「我們知道每週誰被開除，所以就反向剪接回去。」布朗提到，川普當總統後，白宮工作人員似乎也被迫學習這門反向操作的藝術，從結果往回推。他說：「聽到他們在白宮也做一樣的事，我感到出奇地欣慰。」

這種花招在實境秀裡是標準作法。但整個《誰是接班人》的設定，某種程度來說也是場騙局。川普和布奈特說起兩人合作的故事時，都宣稱對於投入電視節目演出，川普一開始的態度有所保留，因為他正忙著經營他那蓬勃發展的房地產帝國。二〇〇四年在洛杉磯的廣播電視博物館（Museum of Television and Radio）[iv]的一場小組討論會上，川普聲稱「每家電視台」都想找他上實境秀，但他沒興趣：「我不想讓辦公室裡都是攝影機，拍那些和我做生意的承包商、政治人物、幫派份子和其他任何人。要知道，幫派份子和我說話時，不喜歡房間裡充滿攝影機。這樣在電視上效果很好，但對他們來說不好。」

《誰是接班人》沒把川普塑造成和在地犯罪集團成員打交道的猥瑣騙子，而是把他塑造成擁有完美經商直覺、坐擁龐大財富的商業鉅子——似乎總是從直昇機走下來或坐進豪華轎車裡的大人物。「我們大部分人都知道他是個騙子。」布朗對我說。「他才剛經歷過不知道多少次破產。但我們把他塑造成世界上最重要的人物。這就像讓宮廷小丑變成國王。」另一位製作人比爾．普魯特（Bill Pruitt）回憶道：「我們走過好幾間辦公室，看到破損的傢俱。到處都看得到一個瓦解落敗的帝國。我們的工作就是要讓這一切看起來是相反的樣子。」

打從一開始，川普就盡可能提高自己的利益。製作人在找拍攝節目的辦公室空間時，他否決了每個提議，接著提到他在川普大廈有一層閒置的空間，能以合理的價格出租。（選上總統後，他對美國特勤局也提供類似的安排。）製作團隊打算布置這個空間時，卻發現在地商家過去被川普賴帳，現在拒絕和他們做生意。

《誰是接班人》第一季就有超過二十萬人報名，想成為十六位參賽者之一。節目頭幾年的參賽者顯然也很優秀，令人印象深刻。名義上，獲勝的參賽者贏得的大獎，是節目所謂「一輩子最夢幻的工作」——獲得川普集團初階主管的職位，能無比榮幸地受唐納．川普的指導。所有參賽者口頭上都贊同川普是最厲害的商人，但不是所有人都這麼相信。第一季表現出色的參賽者奎米．傑克森（Kwame Jackson）是位非裔美國人，擁有哈佛企管碩士學位，曾在高盛集團（Goldman Sachs）工作。傑克森對我說，他參加這個節目絕對不是想獲得川普的指導，而是覺得全國播放的商業競賽節目對職涯發展來說是個「很棒的平台」。「在高盛，我做的是私人財富管理，所以川普不是，絕對不是，我遇過最有錢的人。」傑克森表示。看其他參賽者對川普做生意的才能或他的品味表達讚嘆與佩服、看他們在參觀川普俗氣的房產時驚呼：「噢，天啊，這超有錢——這真的，非常有錢！」傑克森都暗自覺得好笑。作家弗蘭．利波維茲（Fran Lebowitz）曾說，川普是「窮人觀念裡的有錢人」，而《誰是接班人》播出時，美國人相信這套花招的程度，讓傑克森大吃一驚。「美國大眾看到那些閃閃發亮的東西、直升機和鍍金水槽，看到這個宇宙最成功的人。」他回憶道。「我在巨額金融交易圈裡認識的人都知道，那一切都是場笑話。」

製作《誰是接班人》的圈子裡，這出人意料地是個一再重複、稀鬆平常的看法：這個節目誇張做作，川普作為成功的化身這樣的形象不能當真。不知怎麼的，這樣的看法觀眾沒有感受到。強納森．布朗很驚訝，「大家開始把它當真了！」最近我看了好幾集《誰是接班人》，我沒發覺刻意諷刺的痕跡。不可否認，聽參賽者在正式用餐的場合裡，說要看川普怎麼做，才知道每道菜該用哪個餐具，好像他是禮儀教母艾蜜莉．波斯特（Emily Post）似的，真的很荒唐可笑。不過，不管現在看起來有多天真好騙，這個節目對自家好鬥主持人的尊敬，表現得很真誠。布奈特相信他自己在兜售的東西嗎？還是說，川普是另一件兩塊錢的T恤，他要以十八美元強行賣給大家？很難說。一位持續和布奈特合作的人說，布奈特很像音樂劇《歡樂音樂妙無窮》（*The Music Man*）裡四處行騙的主角哈諾・希爾（Harold Hill），他表示：「馬克總有辦法。他把全部的心力都放在賣東西上。」

布奈特很熟悉與自我成長相關的用語，他至今出版了兩本回憶錄，都和知名主持人比爾・歐萊利（Bill O'Reilly）的影子寫手一起撰寫，這兩本書也還能當作如何致富的指南。其中一本的書名叫《跳下去！就算你不知道怎麼游泳》（*Jump In!: Even If You Don't Know How to Swim*），現在看來，這無意間形容了川普擔任總統的狀態。「別浪費時間在過度準備上。」這本書這麼建議。二〇〇四年的小組討論會上，布奈特清楚表明，他用《誰是接班人》的節目販賣一種原型。「唐納真的是現代版的商業大亨。」他說。「唐納要說他想說的任何話。他沒在管別人怎麼想，為達目的不擇手段。如果你是唐納的朋友，他會一直為你辯護。如果你不是，他會殺了你。這很美國。就像那些打造西部的傢伙。」和川普一樣，布奈特似乎對於美國民眾輕信的本質，抱持負面的觀感，而且對於如何充分利用這個本質，也具備明目張膽的熱忱。布奈特說，《誰是接班人》講的是「讓美國偉大的東西」。「每個人都想在這個國家得到點什麼。為了減肥，他們樂意付錢。為了長出頭髮，他們樂意付錢。為了做愛，他們樂意付錢。而他們也樂意付錢學習如何致富。」

一開始做《誰是接班人》時，布奈特或許打算講一個更真實的故事，一個承認川普有所失足的故事。布奈特肯定知道川普身在低谷，但沃克表示：「馬克察覺到川普有東山再起的潛力。」的確，節目試播集的開場裡，川普以畫外音的方式開口介紹，表現出了一定程度的脆弱。他這番話現在聽起來驚人地充滿自知之明：「我之前真的陷入大麻煩。我欠了十幾億美元。但我反抗、回擊，然後我贏了，大成功。」

《誰是接班人》爆紅，川普的公眾形象還有他本人，也開始改變。節目首次播出後不久，川普在《君子》（*Esquire*）雜誌裡的一篇文章表示，現在大家都喜歡他了，「不像以前，他們有點把我當成怪物」。川普的前公關吉姆・多德（Jim Dowd）向麥可・克拉尼詩（Michael Kranish）和馬克・費雪（Marc Fisher）透露，《誰是接班人》播出後，

「街上的人會上前擁抱他。」克拉尼詩和費雪在二〇一六年出版了川普的傳記《川普真面目》（*Trump Revealed*）。多德表示，「突然間，以前那些嘲笑都不見了。」然後說，「他成了英雄。」二〇一六年過世的多德確切指出，大眾對《誰是接班人》的喜愛是川普競選總統的「橋梁」。節目攝影師通常以仰角鏡頭拍川普，就像拍專業籃球選手或好萊塢總統雕像山的方式。川普俯視觀眾，雙下巴的臉上有著咄咄逼人的眼神，髮色比現在還要深，有著一分硬幣的金屬紅褐色。（《誰是接班人》的員工被叮囑不要撥弄川普的頭髮，他都自己染髮、自己造型。）川普出場時經過精心設計，創造出最大的衝擊力，配上混合鼓聲和鈸響的神秘配樂。節目裡「會議室」——川普在此決定哪個參賽者要被開除——則具備《教父》電影裡威脅性十足的幽暗色調。某個場景，川普帶參賽者到他位於川普大廈頂層、有著洛可可風的住所，並說：「能讓我帶來看這間公寓的人很少。像是總統、國王。」讓他長期飽受煎熬的八卦媒體生態裡，川普一直都是唐納，或「川普大人」（the Donald）。但在《誰是接班人》裡，他終於變成川普先生（Mr. Trump）。

「我們得支持我們自己的神話。」《誰是接班人》的製作人比爾．普魯特對我說。「馬克．布奈特很會創造神話。他把那顆氣球吹起來，然後自己深信不疑。」布奈特往往偏好把時間花在節目新構想的提案與遊說上，把《誰是接班人》大部分的日常決策交給他的團隊去做，團隊的成員很多都是《我要活下去》和《體驗大自然》的資深工作人員。但他拚命宣傳《誰是接班人》，而且宣傳時通常川普都在一旁。布奈特的幾位合作夥伴表示，他其中一項最大的能耐是處理人——理解他們的欲求和焦慮，讓他們感到安全、感到倍受保護。某次和川普一起接受訪問時，布奈特展現資深製作人會有的本能：每次焦點跑到他身上時，他會巧妙地將焦點重新轉到川普身上。第一季播出時，那時四十三歲的布奈特說，五十七歲的川普是他的「靈魂伴侶」。他對川普「雷射般的專注力和記憶力」感到驚豔。他奉承的方式很合川普的胃口，浮誇得很。布奈特表示，他希望自己有一天能達到川普在名望和成就上的「高度」，並說，「我不知道我能不能做到。但你知道嗎？如果立定的志向不夠遠大，根本就稱不上立定志向！」有一次，川普邀請布奈特到他川普大廈的住處共進晚餐。布奈特原本期待吃一頓精緻的餐點，而根據布奈特友人的說法，當川普遞給他麥當勞的漢堡時，他也就這麼掩飾了自己的驚訝。

川普很喜歡說是自己和布奈特「一起」想出這個節目，布奈特也從來沒有糾正他。凱洛琳・柯普奇（Carolyn Kepcher）是川普集團（Trump Organization）的主管，她在頭幾季《誰是接班人》裡和川普一起出現。當柯普奇好像在拉抬自己的聲勢時，川普就炒了她，把節目的角色給自己的三個小孩伊凡卡（Ivanka）、小唐納（Donald junior）和艾瑞克（Eric）。布奈特明白，要讓川普滿意，最好的辦法是確保他不覺得自己被搶了風頭。「就是蝙蝠俠和助手羅賓，而我顯然是羅賓。」他說。

布奈特有時候做得有點過頭，暗指川普參與《誰是接班人》是一種利他主義的表現。「這是唐納・川普回饋的方式。」二〇〇三年，他對《紐約時報》這麼表示，接著含糊提到九一一事件後的公民責任：「現在是什麼東西讓這個世界成為安全的地方？我覺得是美元，而美元來自稅收，會有稅收，因為有唐納・川普。」至於川普自己對於他為何參與這個節目，一直以來都直言不諱。「我的噴射機會在每一集裡出現。」他對吉姆・多德說，並表示這個節目會「對我的品牌大有幫助」。確實如此。《誰是接班人》第一季讓川普的房地產接連賣出。節目參賽者待在川普大廈，在川普全國高爾夫俱樂部（Trump National Golf Club）辦活動，販售名為「川普冰」（Trump Ice）的瓶裝水。「我總覺得，川普泰姬瑪哈陵賭場（The Trump Taj Mahal）應該要做得更好。」派參賽者吸引賭客到他位於大西洋城、很快就破產的賭場之前，川普這麼說。獲勝隊伍的獎勵就是有機會入住泰姬瑪哈陵賭場，在那裡賭博，有攝影機跟拍。《誰是接班人》實在太成功了，成功到第二季推出時，川普那些出現在節目裡的平庸商品，被大公司的商品取代。多家營運良好的大公司樂意奉上鉅款，讓他們的商品上節目。二〇〇四年，協助布奈特談商品置入的製作人凱文・哈里斯（Kevin Harris），寄了封電子郵件，信中描述了用來吸引顧客的前導廣告，川普在廣告裡代言了多項商品：「快速剪接川普的影像——『亮白牙膏領導品牌 Crest 最大』、『我兩歲起就穿 Levis』、『我愛MM巧克力』、『聯合利華（Unilever）是全球最大的公司』，所有這些都配上那首歌。」布奈特、川普與國家廣播公司協商，有權獲得商品置入產生的收入，能平分那些費用。川普在拍攝現場時，往往不吝於展現賺這筆錢有多麼輕鬆容易。一位製作人回憶道：「你可能會說，『嘿，唐納，我們今天有百事可樂，他們要付三百萬上節目。』然後他會說，『太好了，我賺了一百五十萬元！』」

起初，布奈特打算每一季都找不同的大人物當主持人。然而，川普表現得很靈活，反應敏捷，超出任何人的預期。他不讀腳本，他講話結巴，發音都發錯。但他會突然即興講出很勁爆的話，這是實境秀要精彩的關鍵。他對某個參賽者咆哮：「山姆，你是個災難。無意冒犯，但所有人都討厭你。」凱薩琳・沃克向我表示，製作人通常都得花不少力氣讓川普看起來條理清晰、前後一致，要把容易引起誤解的句法、發音相似而誤用的字詞剪掉。「我們得把這些清乾淨，好表現出他最好的樣子。」她說。「我敢肯定，唐納一定認為他的表現沒經過剪輯。」不過，她承認，川普天生是上實境秀的料：一般來說，實境秀製作人都得強化節目參與者的性格、節目活動的張力，好強調衝突、激發觀眾的興趣，但「我們不需要改變他——他會給我們發揮的素材。」川普即興講出《誰是接班人》那句最有名的話：「你被開除了。」（You're fired.）

國家廣播公司的高層超喜歡這位新星，喜歡到指示布奈特和他那群製作人要給川普更多鏡頭。就是在這時候，川普對收視率越發著迷。「我在四週前還不知道收視群（demographics）代表的意思。」他對美國有線電視新聞網談話節目主持人賴瑞・金（Larry King）說。「突然間，我聽到我們在主要收視群的收視率排行第三。昨晚，我們收視率第一。這樣的收視率很重要。」收視率一路上升，第一季最後一集成為那週收視第一的節目。對布奈特來說，川普的谷底翻身，充分肯定了民粹美學。「影評猛烈批評某部電影，結果這部電影票房超好，我特別喜歡這種情況。」他曾這麼表示，「我愛死了。」其他人在川普身上只看到落魄的一九八〇年代名人，但布奈特瞥見的是一股野性的個人魅力。

二〇一八年六月二十六日，美國最高法院裁定川普總統的旅遊禁令有效，這項旅遊禁令針對好幾個主要以穆斯林為信仰的國家。這天，美國國務卿龐佩歐（Mike Pompeo）也發出「促進宗教自由部長級會議」（Ministerial to Advance Religious Freedom）的活動邀請函。就算龐佩歐察覺到這樣帶有崇高目標的活動和川普政府針對特定宗教的政策有所衝突，他也沒有表現出來。活動在下個月舉辦，辦在華盛頓特區的美國國務院，其中一位講者就是馬克·布奈特。二〇〇四年，他在馬里布一家髮廊剪頭髮時，注意到一位魅力十足的女人在做足部護理。她是羅瑪·唐尼，她主演了哥倫比亞廣播頻道播出的長壽勵志影集《與天使有約》（*Touched by an Angel*）。兩人墜入情網，並於二〇〇七年結婚。他們一起撫養布奈特和第二任妻子生的兩個兒子和唐尼生的一個女兒。唐尼在北愛爾蘭的天主教家庭長大，信仰虔誠。布奈特最終也調整自己的人生，把重心放在基督教上。「信仰是我們婚姻很重要的一部分。」唐尼在二〇一三年表示。她說：「我們會一起禱告。」

對認識布奈特很久的人來說，這是個出人意料的改變。他可是在霍華德·斯特恩（Howard Stern）的現場連線訪問裡，結束第二段婚姻的人耶。二〇〇二年，為了宣傳《我要活下去》，布奈特電話連線，接受斯特恩廣播節目的訪問。斯特恩隨意問他結婚了沒。見布奈特有所遲疑，斯特恩便進一步展開攻勢。「你沒熬過婚姻這一關？」他問。「你不想讓女朋友知道你結婚了？」布奈特遲遲不肯鬆口，斯特恩步步進逼，情勢緊張。最後，斯特恩問布奈特是不是「單身」，布奈特回答，「你知道嗎？對。」這對布奈特結褵十年的妻子黛安來說，是個大新聞。她之後在回憶錄裡寫道：「十八到三十四歲的廣播收聽族比我還早知道我婚姻的走向。」

多年前，布奈特向《君子》雜誌表示，宗教信仰「根本浪費時間」。黛安·布奈特對我說，她嫁給布奈特時，他對宗教信仰一點興趣也沒有。「但你知道嗎？人會改變。」她接著這麼說。「所以我姑且認為他真的不一樣了。」布奈特認識唐尼時，他改造了自己。以前靠著製作了充滿剝削性質的電視節目致富，這時的他公開表明，要把重心專門放在「闔家觀賞的系列節目」，並宣稱：「要做出充滿戲劇性的內容，不一定要殘忍惡毒。」布奈特開了一家製片公司，專門做基督教主題的節目，其中包括投資了一億美元重拍宗教歷史電影《賓漢》（*Ben-Hur*）。（這部片票房很慘，大失敗。）現在布奈特常常熱情地對同事說，禱告以及對宗教信仰的投入在他生命中的作用。布奈特和唐尼說他們兩個是「好萊塢最吵的基督徒」。

金姆．戈爾德對我說，她覺得布奈特會改變自己來配合伴侶。布奈特和身為猶太人的戈爾德結婚時，他上了六週猶太教的課程。「我從不知道馬克會有篤信宗教的一面。」戈爾德表示。但她又提到，「和他親近的人都說：『他是個見風使舵的人。』」福音教派牧師華理克（Rick Warren）是布奈特的朋友，「馬克已完全不是十年前的他了。」他這麼對我說。「好萊塢是建立在金錢、性、權力和名聲之上。我覺得這些東西都不再是推動他的力量了。」華理克主動向我保證，布奈特是誠心信奉基督教的——他是「真正的信徒」，堅定成為他信仰的「使者」。其他認識布奈特的人向我提到，基督徒本身就是很重要的收視族群。布奈特和同事談到「信徒觀眾」，並說基督徒是「世界上最龐大的軍隊」。二〇一三年，他和唐尼製作了歷史頻道（History Channel）的迷你影集《聖經故事》（*The Bible*）。布奈特聲稱，這部影集有一億人收看。以布奈特的話來說，《聖經》是「終極的時代經典」。

國務院的演講中，布奈特提到「中東各地」對宗教多樣性的不包容，提到蘇丹達佛的種族滅絕，還提到緬甸境內對宗教少數群體的迫害。「我只是個電視製作人。」他這麼說，並表示他比他的觀眾「教育水準更低」。但他接著表示，自己擅長和大眾溝通。他說了自己說故事的公式：「K-I-S-S 原則——『保持簡單好懂』（Keep it simple, stupid）。」布奈特表示，他和唐尼旅行時，陌生人有時候「會請她將雙手放在他們身上」，好像她就是天使一樣。他透露，這就是「媒體的力量」。布奈特表示，他在好萊塢的地位讓他有點影響力，能敦促政治人物做出對的事，因為「說到底，沒有人想在媒體上出醜」。但布奈特並未提及任何他希望改變、有爭議的白宮政策，他甚至連川普的名字提都沒提。

布奈特和這位總統的關係一直都很親密。二〇一七年的國家祈禱早餐會（National Prayer Breakfast）上，他講到川普，表示「我們之間從來沒講過難聽的話」，並說兩人十四年的友誼是「我生命裡其中一段最棒的關係」。多年來，布奈特和唐尼持續支持民主黨，捐了很多錢。二〇〇八年，歐巴馬競選總統時，他們更捐了法律規範下能捐的最大金額。不過布奈特從來沒有特別投入政治。一位《誰是接班人》的資深員工對我說，布奈特並不樂見因為總統大選失去他的明星，他說：「川普競選總統讓馬克花了很多錢。他因為《誰是接班人》賺了好幾百萬，而川普扼殺了這個系列。」等到川普發表參選聲明時，《誰是接班人》的收視率已經下滑了，那時節目已被重新包裝成《名人接班人》（*The Celebrity Apprentice*）。這時，參賽者都是不入流的名人，包括迷糊昏沉的演員蓋瑞・布希（Gary Busey），還有吻合唱團（KISS）令人反感的主唱吉恩・西蒙斯（Gene Simmons）。有一樣的商業挑戰和會議室淘汰賽，但整體的風險和緊張感明顯降低不少。原本的《誰是接班人》裡，很多的戲劇性來自這樣的概念：對野心勃勃的企業家來說，在節目上互相競爭是個讓事業大躍進的好機會。而《名人接班人》裡那群打了肉毒桿菌、有點年紀的參賽者，他們出現在這個節目這件事，便默認了他們最燦爛的日子已經過了。不過，每個人依舊頑強地假裝認真看待這一切。小唐納・川普在一次公開露面的場合裡談到這個節目，他表示，要批評指教「和吉恩・西蒙斯一樣有成就」的人，對川普的小孩來說是件膽戰心驚的事。

第十一季第一集裡，會議室裡的戲劇張力因為鈴聲響起，突然被削弱。「誰的手機？」川普低吼。

「我要怎麼把這關掉？」布希結結巴巴地說，笨拙地操作手機上的按鍵。

「蓋瑞，把你的手機關掉！」川普說。現在看著這樣愚蠢的對話，想到節目播出後沒幾年，裡面一位老兄會選上美國總統，這感覺真的很詭異。

「唐納提過很多次：『或許哪天我會參選總統。』」二〇一六年一月，布奈特向《華盛頓郵報》（*The Washington Post*）表示。「不幸的是，政治也是一種電視節目。」被問到是否支持川普競選總統，布奈特避而不談，躲回他提到政治只是另一種娛樂的比喻。他說：「我對政治一竅不通。」接著表示：「但我看得非常開心——非常開心。」

川普勝選後，便向老友徵詢就職慶祝活動的建議。就像不斷回頭和最鍾愛的導演合作的明星一樣，川普過去一直以來都很愛布奈特幫他打造出來的樣子。布奈特被找去紐約，和這位總統當選人以及川普的另一位密友，金融業人士湯姆．巴拉克（Tom Barrack／Thomas Barrack）見面討論。布奈特提了幾個頗有納粹御用導演萊芬斯坦（Leni Riefenstahl）風格的點子：在第五大道安排遊行、在電視上播放直升機將川普從曼哈頓送往華盛頓特區的過程。後來巴拉克擔任總統就職委員會主席，他表示，布奈特積極參與就職典禮的籌備，並說：「馬克超厲害，總統當選人愛死他了。」我和好幾個人談過，他們表示布奈特向他們說過，他忙著籌備就職典禮。一位民主黨的政治工作者參與了一項非正式的活動，勸阻大明星出席就職典禮。他對我說，布奈特試著找音樂人來演出。「我們積極地想讓馬克辦得不順利。」他表示。川普想找的人包括艾爾頓．強（Elton John）、艾瑞莎．富蘭克（Aretha Franklin）和保羅．安卡（Paul Anka）——他希望他們能唱〈我的路〉（My Way）——不過他們都聲稱有其他安排。最後，觀禮人潮稀疏，演出陣容星光黯淡。布奈特最終淡化自己在就職典禮扮演的角色。他的代理人向我表示，「他沒有參與規劃」這個活動。一位認識布奈特的人指出：「這辦得不成功，所以他可能不想和這件事扯上關係。」

二〇一六年十月七日，《華盛頓郵報》公布了娛樂節目《前進好萊塢》（*Access Hollywood*）的一段影像，裡面錄到川普在沒發現麥克風沒關的情況下，說了抓女人下體的下流話。第二天，比爾．普魯特在推特發文：「身為《誰是接班人》第一季和第二季的製作人，我保證：說到川普錄影帶，還有更糟的。」其他訪問裡，普魯特表示，當他製作《誰是接班人》時聽過川普發表性別歧視和種族歧視的言論。這不太難想像。川普的表達風格就是粗俗，而且他的怒火攻擊的對象——美式足球員科林．卡佩尼克（Colin Kaepernick）[v]、「屎爛國家」[vi]、任何一位問他尖銳問題的非裔美國記者——顯然不是隨機挑選的。對馬克．布奈特，還有說到底，對美國民眾來說，川普的魅力一部分來自於他爆粗口的衝動。但在川普可能當選總統的前夕，在這樣緊繃的政治氛圍下，可能有更多「川普錄音帶」這件事便是個迫切需要處理的問題。去年夏天，曾為《誰是接班人》參賽者及川普總統助理的歐瑪蘿莎．曼尼葛特．紐曼（Omarosa Manigault Newman）再次引發這樣的猜測。她聲稱她聽到有段影片錄到川普說了黑鬼這個字，那支影片是在《誰是接班人》製作期間錄製的。曼尼葛特．紐曼拿出自己偷錄的錄音，錄了在川普競選總統期間兩位助理的對話。他們好像在討論這類影片的存在。這段錄音裡，其中一位助理琳恩．巴頓（Lynne Patton）說，她向川普提到這件事，川普則表示自己不記得講過這個字眼。「沒有，他真的說了。」另一名助理卡崔娜．皮爾森（Katrina Pierson）插嘴，「他覺得很尷尬。」

二〇一八年八月十三日，川普否認他說過種族歧視的話，發了一篇推特：「馬克．布奈特打電話來表示，不像古怪瘋癲的歐瑪蘿莎所說的，並沒有任何《誰是接班人》的影片錄到我用了那樣糟糕又噁心的字眼。」發推特講這件事很奇怪：如果川普從來沒講這個字，為什麼需要布奈特來保證沒有他講這種話的錄影？這篇推特也值得留意，因為之後《前進好萊塢》的影片流出時，布奈特明確地疏遠了川普。他在一份聲明裡表示：「有鑒於那些不實報導，我認為有必要澄清幾件事。我現在沒有，也未曾支持唐納．川普競選總統。我不是『川粉』。此外，那些不幸成為他選戰一部分的仇恨、分化與厭女的表現，我妻子和我也拒絕接受。」針對這類批評，川普往往都氣喘吁吁地駁斥，但他卻沒有回罵布奈特——至少沒有公開反擊——他們的友誼似乎也沒有受影響。發表他不是「川粉」的聲明後才過兩個月，布奈特就到紐約的奇普亞尼（Cipriani）餐廳，參加了這位總統當選人的募款活動，並在二〇一七年一月和兩個兒子飛到華盛頓特區出席總統就職典禮。

布奈特有可能想淡化他和這位總統的友誼，但川普可沒有這個打算。二〇一八年三月時，在俄亥俄州里奇菲爾德村舉辦的集會上，川普宣稱：「我接到馬克．布奈特的電話！他做了《誰是接班人》這個節目，是個厲害的傢伙。他說：『唐納，我打來只是和你打個招呼，並問你有沒有看到蘿珊的收視率？』〔蘿珊．巴爾（Roseanne Barr）

是好萊塢裡罕見支持川普的演員，那時她主演的情境喜劇才剛重新推出。）「我說，『馬克，收視率有多好？』『好得離譜！收看人數超過一千八百萬人！』」我向布奈特的代理人問起，總統是否如實描述這段對話，但他們不願證實或否認。

布奈特不想討論川普當總統這件事惹惱了很多《誰是接班人》的工作人員，因為川普從政之路之所以很成功，一部分靠的是借用這個節目的很多元素。強納森・布朗指出，二〇一五年川普宣布參選時，他出場的方式是搭乘金黃色手扶梯下到川普大廈的中庭——這樣的安排布奈特和他的團隊不斷在節目裡使用。川普發表聲明後，報導暗指他演講時，在場歡呼的人是像臨演那樣花錢找來的，日薪五十美金。不久前，白宮開始發布總統發表談話的短片，短片上的形象特別容易讓人想起他在布奈特節目上的樣子。曾任川普集團新媒體總監的賈斯汀・麥康尼（Justin McConney）向《紐約時報》表示，每次川普和攝影團隊合作時，都要他們「像我拍《誰是接班人》那樣拍我」。

《誰是接班人》第四季的優勝者藍道・品科（Randal Pinkett）對我說，他看川普的競選造勢，越看越覺得恐怖。品科很早就斷定川普是個種族主義者。川普宣布身為非裔美國人的品科勝出時，他問品科是否考慮和另一位參賽者分享冠軍，而這位參賽者是位白人女性。品科婉拒了。「我能唯一能導出的結論就是，他不想看一位黑人男性成為他節目裡唯一的贏家。」他這麼對我說。曾任川普私人律師的麥可・柯恩（Michael Cohen）近期接受《浮華世界》（*Vanity Fair*）雜誌的訪問。他表示，當時川普沒有選那位高盛銀行員奎米・傑克森當第一季的冠軍，因為「我絕不可能讓這個黑人娘炮贏」。

身為優勝者的品科接著就去川普集團工作。「我越靠近唐納，我越不喜歡我看到的一切。」他回憶道。「就像有口臭的人那樣。」二〇〇四年，賓州將賭場賭博合法化之後，川普申請賭場執照，打算在非裔美國人佔大多數的社區裡蓋一家賭場。「這個社區恨死唐納了。」品科表示。因此公司派品科當說客。回來後，他說：「我不要再代表你們這群人去那裡了。」他覺得川普集團把他當道具那樣利用，他不想促成一樁這個社區激烈反對的計畫。這間賭場最終沒蓋成。品科對我說，就連《誰是接班人》的大獎都有點在騙。他在川普集團工作的薪水其實是國家廣播公司付的。他說：「那甚至不是他的錢！」

川普宣布參選總統後，品科和奎米．傑克森決定公開發表聲明反對他。「這無關政策或政治，這關乎是否適任這個職位。」傑克森回憶道。「這關乎美國人最基本的品性和操守。」他們聯繫好多位參賽者，安排了一場記者會。到最後，除了品科、傑克森和其他兩位參賽者，沒有其他人現身。川普有一次表示：「他們這麼快就忘了。如果不是我，沒有人會知道他們是誰。」

「我覺得情況是這樣的，馬克．布奈特是好萊塢的大人物。」傑克森對我說。「他大概認為，如果他毀了唐納．川普，他也會毀了自己一部分的成就。這實在很好笑，因為他在好萊塢夠有錢、夠有權，他其實能大膽站出來講話。」布奈特的沉默「是種逃避」，傑克森表示。「這是勾結，這是幫兇，和伊凡卡．川普一樣。為此，我對馬克很失望。」

聚焦好萊塢新聞、讀者眾多的電子報《The Ankler》近期有篇文章寫道，布奈特「過去這幾年稱霸他的小天地，絲毫沒有一點反對他的聲音」。唐納．川普在好萊塢被視為公害，業界所有人也都知道布奈特和這位總統關係匪淺，不過卻沒有知名的自由主義人士拒絕和馬克．布奈特合作。「在紅毯上表明立場」是一回事，這篇文章寫道，「但你不會蠢到在實際工作時站錯邊。」二〇一五年，布奈特被米高梅總裁兼執行長的蓋瑞．鮑勃（Gary Barber）找去管電視部門。曾是會計師的鮑勃之前將米高梅從破產的窘境挽救回來，消減支出，製作賺錢的項目，例如龐德系列電影。為了壯大米高梅，鮑勃想加強米高梅在電視產業的發展。所以他買下布奈特的公司，找他來管電視節目。表面上，鮑勃和布奈特很合得來。不過，布奈特之前營運的馬克．布奈特製片公司（Mark Burnett Productions）

以花錢大手大腳為特色，反觀鮑勃則很節省，每筆支出都要控管。米高梅董事長是從事金融業的凱文・烏爾里奇（Kevin Ulrich），他的私募基金持股比率在米高梅具有話語權。認識烏爾里奇的人都覺得，他這個人很享受伴隨好萊塢大人物這個身分而來、俗艷醒目的特權。鮑勃喜歡安靜地照料他的賽馬度過週末時光，烏爾里奇則喜歡參加派對和首映會。鮑勃想賣掉米高梅——烏爾里奇則反對。根據好幾個消息來源，布奈特開始和烏爾里奇套交情，邀請他參加活動，介紹他給許多名人認識。接著，去年三月，米高梅董事會通知鮑勃，他被開除了。他那時才剛延長在米高梅任職的合約，所以米高梅得付兩億六千萬美元讓他走。

雖然鮑勃能拿到這筆錢，但他非常憤怒。鮑勃被革職的三個月後，布奈特晉升米高梅電視部門的總裁。鮑勃婉拒我的採訪，但他的朋友表示，突然被革職讓鮑伯「措手不及」：布奈特和烏爾里奇結盟，把鮑勃踢出局了。眾所周知，很早以前，布奈特就不滿足只是幾部熱門節目的製作人——他想經營電視製作公司。某位和布奈特工作關係密切的人士透露，布奈特一直都覺得自己是個局外人，「因為在實境秀產業裡，你永遠不屬於真正的好萊塢」。他一直很想轉而發展有腳本的電視節目和電影，但他在這種敘事類型方面的天份不高。在米高梅，他負責有腳本和沒腳本的節目，包括頗負盛名的影集《冰血暴》（*Fargo*）和《使女的故事》（*The Handmaid's Tale*）。他的權力已經大到，就算在自由主義盛行的好萊塢，他和川普的關係大都只能私下討論。這篇文章裡很多接受我採訪的人，都不會公開討論這件事，擔心被封殺。

儘管如此，《誰是接班人》的陰影持續糾纏布奈特。二〇一七年，美國製片人公會獎（Producers Guild of America Awards）的頒獎典禮上，他獲頒最佳競賽節目製作人獎（Outstanding Producer of Competition Television），上台領獎時，台下噓聲連連。九月時，他缺席艾美獎，儘管《美國好聲音》和《創業鯊魚幫》都被提名。不過，典禮前一晚，他和唐尼到世紀城的一家飯店，出席影視基金（Motion Picture Television Fund）舉辦的年度晚宴。兩人抵達會場時，和演員湯姆・阿諾（Tom Arnold）起了衝突。

阿諾是個眼神狂野的好萊塢資深演員，最為人所知的是他在一九九四年電影《魔鬼大帝：真實謊言》（*True Lies*）裡的演出，以及曾和蘿珊．巴爾結過婚。那時他努力想挖出對唐納．川普不利的《誰是接班人》不選用片段。他甚至推出了一個充滿炒作性質的電視節目，名叫《川普錄音帶追追追》（*The Hunt for the Trump Tapes*），由娛樂媒體公司 Vice 製作。阿諾在節目裡提到，他和川普好幾年前就知道對方，因為他們「在好萊塢的地位相同」。的確，二〇一〇年時，布奈特寫信問阿諾：「我能找你上《名人接班人》嗎？……我的確覺得《名人接班人》的品牌做得很好。川普真的很想要你來。我想要你來。」阿諾自認為是個胡鬧的傢伙、名人裡的邊緣人物。一想到某個和他一樣的傢伙被賦予管理這個國家的重任，便讓他坐立難安。

那晚在世紀城晚宴上到底發生了什麼事尚有爭議，但阿諾和布奈特確實短暫扭打在一起。事發沒多久，羅瑪．唐尼在推特發了張手背的照片，寫道：「湯姆．阿諾試圖在慈善活動上攻擊我先生馬克和我，我的手臂因為這樣瘀青了。湯姆，你的電視節目值得你這樣嗎？請住手。」

有些人很好奇，瘀青有沒有辦法這麼快出現。阿諾的推特貼文則有不一樣的說詞：「馬克．布奈特突然暴怒，在這盛大的艾美獎派對掐住我，然後逃之夭夭，他的粉紅色襯衫被扯破，金色鏈子被扯掉。我正在等洛杉磯警察來。」總是笑臉迎人的布奈特會出手攻擊別人，看起來好像不太可能。但不是沒有前例。他的第二任妻子黛安．布奈特向我透露，有一次在聖塔莫尼卡，馬克去買優格冰淇淋，將她和其中一個兒子留在車上。他離開期間，一位遊民用力拍打車窗，大概是想要錢。黛安回憶，布奈特回來時，直接往遊民臉上揍了一拳，把他揍倒在地，然後開車揚長而去。世紀城晚宴上的衝突爆發幾小時後，娛樂新聞媒體《TMZ》發布了一位目擊者的描述：「馬克雙手架在湯姆喉嚨處，而湯姆撕扯馬克的襯衫，扯掉了他的十字架鏈子。」執法單位沒有要對布奈特提起訴訟，而幾位和他關係匪淺的人認為，阿諾幼稚地在製造噱頭，為了宣傳他那糟糕的節目，以帶點行動藝術味道的方式逼布奈特。那有可能是真的，不過，在好萊塢裡，因為布奈特和川普的關係，唯一敢去找布奈特麻煩的人，就只有像湯姆．阿諾這樣的傢伙。這個情況給人一種因果輪迴的諷刺感。一位曾和布奈特共事的人向我表示，「馬克打造了一個只有湯姆．阿諾會和他對幹的世界。湯姆．阿諾攻擊馬克．布奈特，就像唐納．川普攻擊他所有的反對者一樣。而他這麼做是為了一個實境秀！」

《我要活下去》的第一季播出後，一位名叫史黛西．斯蒂曼（Stacey Stillman）的參賽者對哥倫比亞廣播公司和布奈特提起訴訟，聲稱布奈特不當操縱這場比賽，私下對參賽者說他們應該要投票淘汰誰。另一位參賽者在取證時表示，布奈特「認為某些人比其他人更能讓電視節目變得更好，他也做了他能做的，去影響那些還留在島上的人」。布奈特否認任何不法行為，這起訴訟最後以和解告終。這起訴訟的其中一個影響是，到了拍《誰是接班人》時，從唐納．川普一進到拍攝現場，到他離開的那一刻，製作人都努力讓攝影機緊跟著他——所有錄影也都保存下來。米高梅買下布奈特的公司時，便擁有了這些未選用片段的擁有權。《前進好萊塢》影片流出後，眾人強烈要求米高梅公開《誰是接班人》的錄影。代表米高梅公司的律師馬文．普特南（Marvin Putnam）告訴我：「馬克．布奈特不能釋出這些錄影。就這樣。就算馬克．布奈特想公布這些錄影，他也不能公布。」普特南解釋，川普和其他節目成員簽署的合約裡，清楚列出電視產業的標準規定，限制了不選用片段和其他錄影片段的使用方式。這些是具有法力效力的規定，必須遵守。意思是，如果米高梅違反了這些規定——公開了川普，還有與他一起入鏡的任何人的錄影片段——米高梅可能會被告上法院。米高梅電視部門的部長布萊恩．愛德華（Brian Edwards）曾和布奈特共識超過十年，他指出，就算沒有這樣的法律約束，布奈特也不能公開這些錄影。如果他公開了，未來不會有人想和他合作。「如果任何參加實境秀的人發現，只要一被施壓，自己沒播出的片段就會被公開，你想這個產業會發生什麼事？」愛德華問。

針對米高梅是否擁有川普講冒犯話的錄影，普特南和愛德華都沒發表評論；如果真有的話，他們也沒說有多少的檔案經過仔細審視。川普主持了十四季的《誰是接班人》，將近兩百小時的片段在國家廣播公司頻道播出。如果每一集布奈特確實拍了三百小時的影像，那麼大概有六萬小時沒選用的片段需要篩選。大部分和我談過的《誰是接班人》員工都表示，他們記得川普用粗俗不堪的字眼談女人。「他不是一天到晚走到哪就說『嫩屄、嫩屄、嫩屄』。」沃克表示。但他常常對女性參賽者和女性員工的身體說長道短。《誰是接班人》的一位員工對我說，「他會說：『那對奶子如何？你會不會想幹她？』」就算如此，布朗表示，他不認為真的有任何《誰是接班人》的影像錄到川普說黑鬼這個字。「我是前六季的剪接指導，」他說，「我沒有看過所有錄影，但我看到的片段裡，我沒有聽到他說任何特別糟糕的話。」布朗表示，實境秀剪接師常常會蒐集演出人員最糟糕、最丟臉的時刻，做成合輯來娛樂他們自己。製作人或許會依法禁止播出這些不選用片段，但這並無法阻止剪接師內部分享這些影像。湯姆．阿諾向我透露，他曾看過一段《誰是接班人》的影片，錄到川普說了黑鬼這個字。不過，對川普選上總統感到沮喪的布朗卻半信半疑。「如果真的有這段影像，一定會瘋傳。」他說。另一位《誰是接班人》的員工也抱持相同的論點：「如果有人握有證據，應該很早以前就會外流。拍攝現場沒有川普的粉絲。據我所知，節目的工作人員裡，沒有任何一個人投給川普。」

這位工作人員解釋，只要川普出現在節目上，「至少有一百個人盯著他」，還有好幾台攝影機捕捉每個角度。實況轉播畫面會傳送到高層主管那裡，不只是國家廣播公司，還有贊助那一集的公司。這位工作人員繼續說：「《前進好萊塢》的影片裡，唐納是待在大巴上。他以為身邊沒有其他人。但他從不認為在會議室裡只有他自己。那是拍攝現場。」對布朗來說，找出這些影片感覺是為了分散注意力。「我們早就知道那根本不重要。」他說。「他現在說的一大堆話都充滿種族歧視、厭女情結和法西斯主義。這些依舊無法傷害到他。」曼尼葛特．紐曼聲稱川普在《誰是接班人》講過黑鬼這個字之後，《經濟學人》（*The Economist*）進行了一項調查，發現支持川普的白人選民裡，百分之七十七的人認為「一位會使用黑鬼這個字的掌權者，依舊可以是個好總統，這件事是有可能的」。

投給川普的白人裡，超過三分之一的人承認，自己也會說那個字。

二〇一八年秋季的某一天，布奈特接到第一任妻子金姆．戈爾德的電話。他們倆依舊關係友好。對於這個國家正在發生的事，戈爾德很苦惱，她希望布奈特能介入川普的事。「我們把話攤開來講了。」她對我說。「我說，『你得幫幫我們的下一代，為了這個國家的安全和未來。』」戈爾德懇求布奈特，「跟他說這不是實境秀。這是真實人生。你身為總統，卻對記者、對其他國家領導人說你不該說的話。」布奈特聽她把話說完。「我對政治不感興趣。」他這麼回答她。「我甚至都沒上推特。」但他說，他不打算公開反對川普或公布任何錄影。「我只是製作節目的傢伙而已。」他強調。

布奈特或許不是政策專家，但他一直以來都著迷於名人的政治影響力。二〇一〇年，他在旅遊生活頻道（TLC）推出《莎拉．裴林的阿拉斯加》（*Sarah Palin's Alaska*）。他公開表示：「莎拉．裴林熱情活潑的性格迷倒數百萬人，要說阿拉斯加的故事，我無法想到其他任何人比她更有說服力。」那時，布奈特聲稱這個節目「完全無關政治」。但《野獸日報》（*The Daily Beast*）無法苟同，認為這個節目「可看成最早、最花錢的總統競選廣告」。布奈特和川普授權很多國家照《誰是接班人》的形式做節目，布奈特曾說，那些飾演川普角色的商業巨頭裡，越來越多人「有政治抱負」。其中至少六位在政府任職，例如當選巴西聖保羅州長的祖奧．多利亞（João Doria），他是巴西總統當選人、鐵腕人物波索納洛（Jair Bolsonaro）的盟友。二〇一七年，《創業鯊魚幫》其中一位主持人凱文．歐勒利（Kevin O'Leary）宣布有意代表保守黨角逐加拿大總理。他表示，自己和川普「都替馬克．布奈特工作過，我們兩個也都因實境秀成名」。布奈特不只和一個人開玩笑說，他不再只是電視製作人，而是政治領袖的生產者。（四個月後，歐勒利退出競選，回去上節目。）

將近二十年，布奈特都說他想找普丁做個電視節目。二〇〇一年，他試圖找普丁參加名為《目的地：和平號太空站》（*Destination Mir*）的競賽實境秀，這個節目會將優勝者送上太空。在俄國決定讓和平號太空站除役後，這個點子被迫放棄。二〇一五年，布奈特表示有興趣製作以普丁為要角的實境秀——與其說是聚焦政治的節目，布奈特說，還不如說是展現俄國榮耀的頌歌，「關於這個國家的人、自然、動物」。布奈特對政治的短視或許充滿選擇性，但不代表那是裝出來的。他絕對不是第一個對洛杉磯以外的時事不了解的好萊塢掌舵人，但就算以業界的標準來看，他真的與時事嚴重脫節。佛羅里達州帕克蘭的道格拉斯中學（Marjory Stoneman Douglas High School）大規模槍擊案在二〇一八年二月剛發生沒多久，布奈特出席了米高梅電視部門主管的例會。有人在會議裡提到電影部門一部片的行銷計畫：布魯斯．威利主演的《猛龍怪客》（*Death Wish*）重拍版。這部片聚焦一位持槍動用私刑的正義使者，可說是理直氣壯支持擁槍的電影；布萊巴特新聞網（*Breitbart*）盛讚這部片為「全國步槍協會（NRA）的公益宣傳片」。有鑒於剛發生槍擊案，有人問米高梅是否要改變電影首次曝光的時程。「什麼槍擊案？」一位在場聽簡報的非米高梅人士表示，布奈特就是這麼說的。難以置信的同事正驚訝他怎麼會不知道帕克蘭槍擊案時，布奈特表示，「我不知道你們在說什麼。」然後加了句，「我沒用社群媒體。」

布奈特那些表示自己不牽扯政治的發言、不願和這位總統撇清關係的態度，一部分可能源自於害怕失去川普選民的支持。就像很多共和黨的議員或福音派牧師一樣，布奈特受惠於一群民眾，這群民眾在很多情況下認為這位總統不可能做錯事。「一旦扯上政治，你就讓全國一半人口與你為敵。」華理克對我說。「當你正盡可能觸及到越多人，你就不會想那麼做了。」華理克更指出，如果白宮當家人的報復心很重時，這個問題就變得更嚴重。「你知道這位總統怎麼摧毀大家的嗎？」華理克說。「你講話要非常小心，能說與不能說的話往往在一線之間。」

對於自己在川普這一連串事件裡扮演的角色，布耐特看似毫不在意，之所以會如此，凱薩琳．沃克認為，一部分的原因或許在於他是英國人。「身為美國人、具備這些馬克沒有的由衷反應，有其特別之處。」她說。「他就是沒有到達那種程度。我不認為他有那種『噢天啊，我到底做了什麼？』的認知。」川普當總統讓很多美國人產生很痛苦的剝奪感，好像重視的規範準則和國家體制被移除了一樣。「大家搞得好像馬克是對邪惡視而不見，」沃克繼續說，「但我覺得沒那麼多惡意——就某方面來說，這樣更可怕。他就是不在乎。他就只想置身事外。」

「馬克非常聰明。」為《誰是接班人》提供諮詢服務的心裡學家理查．萊瓦克這麼對我說。「馬克對選角有獨到的眼光，而他選了唐納．川普。」川普作為這個節目的選角候選人，我問萊瓦克會怎麼寫川普的性格檔案。他說他會這麼描述：「精力充沛；衝動；無法清楚表達完整的想法，因為他會被情緒打斷，也因此，他說話時都是形容詞——『偉大的』、『巨大的』、『可怕的』。」萊瓦克繼續說，作為實境秀明星的川普這麼有吸引力的原因，在於他想越界、犯規的衝動，也正是這樣的特質，全球有一群不得不關注他的觀眾。「有人能這麼成功，但又缺乏情緒的自我管控能力——這實在很嚇人，讓你不得不繼續往下看。」他說。「你一直在等報應來，但始終沒出現。」大概沒有人像唐納．川普一樣，在有生之年裡，這麼廣泛地被討論、被書寫。政治從來沒那麼令人著魔。「這是大家看小孩子在學校操場打架的原因。」萊瓦克說。「看某人衝動爆氣然後又能全身而退，好像自己也能體驗這種感覺。」布奈特曾表示，《蒼蠅王》之所以這麼引人入勝，在於所有角色突然被丟到一個「規則被改變，傳統、法律、道德體系都暫時停擺」的世界裡。這恰恰描述了川普當總統的情況。

週日下午，布奈特喜歡幫自己倒一大杯紅酒，走到他家的陽台上。他那七千平方英呎的家座落於馬里布的太平洋海岸公路旁，沒有受到最近的森林大火波及。他和唐尼稱這棟別墅為庇護所。這個位置的景色絕佳，幾張白色的沙發面對著一整片大海。他的別墅離他年輕時當保姆的其中一戶人家並不遠，布奈特很喜歡深入思考這件事。

令人意外地，他現在有用社群媒體了。他很少在推特上發文，但在IG上挺活躍。上面除了有家人的照片，有布奈特和名人、宗教人士打成一片的照片，還有幾支他在陽台上休息的影片。「慵懶的週日下午。」布奈特在其中一篇貼文裡這麼寫道。他光著腳，穿著印有「精神流氓」（Spiritual Gangster）的T恤。他指了指遼闊的景色，表現出毫不掩飾的滿足，然後說：「看看這一切。哇。」他水平移動鏡頭，拍下整片天空。黃昏時刻，天色開始染上一層紅紫色。「充滿感激。」布奈特說。他常常驚嘆自己是如何受到眷顧，驚嘆自己竟然這麼成功——他最近把這些歸功於「上帝的恩惠」。

我向強納森・布朗提到，布奈特似乎不在意自己一手打造出來的人帶來的影響。布朗表示，對布奈特來說，當總統只是另一場遊戲。「我覺得這對川普來說也是場遊戲。」布朗說。「對觀眾來說也是場遊戲。我覺得選民很喜歡。他們很享受這樣的奇觀。這是馬克這個人靈魂的一部分。他和川普是同一類人。沒有什麼遠大的目標推動他們——就只是玩遊戲然後獲得勝利。」多年前，布奈特宣傳《我要活下去》時，採訪者試圖找出參賽者在那一季勝出的方法。當然，他不可能透露這種秘密。所以他們問布奈特誰會獲勝時，他說：「我。」

■

本文於二〇一九年刊登於《紐約客》。布奈特從未公開任何《誰是接班人》的錄影，截至這篇文章寫成時，他也沒有為米高梅做出真正賣座的節目。川普在二〇二〇年尋求總統連任失利，但有七千四百萬人投給他。他回到海湖莊園（Mar-a-Lago），計劃東山再起。如果他不再參選總統，那麼幾乎能肯定他會涉足電視節目；如果涉足電視節目，那麼肯定會牽扯上馬克・布奈特（譯按：布奈特已於二〇二二年十一月離開米高梅）。

i・譯註：《海角一樂園》是瑞士作家約翰・魯道夫・威斯（Johann Rudolf Wyss，1782-1830）針對兒童所寫的小說。故事描述一個傳教士家庭因為船難漂流到一座孤島上，一家人同心協力在無人島上建立新家園的過程。

ii・譯註：指的是在巡迴遊樂場（traveling funfair）、馬戲團表演等娛樂活動外大聲招攬顧客的人。美國很多批評川普的人都拿這個詞形容川普。

iii・譯註：一九八二年四月，阿根廷軍隊入侵英國統治的福克蘭群島，這場戰爭在七十四天後以英國壓倒性勝利告終。

iv・譯註：現名為佩利媒體中心（Paley Center for Media）。

v・譯註：科林・卡佩尼克帶頭在國歌演奏時單膝下跪，向歧視非裔美國人的議題表達抗議，川普罵他是王八蛋（son of a bitch）。

vi・譯註：川普與國會議員討論移民政策時，以「屎爛國家」（shithole countries）稱海地、薩爾瓦多等非洲各國。

第八章　瑞士銀行的竊案——資訊工程師揭發一家日內瓦銀行最黑暗的秘密

二〇〇八年聖誕節前幾天，埃爾韋．法爾恰尼（Hervé Falciani）在日內瓦的辦公室開會時，來了一票警察將他逮捕。三十六歲的他在匯豐銀行上班。那時匯豐銀行是全球最大的銀行。他任職的是匯豐銀行在瑞士的私人銀行，這間銀行服務的客戶都很有錢，能達到開戶的最低存款要求——五十萬美元。法爾恰尼這時已在滙豐銀行待了八年，原本在摩納哥，後來調到日內瓦。他是資訊工程師，監管用來處理客戶資料的安全系統。他在摩納哥長大，年輕時曾在蒙地卡羅賭場（Casino de Monte-Carlo）當荷官，練就一張撲克臉。瑞士警方將他帶離辦公大樓的途中，他堅稱自己沒做錯任何事。

法爾恰尼在附近的警察局接受偵訊，警方正在調查匯豐銀行一起資料竊案。自從日內瓦議會（Great Council of Geneva）在一七一三年禁止銀行透露客戶的私人訊息，瑞士便以金融保密制度的要塞聞名，蓬勃發展。全球的權貴富豪能把財富存放在此，他們國家的稅務機構追查不到。對監管超過兩兆美元外國存款的瑞士財富管理師來說，維護金融隱私的承諾就像宗教上守沉默戒一樣。僅以編號辨識的不具名帳戶（numbered account）發源自瑞士：客戶往往會明講他們不想收到對帳單，避免留下紀錄。因為有這些預防措施，滙豐銀行出了資料外洩的事才那麼駭人聽聞。警方向法爾恰尼透露，有個自稱魯本．阿－希迪亞克（Ruben al-Chidiak）的人竊取了銀行的客戶資料。他們不確定有多少資訊被竊或資料怎麼被偷的。但他們懷疑希迪亞克是假名——而真正的罪魁禍首是法爾恰尼。法爾恰尼向警方表示，他的工作是保護資料：他們怎麼能指控他做出危害這類資料的事？

天色暗了下來，他要求回家。妻子西蒙娜（Simona）會擔心他。警方放他走，但交代他第二天早上回來接受進一步的偵訊。法爾恰尼穿過掛著聖誕燈飾的街道，回到海鷗街上髒兮兮大樓裡的自家公寓。他和西蒙娜打包了幾袋行李，將三歲大的女兒金（Kim）包得嚴實，好抵禦寒冬。一家人準備逃出國。

儘管法爾恰尼矢口否認，但他確實偷了客戶資料。他們一家人離開公寓時，將鑰匙插在門上沒帶走。法爾恰尼租了一輛車，穿越阿爾卑斯山脈。第二天早上，瑞士調查人員聚集在日內瓦的警察局時，法爾恰尼快抵達法國南部。他把租來的車子停在法國尼斯的機場裡。妻子和女兒去了義大利，和西蒙娜的家人相聚；法爾恰尼則去了父母家，位於法義邊境的山丘小鎮卡斯泰拉。

英國作家薩默塞特・毛姆（W. Somerset Maugham）曾形容法國的蔚藍海岸是「陰暗人物的陽光之地」，現在成為逃犯的法爾恰尼則落腳卡斯泰拉。保險起見，他上路時沒有帶著竊取的資料，而是上傳到遠端伺服器裡。他現在將檔案都下載到手提電腦上。瑞士要求法國幫忙追捕法爾恰尼，法國憲兵並於二〇〇九年一月七日破曉時分，突擊他父母的家。負責此案的尼斯檢察官艾瑞克・德・蒙哥斐葉（Éric de Montgolfier）向我表示，瑞士當局急切想扣押法爾恰尼的電腦，所以派了一位瑞士檢察官與法國憲兵同行。法國警方逮捕法爾恰尼，扣押他的 MacBook Pro 和 iPhone。不過，前往芒通附近的警局途中，在瑞士檢察官聽不到的情況下，法爾恰尼向法國憲兵透露，他電腦裡存放對法國政府有用的資訊：客戶姓名、銀行帳戶編號、帳戶餘額。他說，硬碟裡有「法國人逃稅」的證據。法爾恰尼掌握了六萬份檔案，牽扯到幾乎遍及全球的好幾萬名滙豐銀行客戶。一位滙豐銀行的律師之後稱法爾恰尼的罪行是「全世界規模最大的銀行搶案」。

法爾恰尼逃到法國的時間點，恰巧碰上全球金融危機剛爆發。很多國家急切地確保稅收，並制裁將鉅額財富藏在境外避稅天堂的公民。二〇一六年四月，位於巴拿馬城、專門設立匿名空殼公司的莫薩克資本・馮賽卡律師事務所（Mossack Fonseca）流出一批隨後被稱為「巴拿馬文件」的資料。而早在巴拿馬文件外洩的幾年前，已有大量證據顯示，全球富豪有很多方式藏匿自身財富。「只有小人物才納稅。」美國億萬富翁里歐娜・韓茲利（Leona Helmsley）曾這麼和她的管家說。一九八九年，管家將這段話講給紐約的陪審團聽，韓茲利則在監獄待了十八個月。然而，大部分逃稅都不會受到懲罰。詹姆斯・亨利（James Henry）曾任管理顧問公司麥肯錫（McKinsey & Company）的首席經濟學家，目前為非營利組織租稅正義聯盟（Tax Justice Network）的顧問。他於二〇一二年發表的研究顯示，全世界最富有的人至少偷藏二十一兆美元，稅務機關追查不到。《列國的隱藏財富》（*The Hidden Wealth of Nations*）一書裡，作者加柏列・祖克曼（Gabriel Zucman）的預估比較低，但金額依舊龐大：七兆六千億美元，佔全球私人金融性財富的百分之八。祖克曼算出「每年藉由未申報的國外帳戶持續進行的詐財行為，讓全球政府損失大約兩千億美元」。

法爾恰尼竊取的資料能作為藏寶圖，讓法國等國家追回一些稅收。蒙哥斐葉表示，「這麼多法國人有瑞士帳戶時，」他邊說，邊挑眉、聳肩，「就有……詐欺的味道了。」

瑞士檢察官要求蒙哥斐葉交出法爾恰尼的手提電腦，但他拒絕了。「我們會檢視電腦裡的內容，」他說，「然後決定是否歸還。」對瑞士政府來說，法爾恰尼只不過是個小偷，但法國政府卻不這麼看。「我覺得他有點懷抱拯救世界的心態。」蒙哥斐葉對我說。「各種金融活動、這些幫人逃稅的大銀行引發了全球危機，在這樣的背景下，這傢伙只是想把這個世界從這些行為裡解放出來。」最近於歐洲出版的回憶錄《全球金融大地震》（*Earthquake on Planet Finance*）裡，法爾恰尼寫了自己的作案動機：「我想給我女兒一個不一樣的世界。我不希望她成長的環境裡，金錢主宰一切、權力濫用和持續規避法律是常態。」彷彿是要強調法爾恰尼的資料會帶來衝擊性的影響，蒙哥斐葉將這台電腦放在保險櫃裡。法國當局正仔細商討接下來要怎麼進行時，法爾恰尼在芒通警局的拘留室待了一整晚。但第二天早上，一個動作顯示法爾恰尼地位的改變，警衛給了他一個驚喜：送上咖啡和可頌。

二〇一四年冬日，我在巴黎的義大利廣場（Place d'Italie）第一次和法爾恰尼見面。那時，因為曝光了那些無恥富豪的資料，擔心生命安全受威脅，他正受警方保護。他身邊通常配有三位法國政府提供的保鏢，不過我們見面時，法爾恰尼是騎著摺疊滑板車獨自前來。他提了一個不尋常的見面地點：河馬餐廳（Hippopotamus），這是一家迎合法國小孩的連鎖餐廳，有著卡通吉祥物、色彩繽紛的菜單，菜單上主打一系列牛排配炸薯條的餐點。法爾恰尼點了一份起司蛋糕。他穿得極似昆汀．塔倫提諾電影裡的殺手：白襯衫、細長的黑色領帶、剪裁極為合身的黑色西裝。他長得十分英俊，像肥皂劇明星一般，有著蘋果下巴、橄欖膚色，臉上掛著法國報紙描述的「營業用微笑」。他的鬢角越接近末端修得越發細窄。

「我父親在銀行上班。」法爾恰尼操著有口音的英文說道。生長在歐洲歷史最悠久的避稅天堂摩納哥，法爾恰尼小時候常常陪父親上班，並驚嘆於銀行這個機構的仔細與謹慎。銀行極度整潔，大家都輕聲細語。這讓法爾恰尼想到教堂。營業時間過後，他喜歡在鋪了地毯的走廊上橫衝直撞。

等法爾恰尼再長大了一點，他發現流向摩納哥的錢會受政治事件影響。一九八〇年代黎巴嫩飽受戰爭摧殘時，富有的黎巴嫩人帶著他們的家人和財富，搬到摩納哥。密特朗（François Mitterrand）當選法國總統時，法國有錢人擔心新的稅制，便將錢藏在摩納哥的銀行。有時候會遇上裝滿現鈔的行李箱送到銀行來存款，法爾恰尼便看著父親親手清點那些鈔票。客戶的姓名從來不被提及。

法爾恰尼在尼斯大學（University of Nice）工讀數學和物理，接著到蒙地卡羅賭場上班，起初在客戶賭博的區域工作，後來調到提高有錢客戶信用額度的內部銀行。二〇〇〇年，他開始在滙豐銀行工作。剛到職那時候，一位在摩納哥分行負責名人客戶的員工史蒂芬．特若斯（Stephen Troth）被發現從客戶的帳戶裡侵佔數百萬美元。「作案手法很簡單。」法爾恰尼對我說，並表示自己密切關注這起醜聞。這起詐騙案曝光後，摩納哥分行認為有必要加強內部網路的安全性，而負責改良系統的團隊成員裡就有法爾恰尼。二〇〇六年，他調到位於日內瓦的私人銀行，也負責類似的工作項目。這項新挑戰讓他很興奮，回憶道：「當時我抱持很高的期待。」

滙豐銀行的英文為HSBC，是香港上海銀行（Hong Kong and Shanghai Banking Corporation）英文的縮寫。追本溯源，滙豐銀行成立於一八六五年，最早因鴉片貿易發跡。過去二十年來，滙豐銀行大幅成長——目前有將近五千萬名客戶——而且以毫無道德操守聞名，就算以國際銀行業務寬鬆的標準來看也是如此。二〇一二年，一項美國參議院的調查顯示，滙豐銀行有和流氓政權、恐怖份子資助者、毒販合作。滙豐銀行最終承認有幫墨西哥和哥倫比亞販毒集團洗錢，經手超過八億美元的販毒收益。主持這項調查的密西根參議員卡爾·萊文（Carl Levin）表示，滙豐銀行的文化「腐敗得徹底」，將利益置於合宜審慎的行為之上。二〇一二年十二月，滙豐銀行同意支付美國政府十九億美元的罰款，因而不會被起訴。滙豐銀行執行長歐智華（Stuart Gulliver）說，他對自家公司的違法行為「深感抱歉」。最終沒有任何高層主管被懲處。

這間日內瓦的私人銀行於一九九九年成為滙豐銀行的一部分。總部設在倫敦的滙豐銀行，那時收購了黎巴嫩出生的金融家艾德蒙·薩夫拉（Edmond Safra）的財產利寶銀行（Republic National Bank）。薩夫拉往返於日內瓦、摩納哥和蔚藍海岸濱海自由城的家，他在蔚藍海岸的豪華別墅曾是比利時國王利奧波德二世（Leopold II）的財產。很多薩夫拉的客戶都是疑似牽扯上犯罪活動的俄國人。一位美國檢察官曾說：「利寶銀行總是有些很有趣的客戶，這些客戶發現，政府比其他銀行更死盯著他們。」法爾恰尼對我說，他到日內瓦後，發現滙豐銀行參與在「一大騙局」裡。客戶不僅將他們的財產放在「沒向稅務機關申報」的帳戶裡；滙豐銀行的行員也藉由在英屬維京群島和巴拿馬設立空殼公司和虛假信託（sham trust），積極協助客戶藏匿他們的錢。有些情況下，銀行員會將價值十萬元的美鈔一疊疊交給客戶，讓他們偷偷運回家。法國檢方後續的調查中，一位滙豐銀行的客戶表示，銀行指示他「在巴拿馬設立一間公司，這間公司要在瑞士盧加諾的滙豐銀行開戶，然後將所有財產轉移到這個帳戶裡，如此一來就不用繳稅」。

滙豐銀行和其他很多的瑞士銀行一樣，可以不寄送任何對帳單或其他郵件給客戶。有人可能認為，這種安排的不方便只會吸引少數過度在意隱私的客戶，但將近一萬五千名客戶選擇這種方式——這在瑞士的滙豐銀行裡，大概佔帳戶持有人的一半。另一位在後續調查裡接受偵訊的客戶回憶道，他想存款時，會和他的帳戶經理約在公共場合見面。「我會給他一紙裝著現金的信封。」他說，「幾天後，他會打電話對我說，這筆錢已經存進我在瑞士的帳戶裡。」滙豐銀行在巴黎有很多間辦事處，但根據法國的調查，瑞士的銀行員到那裡見客戶時，他們偏好在咖啡館碰面；另外，同樣為了隱藏足跡，帳戶持有人打電話到瑞士時，都會用公共電話。一位客戶指出，偷偷摸摸面對面的會談「讓我對自己存在瑞士的錢稍稍放心了一點，畢竟我沒有任何文件或東西證明我擁有帳戶」。

雖然法爾恰尼目睹的行為可能違法，但在當時對瑞士的銀行來說，卻是相當標準的作法。一份二〇一四年的參議院報告提到，一位瑞士信貸（Credit Suisse）的行員大老遠跑到美國見一位客戶，在文華東方飯店（Mandarin Oriental）共進早餐時，遞給對方一期《運動畫刊》（*Sports Illustrated*），裡面夾了銀行對帳單。按慣例，瑞士的銀行會派人到藝術展覽會和划船比賽招攬新客戶。銀行的推銷話術隱晦地透露出銀行提供的服務所具備的違法性質：如果你把錢放我們這裡，你的錢就不會被課稅。對個人或公司來說，在瑞士擁有銀行帳戶，或從事「避稅」行為——藉由靈活的會計本領和鑽法律漏洞來避開諸多納稅條件——並不違法。但主動向政府隱瞞財富的逃稅行為是違法的，而瑞士銀行員的行為往往顯示，他們知道自己越界了。根據一份二〇一四年佛羅里達州刑事審判的證詞，瑞士銀行（UBS，簡稱瑞銀）裡，負責到巴塞爾藝術展（Art Basel）等活動現場招攬新客戶的行員，會攜帶加密的手提電腦，電腦有設定緊急密碼，讓他們按幾個鍵就能清除硬碟裡的資料。一位不具名的瑞士銀行員向《紐約時報》表示，自己曾和同事說：「我們一隻腳已經踏進監獄了。」他對報社記者說，「或許這就是我們的薪水這麼高的原因。」

瑞士大部分的銀行都有諸多程序確保銀行的經營合乎法律規範，好防止逃稅、洗錢和其他金融犯罪行為。不過，蘇・雪萊（Sue Shelley）告訴我，和盈利相比，「法令遵循真的位居次要」。直至二〇一三年，蘇・雪萊是滙豐銀行的高階主管，負責滙豐銀行於盧森堡的法令遵循業務，她的工作和日內瓦的匯豐銀行往來密切。雪萊發現，如果法令遵循主管針對可疑來源的大筆存款詢問太多問題，便會面臨被排擠的風險。法令遵循部門往往被視為「妨礙銀行經營的部門」，也因此這個單位長期人手不足。「我們持續發現越來越多我們沒有資源處理的問題。」她表示。當我向法爾恰尼問起匯豐銀行法令遵循的事，他說：「他們只是做幾項檢查而已。」他表示，自己曾試圖從內部引起大家的警覺，但被忽視了——這個說法遭匯豐銀行駁斥。對法爾恰尼來說，滙豐銀行的行員和身穿細條紋西裝的騙子差不多。「我等了好多年，希望事情有所改變。」他向我表示。最終，他自己出手了。

一切從逐步累積客戶資料開始。理論上，這應該不可能做到：瑞士的銀行所實施的安全措施有個原則，那就是客戶資料會劃分成小單位分散管理。如此一來，沒有任何一個人能掌握太多資料。法爾恰尼很肯定地說，銀行的電腦系統「被細分成很多無懈可擊的小單位」，每個員工也遵照指示，不去好奇自己電腦螢幕以外到底發生什麼事。為了維護帳戶的匿名性，只有少數員工知道帳戶編號背後的客戶身分。不過，就和艾德華・史諾登（Edward Snowden）這位法爾恰尼覺得彼此很類似的吹哨者一樣，法爾恰尼是系統管理員。他的專業技能讓他能巧妙戰勝銀行裡維護資訊安全的軟體。在日內瓦的匯豐銀行任職時，他正負責一個新的客戶關係管理系統。法爾恰尼說，有天他從銀行內部網路收集數據時，他意外發現自己原本不應該有權限讀取的資訊：不只是客戶的姓名和帳戶號碼，還有行員和客戶面談後，針對面談內容撰寫的機密文件。「我從沒聽過這種電腦系統的瑕疵。」後來法爾恰尼向調查人員表示。這些資料會即時更新；看來他偶然掉進一個蟲洞裡，這個蟲洞掌握了這家銀行最深處的秘密。他甚至意外看到自己匯豐銀行帳戶的詳細資料。

這時，別的資訊工程師可能會趕快向上司報告這個漏洞。法爾恰尼沒有這麼做。沒有人知道，法爾恰尼究竟如何竊取到這些數量大得驚人的敏感資料。時任瑞士滙豐私人銀行負責人的亞歷山大・澤勒（Alexandre Zeller）覺得這起竊案就像變魔術一樣。一份提供給法國調查人員的證詞裡，法國稅務機關的技術人員蒂博・雷斯垂德（Thibaut

Lestrade）盛讚法爾恰尼巫術一般的精湛技巧：「只是按個鍵複製整個資料是不夠的。有來自好幾個不同系統的資料，我猜這些系統沒有互相連結。」由瑞士官方彙整的機密調查文件提到法爾恰尼「對電腦操作有些天份」，並形容他是個「自學有成者」，「很熱中資料探索和建立資料間的關聯」。

我問法爾恰尼怎麼避開系統內的警報，他說有一群志同道合的專業人士組成的神秘團體暗中協助他。「我們討論出一個策略。」他說。

「『我們』是誰？」我問。

「聯盟（the Network）這個組織。」他回答。

「聯盟裡多少人？」

他神秘地笑了笑。「我不想講太多細節。」

根據法爾恰尼的說法，聯盟是由一群「反逃稅鬥士」組成的鬆散組織，成員包括執法人員、律師和間諜。他告訴我，聯盟的成員不僅協助他竊取資料，也幫他逃到法國。自從法爾恰尼成為逃犯後，滙豐銀行進行了內部調查，堅稱法爾恰尼那套聯盟的說法只是騙人的花招。他只有一位同夥：三十四歲的黎巴嫩裔女性，喬治娜．米哈伊爾（Georgina Mikhael）。她於二〇〇六年九月到滙豐銀行擔任技術管理員一職。

目前回到貝魯特的米哈伊爾，嗓音低沉沙啞，有雙黑色的大眼睛和焦糖暖棕色的頭髮。她和法爾恰尼的辦公室相鄰，兩人變得親近。他們會一起外出買咖啡或一起去健身房運動。米哈伊爾知道法爾恰尼已婚，但她覺得法爾恰尼的婚姻生活並不快樂；她之後表示，法爾恰尼看著她的樣子，好像能「用他的雙眼吞噬我」。沒多久，他們便開始交往。

尼斯檢察官艾瑞克．德．蒙哥斐葉發現，法爾恰尼電腦硬碟裡的檔案被加密了——混合姓名、國籍、帳戶號碼和存款金額的資料無法辨識。於是，法國政府找了工作小組來解碼這些資訊，稱這項任務為巧克力行動（Operation

Chocolate）。〔「蠢名字，」一位法國官員承認，「但我們絕不會叫它滙豐銀行行動（Operation HSBC）」。〕二〇〇九年二月，二十位專家聚集在尼斯的飯店，開始工作，並密切諮詢法爾恰尼。法爾恰尼提供能將資料解密的密碼，並針對如何組織這些資訊提供建議。夏末時分，他們提取了一份名單，上面載明了持有滙豐銀行帳戶的十萬筆客戶姓名。時任法國預算部長的艾瑞克・沃爾特（Eric Woerth）宣布，法國政府取得三千筆納稅人的姓名，他們在瑞士持有未申報的帳戶。他表示，「這是我們首次獲得這種資訊：內容準確，有姓名、帳戶號碼和存款金額。出乎意料地好。」

瑞士政府威脅，如果法國拒絕交回資料，要終止一連串兩國政府之間與此案不相干的倡議行動。瑞士媒體《時代報》（*Le Temps*）將兩國因法爾恰尼文件引發的衝突形容為「外交大地震」。一位瑞士司法單位的官員寄給蒙哥斐葉一封用詞激烈的信，表示法爾恰尼不只傷害了匯豐銀行，他也攻擊了瑞士政府。「這很驚人，」蒙哥斐葉說，「傷害滙豐銀行就是傷害瑞士。」

瑞士政府的焦慮應該不令人意外。法爾恰尼將滙豐銀行的資料交給法國時，瑞士金融保密制度的傳統正遭受攻擊。二〇〇七年，任職日內瓦瑞銀的美國籍行員布萊德・柏肯菲德（Bradley Birkenfeld）聯繫美國政府，提供瑞銀如何協助上千名美國公民逃稅的資訊。柏肯菲德自己就提供多項「協助」逃稅的服務：他曾幫美國客戶買鑽石，然後裝在牙膏軟管裡走私到美國。「這是精心策劃的洗錢逃稅體制。」柏肯菲德對我說。「在瑞士，你能為所欲為。想帶著一億美元上門存款？行。祝你有個愉快的一天。再也不用繳稅。」儘管歐洲中央銀行（European Central Bank）考量到高面額紙鈔或許對為非作歹的人最有利，打算停止發行五百歐元面額的紙鈔，但瑞士依然有一千法郎面額（價值約一千美元）的鈔票。「他們有全世界最大面額的紙鈔——這代表什麼？」柏肯菲德說。「有一次，我在日內瓦用一張一千瑞士法郎的紙鈔去買一包口香糖。收銀員一點反應也沒有。」

因為柏肯菲德的揭露，瑞銀被迫交出超過四千五百名客戶的資料給美國國稅局，這些客戶都持有未申報的帳戶。瑞銀最終支付了七億八千萬美元的罰款。二〇〇八年，瑞士財政部長漢斯－魯道夫・梅爾茨（Hans-Rudolf

Merz）警告其他國家，如果想制裁瑞士的銀行保密制度，很可能會「吃鱉」。二〇〇九年 G20 峰會在倫敦舉辦時，境外帳戶和逃稅首次成為重要議題，標題是「銀行保密制度的終結」。保持中立是另一項瑞士重視的傳統，但如今瑞士最親近的鄰居們，都條理分明地列出，銀行保密制度是怎麼將瑞士的富裕建立在損害他國的利益之上。尼可拉斯·謝森（Nicholas Shaxson）在他的著作《金銀島：揭露境外金融和避稅天堂的危害》（*Treasure Islands: Uncovering the Damage of Offshore Banking and Tax Havens*）裡寫道，瑞士的銀行產業奠基在這樣的概念之上：「一個國家完全可以透過損害其他國家來致富。」

在這樣的政治脈絡之下，法爾恰尼名單可說是威脅到瑞士經濟的根基。這批文件最終落到法國手裡，但文件的內容牽扯到全球滙豐銀行客戶違法的細節。沒過多久，其他政府開始要求法國分享資訊。二〇一〇年年初，英國稅務機構詢問名單上是否有英國納稅人，巴黎的政府官員便交出幾千個名字。那年五月，義大利警方公開表示，他們收到義大利人的帳戶資料。這起醜聞遭披露時，時任義大利總理的貝魯斯柯尼（Silvio Berlusconi）正接受逃稅調查，而洩露給媒體的資訊顯示，從羅馬公主到珠寶商賈尼·寶格麗（Gianni Bulgari），很多重要的義大利人都在名單上。義大利媒體稱之為 elenco della vergogna——羞恥名單。法國政府也和阿根廷、俄國、加拿大、澳洲、瑞典、比利時、西班牙、德國和印度（隱藏的資金在這裡被稱作「黑金」）分享一部分的名單。

每個國家都爆發醜聞，但最大的餘震發生在希臘。那時的希臘正飽受全球經濟危機所苦。二〇一〇年，時任法國財政部長的克莉絲汀娜·拉加德（Christine Lagarde），將法爾恰尼名單上的兩千筆姓名交給希臘財政部長喬治·帕帕康斯坦丁努（George Papaconstantinou）。根據美國芝加哥大學（University of Chicago）和維吉尼亞理工學院暨州立大學（Virginia Tech）的學者進行的一項研究，二〇〇九年希臘納稅人未申報的收入金額高達兩百八十億歐元——大約相當於希臘百分之十二的國內生產毛額。希臘欠了龐大債務，為了還債，帕帕康斯坦丁努實施嚴格的樽節措施，刪減年金薪水、提高稅收，儘管很多希臘人財務狀況已經非常窘迫。這份名單詳列那些把財富藏在國外的有錢希臘人。然而，帕帕康斯坦丁努拿到這份名單後，政府卻沒有任何作為。二〇一二年，希臘雜誌《熱門檔案》（*Hot Doc*）刊出了這份名單。帕帕康斯坦丁努的繼任者伊凡傑洛斯・韋尼澤洛斯（Evangelos Venizelos）一開始聲稱他不知情。接著他公開表示，他在辦公室抽屜裡發現一個存有法爾恰尼名單的記憶卡，並把記憶卡交給相關部門。隨後，希臘檢方向巴黎索取一份希臘名單的拷貝，拿來和韋尼澤洛斯提供的資料比較，結果發現記憶卡裡的名單少了三個人。這三位都是帕帕康斯坦丁努的親戚，而帕帕康斯坦丁努則因為竄改名單被判緩刑。

雖然瑞士政府好像很快就明白法爾恰尼名單可能帶來的重大影響，滙豐銀行的管理高層卻很慢才意識到事情的嚴重性。瑞士的滙豐私人銀行負責人亞歷山大・澤勒低估了遭竊資料的規模，聲稱只有十位左右的客戶受到影響。直到二〇〇九年十二月，法國終於提供瑞士完整的名單時，澤勒才明白資料外洩的程度有多大。法爾恰尼隨後在歐洲被譽為「銀行界的艾德華・史諾登」時，滙豐銀行高層大為震驚，多少因為他們深信法爾恰尼這個人肯定更壞。

瑞士銀行業者公會（Swiss Bankers Association）有個跨國警示系統，讓身為會員的銀行能向其他銀行發出安全警示公告。這個系統由瑞士警方監管，而二〇〇八年二月時，一位警官注意到薩米拉・哈布（Samira Harb）這位女性的貼文。她在黎巴嫩的奧迪銀行（Bank Audi）上班。哈布表示，她最近和一名男子見面，對方打算出售一份資料庫，內容似乎是一間瑞士銀行私人客戶的資訊。隨後接受瑞士有關單位訪談時，哈布說自己被那名男子說的話嚇到，並向他挑明：「如果我有個帳戶，我的名字可能也會在上面。」這名男子很積極，來勢洶洶。他打開 Mac 電腦，給她看一份表格，上面載明帳戶號碼、地址和工作職稱。哈布問他是如何取得這份資料時，他閃爍其詞，只說他運用了「IT 技術」。哈布婉拒了對方的提議，但保留了他的名片。名片上的名字是魯本・阿－希迪亞克。他和一名同事結伴而行，一位叫做喬治娜・米哈伊爾的黎巴嫩女性。

在瑞士的伯恩，一位名叫勞倫斯・柏雅（Laurence Boillat）的瑞士聯邦檢察官展開調查。瑞士境內沒有魯本・阿－希迪亞克的紀錄，而且這個名字很像是捏造的。但喬治娜・米哈伊爾在日內瓦的滙豐銀行工作。柏雅暗中監視米哈伊爾，包括在她的手機裡裝竊聽器。她似乎沒有和希迪亞克聯絡，但柏雅確定米哈伊爾正和一位已婚同事談戀愛，那人叫埃爾韋・法爾恰尼。米哈伊爾和法爾恰尼之間的通話和簡訊超過五百多則。一次在Skype的即時通訊裡，米哈伊爾好像在詢問將客戶資料轉移到記憶卡上的事。「你犯罪了嗎？」她寫道。「寶貝你得小心。」快到二〇〇八年年底時，監視行動發現米哈伊爾打算辭職回貝魯特。柏雅和調查團隊便到米哈伊爾的辦公室與她對質。她馬上證實希迪亞克其實是法爾恰尼，並保證全力配合調查。

米哈伊爾向調查人員表示，法爾恰尼沒打算用這個資料庫揭發逃稅，而是要拿來賺錢。她解釋說兩人彼此相愛。法爾恰尼向她提過想離開西蒙娜。「我覺得埃爾韋很認真，我們能一起想像未來。」她表示。但法爾恰尼告訴她，他得籌錢好離婚。（米哈伊爾向調查人員表示，西蒙娜知道這段婚外情，並說：「我不曉得她是否知道資料的事。」）私人銀行往往都會互搶有錢的客戶。米哈伊爾向調查人員表示，她和法爾恰尼去貝魯特，是為了將滙豐銀行的客戶資料賣給另一家銀行。出發前，他們創了一家公司，總部設在香港，名叫巴羅韋（Palorva）——結合了米哈伊爾的綽號「巴羅米諾」（Palomino）和「埃爾韋」（Hervé）兩個字。他們建了一個網站，上面寫了句座右銘：「做生意是一門在不訴諸暴力的情況下，從別人口袋裡拿到錢的藝術。」網站寫說，透過在公開的資料庫裡搜尋資訊，巴羅韋這家公司能協助銀行開拓新客源。米哈伊爾說，法爾恰尼覺得他應該要有個假名。他想要「有個讓黎巴嫩與會者感到親近的名字」，他覺得魯本・阿－希迪亞克聽起來很阿拉伯。他們印了名片——希迪亞克是巴羅韋的「業務經理」——兩人也在二〇〇八年二月用西蒙娜・法爾恰尼的滙豐銀行信用卡買了機票，飛到黎巴嫩。

除了奧迪銀行，他們和其他四家銀行行員見面，但都沒談成買賣。根據米哈伊爾的說法，法爾恰尼途中隨身攜帶一瓶防身噴霧器和一把刀。（他否認這個說法，表示：「那不是我的風格。」）我問法爾恰尼，他是否有和米哈伊爾交往時，他說有，但加了句：「這沒什麼特別。」這對情侶在貝魯特的濱海大道（Corniche）上散步，米哈伊爾也將法爾恰尼介紹給她的家人認識。「喬治娜以為我們會在黎巴嫩定居。」法爾恰尼隨後在法國的一次取證時這麼說。「我讓她覺得我也這麼想。」但他們一回到瑞士，這段關係就惡化了。米哈伊爾注意到，每次銀行一有新進的年輕女性員工，法爾恰尼就會繞著她們轉，「就像他之前對我做的事一樣」。最後，她向瑞士調查人員表示，她「發現他還沒準備好要離開他妻子」。有一次，她寄了封電子郵件給他：「我們的協議沒有說你不該打電話給我！你週末好像過得很開心是吧。」看來，法爾恰尼開始和其他女性交往。瑞士調查人員之後分析了法爾恰尼的手機，發現一位聯絡人寫著「米莉安政府」。她是負責外國情報的政府單位裡的聯絡人嗎？還是聯盟的成員？他們調查了這個號碼，傳喚這位女性接受訊問，發現米莉安是個待在日內瓦，有份秘書兼職的哲學系學生——就如一位調查人員的形容，米莉安是法爾恰尼的「愛情俘虜」。（看來法爾恰尼很小心，覺得他妻子或情人可能會查看他的通訊錄，便在名字後面加上「政府」一詞消除他們的疑慮。）

米哈伊爾最後做出結論，她認為法爾恰尼是個「騙子、天生的操縱者、勾引者、泡妞專家」。法爾恰尼向我表示，他從沒打算在貝魯特出售那些檔案。相反地，他知道瑞士銀行業者公會的警示系統，並策劃了貝魯特那幾次會面，有意觸發警示系統，好誘使瑞士政府揭發滙豐銀行的罪狀。「那是個陷阱。」他說。

那為何要捏造假身分？法爾恰尼對我說，幾位聯盟的朋友對喬治娜．米哈伊爾這個人、對她突然出現在日內瓦產生懷疑。「這女人出現在那裡或許有其他原因。」法爾恰尼表示。「她完全沒有銀行方面的工作經驗。」

「你覺得她是替誰工作？」我問。

法爾恰尼誇張地環視了一下河馬餐廳，接著傾身靠近我，輕聲說：「真主黨。」

我看著他，滿臉困惑。有時候法爾恰尼會讓我想到七〇年代綜藝節目《銅鑼秀》（*The Gong Show*）的主持人恰克．貝瑞（Chuck Barris）。貝瑞在一九八四年出版的回憶錄《危險心靈的告白》（*Confessions of a Dangerous Mind*）裡，聲稱他曾擔任美國中央情報局（CIA）的殺手，秘密過著雙重生活。法爾恰尼表示，為了確定米哈伊爾是否為真主黨的間諜，便來測試她，看她是否有辦法幫他弄到「真實存在的假身分」——黎巴嫩護照和寫著假名的身分證。法爾恰尼同意，他的行為聽起來很詭異，但要知道，這段期間危險份子正要來日內瓦，並對他很感興趣。他說：「你有讀到那起綁架案的報導吧？」

二〇〇七年八月的某天晚上，法爾恰尼走在日內瓦尚佩區的街道上時，一輛廂型車突然停在他旁邊。他回憶道，車子裡的人「把我拉進去，拿槍對準我的頭」。「我發現自己身在一間教堂的地下室，面前站著兩個男人。一個紅髮大塊頭，講一口流利法語。一個棕色頭髮的傢伙，身材很健壯。」他們是以色列情報機構摩薩德（Mossad）的特務，而以色列政府需要他的協助。有個伊斯蘭教的內奸好像潛入了滙豐銀行。他願意幫忙揭露這位臥底嗎？他接受了這項任務。

至少這是法爾恰尼告訴法國媒體《尼斯日報》（*Nice Matin*）的版本。換我質問他這段經歷時，他的說法變了。「我朋友策劃了這起綁架。」他說。這是聯盟策劃的。

所以，其實綁架犯不是摩薩德的特務？

「那是真實發生的假綁架。」法爾恰尼回答。「就像真實存在的假身分一樣。」他坦承，滙豐銀行這一連串事件裡，「有很多真實存在的假事情」。

二〇一〇年，瑞士檢方向米哈伊爾問起摩薩德的故事。「我確定這個故事完全是捏造出來的。」她說。她已在巴黎對法爾恰尼提起誹謗訴訟，堅稱她不是恐怖份子也不是間諜，並表示法爾恰尼的指控「值得寫成一本犯罪小說」。（米哈伊爾透過律師婉拒我的訪問，但律師重申米哈伊爾從來不是真主黨成員，並提到她是基督徒。）

我在巴黎見了法國預算部長克里斯蒂安·艾凱爾（Christian Eckert）。針對法爾恰尼和他揭露的事情，艾凱爾寫了份報告。法國政府不僅拿法爾恰尼的資料到處誇耀，而且為了不讓法爾恰尼被瑞士起訴，在外交方面也下了不少功夫。艾凱爾承認，法爾恰尼「有點美化自己的故事」。但他肯定地說，相關財政單位已證實「他提供的資料是真的」。就算法爾恰尼說話不一定都很可靠，法國政府也一點都不後悔。我提到喬治娜．米哈伊爾認為法爾恰尼只是個騙子和小偷時，艾凱爾就像吞了顆壞掉的牡蠣一樣，臉色變得很難看，嘀咕了一句「Salope」——法文的「婊子」。

以前要讓瑞士感到慚愧，進而摒棄銀行保密制度的傳統，似乎是不可能的事。一九九〇年代，美國調查人員來找二戰期間猶太人被洗劫的資產時，瑞士政府拒絕提供資訊。不過，到了二〇一二年，法爾恰尼揭露的內幕和其他壓力，很有可能會瓦解瑞士對透明化的抵抗。二〇一〇年，美國國會通過一項法案，要求海外銀行提交美國客戶的姓名和帳戶細節給國稅局。與此同時，經濟合作暨發展組織（Organisation for Economic Co-operation and Development）修訂了一項關於多邊稅收徵管互助的公約，瑞士的銀行因此可能必須透露客戶資訊。二〇一二年二月，紐約檢方以洗錢和教唆逃稅，起訴瑞士最古老的銀行，威格林私人銀行（Wegelin & Company）。這間銀行被迫倒閉。德國總理梅克爾（Angela Merkel）則公開表示，如果瑞士的銀行從業人員要出售德國納稅人秘密帳戶的資料，德國政府樂意付錢購買。這番話惹惱了瑞士的政府官員。「如果這些資料有用，我們就應該拿到手。」她說。對瑞士的銀行來說，這開了很嚇人的先例。瑞銀執行長奧斯華．葛魯柏（Oswald Grübel，又譯作郭儒博）表示：「如果政府想買違法取得的資料，那樣會改變這個世界。」

二〇一二年六月三十日，法爾恰尼去了法國南部的塞特港，搭上一艘前往摩洛哥的渡輪，這艘渡輪中途會停靠西班牙。他去西班牙的理由一直都不清楚。我在巴黎聽說，那裡有個女人。但法爾恰尼一如既往地說了一個更有趣的解釋。二〇一二年夏天，美國參議院的調查結果出爐，調查顯示，滙豐銀行涉及洗錢，協助墨西哥販毒集團的營運。根據法爾恰尼的說法，他是這項調查裡重要的消息提供者，而且美國政府裡的支持者建議他離開法國。

「那段時間很危險，有人要殺我。」法爾恰尼對我說。（一位參與參議院調查的職員對我說，法爾恰尼不是這起調查的消息提供者。）

第二天一早，渡輪抵達巴塞隆納。法爾恰尼下船，出示護照給西班牙的移民官員時，就被逮補了。他之前在巴黎很安全，因為他有法國護照，而且法國很少引渡自家公民。但瑞士已請國際刑警組織（Interpol）發出紅色通報（Red Notice）——一種國際逮捕令——而西班牙選擇配合這項要求。這讓西班牙政府的處境有點尷尬，因為二〇一〇年他們才向法國索取法爾恰尼名單。馬德里的稅務稽查員之後進行一連串調查，追查利用滙豐銀行掩飾財富的西班牙重要人士。桑坦德銀行（Banco Santander）執行長艾米利歐・博汀（Emilio Botín）被查出持有匯豐銀行帳戶，他和其他家族成員必須補繳將近三億美元的稅款。

法爾恰尼僱了律師幫忙辯護，希望法院駁回引渡的請求。等待裁決的過程中，他被送到位於馬德里南部的巴爾德莫羅監獄。對於這段插曲，法爾恰尼不以為意，並對我說：「這對我的家人來說很難熬，但我有點像個超人——對我來說還好。」坐牢的日子裡，他和埃塔（ETA）成員打壁球，埃塔是西班牙巴斯克自治區分離主義的武裝組織。一位神職人員借他一本講維基解密創辦人朱利安・亞桑傑（Julian Assange）的書，他看得津津有味。

二〇一三年四月的引渡聽證會上，法爾恰尼帶著厚重的眼鏡和可笑的棕色假髮現身。這身變裝是為了他的人身安全，他在回憶錄裡解釋：「我唯一害怕的是，在我抵達法院之前，就有人把我帶走。」主張自己不應該被引渡回瑞士時，法爾恰尼表示願意協助西班牙政府打擊稅務詐欺，他說：「最重要的是為金融透明化而戰。」一個月後，西班牙法院裁定不引渡。法院主張，因為西班牙法律沒有銀行保密制度，在瑞士違反銀行保密制度，對西班牙來說並不算是犯罪。

法爾恰尼堅稱，那五個半月待在西班牙監獄是他宏大計畫的一部分。「我知道我會被關。」他和我說。「但我得逃離可能身陷的危險，開始對抗金融保密制度。」

但為何西班牙會比法國安全？對於我無法理解他的邏輯，法爾恰尼面露不耐，他說：「因為我會待在監獄裡。」

出獄後，法爾恰尼回到法國，受警方保護。尼斯檢察官蒙哥斐葉向《時代報》表示，對於瑞士試圖敗壞法爾恰尼的名聲，應不予理會。「好像沒有人懷疑我們手上的東西。」他說。「我們不能質疑這份資料。」法爾恰尼對我說，他家遭人闖入，而且因為他臭名昭彰，和女兒待在義大利的西蒙娜被開除了。她原本在鞋店當店員。在幾次訪問裡，針對他的敵人，他語帶恐嚇。「我已經變得越來越具威脅性。」二〇一三年他向《世界報》表示。

法國政府表示，他們從未因為法爾恰尼的資料支付他任何報酬。他也表示，任何使用他的資料追查逃稅者的政府，並沒有支付他任何報酬。不過，就算法爾恰尼有獲得報酬，這樣的交易也不是沒有先例。二〇〇六年，列支敦斯登私人銀行LGT集團（LGT Group）的前員工，向德國情報單位提供上百個帳戶的詳細資料——據說收到五百萬歐元的獎金。對這種交換、對梅克爾支持這類交易，有些德國的政府官員表示不安與不適。德國基督教民主黨（Christian Democrats）經濟委員會主席庫特・勞克（Kurt Lauk）表示，「我們在示意這些資料竊賊：我們會買下你們偷的東西。」

喬治娜・米哈伊爾這麼評論法爾恰尼：「他的想像力爆棚。多到氾濫。」他那些關於對抗逃稅的駭客聯盟、關於特務的古怪故事，似乎是妄想症患者的奇想，或是寓言作家漫天拉雜的胡扯。然而，二〇〇八年三月，法爾恰尼在逃離日內瓦之前，寄了電子郵件給英國和德國的情報局，宣稱：「我手上有一家私人銀行的所有客戶名單，這家銀行是全球前五大私人銀行中的一家。」（這兩國的情報局都沒有抓住這次機會。）他也聯繫了一位名叫尚－派崔克・馬蒂尼（Jean-Patrick Martini）的法國稅務稽查員。二〇〇八年夏天，法爾恰尼在靠近瑞士邊境的法國村莊，秘密和馬蒂尼見了一次面。馬蒂尼帶了一位心理學家協助他，判定出法爾恰尼好像很信任這份名單的來源。在隨後的取證裡，馬蒂尼作證：「他說稅務詐欺一直都有，銀行參與了大量違法行為，而且阻止這一切很重要。我一直深信，他的行動出自於純粹的公民責任。」

二〇〇八年十二月法爾恰尼抵達法國後，在尼斯機場的咖啡館裡再次和馬蒂尼見面，交出好幾張內含滙豐銀行資料的光碟。蒙哥斐葉和他的團隊突擊法爾恰尼父母的公寓時，他們還沒發現，另一位法國官員已經擁有名單的拷貝。喬治娜．米哈伊爾表示，法爾恰尼向外國政府聯繫，只是為了確保他能賣出資料：如果無法和銀行交易，就在情報圈找買家。他早就知道德國政府付給LGT集團洩密者數百萬元。英國影人班．路易斯（Ben Lewis）於二〇一五年推出的紀錄片《法爾恰尼的稅收炸彈》（*Falciani's Tax Bomb*）裡，米哈伊爾表示，正是列支敦斯登私人銀行洩密的這樁交易，「讓他想到把資料賣給情報單位」。

當然，有人既想揭發違法行為，也想獲得獎勵。政府和吹哨者之間的協議，往往在道德層面上看起來不清不楚。二〇〇九年，布萊德．柏肯菲德這位洩漏瑞銀非法行徑的美國籍銀行員，因為曾協助客戶逃稅，被送進監獄，關了兩年半。（瑞銀付了罰款，但沒有其他主管因為柏肯菲德揭露的不法行為而坐牢。）柏肯菲德出獄時，他收到政府給他的一億〇四百萬美元獎金——這是美國國稅局至今發出的最高獎金。

在全世界的機場航廈裡，滙豐銀行張貼著自家廣告，強調滙豐銀行無遠弗屆，橫跨各大洲、遍及各文化。有個圖像出現兩次，搭配不同的廣告文案：圖片同樣是刺青的手，一個配了「新潮」（trendy）這個詞，另一張則配上「傳統」（traditional），意味著全世界的旅客需要一個在文化感知層面上，能掌握不同差異的跨國銀行。隨著法爾恰尼際遇的起伏，我們透過Skype保持聯繫，而我常想到這幾則廣告。在法國，法爾恰尼看上去是個吹哨者；在瑞士，他卻看上去是個小偷。「我被他的魅力騙了。」米哈伊爾在紀錄片裡說。「不過，我依然很驚訝，整個世界竟然都被他迷住了。」

二〇一四年十二月，瑞士檢方以產業間諜和資料竊取的罪行起訴法爾恰尼。對此，他似乎泰然自若。他無法理解，為什麼有人會質疑他動機的純粹程度。「我做每件事都直接了當。」他和我說。

二〇一四年年初某日，有人在巴黎《世界報》（*Le Monde*）大樓的接待櫃檯上放了一個記憶卡。裡面有一份法爾恰尼資料的拷貝。在那之前，名單好幾個部分都被公開，但沒有任何媒體掌握完整的檔案。檔案的資料量之大，處理不來的《世界報》編輯便和國際調查記者協會（International Consortium of Investigative Journalists）一起仔細爬梳、搜查。二〇一五年二月，瑞士洩密案（Swiss Leak）這個專案成了好幾篇報導，出現在全球各地的報紙上。這份名單之所以新奇、不尋常和意義重大，更在於資料量的龐大，而不太在於資料內容證實了個別人士的貪腐行徑。不過，報導個別人士——其中很多都很有名——實在大快人心。《衛報》和其他瑞士洩密案的參與者揭露，法爾恰尼名單裡有政治人物、軍火商，以及牽涉到資助恐怖份子、交易血鑽石的人。滙豐銀行執行長歐智華承認，這份名單成了「羞恥的來源」。

被揭露的客戶他們的回應有時候很好笑。知名法國廚師保羅・博古斯（Paul Bocuse）表示，他「忘了」一個存有兩百二十萬歐元的帳戶。大衛・鮑伊向《衛報》解釋，雖然他住在曼哈頓，但打從一九七六年起，他一直都是瑞士的合法居民。一位出現在名單上的人，好萊塢演員約翰・馬可維奇（John Malkovich），則提告《世界報》，表示他沒有任何未申報的滙豐銀行帳戶。幾位被揭露的客戶則面臨嚴重的後果。舉例來說，法國法院裁定著名時裝及香水品牌蓮娜麗姿（Nina Ricci）的繼承人，七十三歲的雅麗特・麗姿（Arlette Ricci），因稅務詐欺坐牢一年。不過，絕大多數被發現持有未申報帳戶的人未被起訴。他們反而和各自的政府達成和解，有一系列租稅赦免的措施讓他們免於受罰。

將近三千個帳戶持有者為美國納稅人。我和法國預算部長克里斯蒂安・艾凱爾會面時，他出示了一份官方文件，文件顯示在二〇一〇年年初，美國政府曾要求法國幫忙取得名單上美國客戶的資料。二〇一二年五月，四位美國國稅局的探員和一名美國司法部的檢察官飛到巴黎，審問法爾恰尼關於資料庫的事。根據會面的文字紀錄，法爾恰尼說：「我任你們差遣。」

針對審問法爾恰尼一事，美國司法部拒絕發表意見。我依據《資訊自由法》（Freedom of Information Act），針對國稅局可能會如何使用法爾恰尼名單來追查逃稅者一事，向國稅局要求提供詳細資訊，但國稅局拒絕了我的申請。不過，國稅局在二〇〇九年推行了一項計畫，允許持有未申報帳戶的美國公民，主動提供政府帳戶的詳細資料並支付拖欠的稅款，不用擔心刑事處罰。國稅局官員堅稱，藉由這項計畫，他們已追回超過八十億美元。顯然，有些以這種方式償付的人，出現在法爾恰尼的名單上。確實，有證據顯示，美國政府利用這份名單追查美國納稅人。一樁聯邦法院審理的訴訟案起訴了一對紐澤西州的夫妻，伊萊・夏柏（Eli Chabot）和芮妮・夏柏（Renee Chabot）。根據書面證詞，政府在二〇一〇年四月收到一張光碟，內含一部分的法爾恰尼名單，而且這份資料顯示夏柏夫婦有好幾百萬美元存在瑞士滙豐銀行的幾個帳戶裡，這些帳戶都和一間名叫皮爾薩商務股份有限公司（Pelsa Business Inc.）有關。夏柏夫婦引用美國憲法第五修正案（the Fifth Amendment）[ii]的權利，拒絕遞交帳戶相關資訊給國稅局。去年，美國上訴法院判決憲法第五修正案在此並不適用。不過，這個案子有點麻煩。法爾恰尼的紀錄片裡，曾任美國國稅局執法人員的維克多・宋（Victor Song）表示，美國司法部裁定，法爾恰尼的資料在美國法院無法作為證據，因為這份資料「是從歐洲的銀行偷來的」。

去年十一月，在瑞士貝林佐納（Bellinzona）的聯邦法院，檢察官卡洛・布萊蒂（Carlo Bulletti）主張法爾恰尼並不是社會改革的鬥士。「這整個勇者救星的概念全部都是謊言。」他說。法爾恰尼因為產業間諜和資料竊取被起訴，訴訟在他缺席的情況下進行審判。法爾恰尼的一位前上司作證表示，法爾恰尼曾埋怨日內瓦的生活開銷很高，抱怨他從沒超過十三萬美元的薪水。滙豐銀行律師羅杭・莫雷永（Laurent Moreillon）稱法爾恰尼是「資料竊賊」，並說這起資料外洩重挫匯豐銀行，使帳戶持有人難堪，還導致很多人離婚。

法爾恰尼的律師馬克．亨澤林（Marc Henzelin）則否認他的客戶曾攻擊銀行內部的系統。這筆資料可說是「掉進他口袋裡」，讓法爾恰尼對銀行內部軟體的脆弱感到「困擾」。亨澤林承認，貝魯特之旅不是「很光彩的經歷」，但他認為法爾恰尼把這個詭計玩得太過頭了。他堅稱：「這一切都是電影劇本的一部分，但沒有很認真。」法爾恰尼曾到黎巴嫩兜售資料，亨澤林說，但只是要賣從網路上取得的資料。亨澤林主張：「沒有跡象顯示，他在貝魯特想賣的資料正是從瑞士滙豐銀行拿到的資料。」原告律師聲稱，上千名尊貴的客戶他們的隱私遭到侵犯。然而，亨澤林指出，這和名單裡罪證確鑿的具體細節很難並存。名單上六百二十八位印度客戶裡，只有七十九人向印度政府申報他們的財產。阿根廷和希臘的比例也差不多。經濟學家加柏列．祖克曼估計，百分之八十存放在境外避稅天堂的財產都沒申報。亨澤林這麼作結，逃稅對瑞士的滙豐銀行來說，不是枝微末節的業務，而是這間銀行存在的理由。

瑞士一直以來對違反銀行保密制度的人都非常嚴厲：曾任職瑞士寶盛銀行（Julius Bär）的魯道夫．艾莫（Rudolf Elmer），因為將逃稅和其他違法行為的資料交給維基解密，於二〇一一年受審。艾莫被關了兩百天，期間有時候是單獨監禁。他表示，他的家人被銀行雇用的偵探騷擾。在瑞士的社會，違反銀行保密的協定，不只會有坐牢的風險，也可能被排擠。

審判進行時，法爾恰尼在迪沃納萊班舉辦的研討會上發表演說，藉此嘲弄瑞士檢方。迪沃納萊班是個法國的溫泉小鎮，距離瑞士邊境才一點六公里。研討會的主題是「維基解密時代下的調查報導」。法爾恰尼現身會場時，他看上去沒有刮鬍子，黑髮向後梳得平整，身穿黑色西裝外套配牛仔褲，一身古銅色的肌膚。閃光燈出現時，他自覺地展現出電影巨星出席首映會時會有的神態和舉止。「我的所作所為持續展現出成效。」法爾恰尼公開表示。「我正與政府官員、調查人員合作。」法爾恰尼雖待在法國，不過他也加入了名叫X黨（Partido X）的西班牙新政黨，於二〇一四年代表該黨角逐歐洲議會議員，主張反貪腐和透明化。（這個黨沒有贏得任何席次。）他也宣傳《全球金融大地震》這本回憶錄，他在書中講述了他的冒險奇遇，並呼籲國際金融體制要有更健全的問責機制。

這本書很奇特。法爾恰尼寫道，聯盟「大約有一百人，為相同目標努力」。他聲稱，逃離瑞士時，聯盟的特工透過一支無鍵盤的電話和他聯絡，這支電話「是白色的，信用卡的大小，輕薄到能藏在書頁裡」。這個裝置聽起來像蘋果公司（Apple）十年後會賣的商品，但法爾恰尼說這是聯盟專屬的科技。在貝魯特時，他「一直冒著被綁架的風險」。在西班牙時，強大的敵人有辦法「製造一場假事故幹掉我」。他提到在火車月台上的秘密會面，提到小心翼翼保護他的保鑣，這些保鑣行動謹慎到似乎只有法爾恰尼會注意到他們。

在一場記者會上，記者問法爾恰尼，西蒙娜怎麼處理他的問題。「她很勇敢，一直都做得很好。」他說，接著自動加了一句：「我從來沒有其他女人。」他提到自己沒和家人一起生活了，起初他形容這是「一種生活方式的選擇」，接著解釋說，他是想保護他們的安全。「我們透過 Skype 聯絡。」他表示。這場記者會舉辦的飯店也是一間賭場。法爾恰尼在那裡看起來很自在。

幾天後，在貝林佐納，律師和主審法官花了一早上辯論，有鑒於法爾恰尼決定杯葛自己的審判，他在迪沃納萊班的發言是否能取代證詞被法院採納。（討論的結果是不能採納。）二〇一五年十一月二十七日，法爾恰尼因情節重大的產業間諜罪，被判五年徒刑。滙豐銀行發表聲明，慶祝這項判決，並表示「本行一向主張法爾恰尼為了販賣客戶資料，有系統地竊取這些資料」。

這是瑞士法院針對違反銀行保密制度的罪行，判得最重的一次。但瑞士政府顯然在打一場無望取勝的仗。法爾恰尼的律師馬克．亨澤林提到，他的客戶被起訴的同時，瑞士已屈服於想徹底終結銀行保密制度的國際壓力。「被審判的不是法爾恰尼，」亨澤林說，「是瑞士。」法國預算部長艾凱爾對我說：「我認為，瑞士現在肯定覺得銀行保密制度不太有未來。」

因為法爾恰尼揭露的內幕，法國打算起訴滙豐銀行，控告滙豐銀行向法國國民進行違法的直效行銷、洗錢和協助稅務詐欺。不過，在滙豐銀行同意為「組織缺失」道歉，並支付顯然很好應付的四千三百萬美元罰款後，瑞士當局停止了一項針對滙豐銀行的調查。（去年滙豐銀行的淨利超過一百三十億美元。）

我向柏肯菲德這位前瑞銀行員，問起滙豐銀行付給瑞士政府的罰款，他笑了。「我有朋友在滙豐銀行上班，他處理的帳戶金額比那筆錢都還要多。」他說。整個體制已被不當手段控制住了，柏肯菲德驚呼：「瑞士政府不能調查滙豐銀行。這樣會是在調查他們自己！」

法爾恰尼的判決出爐後幾天，我去了趟日內瓦。這個城市充滿新氣象，繁榮又富裕。黃昏來臨時，霓虹燈閃爍著銀行的商標，鐘錶公司的招牌在湖邊亮著，湖面看起來像玻璃般清澈透明。滙豐銀行原本座落在湖邊，那棟宏偉建築的主人曾是艾德蒙・薩夫拉。滙豐銀行最近則搬遷到一排外牆刷成白色的建築物裡。沒有主管和我會面，不過有位看上去一臉困擾的英國籍媒體發言人，帶我穿過以玻璃為室內裝潢基調的公司內部，來到位於高樓層的會議室裡，並向我保證，滙豐銀行有所改變。滙豐銀行幾乎將法令遵循主管增加了兩倍，擴編至九千人，並關閉了幾個國家的分行。「帳戶的數量經過管理後變少了。」他說。

那些滙豐銀行賺不到的錢會去哪裡？他說，到其他銀行，或其他國家。錢會移動，瑞士也不是唯一的避稅天堂。如果在那裡藏匿財富不切實際，這筆錢財便可能會轉移到新加坡或美國。美國國際透明組織（Transparency International U.S.A.）[iii]的副總裁詩露蒂・沙（Shruti Shah）最近發現，在美國，像德拉瓦州和內華達州這些地方，設立匿名空殼公司比申辦借書證還容易。重整瑞士銀行業看起來不太可能會減少逃稅行為，因為富有的客戶只需要把錢轉到管很鬆的地方，或把現金轉換成藝術品、黃金或其他容易洗錢的資產，一樣能逃稅。《紐約時報》的文章評論，藉由和單一協助逃稅的銀行達成協議來打擊逃稅，就像「堵住濾盆上的一個洞」一樣。

滙豐銀行的公司文化是否真的改變了，目前尚無定論。滙豐銀行被揭露替販毒集團和被制裁的政權服務後，美國司法部指派一位獨立監督員來評估滙豐銀行改革的努力。去年夏天，監督員匯報，匯豐銀行員工依然不太配合內部稽核。主管對公司的法令遵循制度依舊抱持相同的態度：「不相信、不承認、規避和拖延。」

蘇·雪萊曾任滙豐銀行在盧森堡的法令遵循主管，她的銀行職涯從米特蘭銀行（Midland Bank）開始，青少年時期便在米特蘭銀行任職，撕毀舊的支票簿。米特蘭銀行於一九九二年併入滙豐銀行後，她便替開曼群島的滙豐銀行創建法令遵循部門。她於二〇〇九年調至盧森堡，對這家私人銀行馬虎鬆散的預防措施感到詫異，這裡對法爾恰尼洩密案的反應也讓她吃驚。「我看到的改變措施更是為了保護資料，讓員工更難把資料帶出去，而不是為了處理更深層的問題，也就是逃稅。」她向我表示。在一連串的報告裡，雪萊針對可疑的客戶、交易，以及銀行縱容的公司文化，向管理高層和董事會表達疑慮。雪萊表示，她得到的回應是「被霸凌、被孤立、被忽視」。到二〇一三年，她壓力過大，身心俱疲，覺得自己提出的警示和顧慮持續惹惱上司，而且自己也無法找出其他違規行為。以雪萊自己的話來說，她「有點精神崩潰」。她待在家休養時，滙豐銀行在沒有任何解釋的情況下將她開除。

雪萊在銀行業做了三十六年。她很肯定，自己被開除是因為她拒絕忽視銀行法令遵循的問題。二〇一四年，她打贏了不當解僱的官司。雪萊的故事和卡洛琳·溫德（Carolyn Wind）很像，溫德負責滙豐銀行在美國的法令遵循和洗錢防制工作，並於二〇〇七年遭開除。溫德向美國參議院的小組委員會表示，她之所以丟了工作，因為她努力爭取「更多處理法令遵循工作的資源」。

二〇一六年四月爆出巴拿馬文件，這讓法爾恰尼名單相形失色。一個匿名來源公布了和莫薩克資本·馮賽卡律師事務所執業相關的一千一百五十萬份文件，揭露好幾位現任或前任國家元首的金融交易，並突顯出全球的權貴利用空殼公司和避稅天堂來掩蓋自身財富有多頻繁、規模有多大。洩露的文件載明，滙豐銀行和其子公司在莫薩克資本·馮賽卡律師事務所的協助下，創立了大約兩千三百間空殼公司。根據《衛報》的報導，敘利亞內戰加劇後，在滙豐銀行的協助下，拉米．馬赫盧夫（Makhlouf Rami）在瑞士的銀行帳戶沒有遭到凍結。馬赫盧夫是敘利亞獨裁者巴夏爾．阿薩德（Bashar al-Assad）的表弟。（從二〇〇七年起，馬赫盧夫的家人就被美國政府列入黑名單。）

英國下議院的委員會傳喚好幾位資深的滙豐銀行主管，請他們說明滙豐銀行的違法行為。問及為何沒有高階主管因為近期一連串的醜聞被開除，集團董事長范智廉（Douglas Flint）表示，他「一向支持個人負起相應的責任」，但覺得這次的情況「要某幾個人負責」並不妥當。匯豐銀行執行長歐智華表示，自從他於二〇一一年接管後，他實行「全面徹底」的改革。不過很難將他看作改革的推動者。下議院委員會委員問他選用什麼方式收取銀行支付他的報酬，歐智華承認，多年來都是透過他在巴拿馬設立的匿名空殼公司收取——這家公司由莫薩克資本．馮賽卡律師事務所設立。歐智華堅稱，他一直都有確實繳稅，以巴拿馬空殼公司收取報酬只是為了「隱私」。不過他承認，自己「無法說服任何人，這些安排不是為了逃稅」。

目前法爾恰尼待在巴黎，巴拿馬文件揭露的那週，我透過 Skype 和他通話。他對我說，他很支持這次的洩密，但他懷疑未來是否能有更大的改變。他說，銀行業只會進行最少的改革來平息怒火。管理階層接著會找出應付新監管環境的方法，繼續耍手段得利。法爾恰尼表示，銀行員「適應能力」很強。

他提到布萊德．柏肯菲德因為揭發瑞銀而獲得鉅額獎金，並說法國需要向美國學習，為吹哨者創造誘因。法爾恰尼看起來有點沮喪，而我突然意識到，為了不用蹲瑞士大牢，而披上提倡金融透明化的戰袍，這麼做有個問題，那就是你得繼續穿著這身戰袍，不能脫下。我問法爾恰尼，這樣把自己的人生搞得天翻地覆是否值得。他遲疑了一下，然後說值得。「以前大家想到瑞士時，是巧克力、手錶和有錢人。」他說，「現在想到的則是腐敗。」

本文於二〇一六年刊登於《紐約客》。法爾恰尼最後落腳西班牙，受聯合國資助的保安措施保護。二〇一八年，他在馬德里再次被捕，因為瑞士政府持續要求將他引渡。但西班牙法院再次拒絕引渡他。法爾恰尼被捕時，正要在大學發表演說。演講的題目是「當說真話是件英勇的事」（When Telling the Truth Is Heroic）。

i．譯註：確保銀行的經營合乎法律規範在台灣的法律稱為「法令遵循」（compliance）。

ii．譯註：美國憲法第五修正案規定，任何人不得被迫於刑事案件中自證其罪。夏柏夫婦以此為依據，既不作證也拒絕提供相關文件。

iii．譯註：美國國際透明組織於二〇一七年改名為廉正聯盟（Coalition for Integrity），和目前稱作國際透明組織（Transparency International）的非政府組織是不同團體。

第九章　馬貝拉王子——逮捕狡猾國際軍火掮客的數十年奮戰

吾善宮（Palacio de Mifadil）是富裕闊綽的敘利亞軍火商蒙澤・卡薩（Monzer al-Kassar）名下幾棟房產之一，那是一座白色大理石豪宅，俯瞰西班牙南部海岸的度假小鎮馬貝拉（Marbella）。萋萋芳草環繞，還有三隻獒犬巡邏視察，吾善宮有一座可以停放十二輛車的車庫，還有一座四葉草形狀的游泳池。二〇〇七年一個曉日明煦的早晨，兩位瓜地馬拉人來到大門口，一位名喚卡洛斯（Carlos），另一位名喚路易士（Luis）。卡薩的一位幫眾，引導他們穿過圓弧形的大理石階梯，來到宏敞的會客沙龍。卡薩已經在等他們。他同意賣給他們值數百萬美元的武器，供應給哥倫比亞革命武裝部隊（Fuerzas Armadas Revolucionarias de Colombia, FARC）——這是一支南美洲的毒品叛亂組織，也是美國政府認知中的恐怖組織。

卡薩三十多年前移居西班牙，此後慢慢變成世界上販售數量最多的軍火商之一。雖然他擁有一家從事合法業務的進出口公司，但他也是無人不知的非法販運份子，願意無視國際制裁和禁運限制，供輸軍火給流氓國家和武裝團體。歷來他遭控犯下違法犯紀的事項可謂罄竹難書：助長巴爾幹半島諸國以及索馬利亞的衝突，為伊朗採購中國製反艦巡弋飛彈的零件，在二〇〇三年美國入侵前夕為伊拉克軍隊提供補給，以及使用私人飛機為海珊（Saddam Hussein, 1937-2006）從伊拉克暗渡十億美元到黎巴嫩。二〇〇三年，聯合國的一份報告譴責他為「國際禁運破壞者」。二〇〇六年，伊拉克新政府公布頭號通緝犯名單，卡薩名列第二十六位。（一名伊拉克官員說，他就是叛亂背後「財務和後勤支援的主要來源之一」。）有關當局聲稱卡薩涉及走私毒品，資助恐怖組織，並下令暗殺多位與他對著幹的死對頭和證人。他遭英國驅逐出境，而在法國，他因為提供一九八二年攻擊巴黎猶太區一家餐廳所使用的爆炸物，被指控犯下恐怖主義罪行並遭缺席定罪（convicted *in absentia*），已經被通緝了三十年。

卡薩喜歡嘻皮笑臉否認這些對他的指控，說自己從來沒有販毒（「我甚至連菸都不抽！」），還聲稱他早就金盆洗手不做軍火貿易了。但除了波斯地毯和絹花之外，會客沙龍裡還放了幾幅裱框的照片做為裝飾，照片中可以看到與他合影的有海珊精神變態的兒子烏代（Uday Hussein, 1964-2003），還有卡薩多年交情的老朋友阿布阿巴斯（Abu Abbas, 1948-2004），過去曾是巴勒斯坦解放陣線（Palestine Liberation Front）的領袖，一九八五年義大利遊輪阿基里斯桂冠號（Achille Lauro）劫持事件即由他策劃。「我怎麼知道誰好誰壞？」卡薩談到他的幫眾，「對你來說的壞人可能是對我來說的好人。」

卡薩和妻子菈格姮（Raghdaa）還有他們的四個孩子住在馬貝拉。他彬彬有禮，穿著時髦，這種顯擺的方式呈現一種壞胚子調調的世界主義：他會說六種語言，持有六本護照，他名下的賓士車數量猶如一支車隊，還有一架供他自己駕駛的私人飛機。如果來吾善宮過夜的客人是抽菸者，那麼他會為客人準備特別捲製的古巴雪茄：雪茄上的紙標印著 M. al-Kassar，還別著他兒子的小照片。他經常去附近巴努斯港（Puerto Banús）的賭場玩二十一點，總是用同樣折了角的支票支付換籌碼的錢，等到他再用籌碼兌換賭贏的錢，那時候支票也會一併退還給他。他把這事拿來向朋友炫耀，以表示他是多厲害的賭徒。「我會在當地的酒吧或舞廳看到他，很顯然就是無憂無慮的樣子，」過去派駐在中東和西班牙的前中情局官員懷曼（Sam Wyman）告訴我。多年來卡薩與各國政府及其情報單位培養出深厚的交情，因為這些單位的幹員往往與黑社會所有往來。結果是某種程度的相安無事，有罪不罰。「因為朝裡有人，所以在某些方面，他可以說是一個備受保護的人，」懷曼說。這些人脈再加上有力的法律顧問，使卡薩得以虎口餘生免受牢獄之災。在阿拉伯世界，他被稱為孔雀（the Peacock）。在歐洲，媒體稱他為馬貝拉王子（the Prince of Marbella）。

「歡迎歡迎！」（Bienvenidos!）卡薩一邊走進會客沙龍一邊說。一個六十開外的英俊男子，高挺的鼻子，內雙的眼睛，剪得乾淨俐落的灰色短髮，一身剪裁講究的訂做藍色西裝，搭配一條H形皮帶頭的愛馬仕（Hermès）腰帶。「想要喝點什麼？跟我說。」他問了問兩位來客這一趟路上都順利嗎，而且稱卡洛斯一聲「小兄弟」。

「我們得好好談談。」卡洛斯說。他向卡薩解釋，他和路易士不僅對機關槍和火箭推進榴彈發射器感興趣，他們還想要地對空飛彈，可以用來擊落出現在哥倫比亞的美國直升機。卡薩向他們拍胸脯，保證會把他們想要的東西弄到手。「看看伊拉克正在發生的事情，」他說，「這些飛彈拿來打什麼都有用，也可以打那些直升機。」卡薩年邁的白色貴賓犬瑜伽（Yogi）在沙龍晃來晃去，走進走出，這一刻三個男人討論的是用電話談生意有多危險。卡薩吩咐兩位客人就打他的專線找他，他告訴他們，「我有全世界最安全的電話。」

談話之間的某一個時機，卡洛斯抱怨美國干涉FARC在哥倫比亞的活動。「嗯，」卡薩低聲表示贊同，「美國干涉的是全世界。」卡薩這句話恐怕遠比他自己以為的更加貼切，因為就在他談判交易的時候，他說一字一句都已被側錄下來。他已經成為美國緝毒局一個秘密小組精心策劃的國際臥底行動的對象。卡洛斯和路易士就是為美國工作的臥底。

十一月某一天，我驅車前往位於華盛頓特區郊外一處普通辦公園區的緝毒局特別行動處（Special Operation Division, SOD）總部。我去那裡是為了會晤索雷斯（Jim Soiles），他是一名查禁毒品幹員，花了二十年時間追捕卡薩。索雷斯高頭大馬，氣宇不凡，穿了套三件式的西裝，領帶上別了只領帶夾，手腕上戴了條金手鏈。他的頭髮向後梳紮成馬尾，黑白相間的鬍鬚修剪得整整齊齊。索雷斯說，他是在麻薩諸塞州一個「被毒品蹂躪」的社區裡長大。東北大學（Northeastern University）畢業後他當了幾年警察，最後加入緝毒局，於一九八二年奉派前往紐約市。緝毒局在六十三個國家設有八十四個辦事處，所擁有的幹員和線人網路，其龐大的程度非比尋常。由於毒品和武器交易、恐怖主義和其他國際犯罪之間往往存在一些關聯，因此特別行動處身為緝毒局內的菁英，有時便會從事多重司法管轄領域的調查，但最後都與毒品無關。「我們從查禁毒品開始，」索雷斯解釋，「但隨著故事的進展，我們就會被引導到別的方向。」

一九八〇年代初期，紐約是索雷斯口中的「門戶城市」。海洛因和印度大麻（hashish）從中東先走私到西歐，然後進來紐約，再以紐約為集散地分送到美國各個角落。那時索雷斯還是年輕的幹員，逐一審問他們逮捕的走私毒販，其中許多人拐彎抹角提到一個名叫卡薩的敘利亞人。「我們逮到的每個人都會提到他的名字。」索雷斯回憶。他們都說卡薩是歐洲最大的毒販。儘管這個名字拼法不一——Manzer、Mansour、Kazar、Alkassar——但卡薩這個名字一次又一次被提及，最後出現在超過七十五起緝毒局的調查中。索雷斯的一位同事把卡薩和凱撒·索澤（Keyser Söze）相提並論——一九九五年電影《刺激驚爆點》（*The Unusual Suspect*）中神秘的半虛構反派。

卡薩出生於一九四五年，在大馬士革郊外的內貝克鎮（Nebek）長大。他把自己說成是「農民，農民的兒子」，但他的父親其實是一名外交官，曾經擔任敘利亞駐加拿大和印度大使。卡薩習法，但從未執業；時至一九七〇年，他在義大利東北部的里雅斯特（Trieste）因盜竊被捕，國際刑警組織（Interpol）開始有他的記錄。「一九六七年六日戰爭之後，許多非常富有，非常有能力，通常是受過良好教育的黎巴嫩人、約旦人還有敘利亞人，離開故土用各式各樣的方法賺進大把大把鈔票，」懷曼告訴我，「其中武器業和毒品業的利潤最為豐厚。恐怖主義就在其中萌芽。幾乎成為一種次文化。」

據當局所稱，卡薩在這行的前輩是他的哥哥加桑（Ghassan），他在六〇年代進入毒品交易的圈子。加桑比弟弟蒙澤爾更認真。「我們大多數的消息來源都說加桑是更傑出的毒販，」索雷斯告訴我，「加桑是那種盜亦有道的罪犯。」黎巴嫩的貝卡谷地（Bekka Valley）在七〇年代成為大麻和海洛因的主要供應來源，七〇年代中期，卡薩住在倫敦斯隆廣場（Sloane Square），插足一套錯綜複雜的走私謀略：毒品先用冷凍肉品卡車走私出黎巴嫩，出售之後購買武器，武器再從歐洲走私回去黎巴嫩。這一套非法勾當遭英國有關當局揭露，卡薩在英國監獄服兩年以下徒刑。（他在牢裡學了一些倫敦工人階級（Cockney）的押韻黑話，多年後還用來逗朋友開心。）到了八〇年代，卡薩開始投注精神在軍火貿易。加桑在保加利亞的軍械工業圈子建立起人脈，卡薩也時常去首都索菲亞（Sofia）走動。他很快就學會保加利亞語，然後用按照共產主義標準來說堪稱墮落的方式招待他在當地的朋友，偷偷把他們帶進索菲亞唯一的賭場，而當地人原來是不准進去的。他總是帶來大量的開心果，這是大家最喜歡的零食，但那個時候索菲亞還買不到。

「他喜歡花錢，」一位在那裡結識的老朋友回憶，又補上一句：「他喜歡冒點風險。」他和加桑偶爾會因為他的開銷而盎盂相敲。不久之後，卡薩就在波蘭找到另一個武器來源，他努力和國營武器製造商CENZIN搭上線。他持葉門外交護照，以葉門人民民主共和國商業代表的身分前往華沙。據一位過去的幫眾說，有時候他會預先買下未來一整年份的產量，因此就事實而言，他就成為CENZIN的獨家代理商。惡名昭彰的塔吉克（Tajik）軍火掮客布特（Viktor Bout），在一九九〇年代開始兜售冷戰時期的武器庫存；而從卡薩這套從共產陣營東方集團（Eastern-bloc）製造商獲取軍火，再輸送給其他小國和武裝團體的作法中，已經可以預見布特的策略。

軍火販運是一種特別難以入罪的犯罪模式。國際法在這方面普遍薄弱，國際刑警組織也沒有逮捕權，由於各國可能選擇不執行的逮捕令，國際刑警組織因而形同逮捕令的票據交換所（clearinghouse）而已。除此之外，雖然武器運輸可能違反國際法，但在許多國家仍然是完全合法的。國際危機組織研究員霍根東（Ernst Jan Hogendoorn）曾經為聯合國撰寫過一篇有關卡薩的報告，「像卡薩這樣的人可不是傻瓜，」他告訴我。「他們用明定契約條款的正規方法交易，這樣他們就不會違反國家法律。」在買賣的安排中，卡薩經常充當所謂的「第三方仲介」（third-party broker）。卡薩可以在西班牙自己家裡頭，與第二個國家的供應商和第三個國家的買家交涉。接下來這些武器就會直接從第二個國家運送到第三個國家，而他的傭金則被電匯到第四個國家的銀行。卡薩從未涉足犯罪發生國——

而在西班牙，他根本就沒有犯罪。

一九八〇年代初期當卡薩來到馬貝拉定居之際，這座小鎮已經是阿拉伯菁英的海濱度假勝地。來自黎巴嫩和波灣諸國的富裕阿拉伯人，正在那裡興建雕欄玉砌的別墅；沙烏地阿拉伯國王（King Ibn al-Saud, 1876-1953）也有好幾個孩子在那一區興建自己的房子。沙爾曼王儲（Prince Salman）在馬貝拉蓋了一座清真寺，每週五他都搭乘一輛有金製水箱罩和金製車門把手的勞斯萊斯，來參加主麻日聚禮。富裕的沙烏地阿拉伯軍火商卡舒吉（Adnan Khashoggi, 1935-2017）把他的大型遊艇納比拉號（*Nabila*）停泊在港口，他精心安排的豪奢派對還有他專用的麥道 DC-8 噴射客機更是名聞遐邇——他自稱要維持這種生活方式每天得花費二十五萬美元。馬貝拉也開始慢慢可以嗅到罪犯的氣味。「有阿拉伯人，有荷蘭人，有英國人。」索雷斯告訴我。這裡在治安上的管控相對寬鬆，從非洲坐船過來又不遠，這座小鎮因此成了走私者的避風港。在索雷斯看來，西班牙當局根本就「措手不及應付這種犯罪活動」。

有時卡舒吉會和卡薩互別苗頭，他曾以「鮮花和光線吸引夜鶯和蝴蝶」為自己豪奢的生活辯護，認為這是從事軍火貿易必須得做的事。自從卡薩搬到馬貝拉的那一刻起，他就為自己建立起浮華炫富的形象。他先買下這座豪宅，聘雇總共四十名員工來維護。一九八一年，他與貝魯特一個敘利亞顯赫家族的十七歲娉婷千金菈格妲（Raghdaa Habbal）結婚。（他每次提到妻子都開玩笑說是「我的大女兒」。）他們有三個女兒和一個兒子，卡薩的進出口公司阿卡斯設備（Alkastronic）設在維也納，所以他們一家人輪流在馬貝拉、敘利亞和維也納三地生活。阿卡斯設備專門從事東歐武器生意，而且表面上看來完全遵守有關銷售和採購此類武器的國際法。卡薩全心疼愛他的家人，身邊又總是圍繞著朋友和生意夥伴，大家都知道他熱情好客，所以家裡似乎一直有烤肉野餐和派對；雖然員工裡有廚師，但他喜歡自己準備食物。一九八五年《巴黎競賽畫報》（*Paris Match*）的一篇卡薩人物側寫裡，就有一張跨頁的全版照片，是卡薩和他年輕的家人坐在四葉草形狀的游泳池畔合影，隨行的家僕身著制服乖乖站在他們身後兩側。這篇報導把卡薩的豪宅形容為「一千零一夜裡的場景」，還指出「要不了幾年，這位敘利亞商人就會成為世界上最有權勢的生意人之一」。卡薩為這座宅邸施以洗禮，命名為「吾善宮」（Palacio de Mifadil），結合西班牙文和阿拉伯文兩種異文而成，意思差不多是「我的美德之宮」（Palace of My Virtue）。大門入口處以兩枚生鏽的迫擊炮彈做為裝飾。

「卡薩是一個非常危險的人，儘管我喜歡這個人，」身兼傭兵和軍火掮客的英國人湯姆金斯（David Tomkins）最近告訴我，「我見過一些哥倫比亞的販毒集團（cartel）首腦，他們永遠不會像卡薩那樣提防我。」湯姆金斯原來是個保險櫃竊賊和樑上君子，到了七〇年代，他轉做拿錢辦事的傭兵；卡利（Cali）販毒集團僱用他謀殺哥倫比亞大毒梟艾斯科巴（Pablo Escobar, 1949-1993），結果事蹟敗露秘密計畫未果，他因此在美國監獄服刑。湯姆金斯告訴我他是在一九八四年認識卡薩，因為他們兩人有個共同的舊識，一位來自北愛爾蘭的軍火商，名叫康隆（Frank Conlon）。接下來的十年裡，湯姆金斯替卡薩幹了各式各樣的活——他稱之為「零碎活」。湯姆金斯說，一九八九年卡薩要他在阿姆斯特丹的辦公室設立一間假的軍火公司，然後接洽一位可能的買家，提供販售品項的清單。這些買家是替以色列情報部門工作。卡薩預估他們只會對清單上的一種產品感興趣：以色列資助的黎巴嫩基督徒最近從敘利亞繳獲的某型俄羅斯坦克用的彈藥。卡薩沒有告訴湯姆金斯這次行動的最終目的，只轉達了下一步要做什麼：租一間辦公室，打這個電話。不過事情真相愈來愈明朗，原來卡薩計劃把兩名以色列摩薩德幹員引誘到阿姆斯特丹的辦公室，巴勒斯坦人民解放陣線（Popular Front for the Liberation of Palestine）的殺手已埋伏在此甕中捉鱉。（卡薩與幾個巴勒斯坦恐怖組織長年都有往還：因此美國國會的一份報告曾稱他為「巴勒斯坦解放組織的金主」。）

在以色列幹員抵達辦公室之前，湯姆金斯人在馬貝拉，他的老朋友康隆來找他。「他原來是爪耙子。」湯姆金斯回憶。康隆告訴湯姆金斯自己被逮捕，後來在比利時接受審訊，也把阿姆斯特丹的密謀一五一十告訴有關當局。康隆建議他們允許行動繼續進行，如此卡薩和刺客便可一舉成擒。「我吃過這個人餐桌上的食物，」湯姆金斯說他這樣回答康隆，「我從來沒有害一個人去坐牢，我現在也沒有要這樣做。我給你二十四小時滾出西班牙。」

湯姆金斯隻字未提康隆的背叛，只是告訴卡薩馬上中止行動。然後卡薩把湯姆金斯帶到吾善宮地下一個沒有窗戶的房間，兩個人並肩坐在地下游泳池畔。那一刻湯姆金斯注意到，游泳池地板的瓷磚排出一隻鯊魚的圖樣。卡薩質問湯姆金斯為什麼行動會出差錯，還說他會從他在西班牙情報單位的熟人那裡，查清楚究竟發生了什麼事。事情過了不久，卡薩打電話給湯姆金斯要他去布達佩斯。湯姆金斯住進當地的希爾頓酒店，然後等待下一步。卡薩和他的手下很快就來敲門。「他進來給了我一個大大的擁抱，」湯姆金斯說，「然後他看著他的同伴說，『看到沒？他不怕我。』我說，『我有什麼好怕？我從來沒做過對不起你的事。』他說，『我知道你沒有。』卡薩停頓了一下，然後說：『我要你幹掉康隆。』」

湯姆金斯沒答應，他解釋自己不會殺英國同胞，這是他的規矩。他繼續與卡薩合作；湯姆金斯在一九九〇年代空投給車臣叛軍的武器，就是由卡薩提供。但康倫最後銷聲匿跡。「他再也沒有回來，」湯姆金斯說。馬丁妮芝（Sara Martinez）是卡薩的西班牙律師之一，向她問起這次事件，她說自己對此一無所知。但卡薩被指控的還有其他類似這樣的密謀。曾在中東工作多年的前中情局官員貝爾（Bob Baer）說，一九八〇年代卡薩曾企圖暗殺巴黎一位與他意見相左的敘利亞人。據美國緝毒局所說，卡薩兩度嘗試置巴勒斯坦解放陣線的黎巴嫩成員阿瓦德（Elias Awad）於死地。阿瓦德是卡薩的「毒品競爭對手」，索雷斯說。第一次攻擊害阿瓦德癱瘓，第二次攻擊則是用火箭砲射進阿瓦德的房間。司法部的一份宣誓證詞主張卡薩下令謀殺是因為「阿瓦德妨礙了他與阿拉法特（Yasir Arafat, 1929-2004）間的關係」。

有些過著清苦生活的伊斯蘭教聖戰份子涉及現今的恐怖行動，雖然卡薩與激進組織關係密切，但他與這些聖戰份子幾乎沒有相似之處。他根本是一號唯利是圖的人物——或許熱中於政治，但背後驅動他的力量有更多是來自做成生意，還有亟欲維持人脈，而不是任何狂熱的意識型態。他是穆斯林，但一點也不虔誠，他的品味既是西方的也是世俗的。他的家庭慶祝耶誕節和復活節，他的孩子們先學說英語才學說阿拉伯語；他把孩子們送到國外的西式學校讀書。卡薩充分理解履機乘變的道理，事實上在伊朗軍售醜聞（Iran-contra affair）期間，就是他暗地提供武器給美國。過去曾任職於中情局的武器專家克萊恩斯（Tom Clines, 1928-2013）造訪馬貝拉，協商這筆交易。一九八五年至一九八六年間，卡薩透過諾斯（Oliver North）及其同謀控制的瑞士銀行帳戶拿到一百五十萬美元，他則從波蘭國營武器製造商 CENZIN 那裡取得一百多噸突擊步槍和彈藥做為交換。雷根政府的國家安全顧問彭德克斯特（John Poindexter），一九八八年在國會聽證會上被問及卡薩時說：「購買武器時……你常常不得不跟你可能不想一起吃飯的人打交道。」

克萊恩斯則比較有雅量。「卡薩是非常親切的主人，」最近他告訴我，「第二天早上他來了，還做了早餐給我，而且我覺得很好吃。」

卡薩矢口否認在伊朗軍售醜聞中扮演任何角色，他說：「我一生中從未見過或聽過諾斯這號人物。我甚至連他的名字都不會唸。反正不管怎樣，我不會跟美國人做生意。我不接受敵人的錢。」

謠言總是尾隨卡薩，尤其是因為多年來當局試圖積累足夠的證據起訴他，卻一試再試又一敗再敗，他總是能全身而退。有個存在多年卻以訛傳訛的說法是，一九八八年他協助設置泛美航空一〇三航班上的炸彈，炸毀了這架飛機。卡薩引用這些歷來針對他的指控為理由，懷疑每一項針對他的新指控。「除了廣島的爆炸之外，他們幾乎什麼事都算到我頭上，」他告訴一位採訪者。他將這些臆測歸咎於「嫉妒的人」，並否認與恐怖主義有任何牽連。他不接受別人稱他為「非法販運份子」（trafficker），堅持自己的生意是完全合法的。有一次卡薩聲稱他在軍火貿易中的「產業類別」是「狩獵動物的槍支」。一九八七年，當倫敦的《觀察家報》（*Observer*）的特派記者造訪吾善宮時，卡薩邀請他進去，揮了揮手問說：「毒販和恐怖份子會像這樣生活在陽光底下嗎？」

為監督組織「全球見證」（Global Witness）調查卡薩的軍火研究員伊爾斯利（Alexander Yearsley）說：「卡薩的虛榮

心強，他想要變成鎂光燈的焦點。」在伊爾斯利看來，卡薩願意接受媒體採訪，等於是不言而喻地承認他在武器運輸上對全世界的影響力。「你能想像自己明明造成改朝換代卻沒人知道你能呼風喚雨，這會有多無趣嗎？」伊爾斯利說。儘管在道德層面看來有損顏面，軍火商是地緣政治不可或缺的工具，卡薩竭盡所能讓自己能於其間派上用場。包括美國在內的許多政府都在檯面下向國際軍火掮客購買武器，因為使用自己本國的槍支，可能會在秘密行動中洩漏自己廁身其間。「政府高層官員都希望與恐怖份子或其他政治敏感團體是『在私底下』交易，而卡薩兄弟能夠透過非正規的管道提供政府取得武器和裝備的方法，於是這種能力便使得他們可以跟政府高層官員做生意，」美國眾議院一九九二年的一項調查有此結論，「接受此等幫助的政府，顯然選擇對這兩兄弟的非法販運活動『視而不見』。」（加桑一直與弟弟蒙澤保持密切的關係，在軍火生意上也很活躍，直到二〇〇九年壽終正寢。）

「卡薩走進來時邊走邊說，『我是個秘密幹員，我可以提供很多情資給美國政府，』就像在揮舞一面旗子生怕別人不知道似的，」前中情局官員坎尼斯剎羅（Vincent Cannistraro）告訴我，「他要的不是錢——他要的是掩護。」坎尼斯剎羅主張雖然中情局沒有接受卡薩主動提議的協助，但其他國家政府偶爾會找卡薩幫忙。有許多報導都說，卡薩在八〇年代協助法國人，讓扣押在黎巴嫩手上的幾名人質獲釋。有些人還認為，法國情報單位在一九九四年逮到人稱豺狼卡洛斯（Carlos the Jackal）的委內瑞拉恐怖份子拉米雷斯・桑切斯（Ilich Ramírez Sánchez），卡薩也插手幫忙。不過卡薩否認在那次行動中扮演任何角色，他告訴記者，「給我世界上所有的錢我也不會出賣他。」

一九九二年，卡薩在馬德里被捕。一名西班牙治安官聲稱，一九八五年巴勒斯坦解放陣線劫持義大利遊輪阿基里斯桂冠號事件，導致坐輪椅的美國人克林霍夫（Leon Klinghoffer, 1916-1985）被槍殺身亡，而卡薩牽連其中。這樁密謀的其中一位共謀者現在關在義大利一座監獄，他告訴調查人員，這次攻擊中所使用的 AK-47 突擊步槍和手榴彈，是由一名穿著高雅講究的男子提供的，名字叫做「卡瑟」（Kazer）當局給他看了一張照片，他馬上指認出卡薩。

索雷斯在一九八八年被美國緝毒局調到巴黎。索雷斯透過波蘭的一名機密線人拿到一系列文件，可以看出卡薩替劫持事件的幕後主腦阿巴斯開設了一個銀行帳戶。索雷斯把他的證據提供給西班牙檢察官，說他可以做證。政府對案情抽絲剝繭的那一年多，卡薩就被羈押在監獄裡頭。（他在繳納一千五百五十萬美元的保證金後獲釋。）而同一時間，卡薩過去的幾個手下和幫眾同意做證卡薩曾親自飛往波蘭為那次攻擊採購武器。

一九九四年十二月在馬德里開始的這場審判，對執法部門而言簡直是一敗塗地。奧地利和義大利的證人拒絕前往西班牙做證。將近一週的時間證人席上只有索雷斯一個人。卡薩的律師群說服法庭，提供這些文件的機密線人，沒有合法的權利把這些文件從卡薩在華沙的住處帶走，於是這些書面證據法庭便不予考慮。其中一位律師也提出反對，認為索雷斯把大批荒誕不經的罪行歸咎於卡薩。索雷斯嚴詞回擊：「就算這些被指控的罪行只有一半被判有罪，他還是全歐洲最惡貫滿盈的罪犯。」

卡薩嘲弄檢方，他說實際上一個擁有他這樣的財富地位和公眾知名度的人，才不可能在這樣的攻擊行動中紆尊降貴，屈就當一個行動角色。「我還沒有病態或愚蠢到用我價值五百萬美元的飛機，冒險飛去波蘭就為了載回來四把衝鋒槍，」他做證時說。他指控提起訴訟的西班牙治安官試圖向他敲詐一億美元，以換取撤銷此案。但整個訴訟程序中最不尋常的一點，是一連串的不幸開始降臨在控方證人身上。

對卡薩不利的主要證人之一是在卡薩家裡幫傭的賈利德（Ismail Jalid），他在審判前不久被人發現死於馬貝拉，從位於五樓的窗戶墜落。他的死一開始被裁定為自殺，後來又重新歸類為凶殺案。卡薩否認與這宗謀殺有任何牽連，他與此案之間也從未被證實有任何關係。第二位證人的兩個孩子在馬德里放學回家的路上遭人綁架。這位證人名叫納西米（Mustafa Nasimi），過去曾是卡薩的黨羽，他指控是卡薩精心策劃這起綁架，卡薩則憤然否認這項指控。第三位證人名叫默塞德（Abu Merced），過去是卡薩的助理，他聲稱卡薩警告他不要作證。默塞德的證詞一改再改實在太過反覆無常，以至於法官認為此人根本不可靠。一九九五年三月，卡薩被宣告無罪。他說這次訴訟根本是一場「勒索和鬧劇」，還說「最重要的是我已經證明了自己的清白」。

幾天之後，納西米的孩子回到他身邊，當地警方最後斷定綁架者是為某哥倫比亞販毒集團工作，與卡薩並無任何關聯。三年後的一個早晨，納西米在馬德里剛離開家門口，一名槍手走過去朝他腦袋開槍。這起謀殺案與卡薩之間，從未找到任何關聯。

卡薩的審判結束後，索雷斯最後派駐雅典，不過他還是繼續蒐集馬貝拉王子的檔案。然而隨著朝來暮去斗轉星移，他已經開始放棄抓住卡薩的希望。結果在二〇〇三年夏天，他接到司法部的電話：阿基里斯桂冠號行動的元兇阿巴斯，在駐伊拉克美軍的一次突襲行動中被捕，官員們正在探討可能對他提出什麼指控。幾個月後，阿巴斯在監禁於美國期間去世。（軍方在驗屍之後斷定是死於心臟病。）不過利用這次因為阿基里斯桂冠號事件而再次重新燃起的興趣，緝毒局認為卡薩說不定是一個更值得起訴的對象。自二〇〇一年九一一恐怖攻擊事件以來，新的法令提高「域外管轄權」（extraterritorial jurisdiction）的權力，使美國當局能夠調查和審判在美國境外犯罪的嫌疑人。索雷斯同意與聯邦檢察官和緝毒局的特別行動處合作，利用上述境外執法的權力把案情拼湊出全貌。「這不適合意志軟弱的人，」索雷斯警告他的同事，「這是長期抗戰。而且要付出代價。」

在接下來的兩年裡，索雷斯和來自特別行動處的一組幹員悉心審閱舊的案件卷宗，以研究卡薩的行動。但蒐集他參與各種罪行的充分證據十分困難，而且以阿基里斯桂冠號劫持事件的指控追究卡薩，很可能會被禁止，因為如此一來相當於一罪二審（double jeopardy）。到了二〇〇六年年初，索雷斯和同僚決定他們得嚐試一些激進的作法。他們不要以卡薩過去犯下的罪行審判他，而是利用美國強大的各種陰謀犯罪法（conspiracy laws），以他可能在未來犯下的罪行起訴他。他們會滲透進卡薩的組織，設下緝捕圈套讓他上勾。許多歐洲國家都有「內鬼密探」（agent provocateur）的法律防範誘捕的圈套，但在美國的法庭上，有卡薩這樣犯罪經歷的非法販運份子，很難抗議說自己絕對不是本來就有暗中武器交易的傾向。緝毒局已經花了三十年時間調查卡薩，為了向這三十年致敬，索雷斯的團隊把這次計畫叫做「傳承行動」（Operation Legacy）。

緝毒局在世界各國都有秘密消息來源。這些消息來源有些人以前是罪犯，在過去的某個時間曾經被捕，然後被緝毒局吸收再重新回去黑社會。「就實際在現場的熟人和線人而言，在許多地區緝毒局的人脈網絡都比中情局的更好，」曾在克林頓政府負責國際執法的前國務院官員溫納（Jonathan Winer）告訴我。索雷斯在職業生涯中就積累了數十位信得過的線人。二〇〇六年，他求助於一位肥胖的六十九歲巴勒斯坦人，名叫薩米爾（Samir）。（應緝毒局的要求，秘密消息來源的姓氏我略而不提。）薩米爾過去是激進組織「黑色九月」的成員，原先是在一九八四年因為走私海洛到紐約而被索雷斯逮捕。他被羈押在曼哈頓下城的大都會懲教中心（Metropolitan Correctional Center），他在那裡拒絕合作。索雷斯決定去會一會他。他帶了自己的午餐，坐在薩米爾面前吃將起來。薩米爾什麼也沒說。索雷斯吃完後就起身離開，但過了幾天他又來，然後再過幾天他又來，每次他都帶自己的午餐來吃。「我有希臘血統，所以對他的文化有一點瞭解，」索雷斯帶著微笑對我說，「我知道他可能會喜歡什麼樣的食物。所以到那裡時我都會帶小小串的烤羊肉（shish kebab），我會帶好吃的熱麵包，再配點起司。而且我總是帶夠兩個人的量。」整整一個月，薩米爾什麼也沒說，而每一次索雷斯就像是執行某種儀式一樣把多餘的食物丟進垃圾桶。終於有一天，薩米爾說，「你究竟想要什麼？」從以後兩人就一直合作。

此計畫是讓薩米爾前往黎巴嫩南部，會見卡薩爾的黨羽加齊（Tareq al-Ghazi）。薩米爾會假裝他代表一位軍火買家，然後在開口要求加齊引見卡薩之前，先設法討加齊歡心。薩米爾花了十個月的時間，但在二〇〇六年十二月，他終於打電話給索雷斯說，「我要去見他了。」

在會面之前，薩米爾需要終端使用者證書（end-user certificate）。武器製造商要求要有這些文件（但通常只是一張紙），才能證實買方在法律上符合購買武器的資格。不過在實際執行上，世界各國的貪官汙吏只要拿到錢就核發證書，而且他們往往不會徹底審查。根據聯合國的說法，一九九二年，其時克羅埃西亞飽受戰爭蹂躪，卡薩想運送武器進去，而當時他交給波蘭武器供應商的終端使用者證書，是由葉門人民民主共和國核發的——儘管南北葉門早在兩年前就已統一，人民民主共和國（即南葉門）已經不復存在。但無論如何供應商還是提供了武器。

即便這些文件都是合法的，武器製造商也很少試圖查明他們的產品最後是否去到核發證書的那個國家。「在交貨那一刻之前，生意裡的所有事情百分之九十九都是直來直往。」湯姆金斯告訴我。卡薩利用一個國家的終端使用者證書，把武器走私到另一個國家，索雷斯和同僚希望逮到的就是卡薩這種繞一圈改變目的地（diversion）的手法。特別行動處的一位年輕幹員亞契（John Archer）找上尼加拉瓜政府，在沒有透露任何行動細節的情況下，列舉步槍及火箭榴彈發射器等武器，詢問尼加拉瓜政府能否據此提供終端使用者證書。於是在二〇〇六年十二月二十八日，薩米爾去了趟貝魯特的使節套房酒店（Diplomat Suite Hotel），加齊在那裡把他引薦給卡薩，還說「薩米爾也是自由鬥士。他和我們在巴勒斯坦抵抗運動是同一陣線。」

卡薩熱情招呼薩米爾。薩米爾身上戴著竊聽麥克風，說明自己是代表一位意欲購買武器的買家，而這位買家堅持只和卡薩做生意。「他告訴我找蒙澤，」薩米爾說，「他只要蒙澤。」

儘管卡薩受寵若驚，但對薩米爾的無名買家他還是不敢有絲毫大意。「你怎麼認識他的？」他問，「認識多久了？」

「我很了解他。」薩米爾拍胸脯保證。

卡薩提議他們在馬貝拉再碰一次面。特別行動處團隊決定，他們的虛構買家應該代表哥倫比亞革命武裝部隊（FARC）——這支武裝部隊靠著販售毒品為其武器交易籌措資金，然後曠日持久與哥倫比亞政府和來自美國的特種部隊交戰。但難就難在找到幾個線人能夠扮演這個角色讓人信以為真。「這差不多就像擔任選角導演，」其中一位幹員告訴我，「你把電影的大小元素組織起來然後在心裡想著，『結局應該要是這樣才對。我們要怎麼讓劇情發展到那裡？』在這種情況下選角尤其棘手，因為特別行動處希望線人能把協商過程秘密錄製下來。他們需要的人，得有膽識踏進危險罪犯的家，得有扮演自己也是罪犯的表演能力，得在出差錯的時候有即興發揮的頭腦，還得充分理解美國的法律體系，才能確保到時可以向陪審團解釋整齣裝神弄鬼的騙局。他們求助於緝毒局過去曾經利用過的兩位瓜地馬拉線人：卡洛斯和路易士。緝毒局支付給線人的工作報酬十分可觀，這一點對卡薩的擁護者來說尤其令人不安。這次對付卡薩的行動，卡洛斯可以拿到十七萬美元。「在西班牙，我們管這種人叫傭工（*mercenarios*）。」卡薩的西班牙律師馬丁妮芝告訴我。

在多年的合作之後，幹員與線人之間還漸漸形成他們自己一套粗俗的絞架幽默（gallows humor）。當卡洛斯同意加入對付卡薩的臥底行動，他的訓練員開玩笑說他應該練習從房屋上跳下來，看看這樣墜落他能不能倖存下來。二〇〇七年一月，幹員們召集卡洛斯、路易士和薩米爾，來到雅典一家酒店的客房。因為行動是薩米爾起的頭，所以他有權否決幹員的選擇。他同意卡洛斯和路易士加入但堅持他們一定得買新鞋，因為「如果他們穿了體面的西裝卻穿雙舊鞋」，卡薩立刻就會看破他們。

他們三個人開始演練台詞，共同策劃這起以起訴卡薩為目標的密謀有哪些要件，幹員也在旁邊指導他們牢記對話的關鍵片段：他們必須說買這些武器是為了幹掉美國人；他們還必須表明他們打算拿販毒的錢支付買武器的費用。「我們還畫了流程圖。」亞契回憶道。然後下一個月，卡薩就歡迎這三位線人大駕光臨馬貝拉。

第一次會面沒有側錄，因為幹員擔心這些人可能會被搜身。不過碰巧居然沒有。根據後來的證詞，薩米爾介紹了卡洛斯和路易斯，他們自稱為哥倫比亞革命武裝部隊工作。他們解釋說，他們從尼加拉瓜拿到的終端使用者證書只是幌子而已；武器是要運往哥倫比亞。卡洛斯畫了一張地圖，指出應該採用的運送路線：先從歐洲進到蘇利南（Suriname），然後再經陸路到哥倫比亞。卡薩計劃從保加利亞和羅馬尼亞的製造商那裡獲取軍火。只要他向這些製造商出示尼加拉瓜開立的終端使用者證書，這宗交易裡的任何一方都可以合理推諉、與己無關。卡薩問他們哥倫比亞革命武裝部隊沒有從美國人那裡獲得任何金援。卡洛斯告訴他，正好相反，這批武器就是要用來對付美國。卡薩同意了這筆交易。

直到目前為止，這次會面進展十分順利。然後卡薩問卡洛斯，終端使用者證明他花了多少錢。卡洛斯愣了一下。他不知道這種賄賂現在的行情是多少。當他們用流程圖演練這場交易中的對話時，眼前這個局面是他們沒有設想到的。卡薩等著答案。

「幾百萬美元，」卡洛斯終於說出口。

卡薩嗤之以鼻，說用這個數目他「可以買下整個國家」。卡洛斯捅了個大婁子，但他很快回過神來，解釋說他付這個價錢是為了好幾張證明，而不只是一張而已。過了一會兒，卡薩似乎放下了戒心，告訴卡洛斯說要是以後他還需買要多證明，自己可以用「更好的價錢」幫他弄到手。

這一行人去酒吧抽水煙。卡薩與卡洛斯勾肩搭背。「他告訴我他喜歡我，」卡洛斯後來做證說，「還說他可以提供一千人幫助我對抗美國。」

接下來一個月他們又碰了第二次面，卡洛斯在包包裡藏了一個小型攝影機，拍到卡薩在吾善宮的會客沙龍大讚防空武器的優點。卡洛斯提及他有意購買 C-4 炸藥時，卡薩告訴他何不效仿伊拉克滋事份子的作法就在哥倫比亞當地製造炸藥，這樣會更便宜也更安全。「我們可以派專家去那邊幫你搞定，」他自告奮勇。卡薩命一名手下開車送卡洛斯和路易士去馬貝拉的一家網咖，這樣他們就可以把十萬歐元的頭款，匯進他以別人之名持有的帳戶。（他不希望他們用他家裡的電腦，以避免交易可以回溯到他身上。）緝毒局授權兩個線人從一個臥底帳戶匯款。

五月二日，卡洛斯和路易士在一家小餐館與卡薩會面；卡薩介紹他們給一艘希臘船的船長派西斯（Christos

Paissis）。「我們已經合作了二十五年，」卡薩說，「他完全可以信任。」這些人喝著沛綠雅礦泉水，討論用一艘叫做安娜塔西婭號（*Anastasia*）的走私船，暗中把武器運往蘇利南的秘密行程安排，而此際卡洛斯包包裡的攝影機錄下了他們的談話。

在這個時候，緝毒局特別行動處的幹員們已經有足夠的證據在美國起訴卡薩。但在一敗塗地的阿基里斯桂冠號審判之後，索雷斯不願意在西班牙逮捕卡薩。「那裡是他的權力基地。」他說。所以最後的決定是由卡洛斯試著把卡薩引誘到希臘或羅馬尼亞，因為非法販子在那裡可能不享有那麼多保障。六月間卡洛斯告訴卡薩，哥倫比亞革命武裝部隊的一位領導人將前往羅馬尼亞首都布加勒斯特（Bucharest），他們組織在那裡有三百五十萬美元的毒品收益，可以用來支付武器的部分款項。但這讓卡薩有點心神不寧，自稱他用阿根廷護照拿不到簽證，所以建議派一名手下代他走一趟。隨著時間一直消磨下去，卡薩愈來愈惱火，因為卡洛斯和路易士始終沒有拿出這筆交易的尾款。「沒有錢我什麼都事幹不了，」他告訴卡洛斯。

最後索雷斯的團隊別無選擇，只能決定在西班牙執行行動的最後階段——「拿下卡薩」。然而緝毒局並沒有逮捕所需的司法管轄權。通常如果執法官員事先就已知道逃犯會在外國，他們會向國際刑警組織提交「臨時逮捕令」，並希望地方當局惠允逮捕令以執行逮捕。但卡薩在西班牙政府裡的人脈關係實在太過深厚，因此緝毒局選擇只把這次部署了好幾個月的臥底行動告知極少數的西班牙官員。甚至連向國際刑警組織提交逮捕令，緝毒局也是心不甘情不願，因為擔心裡面有卡薩的熟人可能會走漏消息給他。

六月四日，卡洛斯向卡薩提議在馬德里會見哥倫比亞革命武裝部隊領導人。卡薩察覺事情似乎不太對勁，於是打電話給一位能夠提供他情報的熟人——西班牙反恐官員比亞雷霍（José Villarejo）——卡薩已經向比亞雷霍提過這次即將到來的交易，儘管他的說詞是軍火將要運往尼加拉瓜。他向比亞雷霍解釋，買家迫切希望在馬德里與他會面。「我不希望有什麼陷阱或蹊蹺，」他說，根據比亞雷霍電話錄音的文字紀錄，「去馬德里會有危險嗎？」

比亞雷霍對美國的行動一無所知，但告誡他的朋友，「每當有迫切的堅持要你做什麼事的時候，背後總是意味著有陷阱等著你。」

儘管如此，卡薩還是一時不察，驅車前往馬拉加（Málaga）機場搭乘飛往馬德里的班機。「飛機起飛之前我們都不敢輕舉妄動，」特別行動處的幹員亞契告訴我。一旦幹員們得知卡薩的班機升空，他們就即刻向國際刑警組織提交臨時逮捕令，並且在馬德里機場監控動靜。那天早上他們向當地的一個逃犯逮捕小組簡報，告訴他們有一位重要嫌疑人將途經機場。直到飛機降落前不到一個小時，他們才告知逃犯逮捕小組目標是卡薩，而亞契和其他緝毒局幹員身著便衣，則在入境大廳的有利位置各就各位。當乘客魚貫下機，幹員們看到卡薩和兩名手下的蹤影；卡薩走向行李領取處時，西班牙官員正透過機場的監視攝影系統監控卡薩的一舉一動，而小組幹員則透過手機與西班牙官員商討下一步行動。當卡薩俯身提取行李的那一刻，西班牙警方旋即將他逮捕。

第二天緝毒局小組前往馬貝拉，對吾善宮執行搜查令。根據西班牙法律，犯罪嫌疑人在當局搜查其住所時有權在場。卡薩從不吝於款待客人，他還替每個人準備了飲料。

二〇〇八年六月，蒙澤．卡薩戴著腳鐐手銬搭乘包機，從西班牙飛往紐約的威徹斯特（Westchester County Airport）。同在機上的還有索雷斯和亞契。卡薩曾經以絕食抗議，對抗引渡一年之久，聲稱他被捕是小布希總統（George W. Bush）的「政治報復」行為。在馬德里舉行的一次特別聽證會上，比亞雷霍做證卡薩曾經在情報調查上提供西班牙協助。比亞雷霍不願交代清楚卡薩究竟做了什麼，不過他倒是承認西班牙情報部門有一個敘利亞人的代號叫「路易士」（Luis），而且此人曾經多次與卡薩一起前往西班牙境外從事情報業務。第二名官員卡斯塔紐（Enrique Castaño）的工作相當敏感，以至於他做證時有道隔屏在前遮擋面容，他則說卡薩提供了「有關恐怖組織活動」的情資給西班牙。「多虧我的人脈和影響力，我們才有能力解決發生在阿拉伯世界的綁架事件，避免西班牙境內境外的恐怖襲擊。」卡薩在引渡拍板定案時接受《世界報》（*El Mundo*）採訪時說，「但我看現在恐怕是兔死狗烹的時候了。」（西班牙政府代表被問及卡薩時，不願意表示任何意見。）

卡薩的審判在曼哈頓下城的聯邦法院舉行，美國國家安全法觸及的範圍十分廣泛，這次審判就是最明顯的例證。卡薩從未踏足過美國，除了緝毒局從紐約轉出的幾筆電匯之外，沒有任何構成犯罪的要素在美國領土上展開。此外，對卡薩的五項指控中有四項是陰謀指控：陰謀殺害美國人、陰謀殺害美國官員和雇員、陰謀向恐怖份子提供物質援助，以及陰謀取得和使用防空飛彈。（第五項指控是洗錢。）這是聯邦檢察官採用二〇〇四年嚴峻新法規審理的第一樁案件，法規中認定任何密謀出售地對空飛彈者都應判處二十五年有期徒刑。

法庭上當他被問到他是否認罪，卡薩大喊：「無罪！」他向旁聽審判的支持者送飛吻，還稱呼拉科夫（Jed Rakoff）法官為「閣下」。他聘請知名的刑事辯護律師索金（Ira Sorkin），索金在卡薩的案子後又接下龐氏騙局主謀馬多夫（Bernard Madoff, 1938-2021）的大案子。「這裡全無實例，」索金抗議道，「這次臥底行動全是針對一個身在西班牙的人，徹頭徹尾都是緝毒局一手捏造。」檢方律師則用高度還原的方式重建了這次行動的內容。他們播放在卡薩客廳側錄到的影片，內容是高談擊落直升機。還播放了卡洛斯撥打安全電話的錄音。他們也當庭展示了卡薩拿給線人看的目錄，他打算出售的武器，目錄上都有一清二楚的圖樣可看。「在這些會面中發生的事情，你都會看到也都會聽到，你可以從中即時觀察這樁武器交易的發展，」紐約南區的聯邦助理檢察官麥奎爾（Brendan McGuire）告訴陪審團，「這樁武器交易意在殺害美國人，這些錄影錄音將帶你一探交易的核心。」

亞契則作證說在卡薩被捕後搜查吾善宮，確實找到由尼加拉瓜開立的終端使用者證明，還有卡洛斯手繪指引走私路線的地圖。每位陪審員都收到一個三環活頁夾，裡面是將近千頁的文件副本與翻譯。

檢方這些接二連三的猛烈砲火索金一概反駁，說其實卡薩一直在釣卡洛斯和路易士上勾，並且打算向他在西班牙執法單位的熟人舉報這兩個人。根據索金的說法，陪審員現在見證的不是臥底行動，而是雙重臥底行動。然而當卡薩在西班牙反抗引渡時，他堅稱自己一直認為這批貨物是合法的，而且是要運往尼加拉瓜。

在西班牙的引渡聽證會上，索金對兩名西班牙情報官員提問，言語中暗示卡薩也曾協助過中央情報局。而在審判中，索金則希望提出證明卡薩與美國當局合作的證據，但這些證據因為內含機密資料而遭司法部拒絕。法院最終裁決證據與本案無關。卡薩的幾位朋友和幫眾，與我談話時都說他多年來確實曾助中情局一臂之力。（中情局不會證實也不會否認這些說詞。）而當我問索雷斯這件事時，他則是說，「他有中情局的關係嗎？我不知道。我們無法對此表示看法。」

薩米爾和卡洛斯都在審判中做證。索金強調他們第一次造訪馬貝拉的那次會面，據稱卡薩承諾提供卡洛斯一千人，這次會面就沒有使用任何錄音設備。「當你為緝毒局演出這些劇碼，你有時候會不會很難確定自己什麼時候說的是真話，什麼時候說的又是假話？」他問卡洛斯。路易士原先也計劃在審判中現身，不過卡薩在西班牙被捕後他就回到瓜地馬拉了。二〇〇八年初某一天，路易士去看鬥雞比賽，結果兩名男子走過去開槍打死他。至今仍未發現這件兇案與卡薩之間有任何關聯。

由於卡薩被控陰謀殺害美國人，因此對檢察官和緝毒局來說至為重要者，乃讓卡薩被視為美國在意識型態上的敵人。「蒙澤．卡薩指揮一個全球軍火帝國，提供武裝和金援給叛亂份子和恐怖份子……尤其是那些希望傷害美國人的人，」當時的緝毒局局長譚蒂（Karen Tandy）在卡薩被捕後說道，「他在暗處行動，是死亡和恐怖這行生意裡的不過問業務的隱名合夥人（silent partner）。」卡薩在大家眼中已然是一心要傷害美國的恐怖份子，索金為了替委託人推翻這種形象，傳喚卡薩二十四歲的女兒海法（Haiffa al-Kassar）坐上證人席。「我所有的老師都是美國人，」她說，「我所有的朋友都是美國人。」當她被問到是否聽過父親討論哥倫比亞革命武裝部隊，她的回答是，「我根本連哥倫比亞革命武裝部隊是什麼都不知道。」

「妳知道他做的是什麼生意嗎？」麥奎爾問。

「不知道，」她說，「不知道，我什麼都不知道。」

陪審團在兩天內審議了六個小時。根據其中一位陪審員公布的報告，他們選擇排除卡洛斯和路易士兩人的證詞，只把焦點完全集中在側錄的影音上。當陪審員魚貫回到法庭時，卡薩的嘴唇嚅動著，他嘴裡正沒出聲地禱告。拉科夫法官要求做出裁決，陪審團主席說陪審團已經判定卡薩所有罪名成立。海法當庭啜泣起來。

二〇〇九年二月，拉科夫法官判處卡薩三十年徒刑。「卡薩先生是個非常老於世故的人，」拉科夫說，「是一個多面人。」「本案的證據中有大量錄影證據，其本質原就強勢不容置疑，」他引此為由，並指出如果陪審團達成有罪判決以外的任何決議，那都是「完全不理智的」。

卡薩被允許發表一些看法。「在所有宗教裡……神都堅決講求正義，」他說。他也再次主張自己是一個情報資產。他說從陪審團未能獲准閱覽的機密資料上，可以看出他「拯救了許多人的性命」，也證明他「並未對美國懷抱敵意」。卡薩最後一次宣告自己無罪，用目空一切的口氣結束他的發言，「正義有時候會晚來，但一定會來。」

當檢察官同意對卡薩提起訴訟之際，沒有提及阿基里斯桂冠號的劫持事件，以免讓陪審團懷抱偏見。但審判的每一天，都有兩位中年婦人進入法庭，坐在旁聽席靜觀訴訟。她們是克林霍夫的女兒伊爾莎（Ilsa）和麗莎（Lisa）。這個心狠手辣的敘利亞人與她們的父親之死脫不了干係，卻仍然光明正大在西班牙生活，所以多年來她們一直密切注意有關卡薩的報導。「即使他都被逮捕了，甚至直到他都被判刑了，他還是可以這副神氣活現的樣子，」麗莎告訴我，「好像沒人奈何得了他似的。」

近來卡薩在西班牙的律師馬丁妮芝堅稱，即便卡薩做了些「不正確」的事情，但過去十五年裡他一直是個奉公守法的商人。她說整個臥底行動從頭到尾，卡薩始終以為買家是代表尼加拉瓜。這個說法顯然與索金在審判中提出的雙重臥底論點函矢相攻。卡薩的現任律師史塔維斯（Roger Stavis）也重申雙重臥底，做為這些事件的解釋。

斯塔維斯堅稱卡薩前往馬德里並不是為了完成交易，而是為了「親眼看到線人被逮捕」。他稱卡薩被捕是「一宗嚴重的冤獄」。

過去這幾年每一個曾經與卡薩合作過的人，在我和他們交談時都表達了相同的詫異：一個做事如此小心謹慎的人，怎麼會因為同意出售武器給哥倫比亞革命武裝部隊的事情遭人側錄下來而被捕。一種可能的解釋是，與二十世紀的最後幾個十年相比——當時非洲、歐洲和中東的大小衝突帶來了穩定的收入——現在是武器販運份子的苦日子。薩米爾第一次在黎巴嫩找上加齊時，加齊就告訴他，卡薩一直在努力維持他的利潤率。對黑市武器的需求日益減少，可能正迫使其他軍火販子承擔他們過去永遠不用承擔的風險。卡薩被逮捕一年之後，特別行動處的小組在曼谷逮捕了塔吉克軍火商布特，用的正是一模一樣的臥底手法。（他被引渡到紐約，最後判處二十五年徒刑。）曾經談成伊朗軍售的前中情局官員克萊恩斯認為，卡薩一定是急需現金才會落入這樣的圈套。美國當局居然把一個與黑社會有這麼豐富關係的人關進牢裡，克萊恩斯對此深感遺憾。「不要害他束手待斃，」他說，「讓他繼續做他的事，然後跟他合作。」雖然這兩個人只見過一次面，但克萊恩斯對卡薩的印象非常好。「我希望敘利亞人民能幫助他回家。」他說。

不久之前我和海法談過話，她依舊堅信父親的清白。「那是一部電影，」說到審判的錄影證據時她這麼表示，「他什麼都沒做。」在一個人實際有機會實行犯罪行為之前就預先將其定罪，她對這樣的概念深感懷疑。「只有在美國他們才相信陰謀，」她告訴我，「在西班牙我們不相信這一套。」

海法形容她的父親是一個很溫暖又很調皮的人。當海法因為審判來到紐約，她只被允許探望卡薩幾次；但有幾個晚上，七點鐘時她會站在曼哈頓下城羈押卡薩的那座監獄外面。卡薩的牢房在九樓，窗戶在牆面的高處。卡薩把牢房的燈開開關關，這樣海法就知道該看哪個窗戶。然後他會跳得老高，足以瞥見女兒在下面的人行道送飛吻給他。

現在馬貝拉的宮殿空蕩蕩的。海法解釋，這處房產太大所以很難維護，而且留在那裡太痛苦了。所以卡薩一家搬去附近的別墅。卡薩目前在南卡羅萊納州一座中度安全戒備的聯邦監獄服刑，海法的母親菈格妲因為被美國拒絕入境，而被審判無法到場，因此現在也不能去探望卡薩。朋友們說卡薩很健康，並且正對他的定罪提出上訴。他以西班牙語和同房的墨西哥獄友交談，他在牢裡的工作是清潔窗戶。他一直都愛做飯給其他囚犯吃。最近他也開始教他們語言。「我仍然相信正義，在嚥下最後一口氣之前，我永遠不會停止合法抗爭，」卡薩最近寫信給我，「沒有人可以永遠隱瞞真相。」

在阿基里斯桂冠號的審判還有傳承行動剛開始的那幾年之間，索雷斯在家裡的衣櫃放了一個舊保險箱，裡面塞得滿滿的都是關於卡薩的案卷。他時不時會打開保險箱，翻閱那些案卷，然後心想或許該是丟進碎紙機的時候了。但總有什麼阻止他這麼做。「他是那種會逃走的人，」索雷斯告訴我，「有一部分的我告訴自己，或許有一天他會再次橫行。」

■

本文於二〇一〇年刊登於《紐約客》。卡薩的上訴沒有成功。他仍在伊利諾伊州馬里恩（Marion, IL）服刑，預定於二〇三三年獲釋。他有一個充滿活力的臉書專頁，在這個專頁上他不懈地堅持自己的清白，並辯稱所有對他不利的證據都是由索雷斯和一群「猶太復國主義者」（Zionists）捏造的。

第十章　壞中之壞

——茱蒂．克拉克最擅長拯救惡名昭彰的殺人犯性命，於是她接下察納耶夫的案子

「我們是在最悲慘的情況下見面。」代表焦哈爾．察納耶夫（Dzhokhar Tsarnaev）的首席辯護律師茱蒂．克拉克（Judy Clarke）開始陳詞。她穿深色套裝，搭配一條跳色的圍巾，這條藍紫雙色相間的圍巾她時常用，就像是她的法庭護身符一樣；她站在講台前，面對陪審員。她的右方是奧圖（George O'Toole）法官，鏡片後的雙眼牢牢注視著她。她的後方則是察納耶夫：這位身形纖細面貌溫和的年輕人，因為二〇一三年四月十五日波士頓馬拉松的爆炸案接受審判——這是自九一一事件以來，美國國內所遭遇最嚴重的恐怖攻擊。法院外面，連續暴風雪帶來的積雪，堆成一個個髒兮兮的小雪丘。住在聖地牙哥的克拉克受不了這種寒峭的爛天氣，但她還是忍耐了一整個新英格蘭的冬天。克拉克和她的朋友夏皮羅（Jonathan Shapiro）是華盛頓與李大學（Washington and Lee University）法學院的同事，夏皮羅告訴我，「為了和這個孩子面談，案子開庭審理之前茱蒂在波士頓待了一年。」那時是三月初，距離事情發生將近要兩年了：察納耶夫和哥哥塔默蘭（Tamerlan Tsarnaev, 1986-2013）一起，在馬拉松的終點線附近引爆了兩枚土製炸彈，造成三人死亡，二百六十四人輕重傷；接下來他們劫持了一輛賓士，槍殺了麻省理工學院的校警柯利爾（Sean Collier, 1985-2013），又與警方爆發槍戰。當時十九歲的焦哈爾駕駛逃逸的車輛，意外輾斃了塔默蘭。焦哈爾在水鎮（Watertown）郊區被尋獲，身受重傷，躲在一艘停放在旱塢的船內等死。焦哈爾住院康復期間，麻薩諸塞州首席聯邦公設辯護人康拉德（Miriam Conrad）聯繫了克拉克，克拉克也決定接下這個案子。

克拉克也許是美國最好的死刑律師。這些人的性命在她的努力下終得以保全：「大學航空炸彈客」（Unabomber）卡辛斯基（Ted Kaczynski）、號稱九一一陰謀裡的第二十名劫機者穆薩維（Zacarias Moussaoui），以及二〇一一年在亞利桑那州圖森市一座購物中心行兇的勞納（Jared Loughner），他槍殺了六人，又致十三人輕重傷，其中包括眾議員吉福茲（Gabrielle Giffords）。「茱蒂每次接手一個新案子，對她來說都是一次自省的過程，」克拉克的老朋友賽茉（Elisabeth Semel）告訴我，「因為這是一個巨大的責任。」偶有幾次克拉克退出或者是被免除了辯護團隊的職務，而在這幾次罕有的情況下被告都被判處死刑。但只要是那些量刑階段自始至終都是由她經手的案件，她從來沒有一次輸掉官司讓委託人淪為死囚。

死刑的執行屢見漏脫舛誤，已可謂聲名狼藉。據死刑資訊中心（Death Penalty Information Center）所稱，已有一百五十五名死刑犯被宣告無罪，因此不言而喻，死刑犯中仍然有無辜的人。不過這樣的人並不是克拉克代表的對象。她的專長是最高法院所稱的「壞中之壞」（the worst of the worst）：兒童強姦犯、酷刑虐人犯、恐怖份子、大規模殺人犯，以及其他一些罪犯，他們所犯滔天罪行駭人聽聞的程度，就連反對死刑的人都可能動上破例的念頭。

察納耶夫有罪，這毫無爭論的餘地。首席檢察官溫瑞布（William Weinreb）在他的開場陳述中描述了一段錄影畫面：在博伊斯頓街（Boylston Street）上，察納耶夫把背包直接放在一名八歲男孩身後，然後在爆炸前走開。檢察總長霍爾德（Eric Holder）曾經公開表示他個人反對死刑，二〇一四年一月他宣布政府方面將力圖以死刑處置察納耶夫，並且解釋此恐怖行動的規模之大，致使他們不得不做出這樣的決定。檢方談及察納耶夫時往往是用他的名字「焦哈爾」，這個車臣名字的意思是「寶石」。不過當克拉克向陪審團陳述時，她使用的稱謂卻是察納耶夫在麻州劍橋市就讀高中時期的小名：「賈哈」（Jahar）。在死刑案件裡，辯護律師想方設法讓委託人更像是一個活生生的人，以至於陪審員可能會遲疑是不是要判處他死刑。克拉克總是說，她的工作就是把被告從一個沒有人可以理解的怪物，變成「猶如你我的人」。她特別用這個小名稱呼察納耶夫也等於是一種信號：我真的認識這個人。

克拉克花了幾百個小時的時間去認識那些遭人痛斥的罪犯。克拉克的朋友杭特（Tina Hunt）是喬治亞州的一名聯邦公設辯護律師，她倆有三十年交情；她說：「茱蒂著迷於挖掘人們動起來的原因——究竟是什麼驅使人們犯下這樣的滔天大罪。『人不是天生邪惡的。』她對這個想法抱持非常深刻而且不懈的信念。」

克拉克在死刑案件中大部分的成功，都來自透過談判達成認罪協商。她經常引用一句法律界的箴言：打輸死刑案件的第一步就是挑選陪審團。為了避免審判，克拉克並不迴避利用這樣軟硬兼施的籌碼博取更有利的結果。犯下爆炸案的魯道夫（Eric Rudolph）在人工流產診所和亞特蘭大夏季奧運會引爆炸彈，二〇〇五年他答應透露他在北卡羅萊納州一處住宅區附近埋設的爆炸裝置位置，克拉克隨後便為魯道夫爭取到認罪協商。加入察納耶夫的團隊後不久，克拉克就表示她的委託人準備認罪，以換取不得假釋的終身監禁。聯邦官員拒絕這個提議。克拉克隨後又促請將審判移到波士頓以外的地點舉行，主張波士頓當地的陪審員對察納耶夫可能抱持著「難以抑制的偏見」。奧圖法官沒有同意。

克拉克看著陪審員，一個接著一個。「察納耶夫兄弟二人一系列愚昧無知誤入歧途的所作所為，帶給我們難以承受的悲傷、失落和痛苦，而在接下來的幾週裡，這是我們所有的人都必須共同面對的。」她說。克拉克是個高個子，棕色的直髮，懸擺的兩隻長手臂就像垂盪的柳枝，看起來有點滑稽。克拉克這樣的風格對陪審團來說是溫暖人心的，可以對話的，沒有誇誇其談滿口大話。法庭內的記者用筆電即時在推特上文字直播審判過程，每當克拉克為了強調重點而稍事停頓，法庭裡就迴盪著隱隱敲擊鍵盤打字的喀噠喀達聲。「四月十五日這週發生的事——爆炸傷人、槍殺柯利爾警官、劫車逃逸、水鎮的槍戰——這些事情我們沒有什麼好爭議。」她說。克拉克承認她的委託人有罪。那麼為什麼還要大費周章審判呢？每一位陪審員都有一個數位顯示器可以檢閱證據，克拉克迅速插進一張賈哈兒時的照片，黑溜溜的眼睛，鬆蓬蓬的頭髮，坐在體型比他大得多的塔默蘭旁邊。克拉克說：「是什麼把賈哈·察納耶夫從這樣——變成那個和他的兄弟背著背包走在博伊斯頓街的賈哈·察納耶夫？」

過去和後來的照片並陳，是克拉克渾身解數中的標準招式。這種刻意製造的懸殊對比，帶來的效果就像看到電影明星成名前的畢業紀念冊照片一樣。克拉克答應陪審團，她不會輕描淡寫一筆帶過察納耶夫的行為，也不會為其開脫。儘管其中的區別細微到難以覺察——她反而希望以一種可以減輕他道德罪責的方式呈現他的生活。陪審員的眼光越過克拉克，看向察納耶夫。察納耶夫坐在被告席，撥弄著他蓬亂的黑髮，他穿了件西裝外套，裡面的襯衫鈕釦是解開的，這調調對於出庭謀殺案審判來說有點倜儻不羈。「接下來會有許多事證是需要諸位保持理智與心胸的開闊，」克拉克說，「但這就是我們的要求。」

在死刑律師的圈子裡，大家都稱克拉克為聖茱蒂（Saint Judy），這絲毫不帶冷嘲熱諷的意味，完全是基於她的謙卑、她的寬宏大量，以及她對委託人的奉獻。她已經二十年沒有接受過主流媒體的採訪了。不過在二〇一三年岡薩加大學（Gonzaga University）法學院的畢業典禮致詞中，克拉克說她的委託人使她不得不「重新定義勝利的意思是什麼」。勝利的意思通常是指無期徒刑。即使如此，克拉克說她還是對她的委託人感激不盡，感激「他們教導給我的訓誨——關於人類的行為和人類的缺陷——以及不斷提醒著我，幸蒙上帝恩典孚佑，我才不致遭受和他們一樣的苦難。」

就某些方面來說，克拉克的公眾形象頗類似來自紐奧良的天主教培貞修女（Sister Helen Prejean），她營運反死刑組織（Ministry against the Death Penalty）。在培貞修女一九九三年所著《越過死亡線》（*Dead Man Walking*）一書中，她描述自己與一名被判處死刑的殺手所建立的聯繫。「他的孤獨，他的為世所棄，那重量吸引了我，」她寫道。她憎惡他的罪行，但在他身上感受到一種「純粹而具本質的人性」。但克拉克不是修女。她的信念植基於憲法，而不是聖經，所以在法庭上，她毫無羞怯地要爭個你死我活。一九九〇年她告訴《洛杉磯時報》，「我喜歡這場戰鬥」。雖然在她身上看不到印象中庭審律師那種譁眾取寵的浮誇舉止，但她也不會不屑於在公堂之上演一齣矯情的戲。

前海軍情報官員藍茨（Jay Lentz）被控殺妻，案發當時女兒茱莉婭（Julia）只有四歲；二〇〇三年克拉克代表藍茨出庭時，就傳喚時年已經十二歲的茱莉婭坐上證人席。茱莉婭告訴陪審團，父親就是她的一切。法官警告克拉克，茱莉婭不可對她的父親講話，但克拉克公然違抗法官的指示，問她是不是有話要告訴父親。「我愛你，爸爸。」她說。最後陪審團饒了藍茨一命。

從哲學思考的層面來看死刑根本說不通，這一點強烈驅策著克拉克反對死刑。她曾經評述「對一個文明國家來說，合法化的殺人不該是一個正確的概念」。她的朋友讓克（David Ruhnke）經手過十幾起死刑案件審判，他說：「身為刑事辯護律師，你很少會站在道德制高點上以什麼正義之士自居，但我認為在死刑訴訟裡，我們會這樣做。」據克拉克的朋友們說，這些喪盡天良的罪行也引發一些理智上的問題，於此她也深受吸引。魯道夫為逃避當局的追捕，潛遁至北卡羅來納州山區藏身，當時克拉克就告訴朋友杭特，「如果他們逮到魯道夫，那我想代表他。」杭特還記得自己回答，「妳她媽的是腦子有問題嗎？他是個極端的人！他炸毀了人工流產診所吔！茱蒂，我們得給做一些提示卡給妳，上面只寫兩個字『不行』。」

根據杭特的說法，克拉克持續在尋找「究竟是怎樣的一把鑰匙，轉開了怎樣的一把鎖，打開了怎樣的一扇門，居然可以讓人做出像這樣的事情。」就這一點而言，克拉克腦海中浮現的是代表里昂屠夫巴比（Butcher of Lyon, Klaus Barbie, 1913-1991）、豺狼卡洛斯（Carlos the Jackal, Ilich Ramírez Sánchez）和赤色高棉領導人喬森潘（Khmer Rouge leader Khieu Samphân）的法國律師韋爾熱斯（Jacques Vergès, 1925-2013）。司法正義講求犯罪之人必然受到應得的司法制裁，人們對於這個信念懷抱虔敬，而這份虔敬也撫慰著人心；二〇一三年辭世的韋爾熱斯，過去就樂於顛覆這份虔敬，堅持他的委託人要比其他人的認知之中更具人性。「『魔頭』希特勒最教人感到大吃一驚的地方，是他非常疼愛他的狗，而且他還會親吻秘書的手，」韋爾熱斯就曾說過，「接下這些委託最有意思的地方，就是發掘到底是什麼讓他們做出這些毛骨悚然的事情。」察納耶夫審判開始之際，克拉克告訴陪審團，她不會質疑案件裡的「什麼人」

或「什麼事」。她會專注於「為什麼」。

克拉克在北卡羅來納州的阿什維爾（Asheville）長大，現年六十三歲。她告訴《聖安東尼奧快報》（*San Antonio Express-News*），她從很小的時候開始就「覺得要是能成為梅森（Perry Mason）那樣的律師[i]，在法庭上總能大獲全勝，那就太棒了」。

她就讀南卡羅來納州格林維爾的弗曼學院（Furman College, Greenville, SC），主修心理學，在學期間還領導了一場成功的運動，將學生自治會（student government）的名稱改為弗曼學生協會（the Association of Furman Student），理由是這個組織並沒有實際的治理職權。她嫁給大學時期的男朋友賴斯（Thomas "Speedy" Rice），而這位生性和善快樂的圓臉男人，後來也成為一名律師。克拉克完成南卡羅來納大學（University of South Carolina）法學院的學業之後，他們搬到聖地牙哥定居；一九七七年，她加入了一個聯邦公設辯護人的小型辦事處。賽茉與克拉克就是在這段期間結識。賽茉目前在在加州大學柏克萊分校（University of California Berkeley）法學院，主持死刑相關的培訓實習學程；回憶當年，賽茉說「那個時候在聖地牙哥郡執業的女性刑事辯護律師，用一隻手就數得出來」。賽茉和克拉克每逢週末就一起去慢跑十英里。「我們需要肝膽相照的同志之情，因為這是一個充滿敵意的環境，」賽茉說，然候補充一句說聖地牙哥的司法機關尤其保守。

克拉克孜孜不倦投入工作，代表那些沒有正式文件的移民、毒販，以及其他被控犯下聯邦罪行卻負擔不起私人律師費用的人。她很快就開始主持辦公室的業務，律師人數增加為原來的兩倍，預算則增加為三倍。她要求新聘員工簽署一份所謂的「血書」（blood letter），承諾每週至少工作六十小時。克拉克自己投入八十小時則是家常便飯。一九九一年，克拉克加入了一家大型律師事務所MLA（McKenna Long & Aldridge），她傑出的才能在那裡派上用場，替白領階級的委託人辯護。吸收克拉克加入MLA的是事務所合夥人布魯爾（Bob Brewer），據他說，「向委託人按時間收取費用這件事，她一直沒辦法做到。」所以他們策劃出一套作法：克拉克先與新的委託人碰面，聽一聽案子的來龍去脈，然後非常委婉地藉故告退，好讓布魯爾從天而降然後洽談收費。克拉克這份工作只持續了一年多一點。她向來是個面無表情、情感不外露的人，最近每當談到這一段工作生涯，她都說「我被判處在MLA事務所私人執業十五個月。」

一九九二年，克拉克搬到斯波坎市（Spokane, WA），接管華盛頓州東部和愛達荷州的聯邦公設辯護律師辦事處。柏拉克（David Isaac Bruck）律師是克拉克就讀法學院時的朋友，談到當時，他說這就好像莫札特來到城裡指揮斯波坎交響樂團一樣。柏拉克是土生土長的蒙特婁人，一頭濃密的白髮，說話輕聲細語。他在一九七二年搬到南卡羅萊納州就讀法學院，並成為該州最卓越的死刑辯護律師之一。一九九四年，他接下史密絲（Susan Smith）的案子：二十三歲婦女史密絲來自小城市聯合市（Union），她被控謀殺自己的兩個兒子——他們都只是蹣跚學步的小孩子，牢牢繫在汽車後座上，然後史密絲眼睜睜讓她的車滑進湖裡。史密絲一開始宣稱是一名黑人劫持了她的車，綁架了她的孩子，但在幾乎是發狂失控引起種族間分裂不和的搜捕之後，她終於供認可以在湖裡找到她的兒子。州方面求處死刑，這意味史密絲有權利可以聘請第二名律師；於是柏拉克向他的老朋友克拉克求助。她向柏拉克抗議自己又沒有經手過死刑案件，但柏拉克說：「我不需要妳經手過死刑案件。我需要的是妳。」

克拉克有許多在往後個人專業上別具一格的手法，都是在史密絲一案的審判中開發出來的。她答應陪審員，對於史密絲的所作所為她不會大事化小小事化無，也不會提出被告過去曾經受虐的呈堂證供以做為辯護的藉口（abuse excuse）。然而即便如此，她認為陪審團不僅有義務瞭解史密絲的惡劣行徑，還有義務瞭解她的整個生活——那慢慢把她帶到犯案那一刻的生活。史密絲的父親是一名磨坊工人，在她很小的時候就自殺了。她的母親再婚，繼父猥褻了她。史密絲曾經兩次自殺未遂，而在湖邊時，克拉克說史密絲本來打算和她的孩子同歸於盡；就在最後一秒，一股求生的本能驅使著她從車內逃脫，但那一刻想要救孩子的命卻為時已晚了。

檢察官提出一項毀滅性的事證。史密絲的前男友是一位富有的磨坊主人之子，他作證說在殺子案前一週，他曾經發了一封分手信給史密絲；他在信裡寫道，「有些關於妳的部分是不適合我的，沒錯，我說的就是妳的小孩。」還有一名潛水夫出面作證，在湖底找到翻覆的汽車，也看到「一隻小手按在玻璃上」。

辯方則傳喚了看守史密絲的一名獄警，證實她處於懊悔自責之中。「每個人都有一個崩潰的極限點，」克拉克告訴陪審團，「而史密絲崩潰的那個點，我們大多數人都可能會屈服。」她的王牌證人是史密斯的繼父。他含淚供認猥褻史密絲，還當面對她說：「妳不是一個人犯下這場悲劇裡所有的罪。」史密絲獲判無期徒刑。在隨後的一次採訪中克拉克表示，雖然有時他把審判安排在被控案發地點以外的地方，是三思之後審慎的作法，但在這一次的案例中，讓史密絲接受南卡羅萊納州人的審判卻是有助益的。「因為她也是南卡羅萊納州的一份子。」克拉克說。

案子塵埃落定之後，克拉克在聖誕節去了監獄探訪史密絲。委託人的孤立隔絕她銘記在心，所以她記得他們的生日和各種節日。後來南卡羅萊納州通過了一條法律，禁止法院在死刑案件中委派職務給州外律師。

死刑審判由兩部分組成：「定罪階段」（guilt phase），即陪審團決定被告是否犯罪屬實，以及「量刑階段」（penalty phase），即陪審員以投票決定判決結果。儘管克拉克在開場陳述中先行承認察納耶夫有罪，此舉確實給人深刻印象，但卻阻止不了檢察官傳喚在爆炸事件中失去肢體或家庭成員的人。有些人是坐著輪椅進入法庭，還有一些人則是套上義腿。他們以令人驚訝的泰然自若，侃侃而談爆炸飛散的破片是怎麼損害他們的身體。過去和後來的照片也是檢察官提出的有力物證：當坎貝爾（William Campbell）出庭作證他二十九歲的女兒克莉絲朵（Krystle）怎麼在爆炸中身亡，其時陪審員們看到的是一張克莉絲朵兒時身穿白色蓬蓬洋裝的照片，那是她第一次恭領聖餐的照片。

每一位證人說完證詞之後，克拉克都輕輕地說，「我方沒有問題。」有時候她還會感謝證人的證詞。反詰他們是毫無意義的，甚至是冒犯人的。「辯護律師與受害者的關係向來令人憂心忡忡——這可不是一兩個案子的事，幾乎都已經可說是一個形上學的概念了，」主持聖地牙哥聯邦公設辯護人辦事處的肯恩（Reuben Camper Cahn）告訴我。「你必須尊重他們，瞭解他們，但同時你也必須專注在你的委託人身上。」肯恩與克拉克合作為勞納（Jared Loughner）辯護，他說克拉克「尤其善於敞開心胸體會受害者的苦痛，而且仔細思量她和同僚的每一個舉動，是否可以讓陪審員理解，又不會刺傷受害者」。

察納耶夫一案中，加入克拉克團隊的還有波士頓聯邦公設辯護人康菈德（Miriam Conrad）以及柏拉克。他們與委託人保持一種默不作聲的親密關係。開庭期間有幾個晚上，察納耶夫睡在法院深處的拘留室裡，這樣他就可以更靠近住在附近一家酒店的克拉克和她的團隊。但察納耶夫不是個容易駕馭的人。開庭的每一天他都是一副悠哉游哉的樣子晃蕩上被告席，然後無精打采懶懶散散靠在椅子上，長手長腳擺放的姿勢有種事不關己滿不在乎的調調，就像是超低底盤改裝車（lowrider）上握著方向盤的小屁孩。儘管察納耶夫的律師在法庭上已經特別指出，他的臉部遭到員警開槍擊中造成神經損傷，因此導致他的面貌有些許扭曲，但一些實況解說員還是認為察納耶夫在竊笑。證人之一的富卡瑞爾（Marc Fucarile）三十多歲，是個肩膀寬厚的男人，在爆炸中失去了一條腿；他透露另一條腿說不定也保不住。檢察官把富卡瑞爾骨骼的X光片投影出來，片子裡骨頭與骨頭的交接處本應是黑色的空間，現在全被光亮的藍點打穿了：那是鉛彈以及仍殘留在他體內的爆裂物碎片。富卡瑞爾已經經歷將近七十次手術，儘管坐在輪椅上，但他狠狠瞪著察納耶夫，彷彿他就要從證人席裡一躍而起，活活掐死察納耶夫。察納耶夫不願意看富卡瑞爾一眼。

克拉克坐在察納耶夫的左邊，五十多歲生氣勃勃的康菈德坐在他右邊，所以在陪審員眼裡的察納耶夫總是被女性夾在中間。她們和他竊竊私語，相互說些玩笑話，而且她們還會碰碰他——有時候拍拍他的背，有時候握握他的手臂。這些舉止都是刻意安排的：這就像教皇在聖伯多祿大殿俯身擁抱一位毀容的朝聖者一樣，這兩位女士想告訴大家察納耶夫不是麻瘋病人。但這些動作可不僅僅是做給陪審員看而已。二〇〇六年克拉克幫忙籌劃了一本辯護律師的培訓指南，裡面就提到「在死刑案件中，適當的身體接觸經常是一種可以維持被告信任的動作。」按照他的監禁條款，察納耶夫不可以觸碰任何訪客，就算是親人也不可以，所以他的律師這種不經意的觸碰，差不多就等於他剩下唯一一種有形的人際接觸。

政府方面提出的論據中最重要的一件，是爆炸當天拍攝下來的照片和影片的剪接合輯。其中一個畫面是第一次爆炸之前不久拍到的，來自多徹斯特（Dorchester）的一個五口之家，一起看著跑者們穿越終點線。察納耶夫就站在他們身後，頭上戴著反轉向後的棒球帽，被一棵樹半遮住身影。李察家的父親比爾（Bill Richard）是一個身形單薄，看起來焦慮不安的人；三月五日，他坐上了證人席。他回憶當時炸彈的威力將他拋到對街，之後他手忙腳亂半跑半爬回去尋找他的孩子。他先找到十一歲的亨利（Henry），他毫髮無傷，然後他看到七歲的珍（Jane）躺在樹邊。他抱起女兒，但她的身體已經少了一條腿。「她的腿被炸斷了。」他說。比爾看到他的妻子丹妮絲（Denice）弓著身子趴在八歲的兒子馬丁（Martin）身旁，他距離爆炸最近。比爾想幫忙照顧兒子馬丁，但女兒珍失血實在太快，如果不趕快把她送上救護車，她的性命可能不保。比爾看了馬丁最後一眼。「我知道這關他是過不去了，」比爾說，「眼前看來，已經沒有機會了。」他跑向一輛救護車，珍活了下來。丹妮絲一隻眼睛失明。陪審員和列席旁聽者流淚啜泣，一名法醫接著描述了馬丁身體所承受的爆炸衝擊。他戴著橡膠手套，拿起馬丁那時穿在身上的短褲。這本來可能是長褲，他說——很難說個一定。因為布料都融化光了。

這無疑是一種恐怖主義行為，檢察官將察納耶夫兄弟定調為聖戰份子（jihadism），他們奉激進伊斯蘭教的名義以殺害美國平民為志。調查人員從賈哈的筆電裡擷取到《啟發》（*Inspire*）雜誌的下載檔，這是蓋達組織（al-Qaeda）主辦的刊物，其中有一篇專題文章是〈在媽媽的廚房裡製造炸彈〉。在察納耶夫兄弟位於劍橋市的家庭公寓裡，聯邦調查局發現了炸藥的殘餘物質。

檢察官手上還握有相當於賈哈招認的供詞。當時賈哈藏身於旱塢的船內，他覺得自己就要一命嗚呼，於是用鉛筆在船內的玻璃纖維飾板上寫了一段話。一開始，政府希望拆下寫有這段供詞的那一部分船體，帶到法庭上陳列。但辯方反對，認為陪審團必需在完整的來龍去脈下看待賈哈留下的這段話。這就是最典型的克拉克。當她代表卡辛斯基時，覺得陪審團應該看看蒙大拿州荒野中那間狹窄的棚屋，「大學航空炸彈客」在那裡製造了他的郵包炸彈並撰寫了他的宣言。於是棚屋被放上平板卡車拖到沙加緬度（Sacramento）。三月裡某一天，奧圖爾法官隨同律師、陪審團以及察納耶夫來到一座倉庫，那艘船就架起來停放在拖板車上。船上有一條一條察納耶夫的血痕，滿布的彈孔有一百多個。「神對每個人都有安排，」察納耶夫寫道，「給我的安排就是躲在這艘船上，解釋清楚我們的行動。」他「嫉妒」塔默蘭功成殉道。「美國政府正在殺害我們的無辜平民，」他加上一句，指出「所有的穆斯林是一個整體，你只要傷害其中一個就是上害我們所有人。」這段筆記很不容易讀通，因為子彈穿破船身打斷了筆記。不過在接近結尾處可以看出察納耶夫寫著：「我不喜歡濫殺無辜，伊斯蘭教禁止這麼做，但由於上述（此處為彈孔）這麼做是可允許的。所有榮譽都歸於（此處為彈孔）。」

雖然這些語帶情緒的見解可以推斷為激進主義，但即使連政府陳述事例之時，都瀰漫著某種不可避免的感受：察納耶夫不是什麼神的士兵，他就是一個任性的孩子，他那些恐怖份子的行徑，說來奇怪，和他一點也不搭。他根本就不是什麼苦行者：賈哈在麻薩諸塞大學達特茅斯分校（University of Massachusetts Dartmouth）讀大二，大家都知道他是個毒販。

炸彈爆炸後不到一個小時，劍橋市一家全食超市（Whole Foods）的監視攝影機拍到察納耶夫進來挑了一罐半加侖的牛奶，付了錢離開之後，又踅回來換了一罐新的半加侖牛奶。爆炸發生幾小時之後他發了一條推文，「市中心沒有愛。大家小心，」然後又寫了，「我是那種沒有壓力的人。」他和一個朋友一起跑去健身房。那一份好像事不關己的距離，怪誕到令人毛骨悚然，正是因此致使有關當局將他認定為嫌犯。聯邦調查局官員在檢視馬拉松比賽的監視錄影時，注意到在第一次爆炸讓現場所有人都爭先恐後奔逃之際，卻有一名頭戴棒球帽的男子若無其事毫無反應。

克拉克不是什麼特別有創見的法學理論家。她在華盛頓和李大學教的課程是實習課，重點在於律師執業所需遵循的規則以及可以運用的策略。四十歲之前她曾經在最高法院出庭過兩次，案子的內容是有關刑事訴訟的法律專業事項——她兩場都敗訴，而且是陪審團全票無異議通過。就算是這樣，在其中一個事例上，她還是停下來解釋刑法裡模糊的一處有何微妙，她顯然比大法官瞭解得更多。在克拉克為聯邦公設辯護人製作的指南裡，她援用愛迪生（Thomas Alva Edison, 1847-1931）的天才公式：「百分之九十九的汗水加上百分之一的靈感。」死刑案件裡得花上很大部分力氣在偵查工作上。克拉克和調查人員以及心理健康專家聯手，把委託人的生命故事集合成一部「社會史」，綜合性的內容無所不包，取材往往涵蓋數十年的家庭紀錄。她追蹤委託人的親戚、老師、鄰居和同事，尋找委託人過去精神疾病或情緒不穩的蛛絲馬跡。二〇一三年克拉克在一份法庭存檔文件中寫道，這樣的訪談「記錄創傷的性質、程度和後果，對於重塑終身判決的個案來說是極為珍貴的。」

藉由找出杭特所謂「轉開鎖頭的那把鑰匙」，死刑辯護律師的操作方式基於一個概括的假設，即駭人罪行的行兇者本身也是受害者——確實如此，因為只有精神疾病或可怕處境的受害者，才會犯下這樣的罪行。「沒有人一開始就是殺人凶手，」夏皮羅說。「這些人送到我們手上時是損壞的商品。他們就像一塊糾結成一團的布料。而我們的工作是努力解開糾結，弄清楚究竟是什麼把他們糾結成現在的樣子。克拉克向來都說她的死刑委託人大多數忍受著「難以置信的創傷」，「他們有很多人深深被嚴重的認知發展問題折磨，以致影響了他們生命的核心。」她經常引用死刑辯護工作的一個口號：「我們之中沒有人，沒有任何一個人，希望被生命中最糟糕的一天或者最糟糕的一小時或者最糟糕的一個時刻，定義自己是怎樣的人。」

你可以用很多理由反對死刑，但卻依舊覺得這樣的主張頗為古怪。一名犯人出於自己的意願殺害了一位兒童，如果我們不能以此意願審判他，那麼這基本上不就是說我們永遠不應該審判任何人嗎？我很想知道這一條推理是否真的是克拉克的信條。當然你可能會以為，與殺手相處一段時間之後，律師會從原先對於人性美德懷抱的幻想之中醒悟過來。但有十幾位克拉克的朋友和同事向我保證，她熱烈相信每位委託人在本質上都是善良的。「她的同情心像是一口井，只是她的井比別人更深一點。」賽茉說。

克拉克煞費異乎常人的苦心，建立她與委託人的連結。「很多律師會進去會見委託人，要是委託人不想多談，他們就會放棄然後離開，」羅耀拉法學院（Loyola Law School）列雯森（Laurie Levenson）教授說，「如果茱蒂去了一趟但他們不想談，第二天她還會再回來，第三天還會。」柏拉克接受《紐約時報》訪談時曾說，克拉克是一位超自然的傾聽者：「即使是精神有嚴重問題的人，也能分辨出誰是真心實意以及誰是想要保護他們。」勞納患有妄想型精神分裂症（paranoid schizophrenia），克拉克會見勞納時，勞納會拿椅子丟她，暴衝向她，還朝她吐口水。（勞納的這些情緒失控，克拉克和她的同事在法庭上輕描淡寫帶過，他們認為實際上這就是勞納本來的樣子。）在波士頓的審判開始之前，克拉克偕同一位會說俄語的同事走了一趟高加索，與察納耶夫的父母碰面。這種出於同理心而下的功夫是非常費神的。用柏拉克的話說，「委託人就是她的世界。」

克拉克的丈夫賴斯也是死刑的反對者。康克由（Kaing Guek Eav, 1942-2020）是赤色高棉的酷刑虐人犯，二〇〇九年賴斯在柬埔寨的一起戰爭罪審判中幫康克由辯護。（康克由被判無期徒刑。）克拉克和賴斯一直都有養狗——還養過一隻又瞎又聾的巴哥——但他們沒有生孩子。克拉克的幾個朋友都對我說過，她不可能一邊撫養孩子一邊維持她工作的步調。由於克拉克手上的案子在全國各地的聯邦法院展開，所以每當決定要接下一位新的委託人，就意味著又要離家好幾個月。克拉克所有的死刑官司都是聯邦案件，只有史密絲案除外。大部分死刑的起訴是由州級法院提出，在這個層級經常有無辜的人被判處死刑。在發生這種情況的州，好比阿拉巴馬或德克薩斯，並沒有能力足以勝任的死刑律師，即使是能力優秀的律師也不一定能獲取足夠的資金好好準備打官司。在州級的案子裡，有時候辯護律師的調查預算只有一千美元；即使一個案子需要律師投入工作一千小時以上，但律師費的上限可能只有三萬美元那麼低。「那些在審判中能夠找到好律師代表他們的人，就不會被判死刑。」大法官金斯葆（Ruth Bader Ginsburg, 1933-2020）就曾經這樣說過。

由聯邦層級提出的死刑起訴就罕見得多，而且往往專門保留給像察納耶夫一案那樣，政府手上掌握有力定罪證據的案子。通常在這些案子裡，辯護律師有更高的報酬，而且有更大的操作空間可以聘請專家、調查人員及額外的律師。雖然至今尚未公布任何數字，但察納耶夫的辯護可能耗費數百萬美元的公共基金。有一種思考的方向是：一位有才幹的律師強烈反對死刑，就應該把精神氣力用在可能是無辜的被告身上。公設辯護人辦事處的肯恩說：「對一位講求實際效益的人來說，人才和資源是不是過度集中在聯邦系統之中？當然是。」死刑的執行多半發生在州的層級，而州級法院對於死刑辯護律師又有嚴苛的財務限制，克拉克的友人們就以此為由，解釋克拉克為何特別將心神專注在聯邦層級的案件上。

克拉克在波士頓握有充沛的資源，但她另一項約束卻又讓她綁手綁腳：官方保密（official secrecy）。察納耶夫可能會與同謀者串供，或者可能激發容易受影響的人如法炮製他的惡例，眼下這些都是察納耶夫可能導致的安全性威脅，因此政府以此為由，借助一條名為「特別管理措施」（special administrative measures）的協議，禁止被告與其法律團隊及其直系親屬以外的任何人聯繫。保密涵蓋的範圍也包括訴訟程序：也籠罩著法律程式：政府以及辯方提出的動議和歸檔文件，這些浩繁的卷帙都另外封存，不得列入可公開的法庭審訊紀錄。奧圖爾法官同意保密，並在一系列裁決中解釋了他的判決理由。不過就連理由，也是保密的一部分。美國公民自由聯盟（American Civil Liberties Union, ACLU）在麻州的律師西格爾（Matthew Segal）告訴我，有鑒於察納耶夫是「兩人小組中唯一倖存的成員」，這個案子的官方保密程度「極高」，因此很難為其辯護。

二〇一五年四月八日，陪審團判定察納耶夫犯下起訴書中的所有三十項罪名。辯方在定罪階段只傳喚了四名證人，他們都是技術方面的專家，證明炸彈製造工具上的指紋屬於塔默蘭，也根據手機記錄，證明當塔默蘭購買壓力鍋和鉛彈時，賈哈人遠在學校。在反詰的過程中，克拉克和她的同事展示給大家看，在賈哈吸收的網頁內容裡，激進伊斯蘭主義的相關素材只有很小的一部分。（他最常看的是臉書）政府提出賈哈的一些推文，認為從中可以看出極端主義的跡象，但最後證明那些只不過是饒舌樂曲的歌詞，或者是參考喜劇中心頻道（Comedy Central）節目的內容而來。被兩兄弟連人帶車劫持走的中國籍男子孟頓（Dung Meng）回憶道，當時塔默蘭誇耀馬拉松的爆炸是他所為，他還射殺了麻省理工學院的校警；但賈哈很安靜，只問了這輛車的音響能不能播放他 iPhone 裡的音樂。

在量刑階段，克拉克和她的同事傳喚了四十多名證人來講述賈哈的人生故事。他和父母親在二〇〇二年來到美國，繼之隨同前來的還有他的兩個姊姊和哥哥塔默蘭。這家人以俄羅斯在車臣發動戰爭為由申請政治庇護。父親安佐（Anzor）和母親祖貝妲（Zubeidat）都是長得好看的人，雖有遠大的抱負但情緒時好時壞：安佐找到技工的工作，患有夜驚症；祖貝妲有時緊迫盯人有時又丟三落四。察納耶夫一家蝸居在劍橋市一間窄小的公寓，他們移民的美夢逐漸腐蝕殆盡。賈哈的兩個姊姊都早婚；她們各生了一個孩子，後來也都離婚，最後又搬回家住。塔默蘭在職業拳擊生涯中努力過，但以失敗告終，但凡他努力過的一切，全都是以失敗告終。他娶了美國人蘿素（Katherine Russell），他們很快就生了一個孩子。她和嬰兒也住進這間小公寓與大家住在一起。到了二〇一〇年，祖貝妲和塔默蘭已經沉浸在伊斯蘭教中——不是在高加索地區踐行的那種大體而言十分溫和的形式，而是在網路上生根的伊斯蘭原教旨主義（Salafism）的一個分支。當妻子去上班時，失業的塔默蘭就留在家裡帶小孩，他會花好幾個小時觀看一些煽動情緒的影片，內容是海外的穆斯林遭受的各種殘暴對待。二〇一二年他前往達吉斯坦（Dagestan）六個月，希望投身護教的聖戰，儘管顯然他大部分時間都泡在小餐館裡打發時間，對政治高談闊論。〔據《波士頓環球報》（*The Boston Globe*）報導，塔默蘭聽到不同的聲音，很可能患有精神分裂症卻尚未診斷。〕

克拉克為薩納耶夫做的人物描寫，在某些方面讓人想起她幫忙穆薩維建構的人物描寫。穆薩維是法籍摩洛哥人，辯方在審判的證詞強調他此處非我鄉的處境，以及成長過程中經歷的混亂動蕩；他的父親是一名拳擊手，是一個會動手動腳的人，最後送進精神病院。穆薩維的妹妹賈米拉（Jamilla）作證說他是「家裡面最討人喜歡的人」。薩納耶夫也是他家裡最討人喜歡的人——一個眼睛又大又圓個性隨和的孩子，他很崇拜哥哥，很容易交到朋友，而且似乎比他的親戚更快融入美國的文化環境。他在學校表現良好，四年級直接跳級，高中時期成為摔角隊的隊長。坐上證人席的幾位老師淚流滿面，都說他是個聰明爽朗又有教養的孩子。不過到了他進大學時，他的家庭已分崩離析。他的父母分居，最後雙雙離開了美國。而此時的塔默蘭則變得更加激進，穿著在沙烏地阿拉伯會看到的那種飄垂的白色長袍，在劍橋市走來走去。

政府和辯方都不主張這兩兄弟只是一宗更大陰謀活動的一片拼圖；如果用克拉克自設的拙劣詞彙稱之，塔默蘭反而是透過網路而「自我激進起來」（self-radicalized）。而辯方的核心問題是：賈哈是否也是這樣。讀大學時，晚上他都與朋友攪和在一起喝酒、嗑藥、打電動。

那個時期的照片裡可以看出一種痛苦的美式庸俗：煤渣空心磚的學生宿舍、大螢幕電視、超大盒起司餅乾賈哈爾的幾個朋友出庭作證，說他是個善良的人。每個願意聽一聽美國帝國主義和海外穆斯林困境的人，塔默蘭都要給他們講一講大道理，賈哈則幾乎不討論政治。一些很親近的朋友甚至都不知道賈哈是穆斯林。檢方說他過的是「雙重人格的生活」。看著照片裡懶洋洋靠在宿舍上鋪的賈哈，真的很難想像他如何隱瞞虔誠的信仰生活，不在室友面前露出蛛絲馬跡。

辯方主張賈哈沒有策劃恐怖行動的密謀。是塔默蘭購買炸彈材料，製造炸彈，射殺柯利爾警官。辯方的一位專家作證，在車臣的文化裡，哥哥就是弟弟必須服從的主導人格。一位認知科學家也作證，青少年的頭腦是衝動的，就像汽車空有強大的引擎但煞車卻靠不住。這一條論據呼應了二〇〇二年一宗成功的辯護案例，即克拉克沒有參與其中的瑪爾沃（Lee Malvo）起訴案：精神錯亂的穆罕默德（John Allen Muhammad, 1960-2009）對瑪爾沃來就像父親一樣，時年十七的瑪爾沃隨同穆罕默德在華盛頓特區周遭地區無差別恣意開槍殺人，造成十人死亡。穆罕默德被處以死刑，但瑪爾沃被判處無期徒刑。察納耶夫就像瑪爾沃，他們年紀尚輕，過去都沒有任何暴力行為的紀錄，而且都像著魔一樣對一位深具個人魅力的導師言聽計從。瑪爾沃的律師堅持主張，「就像你無法跟自己的影子分道揚鑣一樣，瑪爾沃也無法把自己從穆罕默德抽離出來。」這是彩衣吹笛人（Pied Piper）[ii]式的辯護，現在克拉克也把類似的論點搬上台。察納耶夫足球教練的妻子，也是察納耶夫的老師之一，她作證說「他是很好教的孩子，教練說的他都會乖乖去做。」

穆薩維是真正的狂熱份子，好幾次在訴訟過程中情緒爆發，當庭譴責美國，譴責官司處處針對他。察納耶夫靜靜坐在被告席，偶爾伸手拿一瓶水，幫他辯護律師們的杯子裡都加點水。怪誕荒唐的罪行與溫文爾雅的行兇者之間實在太不和諧，所以庭外總是有狂熱的支持者群集，其中有很多是年輕女性，堅持認為察納耶夫一定是遭人構陷的受害者。「『他是個好孩子，是我們的孩子之一。』在這類案子裡，你通常不會借助這種種辯護詞，」哈佛法學院的死刑專家絲黛克（Carol Steiker）告訴我，「他看起來也像是白人，這在這類案子裡是很有幫助的。」

法庭裡的旁聽群眾看到的大概都只有察納耶夫的後腦勺，但在人滿到快要擠不下的媒體室裡，閉路監視器提供了更好的視野。法庭上的其中一支攝影機，架設在約莫像是法官從法官席上看出去的位置。柏拉克提出抗議，因為攝影機侵犯了辯護團隊的「隱私區」；但攝像機還是維持在原處，這反而提供了一個宜人的視角，看到似乎超然於案外的察納耶夫。他和律師竊竊私語，有時他對律師微微笑，但他避免自己的目光落在證人身上，所以他就低頭檢查自己的指甲或是漫不經心隨手塗鴉。「我真的很想念我認識的那個人。」他大學的一位朋友格娃菈

（Alexa Guevara）在證人席上邊流淚邊說。她竭盡全力想吸引察納耶夫的目光，但他就是不肯與她四目相接。

察納耶夫只有一次摘下這種冷漠的面具。他的大阿姨蘇萊曼諾娃（Patimat Suleimanova）遠從達吉斯坦前來作證。但當她一坐上證人席，馬上就啜泣嗚咽而抽搐不止。大阿姨被護送離開證人席之際，察納耶夫輕輕抹去眼角的淚水。就某些面向而言，這一幕代表辯護的發展方向仍有可為——這個信號表示被告終究還是有感情的，他的死將會重創他的家庭。而關於他自己造成的重創，面對過去幾週折磨人的證詞，這一幕同時也再次凸顯了察納耶夫的執拗。

克拉克在開場陳述中說，賈哈的恐怖份子之路是「他的哥哥創造出來，為他鋪設好的」。如果一位凶暴的年長手足，讓察納耶夫長年以來深受他的影響，那麼按照邏輯來看，在牢裡孤獨囚禁兩年之後，察納耶夫很可能就會感到懊悔自責。被告在法庭上擺出的身段當然不能完美代表他真正的心態。但察納耶夫的舉止沒有透露出絲毫悔意。這一點至關重要，因為根據研究，被告是否表現出悔恨，會嚴重左右死刑陪審團的決定。

為了證明察納耶夫的心情並沒有因為自己的罪行而有什麼起伏，檢方出示了法院拘留室一部監視攝影機錄影內容的靜止畫面。這個畫面是在爆炸攻擊發生幾個月後，某日的提訊之後拍到的。察納耶夫身穿橘色工作服，狠狠看著攝影機鏡頭，豎起中指。「這就是焦哈爾．察納耶夫——漠不關心、不思悔改、本性難移，」其中一名檢察官說。辯方也立即採取行動，把靜止畫面來源的整段錄影放給陪審團看，結果事實是察納耶夫還在攝影機鏡頭前擺了其他手勢，其中另一個就是兩指表示勝利的幫派手勢，姿勢就像青少年會在 Instagram 上臨時起意隨便擺的樣子。攝影機鏡頭有鏡面的反射效果，他還煞有其事把頭髮撥蓬鬆。

為了澄清薩納耶夫並非是個不知悔改的人，克拉克打了最後一張牌：她傳喚了培貞修女。修女說明在審判之前，辯方帶她到波士頓與察納耶夫會面。她見到察納耶夫的第一個念頭是，「我的天哪，他太年輕了」。培貞修女又繼續說明，他們在審判過程中見過五次面，其中的一次談話他們聊到受害者。按照培貞修女的說法，當時察納耶夫表示：「沒有人應該像他們一樣承受這樣的苦難。」修女補充說，「所以我就有了充分的理由這麼想……他是真的感到抱歉。」

當克拉克初次考慮代表史密絲時，她打電話給她認識的死刑律師卡門（Rick Kammen）尋求忠告。「每次你接手一樁這樣的案子，都必須做好心理準備自己可能會看到委託人被處死，」卡門說。許多律師只接手過一樁死刑案件，就再也不肯接了。而那些堅持不懈的律師則往往精疲力盡，或者靠酒精或毒品尋求慰藉。

克拉克的同事說，為了維持健全的心智，她依賴的是丈夫、忠實的朋友，以及尖酸的幽默。她現在還是用這樣的方法清一清腦袋裡的垃圾。為委託人準備社會生活史的過程，往往容易陷入一種人為的決定論：幾十年前的悲劇被描繪成近期行為的前兆。我請克拉克的朋友和同事解釋給我聽，為什麼她會這麼專注於自己所做的事情，他們的回答如出一轍地平淡無奇：克拉克是一個很有惻隱之心的人，而且她一直以來都是這樣。但如果現在是克拉克正在準備自己的社會生活史，她可能就會強調她過去經歷的某一個特定事件。

克拉克的父親哈利（Harry Clarke）是一位保守的共和黨員，他想要彈劾最高法院大法官沃倫（Earl Warren, 1891-1974），而且是很早就開始支持參議員赫姆斯（Jesse Helms, 1921-2008）。克拉克家鼓勵孩子們在餐桌上討論自己的想法，但還是有些侷限。一九七二年，茱蒂和妹妹坎蒂（Candy）告訴母親裴西（Patsy），他們打算投票給民主黨的總統候選人麥高文（George McGovern, 1922-2012）。裴西十分震驚，以至於沒有告訴孩子的父親。一九八七年，茱蒂住在聖地牙哥，父親哈利駕駛單引擎飛機出差，在返家途中墜毀在阿什維爾（Asheville）附近。克拉克與父親一直很親密，但從不覺得自己擔任辯護律師與父親的原則之間有什麼方枘圓鑿的地方。父親去世三年之後，她在《洛杉磯時報》的專訪中表示，在憲法保障的權利方面，她是一個絕對主義者。「是的，我是一名辯護律師，」她說，「但我覺得我的價值觀非常保守。」

茱蒂的哥哥布魯斯（Bruce）也成為一位律師，妹妹坎蒂則成為一位中學老師，弟弟馬克（Mark）大學畢業後搬到佛羅里達，成為一位救生員。一九九二年馬克告訴母親自己是同性戀，而且罹患愛滋病時日無多。裴西大驚失色，因為她是循規蹈矩恪守傳統價值的南方人，但她還是全心投入照顧馬克。茱蒂也來到佛羅里達為馬克加油打氣，最後馬克在一九九四年春天去世。克拉克家的老朋友參議員赫姆斯，長年以來不斷凍結愛滋病的研究基金，主張這是男同性戀自作自受招致天譴；馬克去世之後，裴西對此尤其感到沮喪。後來裴西寫了一本回憶錄，憶及茱蒂對她說，「妳應該寫信給赫姆斯參議員告訴他馬克的事。」裴西確實這麼做了，要求赫姆斯不要「用『自作自受』這樣的話來評斷他人」。

兩週後赫姆斯回信了，「我希望他過往的性活動不是像俄羅斯輪盤那樣瞎賭，」提到馬克時他這麼寫，「我確實同情他——也同情妳。但發生過的事情已成事實，我們無法逃避。」

裴西大為光火，於是與其他受害者的母親攜手發動一場基層運動，想把赫姆斯逐出參議院。茱蒂似乎也因此受到激勵。馬克去世幾個月後，她投入她的第一個死刑案件，為史密絲辯護。

「茱蒂在馬克去世之前就已經是現在這樣，」杭特說，「但馬克的死可能強化了她追求正義和接受人們本色的動力。」然後她咯咯笑著補充一句，「如果真有什麼能強化茱蒂的話。」

看著法庭上的察納耶夫，有時候我不免疑惑，克拉克是不是在嘗試拯救一個根本不想被拯救的人。或許他依然羡慕塔默蘭可以功成殉道。在死刑的事務上，委託人往往希望速戰速決。他們可能有自殺傾向，或者萬念俱灰，或者精神失常；他們可能已經做好深思熟慮之後的決定，就是注射藥物的死刑比終身單獨監禁更勝一籌。這樣的委託人就叫作「志願者」，他們讓死刑律師陷入左右為難的困境。律師的工作是極力擁護委託人的權益。但也可能會出現這樣的情況：這種責任與挽救委託人性命的當務之急背道而馳。二〇〇七年，克拉克接下鄧肯（Joseph

Duncan, 1963-2021）的案子。鄧肯是個流浪漢，在愛達荷州綁架了兩個小孩——迪倫和莎絲塔·格羅恩（Dylan and Shasta Groene）——之前他先用鎚子殺害了他們的哥哥和母親，以及母親的男友。克拉克在訴訟晚期才加入辯護團隊，因為有另外一位律師離開。其時杭特在斯波坎市辦事處工作，據她所說，「這件案子的罪行實在太令人髮指，他在情感上處理不來。」他是一位「非常出色的庭審律師，」杭特說，「但他不是茱蒂。」

鄧肯把兩個孩子帶到一處偏遠的營地，他性侵又凌虐迪倫，還把過程全部錄影下來。他強迫莎絲塔觀看錄影，然後當著她的面用霰彈槍打死她的哥哥。鄧肯在半山腰正要用石頭要砸碎莎絲塔的頭那一刻，他突然想到殺人是不對的——後來他說那一刻是種「頓悟」。於是他和莎絲塔一起開車下山，過了沒多久，當地一家丹尼連鎖餐廳（Denny's）的女服務生就認出他們，通知警察前來。克拉克花了很多時間與鄧肯交談。鄧肯的胡言亂語漫無邊際，後來克拉克說這是些就是「神智錯亂」和「瘋狂」的特徵——他似乎有多重人格障礙（dissociative-identity disorder）——但她還是保持耐心。「你是因為我不明白而對我感到灰心嗎？」她會這樣問。

鄧肯曾經被關進監禁成人性罪犯的矯正機構，當時他才十六歲，克拉克計劃把她的辯護重心放在這個事實上。但鄧肯拒絕提出任何可能為他開脫的童年時期證據。他反而想要為自己的劣行承擔全部責任。他非常急於確認莎絲塔不必坐上證人席，這樣她才不用經受創傷。他想認罪並放棄上訴權。根據隨後的證詞，克拉克對他說，「告訴我你不是在執行自殺任務。」她給鄧肯忠告，如果殺人是錯誤的，那他便不應該允許國家殺死他。但一點用都沒有。因此克拉克也就退出此案。「有些人不具備理性的判斷力，但我們可不是執行他命令的槍手。」她告訴法官。鄧肯隨後被判處死刑。他目前關在印第安那州的死因牢房。

自一九八四年以來，死刑在麻薩諸塞州一直是非法的。不過在我們的聯邦主義制度下，即使一個州判定死刑是違憲的，司法部還是可以執行刑事制裁。有其他十八個州已經禁止或暫緩執行死刑；至於哪些人可以用死刑判處，最高法院也逐漸縮小了範圍，把青少年犯罪者和智能障礙人士排除在外。你可能會認為在像波士頓這樣的自由城市，察納耶夫的律師不必為了挽救他的生命而處理他的道德罪責（moral culpability）；因為攻擊死刑本身就已足夠。一九九九年，當克拉克為白人至上主義者弗羅（Buford Furrow）辯護時，她認為死刑是違憲的。在大學航空炸彈客卡辛斯基一案中，辯方寫道，「逐步形塑何謂正直（decency）的標準最後將會讓美國大眾信服，殺人是完全錯誤和不道德的，無論殺人是由個人還是由政府所為。」在波士頓，量刑階段開始之際，柏拉克搬出張力十足的論據反對死刑。他曾經在數十起死刑案件中擔任律師或顧問。他向陪審員展示了科羅拉多州佛羅倫斯市（Florence）聯邦最高安全監獄ADX的照片，好幾位克拉克過去的委託人就被關在那裡：一系列死氣沉沉的建築坐落在積雪覆蓋的貧瘠地帶上。此景讓人想到西伯利亞。柏拉克解釋，要是察納耶夫沒有被判死刑，他將在ADX過著幾乎完全隔離度過餘生。由於特別管理措施，他不會與其他囚犯或外界有任何接觸。柏拉克繼續說，如果陪審團判處死刑，隨著這項決定繼之而來的必然是超過十年的上訴，而每一次上訴都伴隨著對察納耶夫的新一波關注，以及受害者的新一波苦痛。只有這樣之後——也許——他才會被處決。

支持死刑的人往往主張，死刑帶給受害者「解脫」，但柏拉克的邏輯似乎是無可辯駁的：如果你想要一種事情終於了結的感覺，那就把他送得遠遠的。「沒有殉道，」他說，「當他年紀漸長，必須面對的是孑然一身獨自掙扎，應付自己的所作所為——只有日復一日，年復一年的懲罰。」四月十七日，《環球報》（*Globe*）刊登了比爾和丹妮絲．李察的一封公開信，標題是「結束煎熬，停止死刑」。「被告殺害我們八歲的兒子，傷害我們七歲的女兒成殘，偷走了我們一部分的靈魂，」他們寫道，「我們知道政府訴求死刑自有其理由，但對於這項刑罰持續仍未結束的追求，將會帶來多年的上訴，這也將拖延我們從生命中最痛苦的那一天解脫出來。」他們敦促檢察官接受終身監禁不得假釋的認罪協定。有一些受害者堅決不同意這樣的立場。但檢方最具說服力的證人，現在卻乞求饒了察納耶夫一命。這封公開信發表幾個小時之後，麻薩諸塞州的檢察官歐緹姿（Carmen Ortiz）重申了她訴求死刑的期望。她聲稱自己是代表受害者這麼做。

如果陪審團是從波士頓人的典型樣本中挑選出來，那麼判處死刑的可能性就很小。但死刑案件中的陪審團選擇，必須先經過一個稱為「死刑認可資格」（death qualification）的步驟；在這個步驟裡，有可能成為陪審員的人會被詢問他們對於死刑的看法，任何在自己的信念上反對這種作法的人，都將被取消資格。這是有一定道理的，因為死刑判決必須是全體一致通過的；要是有一個陪審員從一開始就反對，那麼整個訴訟就是在浪費時間。在阿拉巴馬州或奧克拉荷馬州這樣廣泛支持死刑的地方，名單上的陪審員很容易全部都通過死刑認可資格。但在波士頓，通過死刑認可資格的陪審團在人口統計學上也是反常的：這次審判期間的民意調查顯示，有百分之六十的美國人贊成處決察納耶夫，但只有百分之十五的波士頓人贊成。在選擇陪審團成員過程中，一位中年餐廳經理被問及她是否可以宣判一個人死刑。「我真的不覺得是我在判刑，」她說，「這就跟職場一樣——我解僱別人，有人問我，『妳怎麼可以那樣做？』才不是我那樣做好嗎。是他們自己做的。因為他們的行為：不來上班，偷東西，諸如此類。」柏克萊大學教授賽茉指出，如果一個陪審團是通過死刑認可資格的，「那打一開始你就是在跟一個有定罪傾向以及死刑傾向的陪審團打交道，因為他們如果不是那樣的人，就不會坐在那裡了。」餐廳經理成了陪審團團長。

五月的一個早晨，當海鷗盤桓在波士頓港的和風之中，克拉克最後一次向陪審團陳詞。她駁斥賈哈是激進份子的說法，認為他一直受到哥哥的奴役。「要不是為了塔默蘭，」她說，攻擊「就不會發生。」她播放賈哈把背包放在李察一家後面的錄影畫面。「他是在樹旁邊停下來，而不是孩子旁邊，」她仍這麼堅持，但有點缺乏說服力。「這個說法不會讓事情變好，但起碼我們不要讓他的意圖看來比以前更糟。」克拉克稱呼察納耶夫是個「孩子」，是個「被哥哥的激情和信仰所吸引的青少年」。她認為察納耶夫寫在船裡的那一段供詞，只不過是鸚鵡學舌那樣重複別人的誇誇其談。「他寫下的字句都是哥哥告訴他的。」克拉克有一度差點就要心不甘情不願認可死刑的邏輯。「焦哈爾．察納耶夫並不是壞中之壞，」她說，「死刑就是為此而保留的。」不過話說回來，你也可以主張如果察納耶夫不是壞中之壞，那克拉克永遠不會接手這個案子。有個人劃破孕婦的肚子然後勒死孕婦，好奪取她子宮裡的嬰兒，克拉克就曾經為這樣的人辯護——即使是我們之中最壞的人都應該被赦免——這是她職業生涯奉行的信念。但她也知道這些陪審員並不反對死刑，所以她設法讓他們感染同情心，重複使用「我們」當作主詞和受詞，希望以此提醒陪審員，他們正置身於他們其中一份子的審判之中。她的神態通常輕鬆不拘謹，但當她的結辯陳詞愈形激昂接近高潮的那一刻，她卻擺出一副發狂似的迫切，用手勢幫忙表達——揎拳舞袖，一副她在指揮管弦樂團的樣子。「慈悲永遠不是博取而來的，」克拉克說，「慈悲是賜予而來的。」

接著是首席檢察官溫瑞布走上發言台反駁克拉克的舉證。「都是他哥哥要他這樣做，」他說，「這就是他們一直企圖要讓你們接受的想法。」溫瑞布評論說克拉克在她的結案陳詞裡，總共提到塔默蘭「遠超過一百次」，但塔默蘭並不在受審之列。辯方的證據實際上顯示出賈哈．察納耶夫是一個幸運的孩子，他的家人愛他而且給他機會。「他隨著父母一起從世界上最貧窮的地區之一搬到最富有的地區，」溫瑞布說，「他們在尋找更好的生活，而他們找到了。」溫瑞布冷靜拆解了克拉克和她的同事構建的社會生活史。「博伊斯頓街的殺人案可不是年輕人的輕率魯莽而已，」溫瑞布說。克拉克口口聲聲說那些殺戮是無意而為，「但對被告來說非常有意義。」溫瑞布指出，即使察納耶夫感到痛悔這句話是從培貞修女口中說出來，也一樣沒有說服力。察納耶夫向她表達的感受，與他寫在船裡的話沒有多大區別：就算這是必要的，但有無辜的人死去真的很可惜。「這就是核心的恐怖份子信念。」溫瑞布說。

康菈德和柏拉克都怒氣衝天，相繼提出反對意見。但克拉克只是瞪著溫瑞布，她把下巴撐在左拳上，拇指掐進她的臉頰，一點一點愈來愈深。溫瑞布的一位同事早先引用過愛默生（Ralph Waldo Emerson, 1803-1882）的話：「你注定要成為的那個人就是你決定要成為的那個人。」溫瑞布現在抨擊的是克拉克的信仰體系，也是這個信仰體系支撐著克拉克的職業生涯。溫瑞布說，行為才應該是判斷我們每一個人的標準。察納耶夫應該被處死，「不是因為他殘酷如禽獸（inhuman），而是因為他已無身為人的情感（inhumane）。」

殺人凶手基摩（Gary Gilmore, 1940-1977）於一九七六年在猶他州監獄伏法，子彈在槍決之前分發給五人行刑小隊；其中有一發是空包彈。這種道德責任的分散是我們死刑制度一個古怪的特徵：上述信息傳達的內容是國家在殺人，因此沒有人會因為執行死刑受到責備。培貞修女在她的演講裡反駁這樣的見解，「如果你真的相信死刑，問問你自己是不是願意替死刑犯注射致命的毒針。」她說。換句話說，當國家殺人的時候，我們都是牽連其中的一份子。

支持死刑常見的一個立論依據，是如此一來將可以嚇阻其他人犯下可怕的罪行。但沒有證據顯示確實如此。英籍作家庫斯勒（Arthur Koestler, 1905-1983）曾經指出，當一些小偷在村莊廣場上受絞刑處死時，其他小偷則蜂擁而至，趁機往圍觀群眾的口袋中扒竊。第二個正當的理由是，那些最暴力的罪犯即使被判終身監禁，還是可以繼續危害他人。政府方面極力主張，有朝一日察納耶夫可能被解除單獨囚禁，轉而與ADX的一般人犯囚禁在一起。辯方的其中一位證人過去曾任典獄長，就評述說在這個不太可能的情況下，他最擔心的安全問題將會是察納耶夫。死刑的下一個理據是犯罪者應得法律上的報應。卡謬（Albert Camus, 1913-1960）在一九五七年的一篇隨筆〈斷頭台上的反思〉（Reflections on the Guillotine）中，將報復（retaliation）描述為一種人類天性中根深柢固的「純粹衝動」，從「原始森林」傳承給我們。但他認為這並不意味報復是合法的。「從定義上來說，法律不能遵守與自然相同的法則。如果殺人是人類的天性，那麼法律就不是要模仿或複製這種天性。法律是要糾正這種天性。」正如知名大法官霍姆斯（Oliver Wendell Holmes, 1841-1935）所說，報應只是「偽裝的復仇」（vengeance in disguise）。

在陪審員開始商議之前，他們收到一份問卷，要求他們決定政府和辯方是否證實了各種「加重量刑」和「減輕量刑」的因子。儘管奧圖法官告誡陪審員，不要光靠計算打了幾個勾就推導出自己的答案，但這項工作還是保有一種做枯燥算術題的氣氛。克拉克提醒陪審團，無論他們怎麼填寫表格，他們每個人在做的都是種道德判斷。「這是你們每個人個別的決定。」她說。餐廳經理對行為不端的員工的想法也好，或者行刑小隊對那顆空包彈的想法也罷，她都不能讓陪審員也用這樣的想法看待他們正在填寫的表格。克拉克說話時，眼睛直直盯著陪審團團長，陪審團團長雙臂交叉在胸前，也狠狠怒目瞪回去。

經過十四個小時的商議，陪審團回報的結果是死刑。根據陪審員填寫的表格，除了三名陪審員外，所有陪審員都認為即使沒有塔默蘭的影響，賈哈也會自己實行炸彈攻擊。只有兩人認為被告確有悔意。

「茱蒂可能會說，如果社會大眾看到她所看到的一切，他們就會以不同的方式看待委託人或者整起案件，」柏拉克曾經說過。在這樁案例中，克拉克想要勾勒出一副感動人心的圖景，以此拯救她年輕的委託人，但她失敗了。也許她就是沒能找到那把鑰匙。在結案陳詞中，她對自己的困惑坦承不諱，「如果你們希望我有一個答案，一個簡單明瞭的答案，關於這是怎麼發生的，那我沒有。」

奧圖法官告誡陪審員，不要解讀被告在法庭上的態度，但察納耶夫那種謎樣的調調似乎已經對他造成傷害。大多數的陪審員拒絕接受媒體採訪，但其中一位陪審員告訴《野獸日報》（*The Daily Beast*）新聞網站，「我的良心清清白白……而我不知道他有沒有良心。」

不知道的不只是這位陪審員，還有波士頓的民眾：察納耶夫已經對他的行為表示痛悔。六月二十四日，在陪審團解散六週之後，奧圖法官主持了察納耶夫的正式宣判，克拉克也有精彩的發言。「久而久之，有愈來愈多批評認為察納耶夫先生缺乏悔意，」她說，「因此我們義不容辭，必須讓法院知道，察納耶夫先生願意不經審判就議決此案。」克拉克透露，察納耶夫不僅同意在審判前認罪，他還寫了一封道歉信。但這封信一直未能分享給陪審團——因為政府根據特別管理措施的條款，封存了這封信。葛特娜（Nancy Gertner）是前任麻薩諸塞州聯邦法官，現任教於哈佛大學，我最近與她談過話。「這可能是一個有直接關係的請求（immediate plea），」她說，「他準備要跟政府合作了。為什麼要經歷這一切？」葛特娜認為，鑒於察納耶夫似乎沒有構成持續存在的威脅，圍繞整個訴訟程序的保密「並沒有法律上正當的理由」。「列為機密所植基的前提是這是一個國際安全問題，但這有點言過其實。」她說。檢方以發布察納耶夫的道歉信可能不安全為由而將之封鎖，這似乎有點荒謬。（有關這封信被封鎖的原因，檢方發言人拒絕發表意見。）

至於司法部為何意欲判處死刑，葛特娜提出一種假設：這可能與關塔那摩灣（Guantánamo）恐怖份子拘留中心的政治操作有關。這座美國拘留中心的支援者長期以來一直認為，美國聯邦法院無力勝任恐怖份子的審判。但眼下就是一個活生生的案例：非軍方的普通（civilian）聯邦法院不僅可以做出有罪判決，還可以判處死刑。自九一一恐怖攻擊以來，有許多人遭普通法院宣判犯下恐怖主義罪行，但察納耶夫是第一個被判處死刑的人。葛特娜說，審判其實不應該在麻州舉行。她批評說如果轉移審判地點在這個案子裡是不合宜的，那什麼時候才是合宜的呢？「這個國家裡任何一個人想要轉換審判地點，基本上他們完全不加考慮。」她說。她的結論是，整個審判「對我而言，就是一齣戲而已」。

隨後向媒體發表意見的第二位陪審員是二十三歲的費根（Kevan Fagan）。波士頓大學廣播電台（WBUR）問到李察家族反對死刑的公開信，「如果我知道這件事的話，我說不定——我說不定會改變我的投票」他說。

在奧圖法官宣判死刑之前，克拉克說，「察納耶夫先生有話想跟法庭上的諸位說。」坐在克拉克旁邊的察納耶夫站起來，他穿了深色西裝外套和灰色扣領襯衫。「我想以真主之名開始，崇高又榮耀的真主，至為和藹，至為慈悲。」他說。他說話的口音很重，隱約可以聽出來是中東人。（在爆炸發生之前，他的口音聽起來更像道地的美國人。）「現在是神聖的齋月（Ramadan），這是真主對世間萬物展現慈悲的月份，也是請求真主寬恕的月份。」他繼續說。

察納耶夫轉向克拉克和她的同事說，他要感謝他的律師群。「我很珍惜他們的陪伴，」他說，「他們是很棒的同伴。」接著他感謝宣判他死刑的陪審團。他提起先知穆罕默德曾說過，「如果你沒有對真主的創造展現慈悲，那真主也不會對你展現慈悲。」察納耶夫繼續說，「現在我想要向受害者道歉。」他回想爆炸發生後，他開始慢慢獲悉傷者和死者的情況。「在整個審判過程中，我又知道了更多受害者的名字。」當證人出庭作證時，我才知道「我害他們經歷的一切是多麼多麼可怕」。

法庭內聚集了許多受害者，但察納耶夫沒有看他們。他只是直直盯著前方，皮帶頭旁邊是他緊握的雙手。克拉克坐著一動也不動，只是看著察納耶夫。「我為我奪走的生命，為我造成的苦難感到抱歉。」他說。他祈禱受害者得以「從傷痛中走出來」，並祈求真主「將祂的慈悲賜予我、我的哥哥和我的家人。」他說真主「最瞭解那些需要祂的慈悲的人。」察納耶夫嘴裡這些滿懷宗教虔敬的語彙，完完全全就在檢方預料之中。不過人們在十九歲到二十一歲之間的變化往往很大。他已經被單獨監禁了兩年，有充分的時間可以沉思自己的行為——以及捧讀古蘭經。整個審判過程中，察納耶夫一直像是一個密碼，觀察者無不希望他證明他瞭解自己罪行的嚴重性。但當他在法庭上發言時，我只想知道察納耶夫是不是足夠成熟——或者置身爆炸事件以及哥哥的死亡足夠遠的距離——到可以對他的所作所為做出堅決的評價。古蘭經一如其他的神聖經典，內容讀來對這樣的殘暴行為有所譴責，但也有所寬恕。在某個特別的夜晚，察納耶夫可能相信他會在來世得到酬賞於是安然睡去，然後第二天晚上他卻相信自己會得到懲罰。

察納耶夫短期間內不會被處決。自一九九八年以來，已經有七十五名被告遭判處聯邦死刑，但只有三人被執行死刑。上訴拖延數十年。在二〇一四年加州一位法官裁定死刑違憲之前，那裡的死刑犯自然死亡的可能性是處決死亡的七倍。（這位法官指出，死刑判決實際上應該被稱為「死亡可能性微乎其微的終身監禁」。）

比爾和丹妮絲・李察希望避免的局面——上訴、媒體關注、為了報應正義（retributive justice）而永無止境重演這座城市的創傷——現在似乎真的要惡夢成真了。克拉克有句名言，說的是判決死刑之後但還沒有執行死刑——「這個案子還有幾里路要走。」

克拉克的朋友說，這種失敗對她來說是毀滅性的。賽茉告訴我，在死刑的工作裡，你所謂的失敗不是輸掉官司，而是失去委託人。每當這樣的事情發生，她說，「你會心如刀割，然後你必須想辦法讓自己振作起來。」她指出克拉克「過去從未經歷過這種情況」。杭特則提到克拉克和她的丈夫沒有孩子，所以她說，「在某種程度上，這些委託人就是她的孩子。」

法默（Millard Farmer, 1934-2020）曾代表數十名南方的死刑被告，克拉克的朋友卡門講了一件關於法默的事情給我聽：「法默會說，『每個人都會遇到某些這樣的案子。所以你必須及早退出一個案子。因為這樣的案子確實會對你和這份工作帶來負面的影響』。」但所有認識克拉克的人無一例外，全都同意這不會是她的最後一個案子——她會振作起來繼續奮鬥。最近克拉克和她的同事提出一項複審動議，再次堅持主張此案不應該在波士頓審理。

察納耶夫最後以幾句對真主的讚頌，結束他在法庭上的發言。然後他僵硬地坐著，等待奧圖法官宣判死刑。克拉克伸出手放在他的背上。

■

本文於二〇一五年刊登於《紐約客》。察納耶夫被移監到聯邦最高安全監獄ADX，世界級的毒梟「矮子」古茲曼最後也會囚禁在這裡。察納耶夫對他的死刑判決提起上訴，官司一路打到最高法院但沒有成功，此後他又以法律上不同的理由再次提起上訴。他的死刑執行日期至今尚未確定。克拉克繼續與惡名昭彰的委託人打交道。鮑爾斯（Robert Bowers）被控在匹茲堡的生命之樹猶太教堂（Tree of Life synagogue）槍殺了十一人。二〇一九年，克拉克加入鮑爾斯的辯護團隊。

i．譯註：梅森（Perry Mason）：美國偵探小說家賈德納（Erle Stanley Gardner, 1889-1970）筆下的刑事辯護律師，他的委託人往往是遭人冤枉的重刑犯，梅森也屢屢履險蹈危找出真兇，替委託人洗刷冤屈。梅森的故事有多種影視改編作品，新近的製作是二〇〇二年的HBO影集《新梅森探案》。

ii．譯註：彩衣吹笛手（Pied Piper）：起源於中世紀晚期德國的民間傳說人物。小鎮哈梅恩（Hameln）為鼠患所苦，身穿彩衣的捕鼠人到來，以笛聲引誘鼠群隨行至河邊，悉數投河而死。未料事成之後鎮民反悔，不願支付先前承諾的酬勞，於是彩衣吹笛手再次吹笛，只是這次遭他笛聲引誘隨行離鎮的，全是鎮民的孩子。因此在民間故事之外，「花衣吹笛手」也成為一種（政治上的）比喻，形容那些憑藉個人魅力大開空頭支票的領導人，以虛假的承諾吸引盲目的支持者。

第十一章　深藏的秘密——以色列億萬富翁如何操控數一數二的非洲珍寶

西非小共和國幾內亞（Republic of Guinea）境內一座巍峨聳翠的山脈裡，埋藏著世界上已知最大的未開發鐵礦礦床之一。幾內亞東南方的高地人煙罕至，見不到任何城市或大馬路的蹤影，西芒杜山脈（Simandou Mountains）在這裡綿延七十英里，像是在地面的叢林中隱隱約約浮現一條巨大的恐龍脊椎。在這個區域工作的地質學家和礦工，給其中幾座山峰起了綽號：一座叫鐵娘子（Iron Maiden），另一座叫金屬製品（Metallica）。鐵礦是一種原料，一旦經過冶鍊就成為鋼，而且西芒杜山脈的鐵礦含鐵量通常都很豐富，也就是說這裡的鐵礦只要經過最少的加工就可以送進高爐（blast furnaces）煉鐵。過去十年裡繁華燦爛的巨型都市（megacity）在中國各地崛起，全球鐵價因而飆升，投資者也開始尋找新的礦產來源。紅土使得西芒杜周圍蒼翠繁茂的植被都鋪上一層紅灰，山上的岩石也因為紅土而布滿紅色的大理石斑紋，而價值連城的正是這些紅土。

開採鐵礦牽涉的層面非常複雜，而且需要大量的資金。西芒杜位於寸步難行的叢林之中，距離海岸有四百英里之遙，因此首先必須派上用場的鑽礦器械不得不用直升機才能運送到山頂。這個地點以往幾乎毫無開發，沒有開鑿過任何礦石。要將鐵礦運往中國以及其他市場，需要的不僅是建造一座礦井，還需要建造一條足夠堅固的鐵路，才能乘載滿載礦石的運貨車廂。此外還必須要有辦法通往深水港，但幾內亞卻又沒有。幾內亞是地球上最貧窮的國家之一。工業發展匱乏，電力供應不足，可以通暢駕駛的道路寥寥無幾。公共機構幾乎無法運作。超過一半的人口不識字。「我們的發展水平相當於賴比瑞亞（Liberia）或獅子山（Sierra Leone），」組織鬆散朝不保夕的幾內亞海濱首都柯那克里（Conakry），有一位政府顧問最近這樣告訴我，「但在幾內亞，我們沒有發生內戰。」

然而諸端事態並不一定會走到無可避免的悲慘窘迫，因為這個國家擁有豐富的自然資源。除了西芒杜山脈的鐵礦之外，幾內亞的鋁土礦藏量之豐也在世界上名列前茅，這種礦石經過兩次精鍊就能製成鋁；而鑽石、黃金、鈾，以及沿岸的石油，也有不容小覷的藏量。富裕國家的自然資源未久即將耗盡乃意料中之事，此際他們愈來愈打非洲的主意，因為在那裡，價值數兆美元的石油和礦物仍深埋地底不見天日。有一項估計資料顯示，非洲大陸坐擁世界上百分之三十的礦藏量。主持牛津大學「非洲經濟研究中心」（Center for the Study of African Economies）的寇利爾（Paul Collier）教授指出，「一場新的非洲爭奪戰」正如火如荼展開。中國和非洲之間的雙邊貿易額在二〇〇〇年為一百億美元，推斷在二〇一三年最高可達兩千億美元。美國現在從非洲進口的石油比從波斯灣進口的石油還多。

西方世界向來視非洲為一座可以予取予求的大陸，無論求取的是鑽石、橡膠，還是奴隸。這樣的觀點就銘刻在幾內亞鄰國象牙海岸（Côte d'Ivoire）和迦納（Ghana）的名字裡，迦納過去在英國殖民主的口中就稱做黃金海岸（Gold Coast）。維多利亞時期（1837-1901）對資源的剝削尤為粗暴；比利時國王利奧波德二世（King Leopold II of Belgium, 1835-1909）貪得無厭求取橡膠，而巧取豪奪的結果是剛果自由邦（Congo Free State）有一千萬人因此身亡。如今世界各國為了非洲的資源再一次蜂擁而至，這可能帶來另一段無情醜陋的故事，但也可能為經濟發展帶來前所未有的機會。幾年前寇利爾教授寫了一本關於全球貧窮的暢銷書《底層的十億人》（*The Bottom Billion*），在他看來能夠為經濟進步帶來最大機會的並不是外國的援助，反而是這些對於自然資源的開採。單單憑西芒杜山脈，在未來四分之一個世紀就有潛力可以獲得一千四百億美元的歲入，讓幾內亞的國內生產毛額（GDP）增加一倍以上。「牽涉其中的金錢數目將使其他一切相形見絀，」寇利爾告訴我。就像康拉德（Joseph Conrad, 1857-1924）小說《諾斯特羅莫》（*Nostromo*）裡的銀礦一樣，西芒杜的礦藏有指望可以為幾內亞提供他們最迫切需要的東西：「法律、誠信、秩序和安全。」

如同深海石油鑽探或是登月任務，鐵礦的出口需要投入大量的資金以及專業技術，所以做得起這門生意的僅限於幾個主要競爭者。一九九七年，勘探和開發西芒杜的獨家權利被授予英澳礦業巨頭力拓集團（Rio Tinto），他們是世界上最大的鐵礦生產商之一。二〇〇八年初，公司的執行長阿爾巴尼斯（Tom Albanese）向股東吹噓，說「世界上未開發的一級鐵礦資產中，西芒杜毋庸置疑是龍頭」。但不久之後幾內亞政府就宣布力拓集團開發礦區的速度太慢，舉出力拓未能達到進度基準為證，還暗示該公司只不過是把西芒杜的礦藏聚藏在自己手上，好讓其競爭者無法插身，但同時力拓卻將氣力投注在其他地方的礦區。二〇〇八年七月，力拓的執照遭到褫奪。幾內亞官員隨後將一半礦藏的勘探許可授予一家規模小得多的公司：班尼・史坦梅茨集團資源開發（Beny Steinmetz Group Resources, BSGR）。

據某些媒體的估算，史坦梅茨（Beny Steinmetz）是以色列首富，彭博社報導他的個人財富約在九十億美元之譜。史坦梅茨是在鑽石買賣這一行聲名鵲起，由於一來他幾乎不與媒體往來，二來他旗下諸多企業構成的集團結構實在太過錯綜複雜，以至於很難估定他的持股程度。如今史坦梅茨的投資組合中竟又加上西芒杜的合約著實教人跌破眼鏡，因為BSGR毫無出口鐵礦的經驗。一位幾內亞的礦業高級主管是這麼對我說的，「如果是鑽石，你可以裝進口袋就從礦場帶走。但要是鐵礦，你需要的是足以用上數十年的基礎建設。」

力拓對此決定提出憤怒的抗議。「一家公司從未發展過鐵礦開採的營運，卻能取得我們原有特許經營權的區域，我們對此深感詫異。」當時一位發言人表示他的看法。公司高層也向柯那克里的美國大使館控訴，其之一位就認為史坦梅茨自己根本無意開發該礦區，其實他的盤算是轉一手錢滾錢——「先拿下特許經營權，然後轉賣賺取可觀的大筆利潤。」謠傳史坦梅茨與以色列情報部門關係匪淺，因此在力拓眼裡，他很可能就是專門來攪局的不速之客。根據維基解密公布的一分外交文件，力拓的總經理告訴美國大使館，對於在「未經安全保障」的手機上談論西芒杜的事情，他感到非常不自在。力拓的高級行政主管戴維斯（Alan Davies）告訴我，他們公司已經在這個地點投資了好幾億美元，而且一直全力盡速推動一個可能需要數十年才能完成的計畫。「如今發生這種事讓公司大為震驚。」他說。

二〇〇九年四月，位於柯那克里的幾內亞礦業部正式批准了與史坦梅茨的協定。一年之後，他就與力拓的主要競爭對手之一巴西礦業公司淡水河谷（Vale）做了一筆交易：淡水河谷同意支付二十五億美元，換取BSGR在西芒杜營運上51%的股份。這可是非比尋常的意外之財：按照慣例，取得開採執照必須預先準備好所需資本，但BSGR到目前為止什麼錢也沒付，只投資了一億六千萬美元。才不到五年，BSGR在西芒杜的投資竟已變成五十億美元的資產。那個時候幾內亞政府的年度預算額度才不過十二億美元。蘇丹裔的電信大亨易卜拉欣（Mo Ibrahim）在達卡（Dakar）的一個論壇上提了個問題，引發許多觀察者的回響：「做那筆交易的幾內亞人到底是白癡還是罪犯，或者都是？」

史坦梅茨對這筆買賣頗感自豪。「人們不喜歡成功的人，」他在二〇一二年罕見地接受英國《金融時報》（*Financial Times*）的專訪，「小個子大衛居然能扳倒大塊頭歌利亞，這令人們感到不安。」他表示BSGR的策略是用「積極的手段追求機會」，又補充了一句，「你得把手弄髒才行。」

在柯那克里，史坦梅茨藉由賄賂取得特許經營權的傳言甚囂塵上。根據「國際透明」組織（Transparency International）的說法，幾內亞是地球上最腐敗的國家之一。「人權觀察」組織（Human Right Watch）的一份報告指出，史坦梅茨取得他在西芒杜那一片地之際，幾內亞就是一個盜賊統治的政權，各級領導人主理的是「國家的逐步罪犯化」。由聯合國前任秘書長安南（Kofi Annan, 1938-2018）擔任主席的「非洲進步小組」（African Progress Panel），在最近的一份報告指出，在非洲人脈廣闊關係好的外國人，只要提供一些誘因給掠奪成性的當地菁英，往往就可以用遠低於市場價值的價格買進有利可圖的資產。「非洲的資源財富棄絕大多數非洲人於不顧，反而為少數特權階層積累巨額財富，」報告中說。這份報告強調淡水河谷同意向史坦梅茨支付西芒杜的數十億美元，指明「幾內亞人民低估了這項特許經營權，結果似乎是他們因此吃了大虧，這筆龐大的收益中他們分不到一杯羹。」

二〇一〇年，在淡水河谷的交易發布幾個月後，幾內亞舉行獨立（1958）以來的首次完全民主選舉，結束了半個世紀的獨裁統治。新任總統阿法．孔岱（Alpha Condé）在競選時提出的政見是採礦地段的管轄與透明度都要更上層樓。不過他一就任，面臨的就是幾內亞最珍貴的礦業資產已經被交易到國外去的可能性。他不能就這樣把合約作廢。「國家的事情是有連貫性的，」最近他告訴我，「我沒辦法逆轉木已成舟的事情——除非我有這個權利。」BSGR否認其中有任何犯罪情事。「這些指控都是子虛烏有，完全是對BSGR的抹黑。」公司發言人告訴我。如果西芒杜的執照是經由賄賂弄到手的，那麼這筆交易可能會被撤銷。但孔岱和他的幕僚必須證明這一點。

「我繼承的是一片國土（country）而不是一個國家（state），」我們初次見面時孔岱告訴我，那時是二〇一三年一月。他來到瑞士阿爾卑斯山參加在達沃斯（Davos）舉辦的「世界經濟論壇」（World Economic Forum），我們在酒店的一間套房見面；整間套房沉浸在陽光之中，地上映現室外雪堆的影子。孔岱的個頭高，額頭也高，一雙小眼睛在聽你講話時就顯現一種諧謔的興味。他穿了套棕色西裝，配了紅色領帶。他深深靠進一張翼背椅裡，當我們講話時，他的身體微微向右倚靠，那姿態感覺有種肩頭扛著重責大任的疲憊。有時候他的手肘就像一根帳篷桿，支撐著他整個身體。孔岱當選總統時已七十二歲了，他一生大部分的時間都在流亡中度過。他童年時期就離開故國，當時幾內亞仍由法國統治；最後他在巴黎安身，一九六〇年代成為泛非（Pan-African）學生運動領袖。他研讀法律，在巴黎大學講學，他或許是幾內亞反對派中最有名的一員，也是因此為世人所知。

因為這樣政治上的異議，幾內亞獨立後的第一位獨裁統治者以缺席審判的方式判處孔岱死刑；一九九一年他返國競選總統未果，此後被第二位獨裁統治者監禁了兩年多。

二〇一〇年的總統大選是一場尖刻悲酸的選戰，因為孔岱的對手迪亞洛（Cellou Dalein Diallo）在他當年身陷囹圄時擔任政府部長。孔岱終於就任總統之後，他承諾要成為幾內亞的曼德拉（Nelson Mandela, 1918-2013）。他告訴我，首先他必須正面對抗的是長達數十年「無政府狀態」下的餘毒。柯那克里的政府所在地有種波坦金式（Potemkin）的特質[i]：政府機構的大樓頹垣敗壁搖搖欲墜，雖然有大批官員現身上班，但幾乎沒有真正公共機構的辦事能力。「中央銀行，他們印的居然是假鈔。」孔岱簡直目瞪口呆。然而他沒辦法解聘每一位官員；這些文職官員除了貪污之外什麼都不知道，可是他必須湊合著用。「幾乎每一個身懷專業知識的人都毀方投圓了，」有一位曾經給孔岱忠告的人士告訴我，「所以他必須在精明幹練卻貪贓枉法的人，以及剛正不阿卻缺乏經驗的人之間找一個平衡點。」孔岱生命中大部分時間都在國外度過，儘管這是事實，但他對此有很強的防禦心；當我提起這個話題，他就像理智斷線一樣惡聲惡氣駁斥我：「我比那些從未離開過幾內亞的人更了解幾內亞。」不過他的局外人身分，也意味著他並未捲入歷來政府的醜聞。他的一生大部分都在法國度過，所以如今來到達沃斯這樣的地方，他一看就是非常安心自在的樣子。派駐在首都柯那克里的美國大使拉斯卡瑞斯（Alexander Laskaris）告訴我，「孔岱在全世界的人脈圈之廣，為他獻策的人之多，都要遠遠超過我應付過的任何一位非洲國家元首。」法國前外交部長庫希內（Bernard Kouchner）與孔岱上同一所高中，是孔岱的知己。庫希內把孔岱介紹給億萬富翁金融家索羅斯（George Soros），後來索羅斯成為孔岱非正式的顧問；索羅斯又居中牽線，讓孔岱結識牛津大學的經濟學家寇利爾。就這樣一個接一個，寇利爾又把孔岱介紹給前英國首相布萊爾（Sir Anthony Charles Lynton Blair），布萊爾則透過自己成立的國際組織「非洲治理倡議」（Africa Governance Initiative）為孔岱提供協助。

這些西方人在孔岱身上看到拯救幾內亞的機會。寇利爾告訴我國家最需要的就是「高層的廉正誠信」。孔岱的性情可能有點暴躁，他有個壞習慣就是老愛把和他對談的人當成學生一樣說教。而且他這一輩子永遠都站在反對的那一邊，所以他究竟能夠治理得多好猶未可知。他打一開始就遇到難題。他就職時曾經承諾要以舉辦國會選舉促成幾內亞的民主轉型，但他先是以程序問題為託辭延後了選舉，隨後又一再延後。柯那克里因此爆發了反對派的動亂，導致示威群眾與政府安全部隊發生一連串暴力衝突。儘管風雨飄搖擾攘紛亂，但孔岱的外國友人和顧問依然對他的道德標準保持信心。「他絕對是個廉潔的人，」庫希內對我說，「他一點都沒有驕奢的習氣。他不會去旅行。晚上他會吃冷掉的馬鈴薯墊肚子！」

「人權觀察」組織的高級研究員杜芙卡（Corinne Dufka），依舊看好孔岱可以成為一位成功的改革者。「幾內亞要克服濫權統治的遺毒還有很長的一段路要走，」她說，「權力仍然過度集中在行政部門，如果沒有健全的司法制度或者民主選舉產生的議會，那就幾乎沒有監督的力量，而這正是他們迫切需要的。孔岱接下的爛攤子是慘不忍睹的治理和人權問題，但他勇於面對，而且確實有所進展。」要改變一個從上到下都貪腐的國家並非易事。孔岱在就任的頭幾個月間實施了一套鑑別分類。索羅斯支持的「收入觀察」（Revenue Watch）是一個推動採掘業透明程度的組織，在「收入觀察」的協助下，孔岱成立了一個委員會專門審查現有的採礦合約，並且判別其中是否有什麼啟人疑竇之處。不認識史坦梅茨——「我不認識任何採礦的人。」他說這話時還帶點得意——但西芒杜的交易裡有些部分似乎足以成為調查的理由。「我覺得這裡頭恐怕有什麼貓膩，他們投資一億六千萬美元然後賺走幾十億美元，」孔岱說，「這未免有點……」他笑了笑，誇張地聳了聳肩。

五十七歲的史坦梅茨似乎居無定所。他搭乘自己的私人飛機在這些地方穿梭：臺拉維夫（他家人居住的地方，住的是全以色列最華貴的房子之一）、日內瓦（出於稅務的需要，在法理上他居住的地方）、倫敦（BSGR 的主要管理部門的辦公室所在地），以及一些與他的鑽石和礦產利益有所關聯的地點，這些地點遍布在世界的遙遠角落，從馬其頓（Macedonia）到獅子山。就法理層面而言，在 BSGR 這個以他之名為名的企業集團中，他並不是高層行政主管；集團的收益流入一個基金會，他只是這個基金會的主要受益人而已。這是一塊合法的遮羞布。以色列前總理歐默特（Ehud Olmert）是史坦梅茨的朋友，在他口中史坦梅茨唱的是「自己挑大樑的獨腳戲」。歐默特繼續說，「法律方面的事我不太清楚——我只知道他可以馬不停蹄地工作，如果他發現什麼大有可為的交易，他可以馬上從地球的這一邊跑去另一邊。」

史坦梅茨非常健壯，無論身在何處每天都會鍛鍊身體。他有一雙藍眼睛，一頭亂蓬蓬的沙色頭髮，喜歡穿休閒裝，皮膚曬得黝黑，這樣的他看起來更像是電影製作人，而不是商界鉅子。「我在一個以鑽石為主軸的家庭裡長大。」史坦梅茨說。他的父親魯賓（Rubin）是一位波蘭鑽石切割師，一九三六年定居巴勒斯坦，先前在安特衛普（Antwerp）習得這門行當。在一九七七年的一張家庭照片裡，年輕的史坦梅茨與兩位兄長以及父親坐在一張凌亂的桌子旁；史坦梅茨正在仔細檢查一顆寶石，而父親魯賓則是一臉嚴厲的神色看著鏡頭。那一年史坦梅茨剛服完兵役，隻身到安特衛普闖天下，奉命擴大公司在拋光寶石的國際業務。根據私人出版的家族企業歷史《史坦梅茨的鑽石故事》（*The Steinmetz Diamond Story*），史坦梅茨遠赴非洲拓展新業務，尋找新的未加工寶石（rough stone）來源。然而他們的計畫不是要自己興建礦場，而是意在與那些採礦的人達成協議。

世界上近乎一半的鑽石來自撒哈拉沙漠以南的非洲，因此有不少胸懷壯志的西方人步武戴比爾斯（De Beers）鑽石公司的創辦人羅茲（Cecil Rhodes, 1853-1902），來到非洲大陸尋覓發跡致富的良機。「不過很遺憾，鑽石礦可不會出現在倫敦皮卡迪利（Piccadilly）這樣繁華的地段，」負責監管史坦梅茨商業利益的克萊默（Dag Cramer）告訴我，「老天爺不會把資產放在那樣的地方。」在這樣的國家反而更容易發現鑽石：開發不足的國家、貪汙腐敗的國家、往往更是飽受戰爭蹂躪的國家。這就夠把許多投資者嚇得落荒而逃，不過並不是全部；政治不確定性、人身危險，還有很可能是天文數字等級的酬報，這個教人陶醉的結合深深吸引著一些創業家。曾經外派到賴比瑞亞和安哥拉（Angola）任職的美國大使拉斯卡瑞斯，把非洲大部分地區的鑽石貿易類比成《星際大戰》裡髒兮兮的小酒館。「所有被銀河系拒於門外的人都被吸引到這裡來，」他說，「這一行入行門檻低。這一行的回報是墮落腐敗。這一行也回報那麼一丁點野蠻殘酷。」

史坦梅茨縱身投入的是非洲變化莫測的政治水窪。一九九〇年代，他是安哥拉鑽石的最大買家；後來他又成為獅子山最大的私人投資者。如今史坦梅茨是戴比爾斯鑽石原石的最大買主，也是蒂芙尼公司（Tiffany & Company）的主要供應商之一。他把自己的持股轉投資到房地產、礦產、石油、天然氣等領域，股份遍及二十多個國家。史坦梅茨最近建立的一個網站把他描述為一個「遠見卓識的人」，利用「非洲大陸的人際網絡」建立了「一個多重面貌的帝國」。

不過對於像史坦梅茨這樣的商人，寇利爾卻深感不以為然，因為他們的手上雖握有開發自然資源的權利，但實際上他們卻不具備開發所需的專業知識。「他們在技術上的能力不過就是一張社交網路的地圖而已，」寇利爾說，「『有權力做決定的是誰？我可以聯繫上誰？』他們知道怎麼樣拿下合約——那就是他們的專業技術。」（此番描繪克萊默嚴詞駁斥，堅決主張史坦梅茨無論在哪裡經營生意，他做的都是永續的投資。「BSGR從來沒有獲得權利之後就迅速轉賣大賺一筆，我們不做這樣的生意，我們不是這樣的公司，」他告訴我。）

儘管史坦梅茨富埒王侯，但他長年格外低調不願出鋒頭。二〇一二年，以色列電視台的新聞節目《探源》（*Hamakor*）專門用一集講述他與臺拉維夫稅務機關之間的交鋒；播出之後他便揚言要採取法律行動，也成功阻止這一集節目上傳到網路平台。曾任以色列駐紐約總領事的平卡斯（Alon Pinkas）是史坦梅茨的朋友，他告訴我，「史坦梅茨是一個非常內向的人，他的家人就是他在乎的一切——當然還有他的生意。」不過史坦梅茨的鑽石生意偶爾還是會投入一些創意宣傳活動。他的公司贊助一級方程式賽事，有時候提供給車手的配備是鑲飾了滿滿鑽石的頭盔和方向盤。二〇〇四年摩納哥的一場比賽，一輛捷豹（Jaguar）車隊的F1賽車，車鼻上就用一顆巨大的史坦梅茨鑽石做為點綴。當這輛賽車飛馳繞過一處髮夾彎之際，車手沒控制好，導致這輛捷豹衝撞護欄。這顆鑽石據說有一〇八克拉，價值二十萬美元，但之後從沒被找到。

在阿法・孔岱成為總統之前，統治幾內亞的是獨裁者蘭薩納・孔戴（Lansana Conté, 1934-2008）將軍，他的腐敗人盡皆知：他都用「那幫小偷」稱呼手底下的部長（但可不是用討厭他們的語氣），他還曾經妄言，「如果我們不得不射殺每一個從幾內亞偷走東西的幾內亞人，那以後我們就沒有人可以殺了。」

到了二〇〇八年，他已經掌權二十多年，健康每況愈下的他幾乎已不在公開場合現身；偶爾現身時都是由保鑣撐扶著，身邊圍繞著一群副官時不時還做做樣子假裝在他耳邊講兩句機密的悄悄話——儘管任何一個近看旁觀者都心知肚明，孔戴將軍根本就睡著了。就是在這段時間，史坦梅茨飛往柯那克里會見孔戴。在將軍宅邸的院落，他們坐在一棵芒果樹下聊天。孔戴之所以知道 BSGR，是因為這間公司獲得了毗鄰西芒杜山脈兩小塊土地的勘探權利——採礦業裡沒有其他人想到來這個地方一探究竟。二〇〇六年，史坦梅茨的一名員工從山頂用衛星電話打電話給他：「班尼，你不會相信的。你根本無法想像我現在站在多少鐵礦上。」在這次成功之後，孔戴將軍就開始心存重新分配西芒杜礦藏的念頭。因此在他與史坦梅茨會面後沒多久，他就撤消了力拓原有的權利，然後發給 BSGR 執照勘探一半的西芒杜山脈。

簽署協定兩週之後，孔戴將軍去世了。沒幾個小時就爆發軍事政變，一位喜怒無常捉摸不定的年輕陸軍上尉達迪斯・卡馬拉（Moussa Dadis Camara）上台了。軍政府時期對幾內亞來說就像一場噩夢。二〇〇六年九月，反對派在柯那克里體育場舉辦集會，政府軍就屠殺了一百五十多名示威者。美國撤離了大使館大部分工作人員，國際刑事法院（International Criminal Court）將這場暴行形容為泯滅人性的罪過。但 BSGR 卻紋風不動留在原地。史坦梅茨曾攜二子飛赴幾內亞會見達迪斯上尉。他們邀請他去以色列參加史坦梅茨女兒的婚禮——屆時將會有一千多位賓客赴宴。（當天達迪斯差人致意：很遺憾未能到場。）

對史坦梅茨來說，以這樣的方式與軍政府培養情誼，就是要證明他們公司對幾內亞的承諾是堅定不移的。「大家都覺得我們瘋了，但這時我們是把錢存在地下。」他這樣告訴英國《金融時報》。BSGR 和軍政府雙方最後就公司該如何出口鐵礦達成一項協議。BSGR不必建造一座深水港或一條能夠將鐵礦運送到幾內亞海岸的鐵路，有一個更便宜的選項是BSGR可以運作的：經由賴比瑞亞出口礦石，因為那裡已經有必要的基礎建設。力拓不是沒有提出過同樣的方案，然而長久以來幾內亞政府都是深閉固距。為了表示各退一步的誠意，BSGR同意斥資十億美元為幾內亞開發一條客運鐵路。二〇〇九年十二月，一位助理朝達迪斯上尉的腦袋轟了一槍。他大難不死，逃離祖國而去；另一個臨時政府接掌了政權。史坦梅茨再次安然挺過政治的腥風血雨，二〇一〇年四月他飛往里約熱內盧，與淡水河谷敲定價值二十五億美元的交易。隨後他又在智利的一家造船廠稍事停留，視察他委任該廠建造的一艘巨型遊艇的進度。

孔岱總統著手整頓幾內亞採礦業時，索羅斯對他伸出慷慨的援手。「我很清楚幾內亞問題的嚴重性，」索羅斯告訴我，「我很想幫忙。」他請「收入觀察」組織協助，為修訂採礦法規提供法理層面的支援。他還建議幾內亞聘請美國歐華律師事務所（DLA Piper）的律師霍頓（Scott Horton）；霍頓在世界各地帶頭執行了數十次貪腐調查。「碰上史坦梅茨這樣的對手，孔岱政府不可能在沒有外界奧援的情況下與之並駕齊驅、一爭高下。」霍頓對我說。

另一個難題在於，有太多現任政府官員曾經在前一政權中身居要職。「我沒辦法把調查任務指派給我的國家憲兵，」孔岱對他的顧問有言如是，「因為他們馬上就會想到自己家裡的人。」二〇一一年春天，霍頓開始調查西芒杜的交易。他請一位名喚福克斯（Steven Fox）的人出手相助，福克斯在紐約經營一家叫做「全球信實」（Veracity Worldwide）的風險評估公司。如果有哪些公司要去做生意的地方，是長年飽受政治動蕩以及貪腐摧殘的國家，「全球信實」就可以幫助他們評估這樣的投資算不算得上深謀遠慮——並且在不違反法律的情況下可行。福克斯正值不惑之年，西裝筆挺的他風度翩翩，儀態從容。他說話輕聲細語，但每個音節的發音都清清楚楚。他的辦公室在曼哈頓中城，最近我們在那裡開會時他告訴我，二〇〇五年之前他都為國務院工作，還曾在非洲擔任過外交領事官員。資深記者賈弗斯（Eamon Javers）二〇一一年出版了一本以私人情報業為主題的專書《掮客、販子、律師、間諜》（*Broker, Trader, Lawyer, Spy*），而據書中所述，福克斯實際上替中情局工作。我們坐下來談話時，我注意到一個書架上滿是諜報小說家勒卡雷（John le Carré, 1931-2020）和弗斯特（Alan Furst）的作品。

福克斯告訴我，當幾內亞政府官員開始深入審查西芒杜的合約，其實他們並未發現什麼違法亂紀的證據。「他們知道的都是些道聽途說來的街談巷議。」他說。福克斯在倫敦見過史坦梅茨一次，發現他是個文靜寡言又不愛出鋒頭的人；然而福克斯的理解是，史坦梅茨重金懸賞勇夫替他先去鋪路——「矛尖所向之處的前鋒偵察人員」。所以福克斯決定，他首先必要的任務是確定史坦梅茨派在幾內亞的人。他很快就精確標定出人選：一位皮膚黝黑、童山濯濯，八面玲瓏的法國人西朗（Frédéric Cilins）；他住在義法之間的地中海避寒勝地里維耶拉（Riviera），在坎城附近，但有很長的時間待在非洲。他曾經在幾內亞擔任 BSGR 的探子。當我問福克斯他是如何得知西朗這號人物，他給了我一個謎語一般的答案：「我們認識一個圈子的人，他們也認識一個圈子的人。」

西朗是「一個接線生，這樣描述他最為貼切」，福克斯說。他在 BSGR 的角色是積累人脈，然後釐清其間相關的權力結構。在這方面，福克斯瞭解西朗和自己其實沒太大不同：他們都精通於空降到外國，然後弄清楚究竟是什麼「讓自己動起來」（西朗拒絕對本文表示意見）。二〇一一年秋天某日，福克斯飛往巴黎與西朗會面。他們是由一個共同的熟人介紹的；正如西朗所理解的那樣，福克斯此行是代表委託人，想知道 BSGR 弄到西芒杜交易的來龍去脈。福克斯告訴我，與一些企業間諜活動團隊（及真正的政府間諜）不同，「全球信實」不會「滿口飾詞」——也就是耍一些詭計來接近潛在的消息來源。然而即便如此，他也不會承認他的委託人是幾內亞的新政府。

福克斯和西朗去一家餐廳共進午餐。西朗非常和藹可親，而且竟出乎意料地坦率。福克斯一面做筆記，西朗一面解釋，他第一次造訪幾內亞是在二〇〇五年，那時一位 BSGR 在約翰尼斯堡的高級主管告訴他，公司「立下了凌雲壯志」——西朗引述的這番話裡指的就是西芒杜。西朗告訴福克斯，接下來的六個月他都住在柯那克里的諾富特（Novotel）酒店，採礦業的高級主管都很喜歡來這間海濱酒店。他慢慢地與商務中心的工作人員交上朋友，然後說服他們把所有傳入和傳出的傳真，都給他一份副本。西朗用這種方法，獲悉了孔戴將軍政權為何掣肘力拓的來蹤去跡。每次西朗從法國飛去幾內亞，他都會帶上一些伴手禮——MP3 隨身聽、手機、香水——分送給那些他所結識有門路的熟人。這些人覺得西朗就像「聖誕老人」，他告訴福克斯。於是有一位部長告訴西朗，在這個國家唯一重要的人就是孔戴將軍——而要與孔戴將軍搭上線的方法就是透過他的四個妻子。（幾內亞是一個回教信仰佔主導地位的國家，所以容許一夫多妻的婚姻。）

更進一步探聽之後，西朗把注意力集中在第四位，也就是最年輕的妻子瑪瑪荻・圖蕾（Mamadie Touré）身上——她是個豐滿肥碩的女人，杏核狀的眼睛，正值二十多歲的青春年華。「她很年輕，在當地人眼裡是個美人，」福克斯告訴我，「雖然她沒有火箭科學家的智力，但她身上有某種活力。最重要的是，她說的話總統聽得進去。」西朗聘請圖蕾的兄弟協助公司提升在幾內亞的獲益，也因此得到引見給圖蕾的機會。之後過了沒多久，西朗和公司的幾位同事就獲准晉見總統。西朗告訴福克斯，這次拜會孔戴將軍，他們餽贈的見面禮是一只鑲嵌了史坦梅茨鑽石的手錶。在另一個會面的場合，他們餽贈礦業部長一輛一級方程式賽車模型，同樣是鑲滿了閃閃發光的史坦梅茨鑽石。之後又過了沒多久，圖蕾的兄弟就被任命為 BSGR 幾內亞分公司的公共關係主管。

當我問福克斯為什麼西朗會向他吐露所有內幕時，他聳了聳肩。「這裡面多半有點炫耀的氣焰吧，」他說，「或者他根本就少根筋，覺得反正我們就是做了這些事，也沒什麼大不了的。」西朗似乎頗自豪於他在柯那克里的工作成果。他告訴福克斯，他認為幾內亞的歷史此後在大家眼中將分為兩個時期——在 BSGR 之前和之後。

很可能對西朗來說，餽贈禮物只是在幾內亞這樣的地方做生意的成本。許多國家在起訴國內貪腐上十分激進，但當情事乃於海外支付賄款時則要寬容得多。甚至直到不久之前，為了在國外獲取生意而行賄的法國公司，還可以將支付的賄款在法國申報為可扣的除業務費用。然而近年來，國際規範已開始發生變化。美國司法部大幅加強了對「反海外貪腐法」（Foreign Corrupt Practice Act）的執行；英國通過了自己嚴格的「反賄賂法」（Bribery Act）；經濟合作與發展組織制定了反賄賂公約，已有幾十個國家簽署——也包括以色列。像西門子（Siemens）和KBR工程（Kellogg Brown & Root）這樣的大公司，則已經藉由支付數億美元的罰款來解決貪腐調查。（力拓也曾經全力對抗貪腐；二〇一〇年，該公司的四名代表因在中國收受賄賂而被宣判有罪。）對於以權謀私貪汙受賄等情事，許多跨國公司愈來愈有所警戒，也設立了健全的法令遵循部門做為應對，監控員工的作為。BSGR自稱無論在哪裡經營生意，他們的所作所為無一不合乎倫理；公司的一位代表也向我指出，無論是史坦梅茨或他的組織，都從未與賄賂有任何關連。然而BSGR並沒有法令遵循部門，也沒有任何一位員工專職負責監控公司在國外的所作所為。

孔戴將軍辭世未幾，圖蕾便自幾內亞出奔。福克斯和同事發現她現居佛羅里達州的傑克森維爾（Jacksonville）。世界銀行估計，非洲的私人財富中有百分之四十是在非洲大陸之外持有。在最近一場對赤道幾內亞（Equatorial Guinea）獨裁者之子提起的民事沒收訴訟中，從司法部的文件上可以看出他所持有的一些私人財產：一座位於馬里布（Malibu）的十二英畝莊園、一架灣流式私人噴射機、七輛勞斯萊斯、八輛法拉利，以及一雙麥可・傑克森曾經戴過的白手套。傑克森維爾雖不比馬里布，不過福克斯和他的團隊調查後發現，圖蕾在那裡的運河旁購置了一間庸俗浮誇的偽豪宅（McMansion），以及附近地區一系列較小的房產。

當你在柯那克里下飛機，貪腐幾乎和高溫一樣即刻迎面襲來。在機場時，一名穿制服的官員會把你攔下來，儘管提不出什麼具體的理由拒絕你入境，但他會用肢體語言清楚表明，如果你想盡快從這裡抽身，是有價碼可以談的。外面的街道上散布著瓦礫碎石，垃圾堵塞了這座城市的無蓋下水道，空氣中瀰漫著垃圾的臭味；安全部門改革一直是孔岱總統上任後的優先要務，因此比起過去，軍隊已沒有那麼明目張膽隨處可見，不過一到晚上，紀律散漫吊兒郎當的年輕士兵就手持衝鋒槍佔據十字路口；他們傾身靠在經過的汽車上，拿到現金才肯走。

一九六一年，法農（Frantz Fanon, 1925-1961）筆下的後殖民時期西非是這樣的：「特許經營權被外國人佔得先機橫搶硬奪；醜聞數不勝數，部長個個愈來愈有錢，他們的妻子把自己打扮得花枝招展，國會成員假公濟私中飽私囊，下至官卑職小的警察或是海關官員，沒有一個人不是這個龐大貪腐行伍裡的一份子。」這種描述已不能套用於整個地區——例如迦納（Ghana）就是一個欣欣向榮的民主國家——但在幾內亞幾乎原地踏步沒有改變。

有天下午，我去了柯那克里的行政專區，在一棟粉刷成白色的建築物裡會見納瓦・圖雷（Nava Touré）；他以前是工程教授，孔岱總統曾經委託他主理礦業技術委員會。圖雷（與將軍的第四任妻子圖蕾沒有關係）有張圓潤的臉，說話聲音很好聽，舉止斯文端正，可以說是自帶仙氣。在我深入追查事件內幕的幾個月裡，只有為數不多的幾內亞官員是貪腐傳聞的絕緣體，而圖雷就是其中之一。他負責制定新的採礦法規，以在礦業公司和幾內亞人民的利益之間建立更公正的平衡。除此之外他還受託審查所有現行的採礦合約，並且建議其中是否有任何合約需要重新協商或者應當廢止。不過當檢視的重心轉移到西芒杜的案子上，他手下沒有任何訓練有素的調查員足以擔當，所以他仰仗歐華律師事務所和調查員福克斯的臂助。「這個案子是外包的。」圖雷告訴我。

去年十月，他寄了一封招風攬火的信給淡水河谷和 BSGR 聯營公司的代表，指明西芒杜特許經營權「可能的違法亂紀」。信中稱西朗為史坦梅茨的「秘密代理人」，質疑西朗與圖蕾的暗中勾結，並逐項列出鑽石手錶和寶石鑲飾的模型賽車等見面禮。這封信指控 BSGR 打從一開始就計劃轉手西芒杜的權利，以「從中搾取立即而且可觀的利潤」。

圖雷的指控還牽涉到他認識的一個人：提亞姆（Mahmoud Thiam），他曾在孔戴將軍死後統治幾內亞的軍政府時期擔任礦業部長。那時圖雷是提亞姆的顧問之一。提亞姆身懷有如明星般閃亮的資歷，在二〇〇九年初來到 BSGR 工作。他在康奈爾大學獲得經濟學學位，之後曾在美林證券（Merrill Lynch）和瑞銀集團（UBS）從事銀行業。提亞姆一表人才，舉止談吐優雅自信，是史坦梅茨的擁護者。二〇一〇年，提亞姆接受全國廣播公司商業頻道

（Consumer News and Business Channel, CNBC）知名節目《巴蒂羅莫的收盤鐘》（*Closing Bell with Maria Bartiromo*）採訪時，盛讚「非常積極進取的年輕公司 BSGR 來到西芒杜，推動了那裡的開採許可，這也吸引了淡水河谷這樣在業界數一數二的公司。」提亞姆說，西芒杜將使「該國一躍而升為世界第三大鐵礦出口國。」他曾以軍政府代表的身分，遠赴以色列參加史坦梅茨愛女膏粱文繡的奢華婚禮。根據圖雷的信，提亞姆不僅從 BSGR 拿到自己在金錢上的回報，他還卓有成效地擔任公司付款的中間人：他在柯那克里機場與 BSGR 的公司專機會合，把裝滿現金的行李箱搬下飛機，然後把這些賄款分發給軍政府的各級領導人。美國調查員福克斯發現提亞姆擔任部長時，在柯那克里就習慣開藍寶堅尼代步。在二〇一一年卸任之前，他在曼哈頓上東區購置了一間一百五十萬美元的公寓，又在紐約州達奇斯郡（Dutchess）購置了一座三百七十五萬美元的莊園。這兩處房產他都是用現金支付。

提亞姆目前住在美國，經營一家投資顧問公司。他的辦公室位於紐約麥迪遜大道（Madison Avenue），非常雅緻講究，今年春天我去那裡拜訪他。他否認有任何違法犯紀的行為。他向我解釋，曼哈頓的公寓是用過去他在銀行業賺的錢支付的。至於鄉間的莊園，則是他一位莫三比克的朋友意欲在美國投資，故由他代為購買的。（不過提亞姆拒絕透露這位朋友的姓名）。至於藍寶堅尼，他還特別指出那不是輛藍寶堅尼的跑車，而是輛藍寶堅尼的四驅越野車。「你不可能擔任礦業部長但又不被人指控貪腐，」他說。對於 BSGR 合約的審查，他認為只不過是一場捕風捉影的政治迫害，但他補充說自己仍然對圖雷維持最高的敬重。

當我們在那棟白色粉刷的建築物裡會談，我問圖雷，獲知這類對於前同事的指控，他心中作何感想。他不置一詞沉默了一陣。「有一種羞恥的感覺，」他終於脫口而出，「因為最後他們個人得到的——就說是一千萬美元，要不然一千二百萬美元好了——這算什麼了不起的事嗎？如果跟國計民生相較？」此刻房間裡的燈突然熄滅，冷氣也斷電。但他似乎沒有察覺。「我不認為投資者這樣的所作所為是可以容許或是可以接受的，」他繼續說下去，「但我更感震驚的是國家決策者的態度和行為。」

BSGR收到圖雷的信後做出非常挑釁的回應，他們駁斥調查的內容，認為這只不過是孔岱總統設法要沒收BSGR公司的資產。BSGR堅稱他們從未餽贈過手錶給孔戴將軍；雖然關於迷你一級方程式賽車的報導確有其事，但那個模型只值一千美元，「致贈這樣的禮物給世界各地的公司」是BSGR的常例。雖然西朗曾經任職於BSGR，但「本公司從未告知西朗先生什麼『凌雲壯志』。」西朗可能確實餽贈禮物給他在柯那克里各種關係的人脈，但BSGR否認知情。而且說來奇甚，BSGR的書面答覆不只一次堅持認為，瑪瑪荻．圖蕾實際上並不是孔戴將軍的妻子。

BSGR挑剔孔岱政府未能指名道姓說出這些指控的消息來源，並特別指出，向公職人員支付的任何一筆款項，「都很容易可以藉由銀行轉帳、支付命令（payment orders）、支票副本等方式追查。」BSGR三番兩次趕回同一個他們窮追猛打的點：「政府的調查就連最小的支持證據都付諸闕如。」但你要如何證明貪腐呢？因為貪腐的性質本來就是暗地進行隱而不彰的；金錢上的收益本來就是被設計為難以探查。國際金融體系已經發展到可以容納形形色色的非法活動廁身其間，空殼公司和銀行避風港（banking haven）讓偽裝的轉帳、支付命令和支票副本變得輕而易舉。寇利爾主張，一宗貪腐的交易通常有三方：賄賂者、受賄者，以及促使秘密金錢交易可行的律師和財務促成者。他說[注]這樣的結果是「一張『企業不透明』的網」，主要由倫敦和紐約等金融重鎮的富裕專業人士聯手織成。最近一項研究發現，最容易建立無法追蹤的空殼公司的國家，不是什麼熱帶的銀行避風港，而是美國。

二〇一二年春天，一名孔岱總統的部長去了巴黎一趟。在凱旋門希爾頓酒店，一名加彭（Gabonese）商人上前與他攀談。根據部長的宣誓證詞，這名加彭男子自稱與瑪瑪荻．圖蕾有過接觸，圖蕾提供了一些文件給他，孔岱總統可能會感興趣。「圖蕾女士對史坦梅茨先生十分惱火。」加彭男子說，她認為「她被利用了」。這些文件讓部長目瞪口呆：眼前所見似乎是BSGR高層和圖蕾女士之間的一系列法律合約，而且都備有簽名與公司印鑑。這些文件上都有BSGR幾內亞營運負責人阿維丹（Asher Avidan）的簽名，他是以色列國家安全局（Shin Bet）的前成員。

這些合約是二〇〇八年二月在柯那克里簽署——五個月後，孔戴將軍從力拓手中奪走西芒杜的特許經營權；十個月後，該區北半部的特許經營權則轉交給了史坦梅茨。協議中約定，除了透過空殼公司支付的「兩百萬」美元酬庸之外，還會將西芒杜北部「區塊」百分之五的股份將轉讓給圖蕾。而做為交換，她承諾「盡一切必要努力」協助 BSGR「獲取有關當局的簽名，使該公司取得上述區塊」。

一名參與此案的美國律師告訴我，「我在企業貪腐這個領域已經工作三十年了，我從來沒見過這樣的事。」確實由資深高級主管簽署的賄賂合約？公司印鑑？這名加彭男子暗示，這些文件可能價值數百萬美元。他可不會免費雙手奉上這樣價值連城的珍寶。孔岱政府向一家名為帕拉迪諾（Palladino）的投資公司借貸兩千五百萬美元，意欲開創一項新的採礦計畫，而他正是這家公司的合夥人。如今，做為對這些文件的酬謝，加彭男子想要他自己在西芒杜的股份。（帕拉迪諾公司承認確有巴黎會面一事，但否認加彭商人提出了任何這樣的要求。）孔岱總統拒絕用這樣的對價關係交換這些文件，不過至少幾內亞政府知道這些文件的存在。這些文件如果是貨真價實的，那可算得上是難得一見的珍品：腐敗的證據。

我問調查員福克斯，怎麼會有公司願意簽署這樣的合約？他指出這可能是出於圖蕾的堅持。「像這樣意在正式確立某些協議而必須講究法律形式的文件，在說法語的非洲地區自有一套文化。」他對我解釋。圖蕾的考量是要保障自己的地位。「她唯一的價值就是她是總統的妻子。」他說。簽訂合約之際，孔戴將軍的健康已迅速惡化，「她很清楚將軍闔眼的那一刻，她馬上就一無所有。」乍看之下，她把文件的副本託付給那名加彭男子似乎頗為古怪。但有幾個與圖蕾交談過的人告訴我，她愈來愈害怕史坦梅茨了。這些合約一旦曝光，就可能會危害史坦梅茨在幾內亞的地位——因此這些合約對圖蕾來說就像一種保險單。

到了這時，連孔岱總統也開始擔心自己的安危。二〇一一年，士兵以機關槍和火箭筒轟炸孔岱在柯那克里的寓所，企圖置他於死，孔岱這次暗殺中逃過一劫。但他並未卻步，決心繼續改革幾內亞，他的處境也因此更加艱險。孔岱總統委任他的財政部長調查政府官員挪用公款的情事，有天晚上在下班開車回家的路上，一輛車截斷了部長的去路，她當場被射殺身亡。法國前外交部長庫希內談到孔岱時說：「他真的孤立無援。」在寓所遭到襲擊後，孔岱搬進總統府，這是一座如洞穴般幽深的堡壘；因為由中國承包商建造，一位外交官戲稱為「點心宮」（Dim Sum Palace）。孔岱雖有妻室，但晚上他經常是一個人吃飯，偶爾看看足球比賽，暫時忘卻他的煩惱。雖然孔岱沒有和我討論過這件事，不過幾位與他談過話的人告訴我，他覺得史坦梅茨在竊聽他的通訊。（BSGR 否認這一點。）

孔岱總統也在全力對付動蕩不安的首都。因他延後國會選舉而引發的暴力抗爭絲毫未見減弱的跡象。敵對派系的人馬在街頭搏鬥，抗議群眾投擲石塊攻擊警方。有幾個場合，孔岱的安全部隊向抗議群眾開槍，總共造成二十多人喪生。不少後殖民時期的非洲領導人一開始確實是改革者，後來卻漸漸向暴虐專制靠攏；在一些人眼裡，孔岱看來似乎就可能會重蹈覆轍。二〇一一年九月，國際特赦組織（Amnesty International）宣稱「前任統治者殘忍粗暴的手段，如今又在阿法．孔岱總統手上死灰復燃」。以色列前總理歐默特告訴我，「千萬別與史坦梅茨為敵。」也許是查覺到孔岱在政治上的弱勢，BSGR 繼續窮追猛打，把孔岱政府貼上這樣的標籤：試圖「非法佔有」西芒杜的礦藏，是一個「名譽掃地的政權」。BSGR 還指出力拓已經重獲西芒杜南半部的權利，最後是向孔岱政府支付了七億美元以確保這筆交易。

但這真的是由於貪腐從中作祟嗎？力拓支付的這筆款項在某種程度上反映了新的採礦法規，也就是對出口幾內亞資源的國際公司徵收更高的稅收。力拓公司還將此礦區的股份轉讓給幾內亞政府，最高達到百分之三十五。在這方面，孔岱政府正試圖把採礦產業也帶上石油天然氣產業的軌道，可以有更為公平的交易。負責監管史坦梅茨商業利益的高級主管克萊默告訴我，「如今倫敦有一半掌握在阿拉伯家族手上，不是沒有原因的。石油大部分的利潤都由東道國搾取走。這在採礦業從未發生過。」力拓的交易也是透明的：合約完完整整刊載於網路上。「幾內亞政府從未做過這樣的事，在幾內亞歷史上任何時期都不曾有過。」「收入觀察」組織的海勒（Patrick Heller）告訴我，「這可是進步的巨大象徵。」除此之外，這些財源也沒有流入以編號代替存戶姓名的無記名銀行帳戶，而是直接進入幾內亞的國庫。

儘管如此，還是有幾位 BSGR 員工對我表示，這七億美元等於巨額的賄賂。他們進一步推測，孔岱與他在南非的後台合謀用不正當的手段操縱選舉結果，「竊取」了二〇一〇年的勝選。史坦梅茨的友人在與我的談話中，視孔岱為辛巴威前總統穆加比（Robert Mugabe, 1924-2019）和伊朗前總統艾哈邁迪內賈德（Mahmoud Ahmadinejad）一般的貪腐之流。（卡特中心〔Carter Center〕和歐盟都緊盯這場選舉，儘管在程序上確實有某些不合法規之舉，但孔岱的總統勝選是「可信的」且「公平的」。）

二〇一一年九月，孔岱邀請史坦梅茨前往柯那克里，希望大家能把話講清楚盡釋前嫌。史坦梅茨來到總統府，他們坐在孔岱的辦公室用法語交談。（史坦梅茨的法語十分流利。）

「為什麼你要和我們做對？」史坦梅茨問，「我們到底做錯了什麼？」

「我對你個人沒有什麼不滿，」孔岱回答，「但我必須捍衛幾內亞的利益。」

史坦梅茨並未因此息怒。克萊默告訴我，公司必須盡可能強烈地反擊關於貪腐的指控，因為對史坦梅茨來說，至關重要的是「他被視為一個正直誠實的人」。「在鑽石這一行，握手比合約更具分量，」克萊默解釋。BSGR 展開大肆反擊孔岱的行動，並且找上一家名為 FTI 的公司助他們一臂之力；這是一間總部位於佛羅里達州棕櫚灘的公司，但業務營運遍及世界各地。FTI 從事的是一種激進侵略形式的公關活動：不僅試圖封鎖有關客戶的負面媒體報導，還暗中置入關於客戶死對頭的不利新聞。FTI 公司的發言人猛烈抨擊幾內亞政府的審查過程，稱之為「粗糙的誹謗中傷活動」。FTI 公司鼓勵記者報導有關孔岱的負面新聞，總統也很快在新聞輿論上遭到負面報導：內容或關於延遲著手國會大選，或關於幾起表面上看來啟人疑竇的交易，捲入其中的都是他的心腹，他的兒子小孔岱（Alpha Mohamed Condé）也包含在內。不難想像，至少孔岱身邊的人已私下從旁撈了一些油水。「我實行的是一套政治的手錶理論，」柯那克里的一位西方外交官告訴我，「當一位部長戴的手錶比我的車還貴，我就開始覺得大事不妙了。」在我訪談柯那克里政府官員的過程中，我不只一次發現極其昂貴的手錶；按幾內亞的風尚，手錶是鬆垮垮地掛在手腕上，像是手鐲一樣。

而在FTI公司內部，代表史坦梅茨工作的決定也引發不一致的見解。二〇一二年，FTI延聘了一位新的高級主管，負責監管他們一些非洲客戶的業務；以色列以及另一位鑽石大亨葛特勒（Dan Gertler），在剛果民主共和國的交易也引發不少爭議，因此當這位新主管發現公司居然代表史坦梅茨和葛特勒時，他憤而辭職表示抗議。聯合國前副秘書長馬婁赫-布朗（Mark Malloch-Brown），目前擔任FTI中東和歐洲主席。他日益擔心與史坦梅茨有所牽扯，很可能損及公司聲譽，所以今年稍早他終止了與FTI的合作關係。這些事情激怒了BSGR的領導高層。隨著公司的麻煩愈積愈多，史坦梅茨和他的同事們開始將他們的委屈不平遷怒到索羅斯頭上：因為孔岱總統最初的調查就是由索羅斯資助，而歐華律師事務的創業資本也是由索羅斯提供。索羅斯金援的組織還包括「收入觀察」與「全球見證」（Global Witness）：前者協助圖雷修訂幾內亞採礦法規，後者是一個反腐敗監察組織，長期調查史坦梅茨在幾內亞的活動。因此BSGR的高級主管確信，馬婁赫-布朗是在一位老友的囑咐之下終止了與FTI的合約：這位老友正是索羅斯。克萊默給我看了一份題為〈蜘蛛〉（The Spider）的內部文件，其中描繪的影響力網絡，中心就是索羅斯和孔岱總統，還視索羅斯為「對以色列懷恨在心的人」。BSGR寫了一封憤憤不平的信給索羅斯：「我們不能再保持沉默，任由你一而再再而三詆毀我們公司，惡意破壞我們的投資。」

今年稍早，史坦梅茨的律師給馬婁赫-布朗寫了一封信，要求他承認自己與史坦梅茨之間的「個人夙怨」，簽署一份他們為他擬好草稿的正式道歉，並「洗刷」BSGR在非洲有任何不當行為之說。馬婁赫-布朗嚴正拒絕，於是BSGR便對他提告，連FTI也一起告。訴訟聲稱索羅斯對史坦梅茨長期懷有一種「難以擺脫的偏見」；有一則駭人聽聞的謠言流傳已久——史坦梅茨欲置孔岱總統於死地，所以二〇一一年以迫擊砲襲擊總統寓所的攻擊事件，就是史坦梅茨在背後資助——而這次訴訟也指控索羅斯就是這則謠言的始作俑者。（BSGR堅稱這則謠言是空穴來風，純屬子虛烏有；訴訟最近在庭外和解，並未採用馬婁赫－布朗或FTI有不當行為的說法。）

當我問起索羅斯關於史坦梅茨的事情，他堅稱自己與史坦梅茨之間並無嫌隙。身為首屈一指的慈善家，索羅斯長期以來一直致力於提升透明度和遏制貪腐，也資助了這些領域的許多組織。而其中一些團體，確實在近期有志一同地都將矛頭指向史坦梅茨的活動。這固然可能意味著索羅斯有某種衝著史坦梅茨來的執念，但也可能只是一種跡象，顯示史坦梅茨確實就是貪贓枉法以權謀私的人。索羅斯對我說他從未見過史坦梅茨。當我問克萊默是否果然如此，他說：「簡直睜眼說瞎話。」二〇〇五年，他倆都參加了瑞士達沃斯的一場晚宴，席間兩人還談過話。聽到有人這麼描述當年，索羅斯說這些年來他到達沃斯參加了好多晚宴。就算他真的見過史坦梅茨，也早已不復記憶。

二〇一三年四月某日，據稱在幾內亞為賄賂精心布局的法國人西朗，為了一場會面十萬火急飛往傑克森維爾。圖蕾女士在機場與他碰頭。他們在出境區的燒烤酒吧坐下，她點了一份雞肉沙拉三明治。西朗血壓過高身體不適，兩人談話時他壓低音量，顯得心慌意亂。他這趟來佛羅里達是有任務在身。西朗告訴圖蕾她必須銷毀那些文件——他願意為此付一筆錢給她。不過圖蕾告訴他恐怕為時已晚了：聯邦調查局最近已經找上門來，「他們要傳喚我出庭。」她說。大陪審團已經召集了，當局希望她出庭作證並交出「所有文件」。

「所有東西都必須摧毀！」西朗說。這件事「非常非常急迫」。

西朗完全沒有想到他已自投羅網：圖蕾身上戴著竊聽器。當局確實找上門來，圖蕾意識到自己在法律上尷尬的處境，所以同意與聯邦調查局合作。後來她接受幾內亞當局採訪時也就此做了解釋，西朗和他的同事心裡「只掛念著一件事」，就是「不惜一切代價拿回這些文件」。聯邦幹員埋伏在餐廳周圍監視著，竊聽器清清楚楚記錄下一字一句；圖蕾問了西朗一句，如果她被傳喚到大陪審團面前，她應該怎麼做。「妳當然得說謊！」西朗回答。然後西朗建議她否認與孔戴將軍結婚。

圖蕾和西朗在傑克森維爾的會面之前就先通過電話，圖蕾在時機成熟之際套問西朗，付錢要她封口的計謀是不是由代號「CC-1」的一個人授意。這個人在法院文件上的身分只有「CC-1」這個代號，意思是「同謀」（co-conspirator）；我有兩位消息來源與調查單位走得很近，他們告訴我 CC-1 就是史坦梅茨。「當然是，」西朗回答。那通電話也被聯邦調查局錄音存證。

在機場時，西朗說他上週才見過史坦梅茨。「我是專門去找他，」西朗解釋。他刻意壓低音量竊竊低語，說他已經向史坦梅茨保證圖蕾「永遠不會背叛」他，而且「永遠不會把任何檔案交出去。」據西朗所述，史坦梅茨的回應是「非常好……但我要你銷毀這些文件」。

圖蕾對西朗說這些文件都收在銀行保險庫裡，而且向西朗保證會銷毀這些文件。但西朗覺得這樣還不夠，他向圖蕾解釋自己收到的指示是要親眼看到文件付之一炬。西朗告訴她只要同意這個方法，那她可以拿到一百萬美元的報酬。他還帶來一份證明書讓她簽字——是一份法文的法律文件。（西朗總要有正式的法律協議才安心，看來現在他甚至連掩蓋證據這方面也要如法炮製。）「我從來沒有跟 BSGR 簽訂過任何合約，」證明書上這樣寫著，「我也從來沒有收過 BSGR 一毛錢。」西朗也說這宗協議裡還有另一筆可能的額外獎賞給她：如果她簽署這份證明書，銷毀文件，並且向大陪審團說謊，要是 BSGR 因此得以成功保有在西芒杜的資產——「要是 BSGR 仍然是開採計畫的一份子」——那她就可以拿到五百萬美元。不過西朗在離開傑克森維爾之前就被逮捕了。

這讓 BSGR 陷入十分難堪的處境，因為機場談話的文字記錄看起來十足就是確鑿的賄賂明證。圖蕾女士的文件目前已經在司法部手上。幾內亞政府還拿到一捲錄影帶，是二〇〇六年 BSGR 在柯那克里開設辦事處時所攝，內容似乎又更進一步闡明了圖蕾與這間公司的密切關係。畫面中前以色列國家安全局成員阿維丹正向一群幾內亞人致詞，西朗就坐在阿維丹旁邊。圖蕾隨後進場，白色頭巾和飄逸的長袍讓她看來光采動人，兩側隨行的是總統侍衛隊成員——由於她的現身，她與行將就木的孔戴將軍之間的關係也就不言可喻，不證自明了。

傑克森維爾的逮捕行動消息爆發之後，淡水河谷發表聲明說他們「對這些指控深表關切」，並承諾全力配合有關當局。到了這個節骨眼，這樣推測應該八九不離十了：這家巴西公司想必對於他們在幾內亞的鐵礦開採專案，心生些許購買後的懊悔。VBG 是淡水河谷和史坦梅茨集團的合資企業；我參觀 VBG 的柯那克里辦事處時，發現儘管他們仍在運作，但只維持運作所需的最基本工作人數，雖然那裡的高級主管不願意發表任何可供記錄的說辭，但這個專案顯然已經擱置。「淡水河谷的問題是：你們到底在想什麼？」柯那克里的一位外交官告訴我，「你們真的認為你們能在一個明顯可疑的交易的基礎上，在幾內亞最偏遠的地區啟動一個為期五十年的專案，出口鐵礦石嗎？」淡水河谷至今只支付給 BSGR 五億美元，餘款還欠二十億美元，但他們目前暫時不打算進一步支付任何款項。

六月中旬，我飛往蔚藍海岸的尼斯，然後再搭計程車前往昂蒂布角（Cap d'Antibes），那是一個頗受億萬富翁喜愛的度假小鎮。我花了好幾個月時間試圖見上史坦梅茨一面，但都徒勞無功。我造訪了 BSGR 的倫敦辦事處，當我抵達時他們告訴我史坦梅茨會在巴黎與我見面。當我抵達巴黎時，他又已經搭乘私人飛機去以色列了。我自願兼程再飛去以色列，但他們又告訴我就算我去了以色列，他也不一定願意見我。經過幾個週的周旋，我終於設法與他通上電話；在簡短的談話中，他直截了當宣告「我不接受採訪」，但談話之後他終於同意見我一面。

我們見面的酒店座落在地中海邊居高臨下的位置。史坦梅茨住在他的一艘遊艇上，這一艘是義大利的型號。這一艘白色流線造型的多層遊艇，散發君臨天下的軒昂氣勢漂浮在遠處的海面上。走進大廳時，我與一位身材苗條，曬得黝黑的男人擦肩而過；他穿著一件藍色亞麻襯衫，襯衫半敞，鈕扣直到肚臍都沒扣上。是他就史坦梅茨。

「謝謝你走這一趟。」當我介紹自己時他對我說。史坦梅茨緊握我的手，從那股強勁的力道就知道他是一個十分看重握手的人。我們離開酒店，一路爬上陡峭的小山坡，走向一套辦公室。史坦梅茨的行進速度幾乎是小跑步；我得三步併兩步才能跟上。

「我完全開誠布公——完全透明，」我們坐下時史坦梅茨告訴我，「我從不說謊，這是原則。」他痛恨別人認為他遮遮掩掩，他覺得自己只不過是維護自己的隱私權。「我不認為自己是一個公眾人物。」他說。我們聊了將近三個小時，直到史坦梅茨聲音都啞了。他說西芒杜的爭議來得出其不意，讓他感覺猝不及防。有些人認為在一億六千萬的投資案中獲利數十億美元，這件事情裡面必定有什麼稀奇古怪；有這種念頭的人壓根就不明白，自然資源的生意本來就是一場靠著碰運氣取勝的遊戲。「這就像賭輪盤。」史坦梅茨說。如果你認真工作，甘冒風險，有時你會「鴻運當頭」。BSGR 是一間樂於應對風險的小公司，所以願意投資在大型礦業公司不會投資的案子上。他的公司在坦尚尼亞（Tanzania）輸了錢，在尚比亞（Zambia）也輸了錢，但在幾內亞這把就贏了錢。

史坦梅茨主張與淡水河谷的交易，並非是 BSGR 想辦法出售資產，而是一種合夥人關係，像這種懷抱著雄心壯志的資源密集型（resource-intensive）採礦計畫，往往就是需要這樣的合夥人關係。「我們是怎麼轉手的？」他問我，「為什麼在一筆轉賣交易中催生了合夥人？」我們通電話時，史坦梅茨把西芒杜的一系列事件描述為「一則內容十分非洲式的報導」；到了我們見面的時候，我則問他公司怎麼處理非洲司空見慣的貪腐問題。「給予派駐當地的人員非常嚴格的指示以及方針。」他說，而且他堅持即便是在某些受司法管轄的範圍內，貪汙腐敗依舊惡名昭彰，公司也不會行賄。「我們仿效公開上市的公司處理我們的生意，因為公開上市的公司是最透明的。」他說。聽史坦梅茨說，幾內亞過去幾任領導人受到普遍的譴責，其實是名不符實的。孔戴將軍比孔岱總統「更剛正不阿」。達迪斯上尉是「一個剛正不阿的人」，雖然他是柯那克里體育場大屠殺的主事者，但他只是「想給他的國家最好的」。孔岱總統才是這整個新聞報導中真正的惡人，史坦梅茨說。史坦梅茨對孔岱的憎惡很容易就能察覺出來：每回只要提到孔岱，他就氣得青筋爆起脖子粗。史坦梅茨宣稱，這些對他的指控都是孔岱與索羅斯沆瀣一氣抹黑生事的結果；事情的頭是孔岱起的，金援的錢則是索羅斯出的。「在猶太人的信仰中，如果你沒有真憑實據卻指控某個人犯了某種罪，這是一件非常惡劣的事。」史坦梅茨說。他還說那些在傑克森維爾談論到的文件什麼也證明不了——那些根本都是偽造的。

在巴黎未能見到史坦梅茨，隨後我與 BSGR 幾內亞的營運主管阿維丹碰面喝了一杯。我拿了一張照片給他看，畫面所示是他在其中一份合約上的簽名；他承認照片中的簽名確實與他的親簽一模一樣，不過卻嗤之以「這只不過是 Photoshop 的合成品」。在昂蒂布角時，史坦梅茨又針對這件事詳細說明了一次：他聲稱瑪瑪荻．圖蕾的文件根本是假的，早在聯邦調查局的調查行動開始之前，她就用假造的合約做為詐欺手段勒索 BSGR。「我們一毛錢也沒有付給她，」史坦梅茨堅決主張，「我們也從來沒有承諾她什麼。」他拿出文件的彩色影印副本，指著文件上據稱是由柯那克里公證人加上的序號標記。他說這些序號標記是依降冪順序排列而非升冪順序——就足以證明這些是不可靠的假文件。我對他說，文件是偽造的情況我確實可以想像，我也可以認同圖蕾其實並不是一位無懈可擊的證人。但傑克森維爾那段對話的記錄看來對史坦梅茨並不有利。我告訴他，還有另一個因素讓我傾向於認為這些文件是真的：若文件是假的，那為何西朗要千里迢迢飛越大西洋，提供圖蕾五百萬美元做為銷毀文件的報酬？我又旁敲側擊一再就此質問史坦梅茨，不過他只答覆我，在這個案子正式對簿公堂之前，他不會「臆測」西朗。我想要問個水落石出。「西朗對圖蕾說，『我跟班尼談過。是他告訴我這麼做。』你曾這麼說嗎？」

「我沒有授意他銷毀這些偽造的文件，或者其他任何文件。」史坦梅茨說。

那麼是不是西朗假傳聖旨，謊稱這是史坦梅茨的指示呢？還是他哪裡沒搞清楚？史坦梅茨越來越不耐煩，重申他不想臆測西朗的作為。不過他倒想一談的，是孔岱總統必須對幾內亞示威群眾喪生負起最大責任。「這傢伙的雙手沾滿鮮血。」史坦梅茨說。

「達迪斯上尉的雙手也沾滿鮮血，」我說，「你還邀請他參加了女兒的婚禮。」

斯坦梅茨瞪了我一秒然後才開口：「我不想跟你爭辯或深入探討幾內亞的政治。」

我們在法國會面之際，八大工業國組織（Group of Eight）的領導人恰恰也已聚集在北愛爾蘭。這次集會的主要目標之一是核定條例，控管來自富裕國家的高級主管，當涉足開發中國家從事投機的投資事業時，應當如何行事。在這次高峰會之前，英國前首相卡麥隆（David Cameron）在《華爾街日報》（*Wall Street Journal*）發表的署名特稿中談到：「保密的面紗屢屢讓一些國家的腐敗公司和官員凌駕在法律之上，我們有必要揭開這層面紗。八大工業國應該攜手朝向全球共同的標準邁進：資源開採公司必須向政府報告他們支付出去的所有付款，接下來則是政府必須報告那些收益。」這是一個雄心萬丈的議程，在推動這個議程上，寇利爾密切提供卡麥隆各種忠告。「這是非洲的大好機會，」寇利爾告訴我，「但這是一個不能再生（unrenewable）的機會。」如果允許公司在沒有全然透明的情況下獲取自然資源，結果就會像是戰爭期間的掠奪強佔——或者就會像寇利爾說的，「一場大規模的悲劇。」孔岱總統應卡麥隆之邀，在高峰會前就飛赴倫敦。「如果我們要打倒剝削並且實踐透明，那我們勢必須需要八大工業國伸出援手，」孔岱在外交政策智庫查塔姆研究所（Chatham House）發表的演講中有言如是，「因為礦業公司大都在西方。」

幾內亞領導人居然被視為名士，史坦梅茨聞之大感驚駭。他說當前的政府是貪腐政權「老於世故」的進階版，因為「他們現在假裝自己剛正不阿。」史坦梅茨某些同事曾經有此一說，他現在則複述這樣的說法——孔岱承諾剝奪BSGR的西芒杜開採特許權，再將特許權轉讓給自己的支持者，藉此手段「竊取」了二〇一〇年的勝選。「孔岱把我們的資產賣給南非的同業，他們則提供孔岱金援以操控總統大選。」他說。甚至在孔岱就職之前，他就已經決定「要把西芒杜從我們身邊奪走。」在史坦梅茨的敘述裡，孔岱就像《諾斯特羅莫》的同名主角——一個「徹頭徹尾臨財不苟」的人，卻因為自己內心的虛榮以及對銀礦的著迷，最終屈服於貪腐之下。「我們才是受害者，」

史坦梅茨說，「我們為幾內亞做的只有好事，最後的回報卻是往我們臉上吐口水。」

話說到這裡，他祝福我順利平安。夕陽西下時分，史坦梅茨要回遊艇上用晚餐了，我也獨自走下山坡。

西朗在佛羅里達被捕後沒多久，我去了趟柯那克里，在點心宮拜會孔岱總統。他穿的白色西裝是短袖的——這種風格在幾內亞很常見——看來一臉倦容。反對派的暴力集會看來毫無歇止的跡象，孔岱究竟是否能夠掌權足夠長的時間以實踐他心中預想的改革藍圖，也尚在未定之天。因為沒有成功舉辦國會選舉，他究竟能不能算得上是真正的民主領導人，其公信力也是朝不保夕。國會研究服務處（Congressional Research Service）的幾內亞問題專家亞瑞芙（Alexis Arieff）告訴我，「孔岱就職時你可以清楚感受到，他覺得自己為總統大位而戰，所以他理應得到如何治理國家的自主權——『這是我的，我為此入獄，我為此受苦』。」歐盟近期的一份報告將幾內亞國內的緊張局勢升級，歸咎於「孔岱的執政風格」。

至於孔岱自己則是認為，史坦梅茨對幾內亞的動蕩局勢有舉足輕重的影響；他在查塔姆研究所就意有所指，暗示 BSGR 正在資助反對派的活動。（史坦梅茨告訴我這個說法毫無根據。）我追問孔岱，當美國司法部開始調查西芒杜的交易，他是不是覺得這就證明了自己的清白？不過他沒有掉進我的圈套。是否剝奪 BSGR 和淡水河谷的西芒杜開採許可，最後的生殺大權還是掌握在孔岱手上——當然是基於礦業部提供的專業建議——他現在不想表示任何意見，因為他所置任何一詞都有可能危害這個程序。所以他只是微笑著說：「我在幾內亞與貪腐奮戰，而美國的行動可以協助我取得進展。」

因為西朗有可能潛逃出美國，所以他的保釋金核定為一千五百萬美元。五月間，他對於妨礙司法的指控提出無罪抗辯，他也有可能決定與當局合作；在他提交的法庭文件中，他沒有否認提供圖蕾酬金要求她銷毀文件，也沒有否認他是按史坦梅茨的吩咐這樣做。BSGR 則持續堅稱他們從未支付任何款項給圖蕾，也從未與她簽訂任何合約。不過在巴黎的酒吧喝酒聊天時，阿維丹倒是說了一些頗有意思的事。他重申 BSGR 的說法，孔戴將軍簽署西芒杜特許經營權的時候，圖蕾與他之間根本沒有婚姻關係。「她才不是他的妻子，」阿維丹說，「她連孔戴的床都沒上過。」然後他補充一句，「她就是一個說客。與其他一千個說客沒兩樣。」

究竟為什麼 BSGR 的高層會如此執著於圖蕾沒有與老將軍結婚的想法，這下我恍然大悟了。如果她與孔戴將軍沒有關係，那麼她不過就是當地另一個兜售影響力的人——一個說客而已。這就在法律事件的層面上產生可議之處：付錢給說客與付錢行賄是不一樣的。要是哪一天 BSGR 逼不得已必須承認確實曾經付錢給圖蕾，那麼這一點，儘管只在醞釀之中尚未萌芽，就是一個辯護的方向。雖然美國司法部不會就此案發表意見，但西朗很可能不是他們調查的終極目標。今年稍早曼哈頓的大陪審團開始發出傳票；大陪審團不只要求提供「西芒杜特許經營權」的資訊，還要求提供史坦梅茨本人的資訊。聯邦調查局最近也派遣兩組調查人員遠赴柯那克里。根據《華爾街日報》報導，位於倫敦的英國重大詐欺犯罪偵查署（Serious Fraud Office）也對 BSGR 的活動展開調查。由於以色列和法國過去都不情願引渡其公民，因此即便史坦梅茨遭到大陪審團起訴，也可能永遠不會在美國經歷審判。不過，歐華律師事務所的霍頓律師告訴我，「以後史坦梅茨要旅行的話，他能去的地方恐怕有限制。」

我們在昂蒂布角談話時，史坦梅茨似乎不怎麼擔心。「我們沒有什麼好隱瞞的。」他說。調查員福克斯告訴我，史坦梅茨和他的同事「非常即興發揮」，又補充一句，「他們的思考方向別具創意，而且儘管局勢猶未可知，他們還是能迅速起而行之。這就是他們在許多方面成功的原因。但這也可能就是他們垮台的原因。」

時至今日，幾內亞的鐵礦仍然深鎖在西芒杜山脈底下，那裡的開採地點也仍然與外界隔絕。「每個人都覬覦西芒杜，」我們一起坐在總統府談話時孔岱對我說，「已經變成一種執迷的癡心妄想，這話一點也不誇張。」他繼續說下去，帶著一種教授的調調，但聲音之中卻不知不覺摻雜了點困惑的語氣。「看看這些鐵礦，等級是世界一流的，品質也是世界一流的。可是這麼多年來，我們卻一直無法從這些巨大的資源中獲益。」孔岱總統停頓片刻。然後他幽幽細語，幾乎是喃喃自語，「我們怎麼會這麼富有，卻又這麼窮呢？」

■

本文於二〇一三年刊登於《紐約客》。二〇二一年一月，史坦梅茨因其在西芒杜事件中的角色，被日內瓦法院判定有罪，並處以有期徒刑五年。他被釋放，繼續等待上訴，也繼續否認對他的所有指控。二〇二〇年，幾內亞的憲法修正案複決公投允許撤銷傳統的兩屆任期限制，隨後孔岱在爭議聲中贏下他的第三屆總統任期。他繼續面對——也繼續否認——貪腐的指控。二〇二一年九月，他在軍事政變中下台。西芒杜的鐵礦仍然深鎖在地下。

i．譯註：波坦金式的特質：第五次俄土戰爭（1768-1774）之後，克里米亞汗國（Crimean Khanate）自鄂圖曼帝國（Ottoman Empire）獨立，俄羅斯帝國兼併其地，克里米亞半島盡納俄羅斯版圖（1783）。戰功彪炳的將領波坦金（Grigory Potemkin, 1739-1791）受封俄羅斯南部新省分的總督，轄克里米亞等地。一七八七年，俄羅斯女皇葉卡捷琳娜二世〔即凱薩琳大帝（Екатерина II/ Catherine the Great, 1729-1796）〕出巡南方國土，波坦金與葉卡捷琳娜曾有床第之親，此番欲一展體國經野之功盼能再獲女皇青睞。為使女皇巡視途中映入眼簾的盡是國泰民安的榮景，波坦金命人沿聶伯河（the Dnieper）兩岸興建假的村莊：房舍僅有假的門面，村民也倩人扮演，甚至連牛群都是安排而來，事實上太平景象全為粉飾。葉卡捷琳娜沿聶伯河所見帝國南部榮景，其實是用同一批假房舍門面、同一批村民、同一批牛不斷沿河移動，為討女皇歡心所演的一齣戲而已。現代政治術語「波坦金村」（Potemkin Village）所指，便是上述這種以自欺欺人的手段，塑造繁榮假象的愚昧舉措。

第十二章　流浪大廚——安東尼．波登的流動饗宴

美國總統出訪他國，總會帶上自己的車隨行。二〇一六年五月，空軍一號降落河內機場才沒多久，美國總統歐巴馬（Barack Obama）就迅速佝僂著身子，連忙鑽進一輛十八英尺長的裝甲豪華禮車。他們稱這輛車野獸（Beast），車上的設備可以維持與五角大樓的安全連線，還有緊急血液供應以備萬一——根本就是偽裝成凱迪拉克的防空洞。河內的大街寬闊，街面上滿是喇叭按個不停的汽車，店頭的小販、上街兜售的小販，還有為數約五百萬輛的小綿羊和摩托車，就像洪水一樣在交叉路口衝進衝出。這是歐巴馬第一次來到越南，不過他遭遇街頭的這番盛景，多半都是隔著一面五英寸的防彈玻璃板。但他可能早就在電視上見識過就是了。歐巴馬此行安排會晤越南總統陳大光（Trần Đại Quang, 1956-2018）和越南國會的新任主席。不過在河內的第二個晚上，他另赴了個不尋常的約：與安東尼．波登（Anthony Bourdain, 1956-2018）共進晚餐，就是那個周遊五湖四海的廚子，後來搖身一變成為作家，在有線電視新聞網主持艾美獎獲獎旅遊節目《波登闖異地》（*Parts Unknown*）的波登。

過去十五年裡，波登用愈來愈複雜的路數主持，但其實都只是在重複同一個節目。一開始他的節目只在美食頻道播出，叫做《廚子遊天下》（*A Cook's Tour*）。節目後來改到旅遊頻道播出，更名為《波登不設限》（*Anthony Bourdain: No Reservations*），連續製播了九季之後又再改到有線電視新聞網播出。綜觀其總數，波登已經走遍將近一百個國家，拍攝了共二百四十八集節目，每一集都是對一個地方的飲食和文化別出心裁的探索。這個節目的獨門秘方就是一股入境隨俗的熱望，他秉持著這股熱望參與當地人的風俗和烹飪方式，無論是在跳進聖彼得堡市郊冰凍的

河流之前先狠狠乾上幾杯伏特加，又或是在婆羅洲叢林的長屋裡被奉為貴賓的他得用長茅刺向一頭肥豬。波登喜歡鏡頭拍到他張大嘴巴的時候，像一條大白鯊，就要一口咬下瑟瑟發抖的美味佳餚。

按波登的回憶，這個系列他最初設想的調調大概是，「我環遊世界，然後吃一大堆鬼東西，基本上我想幹任何鳥事都可以。」不過結果是這一套方案不太可能如願：人們經常詢問波登的製作人，他們可不可以跟在後面一起做這些有點脫離常軌尋求刺激的事。最近有一次行程是去馬達加斯加（Madagascar），陪他一起去的就是攝影導演阿羅諾夫斯基（Darren Aronofsky）——阿羅諾夫斯基是節目的忠實觀眾，他向波登提議他們兩個人可以一起去個什麼地方。他告訴我，「當時有點開玩笑地脫口而出馬達加斯加，只不過是因為那是最遠的可行之地。」沒想到波登居然說，「那十一月如何？」——能搭上波登的順風車湊一趟熱鬧，對這位同行的搭檔來說就像是種指望，在這個旅遊已同質化的時代，這一趟肯定會是不可多得的體驗：徹頭徹尾與一種異國文化水乳交融，差不多就像是靜脈注射的程度。波登就像跳傘一樣降臨世界上任何一個偏遠的角落，探查出那些只有識得好貨的當地人才知道的餐廳，這種地方的烤沙丁魚或皮斯可酸酒（pisco sour）往往才是最美妙的。他也常常像不速之客混進當地民宅，而這裡頭的餐點可能還更好吃。他是一個充滿生命力的好餐伴：一個精力充沛懂得吃的人，一個性情多變好口才的人。「他一開口就展現一種極其優美的風格，涵蓋博學的用詞乃至高明的俚語」，他的朋友英國美食作家勞森（Nigella Lawson）有言如是。雖然波登滿嘴口無遮攔的評論，但他也全心全意專注聆聽，他使用頻率最高的字是「有意思」（interesting），恐怕比其他人都多，而且他說這個字時是四個音節分開，第一個 t 還不發音：in-ner-ess-ting。

在聲名大噪之前，波登有二十多年的日子是職業廚師。「門廊」（Les Halles）是公園大道南端的一家喧鬧的平價法式餐館，二〇〇〇年他在那裡擔綱行政主廚時，推出了一本言語粗鄙詼諧的回憶錄《廚房機密檔案》（*Kitchen Confidential*）。這本書在市場大放異彩，也預示了一種新的迷戀在舉國上下成形——餐旅業骯髒的秘辛以及像《樓上樓下》（*Upstairs Downstairs*）這樣的連續劇劇情[i]。透過這本書，波登把自己塑造成一個自以為是傲慢無禮卻說真話的人，自然也就會與一些比他有名得多的時人發生檯面上的摩擦；他有一回就直接槓上慢食教母華特絲（Alice Waters），因為他看不慣華特絲對垃圾食物那種猶如信仰般虔誠的厭惡，說華特絲讓他想起赤色高棉。不看波登節目的人仍然傾向視他為一個大嘴巴的紐約主廚。但經過這麼多年，他已經讓自己轉型為一個富有的遊牧民族，在全世界漫遊晃蕩，結識教人神魂顛倒的人物，品嚐教人垂涎三尺的食物。他毫無掩飾地坦承，他的職業對許多人來說就是一個夢幻的職業。幾年前有一集節目是在陽光斑爛的薩丁尼亞島（Sardinia）拍攝，在那一集的旁白裡他問，「夢想成真以後你會做什麼？」波登很容易討厭什麼東西，但換句話說，要是他不是那麼容易喜歡什麼東西的話，他也就不會那麼容易討厭。「有很長一段時間，波登都以為自己會一無所有，」他的出版商哈彭（Dan Halpern）這麼對我說。「他簡直不敢相信自己有這樣的運氣。對於自己實際上就是安東尼·波登這件事，他看來似乎總是非常開心。」

這次碰面定在越南，其實是由白宮提議的。在波登探訪過的所有國家之中，越南也許是他的最愛；他曾經造訪六次之多。早在他真正去到那裡旅行之前，他就已經對這個國家傾心；他在葛林（Graham Greene, 1904-1991）一九五五年的小說《沉靜的美國人》（*The Quiet American*）裡，讀到河內保留了濃郁的殖民腐朽氛圍——破爛的鄉間莊園、悲涼淒寂的榕樹、季風雲以及午後的雞尾酒——波登細細品味這些，絲毫不覺得該為此感到任何歉忱。幾年前他甚至認真考慮過搬去那裡。波登相信，十五道精選佳餚這種品嚐菜單（tasting menu）的時代「已經過去了」。他是街頭小吃的佈道者，而河內就是最善於在露天烹飪的地方。有時候在河內看似有一半的人都坐在人行道上的炊火周圍，弓著背低頭享用熱氣騰騰的河粉。當白宮的先遣小組為歐巴馬的造訪籌劃後勤之際，製作該節目的零點零（Zero Point Zero）公司也有一支先遣小組在河內四處搜尋完美的用餐場所。他們選擇了「香蓮烤肉米線」（Bún chà Hương Liên），這是一間狹窄的店面，位於老城區（Old Quarter）一條鬧街上的卡拉OK店對面。這間餐廳的最負盛名的餐點是烤肉米線（*bún chả*）：Q彈的白米線、煙燻香腸和焦黑的五花肉，配上鮮甜而味道強烈的清湯一起享用。

約定的時間一到，歐巴馬從野獸下來，兩位特勤局幹員在前面為他清出一條路，就像橄欖球場上的線鋒替跑衛擋開敵隊的防守組，歐巴馬就這樣跟在他們身後。在二樓後方的用餐區，波登已經坐在一張不鏽鋼桌旁等待總統大駕光臨，他周遭滿是其他來用餐的客人，這些人也受到叮囑要無視攝影機和歐巴馬，只要專心吃自己的烤肉米線就好。一如越南的許多餐館，這裡也是極度不拘小節的場所：用餐的客人及服務生都一樣把要丟棄的垃圾渣滓這些掃到地板上，經年累月下來地板磁磚也因此敷上一層滿滿汙垢的光澤，走路時鞋底黏巴巴地嘎吱嘎吱響。歐巴馬穿了一件白色的扣領襯衫，敞開著領口，他向波登打了招呼，然後在塑膠凳子上坐下來，很開心答應來一瓶越南啤酒。「你多常偷溜出去喝杯啤酒？」波登劈頭問。

「我沒辦法偷溜出去，就這麼簡單，」歐巴馬回答。他說他偶爾會帶第一夫人上餐廳吃飯，但「去餐廳吃飯之所以享受，一部分就是來自和其他顧客坐在一起，共同享受用餐的氣氛，不過最後的結果常常是我們被換到其中一間包廂去。」一位身穿灰色馬球衫的年輕女服務生放下一碗清湯、一碟蔬菜和一盤抖動的米線，波登馬上從桌上的塑膠容器中撈出筷子。歐巴馬盯著這一餐的各個成分端詳了一番，顯得有點慌張不安。於是他說，「好吧，看來這下你就是得——」

「我會教你怎麼吃才對。」波登向他保證，接著建議他用筷子拎一團米線，泡進湯裡面。

「你做什麼我就跟著做。」歐巴馬說。

「蘸一點湯，把米線拌一拌。」波登建議，「然後準備讚不絕口。」

打量著湯裡飄著的一根香腸，歐巴馬問說：「大家會覺得把整根吸滿湯的香腸一口吃下去是正確的吃法，還是你覺得應該稍微——」

「吃東西發出聲音在世界的這個角落是完全可以接受的，」波登宣稱。

歐巴馬咬了一口，發出低沉的呢喃。「這真是好東西。」他說，然後他們兩個人——兩個瘦瘦高高看起來就是酷酷的中年大叔——就在三部攝影機的包圍之下，吧唧吧唧大快朵頤吃了個碗底朝天。波登有回曾經說這些攝影機就像「醉醺醺的蜂鳥」。

歐巴馬注意到眼前這一幕，散發一種真摯而不做作鄉野氣息，這讓他回想起自己小時候在雅加達市郊山區吃過的難忘的一餐。「你會發現這些可以眺望茶園的路邊餐館，」他陷入回憶，「甚至會有一條小河就流經餐館，會有小魚啊，有鯉魚啊，就從河裡游過。你就從這裡面挑魚，他們會幫你抓起來油炸，魚皮炸得酥酥脆脆的。上菜時下面就只鋪一層米。」這下歐巴馬歌頌的是與波登一樣的精神：樸實、新鮮、不裝模作樣。「這是你所能想像最簡單的一餐，但沒什麼比這個更好吃。」

但我們的世界愈變愈小，歐巴馬提到。「旅行時在機緣巧合之下有意想不到的收穫，那一份驚喜，就像你在人跡罕至之處發現什麼美好的事物，但現在這樣的地方已經不多了。」他語帶傷感補上一句，「我不知道當我的女兒們準備去旅行時，那個地方是不是還在。但我希望是的。」

第二天，波登在網上貼出一張聚餐的照片。「與總統的烤肉米線晚餐總費用：六塊美金，」他在推特上貼文，「我來買單就好。」

波登住在大都會酒店（Metropole Hotel），拍攝完沒多久我和他在酒吧碰面，「三年來我一根菸也沒抽，但我剛剛又開始抽了，」他告訴我。他挑起一邊眉毛示意：「都是歐巴馬害的。」波登六十歲，一九三公分的身高有一種驚人的氣勢，而且瘦得不可思議，他的頭就像座紀念碑，焦糖般黝黑的膚色，精心照料的一頭灰髮。他曾經用「軟骨肌腱一般」形容自己的身體，猶如一片劣質的牛肉，最近迷上巴西柔術也使他的四肢和軀幹像是繫上了繩索般強健的肌肉。因為身著性手槍（Sex Pistols）的T恤以及對於感官主義的信奉，波登身上有種老年搖滾歌手的調調。但如果你花些時間和他相處，你就會意識到他自制到了精神官能症的地步：愛乾淨、有秩序、有紀律、有禮貌、有條理。他是假扮成酒神戴奧尼索斯（Dionysus）的日神阿波羅（Apollo）。

「他有他自己一套各就各位（mise en place）的邏輯，」他的朋友法國名廚希貝侯（Éric Ripert）告訴我，還特別提到波登的一絲不苟不只反映出他的個性以及他在烹飪上的修為，也反映出一種必然性：他必須做的事情與日俱增，如果他不具備這樣的要件，他就沒有辦法掌控全局。除了製作還擔綱主持《波登闖異地》，他還要負責挑選場地，撰寫旁白，並且與攝影師以及音樂總監密切合作。不在鏡頭前時，他就在寫隨筆、烹飪書、關於殺人壽司廚師的圖畫小說、劇本——比方編劇西蒙（David Simon）就邀請他執筆《劫後餘生》（*Treme*）影集中餐廳的那幾場戲。他又或者是在主持其他電視節目，比方《味覺大戰》（*The Taste*），這是在美國廣播公司（ABC）播出兩年的真人實境美食比賽。去年秋天在拍攝的空檔期，他展開了十五個城市的脫口秀巡迴。希貝侯向我表示，就某一部分來說，波登可能被一種恐懼所驅使，害怕自己一旦停止工作就會幹些怪事。「我是一個需要很多計畫的人，」波登坦承，「如果可以當航空交通管制員我應該會很開心。」

他啜飲著啤酒，小口小口吃著一盤鮮美的春捲，仍然因為那份與歐巴馬相遇的興奮而坐立難安。「我相信對他來說重要的是一種『差異性（otherness）並不是什麼壞事』的概念，美國人應該有胸襟站在別人的立場上想一想，」他深思著。波登對這個想法深有共鳴，儘管他堅持他的節目是自私的美食主義事業，但歐巴馬的這條道德準則可以用來當作《波登闖異地》的中心思想。有一集的拍攝場景在緬甸，波登在這一集的開場評述，「很有可能你沒來過這裡。很有可能你根本沒看過這裡是什麼樣子。」波登從開始構想一集節目，就全心著迷於配樂的選擇，而歐巴馬的那個段落，他就想加進詹姆斯·布朗（James Brown, 1933-2006）的歌曲〈老大〉（The Boss）。而當製作人沒有能力負擔使用歌曲的授權時，他們通常就會委託人家製作音樂讓觀眾一聽就想到原曲。在德黑蘭的那一集他們為了要向《謀殺綠腳趾》（*The Big Lebowski*）致敬，他們安排了用波斯語翻唱巴布・狄倫（Bob Dylan）的〈內心的那個我〉（The Man in Me）。但波登想要的是詹姆斯・布朗唱的原版，不管要花多少錢。「我不知道是誰要付這筆錢，」他說，「但他媽的就是有人該付掉這筆錢。」他自顧自唱起副歌——「我付出代價才能當老大」——然後說要當領導人的代價之一，就是在波登身上體現的那種旅行狂熱，對歐巴馬來說卻成為非常嚴格的限制。「就算出去喝杯啤酒對他來說都是件大事，」波登感到不可思議，「他還得獲得批准才可以。」

波登告訴我，在他向歐巴馬道別之前，他強調了這種懸殊的對比。「我說，『總統先生，拍完這一段之後，我就會騎上一台速克達然後消失在成千上萬的人流之中。』他臉上帶著這種表情說，『那一定超棒的。』」

這一集的導演維塔萊（Tom Vitale）三十多歲，神態上有種令人不勝其煩的認真，來找波登商談他們計劃稍後在當晚的拍攝。波登每次拍攝一集節目，大概都需要花上一週發狂似地工作拍攝外景。他有一個小團隊——兩位製作人及幾位攝影師——他們會招募當地熟悉門道的人士和器材人員。他的團隊往往需要拍攝六十到八十個小時的連續鏡頭，才能夠製作成一小時的節目。維塔萊和劇組的其他人一樣，與波登合作了多年。當我問起他和白宮的互動是什麼樣子，他語帶困惑說，「我很震驚我們居然都通過了身家調查。」

波登很渴望能夠在一間賣新鮮啤酒的小酒館拍攝，這種專賣冰涼生啤酒的店在河內很受歡迎。「我們希望喝啤酒沒錯吧？」他問。「我們希望喝啤酒沒錯，」維塔萊確定。他們已經精挑細選了一個場地。「但如果那裡的能量只有百分之五十，那也許就不是了。」波登也這麼認為，「我們不希望製造場景。」他說。他迷戀真實性，鄙視美食和旅遊節目的許多慣例。「我們不重拍，」他說，「我們不拍『各位觀眾好』的鏡頭，也不拍『再會，謝謝收看』的鏡頭。我寧可錯過好鏡頭，也不願意拍偽造的鏡頭。」當他在路邊的咖啡館與某人相會，他就戴上領夾式麥克風，那可以採集到一種環境的噪音——好比刺耳的汽車喇叭、尖聲高頻的蟬鳴——就是那些音效設計師通常都會濾掉的噪音。「我們想讓觀眾知道一個地方聽起來是什麼樣子，而不僅僅只是看起來是什麼樣子，」

波登的製片人之一安德魯卡尼斯（Jared Andrukanis）告訴我。「幫節目後製聲音的人恨死這些環境噪音。他們恨死了，但其實我覺得他們愛死了。」

波登和他的團隊異常親密，有一部分原因是在這樣暫時性的生活模式中，他們都是穩固的夥伴。「我每兩週就換一個地點，」他告訴我，「我不是廚師，我也不是記者。朋友之間相互需要的那種關懷以及相濡以沫，坦白說我無能為力。我不會在那裡。我不會記得你的生日。我不會在你生命中的重要時刻在那裡。不管我對你的感覺如何，我們不可能勾肩搭背一起出去混。十五年來，或多或少，我每年旅行兩百天。每週都會交到很好的朋友。」

在四十四歲之前，波登只見識到這個世界很小的一部分。他在紐澤西州的里歐尼亞鎮（Leonia）長大，離華盛頓大橋不遠。他的父親皮耶（Pierre）擔任哥倫比亞唱片公司的行政主管，是一個沉默寡言的人，長年都坐在沙發上靜靜看著書，不過對於食物和電影有非常大膽的品味。波登還記得一九七〇年代和父親一起到紐約市遊歷嚐試壽司的滋味，那種異國情調在那個年代是那麼不可思議。波登小時候僅有過的真正的旅行經驗是兩次法國之旅。父親的法國親戚住在一座冷颼颼的濱海村莊，當波登十歲時，父母親在暑假帶他和弟弟克里斯（Chris）去探望這些親戚。波登在那裡吃了剛剛從海裡採收起來的一大顆牡蠣，往後他把這次經驗稱為普魯斯特式的相遇。（克里斯現是位銀行家，「波登老喜歡在牡蠣的橋段上加油添醋，」他告訴我，「我都不知道那些是事實還是他編的故事。」）他們兄弟倆在海灘上的舊納粹碉堡裡玩耍，花好幾個小時閱讀《丁丁歷險記》——細細品味這位滿世界遊歷的少年記者的故事，仔細研究作者艾爾吉（Hergé）精心繪製的上海、開羅和安第斯山脈的插圖。波登回憶往事，說這些故事「把我帶到我很確定我永遠不會去的地方。」

他的母親葛拉蒂絲（Gladys）是《紐約時報》的編審。她讓人敬畏三分，對人有很強的批判性，時常與兒子發生衝突。波登在高中時愛上了一個年紀比自己大的女孩普特科絲基（Nancy Putkoski），她與一群吸毒的人走得很近，他自己也開始涉足非法藥物。有一次葛拉蒂絲告訴她兒子，「我深深愛你，但你知道，我現在不太喜歡你這個人。」一九七三年，波登提前一年完成高中學業，隨普特科絲基一起去讀瓦薩學院（Vassar College）。但他只讀了兩年就輟學，轉入紐約海德公園的美國烹飪學院（Culinary Institute of America）就讀。但這可不是他第一次在廚房裡的經驗：高中畢業的那個夏天，他在普羅文斯敦（Provincetown）一家專賣比目魚和炸蛤蜊的餐廳「旗艦」（Flagship）當洗碗工。他在《廚房機密檔案》敘述了一個決定性的時刻，在「旗艦」餐廳的一場婚宴上，他親眼目睹新娘偷偷溜到外面和主廚來場一時興起的幽會。這個故事鋪的哏是：「親愛的讀者，那是我第一次知道自己想成為主廚。」

這個故事很傳神地表現出波登對於廚師這份職業的想法，既可以撩人心弦地肉慾橫流，又可以大搖大擺地不守規矩。他最喜歡的電影之一是《殺神輓歌》（*The Warriors*），這是一九七九年一部有關紐約街頭黑幫的類型神片（cult movie），深深吸引他的是廚房裡亡命之徒的男子氣概。有一段時間，他在腿上繫了一副皮套，裡面插著一套雙節棍走來走去，像是插著一把決鬥用的六發左輪手槍；他經常身著白色的廚師服擺姿勢拍照，手裡握著一把長長彎彎的刀，那刀的架勢活像是要把蛇髮女妖開膛破肚。（在《廚房機密檔案》的封面上，波登就插了兩把裝飾用的劍在圍裙帶裡。）早在他成為那種在新加坡機場被粉絲追著跑的國際名人之前，波登就知道怎麼用他像蚱蜢一樣瘦長的四肢擺出好看的姿勢，而且打從一開始他就有耍壞的天分。

一九七八年從烹飪學院畢業後，他就和普特科絲基搬進河濱大道一間租金穩定型（rent-stabilized）的公寓。他們在一九八五年結婚。普特科絲基接了各式各樣的工作，波登則在洛克菲勒中心的高級餐廳彩虹廳（Rainbow Room）找到一份工作。當我問及這段在二〇〇五年結束的婚姻時，波登說那就好像導演范桑（Gus Van Sant）的電影《藥店牛仔：追陽光的少年》（*Drugstore Cowboy*），裡面麥特・狄倫（Matt Dillon）和凱莉・林區（Kelly Lynch）飾演有毒癮的情侶，靠著搶劫藥局以維持他們的癮頭。「那種愛，那種相互依存，還有那種冒險的感覺——我們在一起就像罪犯，」他說，「我們的生活中有很多事情都是圍繞在這一點上建立的，而且我們很高興是這樣。」波登說了幾個故事是他在用了致幻毒品之後幹的「蠢爆的鳥事」——因為車裡有兩百劑 LSD 迷幻藥而被警察攔下來，或在郵局想拿一封「來自巴拿馬的信」時被緝毒局跟蹤——他都模模糊糊拐彎抹角地說到他身邊還有「另外一個人」。他小心翼翼不提及普特科絲基的名字。除了嗑藥之外，他們過著相對而言十分平靜的家庭生活。晚上他們就叫外賣吃，一起看《辛普森家族》（*The Simpsons*）。每隔幾年，波登和普特科絲基攢了一些錢，就會去加勒比海度假。不然的話，他們平時沒有旅行。

但波登確確實實以一位流浪大廚的身分在紐約周遊。他在彩虹廳的自助餐區工作，他也曾經擔任蘇活區WPA 餐廳的副主廚。他曾經在這些地方工作：劇院區的霍華德餐廳（Chuck Howard's），上西城的妮琪和凱莉餐廳（Nikki and Kelly），南街海港專敲遊客竹槓的吉安尼餐廳（Gianni's），中城一家叫做晚餐俱樂部（Supper Club）的夜總會——在那裡食物從來不是重點。最後他得到的是一批好同事，他們陪著他一起從一家餐廳遷移另一家餐廳。波登的作家朋友羅斯（Joel Rose）從一九八〇年代就與他熟識，羅斯告訴我，「他是一個專門解決問題的人（fixer）。什麼時候一間餐館遇上麻煩事，他走進來就有辦法扭轉局面轉危為安。他不是什麼了不起的廚師，但他做事有條有理。他就是有辦法止血。」一九九八年他應徵了《紐約時報》上刊登的一個職缺，結果在門廊餐廳獲得行政主廚的工作。那裡是最適合波登的典型：一間不虛裝門面的簡樸餐館，有自己的屠夫在吧檯旁邊切肉，牛排、小牛肉和香腸就堆放在櫃檯後面。

《廚房機密檔案》的靈感來自《巴黎倫敦落拓記》（*Down and Out in Paris and London*），歐威爾（George Orwell, 1903-1950）在書裡描繪的廚師，是「技術最純熟的階級，也是最不奴顏婢膝的階級。」為布魯姆斯伯里（Bloomsbury）出版社簽下這本書的編輯芮娜迪（Karen Rinaldi）告訴我，她低估了這本書可能帶來的影響。「那本書像是一張廣告傳單，」她說——一個以烤牛排為生的傢伙褻瀆神聖的沉思冥想，「但很多最後改變了文化的書，本質都是傳單。」《廚房機密檔案》裡充滿了忠告：波登抨擊週日的早午餐，稱之為「週五和週六剩下零碎食物的垃圾場」，並勸大家不要在週一訂購魚，因為那時候的魚往往都已經「放了四到五天」。這本書在行銷的定位上就像來自洗碗間的第一手快電，與身經百戰的廚師相比，愛跑餐廳吃飯的天真食客可能對這種精彩的秘辛爆料更感興趣。（「我不會在廁所髒兮兮的餐廳吃飯，」波登警告，「他們允許你看到廁所是什麼德性。要是一間餐廳懶得更換小便斗裡的冰球或者維持馬桶和地板的潔淨，那麼想像一下他們冷藏和工作的空間看起來會是什麼樣子。」）

不過對於波登來說，最重要的讀者其實是他的同儕。謝辭那一頁的最後一行是「廚師至上」（Cooks rule），他非常希望，是超級希望，這個行業裡的其他專業人士能夠懷抱著他所期待的精神看待這本書，然後把被肉汁弄得髒兮兮的一本本《廚房機密檔案》，在一間間廚房中傳閱。這本書大獲成功，但波登並沒有在此刻辭去門廊餐廳的工作。「我小心翼翼地調整自己的期待，因為在我賴以維生的行業裡，每個人都是作家或演員。」波登回憶過往。從業的二十多個年頭裡，波登看到同事們來上班時，幸災樂禍他們自己最近被客人退單的菜色，只能眼睜睜看著自己精心的設計成為別人眼中的糞土。「所以從來就不是一句『掰掰不識貨的蠢蛋』那麼簡單。」看著波登蒸蒸日上的作家生涯，他在門廊餐廳的好夥伴們感到非常歡樂，如果要說大惑不解也可以，而且餐廳的幾位老闆也都願意通融讓他出去巡迴宣傳新書。

波登開始這本書的宣傳之旅，一些稀奇古怪的事情也在途中發生。他可能會從容愜意獨自晃進一間餐廳，坐在吧檯點一杯飲料。然後不知道從哪裡冒出來一盤挑逗味蕾的前前菜（*amuse-bouches*）在他面前，那是餐廳聊表敬意的招待。這表示了對於波登的肯定：大廚們正在讀這本書，而且他們喜歡這本書。但這也同時象徵了意味深長的反轉：他的前半生都在準備食物餵飽別人，而人生的下半場則輪到他被別人餵得飽飽的。

姜虎東韓式烤肉（Kang Ho Dong Baekjeong）位於三十二街，這間明亮而嘈雜的餐廳在韓式烤肉界是潮人一訪再訪的名店。去年二月一個天寒地凍的夜晚我準時赴約，卻發現波登在等我，啤酒已經喝了一半。他比準時還準時：每次會面他都會提早準準十五分鐘到場。「從他在廚房工作開始就有這個老習慣，」導演維塔萊告訴我，「如果他沒有這樣出現，我們就知道一定是哪裡不對勁了。」波登用「病態」這個詞來形容他對於準時的執著。「我用這一點來評斷一個人，」他坦承不諱，「今天你可能只是遲到，但後來你搞不好會暗地裡捅我一刀。」

過去我曾來這間韓式烤肉吃過一次飯，但我馬上就要發現與波登一起在餐廳吃飯是一種截然不同的體驗。主廚洪德基（Deuki Hong）是個和藹可親，頭髮蓬鬆的二十七歲年輕人，這餐飯從頭到尾的每一道菜都是他親自上菜。身為安東尼．波登，他遭遇的一種危險是有目共睹的：無論他走到哪裡，從米其林星級殿堂到凍原上的村夫陋室，他都會被有如滔滔江水般襲來的食物淹沒。因為他非常不情願將別人任何形式的好意棄如敝屣，所以結果往往是他吃下去的比他想吃的多得多。波登把這種事叫做「被食物硬上」。現在他幾乎每天都會練習柔術，他嘗試在飲食上更精挑細選。「鏡頭外的我，晚上才不會趴趴走找樂子喝得醉醺醺。」他說；在沒有拍攝時，每當我們一起吃飯，波登才不會像牛羊吃草那樣狼吞虎嚥塞飽自己。當一個滿眼散發狂熱光芒的綜合格鬥家慢慢帶你領悟鎖喉技的奧妙，告訴你吃一大碗義大利麵的話隔天早上你會變得懶洋洋，那你就很難盡情享用下去了。波登從三年前開始練習柔術，體重減輕了三十五磅。但他超喜歡姜虎東韓式烤肉的食物，也準備好大快朵頤享受一下。一面圓形的烤肉架嵌在我和波登之間的桌面，洪德基在上面排好薄如絲綢的醃漬牛舌薄片，等到牛舌一轉成褐色，波登就伸出筷子夾起一片，然後鼓勵我照著他做。我們細細品嚐了這肉片濃郁又帶有木質香氣的滋味。波登倒了兩杯燒酒，也就是韓國米酒，然後說，「超好吃的對吧？」

嶄露頭角的波登儼然已經成為烹飪這一行的大使，不過頗具諷刺意味的是，他自己承認他從來都不是一個富有靈感的大廚。《紳士季刊》（GQ）的餐廳評論家李奇曼（Alan Richman）是白色檯布高級烹飪界一流的人物，他告訴我們廊餐廳「在波登掌杓的時期並不是什麼特別出色的餐廳，而當波登不再擔任主廚之後那裡更是每況愈下」。這說法似乎不太公道：在二〇一六年結束營業之前，我時常光顧門廊餐廳，直到最後那裡都是鬧哄哄的而且維持一定水準，有好吃的綠捲鬚（frisée）沙拉以及飽足感十足的卡酥來砂鍋（cassoulet）。但那裡從來就不是什麼出類拔萃的餐廳。在米其林三星海鮮殿堂貝納丁餐廳（Le Bernardin）的希貝侯這樣富有創意的名廚面前，波登一直都像是個小粉絲一樣屈膝膜拜。在《廚房機密檔案》的第五頁，他開玩笑說素未謀面的希貝侯，「才不會打電話給我詢問今天的魚類特餐是什麼。」這本書出版之後，有一天波登在門廊餐廳的廚房工作時，一通電話打來找他：是希貝侯邀請他共進午餐。現在他們已經是莫逆之交，希貝侯還常常在《波登闖異地》中擔綱捧哏的配角。最近的一集節目是在中國成都拍攝，這一集裡有大量鏡頭是面紅耳赤汗流浹背的希貝侯，被一道接著一道辣到要人命的辛辣菜餚搞得暈頭轉向，而波登則是高談闊論花椒讓人「嘴麻」的特色，還盡拿他好朋友的不適尋開心。談到波登時希貝侯說，「我和他肩並肩做菜。他有速度。他有精準。他有熟巧。他有風味。他做的菜很好吃。」他接著猶豫了一下。「但在創造力方面……我不知道。」多年來一直有人找波登商量開間他自己的餐廳，這些提案很可能給他帶來大筆財富。不過他總是婉拒，裹足不前，或許他廚房吟遊詩人的名聲，很難真的在廚房裡名副其實吧。

即使如此，無論波登去哪裡，年輕的廚師都會稱呼他一聲「大廚」。當我問他會不會覺得這樣有點奇怪，他稍微有點不高興。「嘿，我投入了那麼多時間，所以他們這樣稱呼我我沒什麼好彆扭，」他說，「我會覺得彆扭的狀況是，當一位真正知道做菜是怎麼一回事的大廚，他做的菜比我這一輩子做的都要好，但他卻稱我一聲『大廚』。」在開這家韓式烤肉之前，洪德基曾經在法裔名廚馮格里奇頓（Jean-Georges Vongerichten）和餐飲界名人張錫鎬（David Chang）手底下做過事；這時候就像是套好招一樣，洪德基恰恰端著一盤蒸番薯出現，稱呼波登一聲大廚。波登有一項新的創投計畫，是一座以新加坡的熟食中心（hawker center）也就是露天美食廣場為藍本的曼哈頓市集；飯吃到一半，這項創投計畫的合夥人沃瑟（Stephen Werther）也加入我們的飯局，他是位戴眼鏡的創業家。市集預定在未來幾年開始營運，地點在第五十七號長堤（Pier 57），過去是紐約西城佔地深廣的航運總站。如果說波登的節目把無畏的烹飪遠征中感同身受的味道提供給觀眾，那麼這個市集將為他的節目提供替代品讓消費者體驗。市集將會從世界各地招募最棒的路邊攤小販，發給他們簽證——假設美國仍然願意核發簽證的話——讓紐約客可以好好品嚐一下小販賣的章魚玉米餅（tostadas）和雞心串燒。波登的市集這項創投計畫，在大家眼中是雄心勃勃到了有點荒誕不經的地步；餐飲界名人巴塔利（Mario Batali）在熨斗區（Flatiron district）創立的義塔里（Eataly）是義式美食的超級大型商場，而波登的市集是新穎獨創的義塔里的三倍之大。陪著沃瑟一起來的是斯黛蒂弗（Robin Stadefer）和阿萊施（Stephen Alesch），這對夫妻經營羅曼和威廉斯（Roman and Williams）設計公司，創造過一些深具魅力的當代空間，例如紐約的王牌酒店（Ace Hotel）。他們同意投入這個市集的工作。他們的出身是好萊塢的佈景設計，這完全符合波登想要營造的感官體驗。「想像一下後世界末日的中央車站，看起來就像遭到中國入侵，」波登說。

「不過是在水底，」斯黛蒂弗開玩笑說。

在波登的詳細闡述之中，置身市集應該要讓人有種《銀翼殺手》（*Blade Runner*）的感覺——這個高端的零售生意看起來像是一個頹廢、多語混雜的惡托邦（dystopia）。在波登的成長過程中，他父親都會租十六釐米膠捲的放映機，播放庫柏力克（Stanley Kubrick, 1928-1999）及布魯克斯（Mel Brooks）的電影。「我從沒見過任何腦子裡有這樣片單的人。」他長年配合的攝影師贊博尼（Zach Zamboni）告訴我。《波登不設限》在羅馬的那一集刻意用黑白呈現，間接指涉的就是費里尼（Federico Fellini, 1920-1993）。《波登闖異地》在布宜諾斯艾利斯的那一集，則是向王家衛的《春光乍洩》（*Happy Together*）致意。儘管大多數的觀眾不太可能對其中的關聯心領神會，不過對於波登來說這根本不是重點。「當其他的電影攝影師也喜歡我的主意，那種感覺非常好，」他說，「那就很像煮菜——就像其他廚師告訴你『這真是盤好菜』。那種感覺與顧客沒什麼關係。」

製作人特娜莉亞（Lydia Tenaglia）曾經和她的夫婿柯林斯（Chris Collins）一起吸收波登主持電視節目《廚子遊天下》，現在零點零製作公司就是由他們營運。他們告訴我波登的經歷常透過電影反射出來，一部分原因是在中年之前，他見識到的世界非常有限。「書本和電影就是他所知的來源——那些他在葛林的小說裡讀到的，以及他在《現代啟示錄》（*Apocalypse Now*）裡看到的。」

新加坡式井然有序的熟食中心，結合路邊攤美食的樂趣，再加上可以通過紐約在後彭博時期（post-Bloomberg）對公共衛生規章制度的檢閱。「他們破解了這道密碼，但沒有斷送這種了不起的文化。」波登說。未來市集裡的一些合作夥伴都是備受肯定的餐飲界名人，比方斑點豬（Spotted Pig）、貝絲琳（Breslin）餐廳的米其林星級廚師布魯菲德（April Bloomfield）。但波登同時希望市集裡有間老派的肉鋪，店裡有「穿著血淋淋圍裙的傢伙切解著肉塊」；還希望有亞洲街頭食物可以吸引那些閱讀《食客》（*Eater*）雜誌的美食行家目光，也吸引那些離鄉背井來到紐約的亞洲人，他們是多麼渴望道道地地的家鄉味。「要是年輕一輩的韓國潮人及他們的祖父母輩都喜歡我們，我想生意一定做得起來。」他說。我高聲質疑在紐約賣烤雞心怎麼可能賺得到錢。大膽創新的商品難道不總是帶來虧損，而真正讓你付得出租金的，難道不是那些招徠生意的俗套，比如生蠔酒吧？「我是樂天派，」波登回答。他堅決認為口味是與時俱進的。愈是接觸外國文化，原先那分抗拒愈會漸漸消逝。「我是看《巴尼．米勒》（*Barney Miller*）長大的，這種電視喜劇裡一天到晚都拿亞洲人開玩笑。他們嘲弄亞洲食物，說聞起來就像垃圾。這種哏現在已經不好笑了。」他用手上的筷子比了比放在我們之間的一碗泡菜。「現在美國人想吃泡菜。他們甚至想在他們的漢堡上放泡菜。這就像美國人開始吃壽司時一樣——這是一個結構上的巨大質變。」

美國人口味的新大陸就是發酵，波登繼續說下去。「那個刺鼻的臭味（funk），肉類的腐壞，現在我們所有人就在邁向這種口味的領域。」

「這是食物世界的秘密，」沃瑟說，「腐壞其實很好吃，但沒有人會當著你的面說這句話。熟成牛排。『熟成』就是『腐壞』的代碼。」

「醃漬。」波登說，似乎對於開啟的這個話題愈來愈感興趣。

「酒精就是無心插柳的酵母副產品，」阿萊施也插話附和，「差不多就像酵母的尿。」

「基本上我們剛剛在說的是髒東西是好的，」波登下了結論。

這時洪德基又拿了一盤帶著大理石紋路的肋眼過來。「韓式餐廳通常不會用乾式熟成，」他說，「但我們正在嚐試乾式熟成。像這一盤，就是熟成三十八天的成果。」

「對不對？就是腐壞啊！」沃瑟驚叫出聲來，「那三十八天之後怎麼辦？」

「這真是好東西。」波登說。

「有一次情人節，我們就用這麼大的牛心燉了一鍋菜。」阿萊施說。

「真是太浪漫了。」沃瑟這麼覺得。

「沒錯，」阿萊施說，「我們吃了差不多四天。」

後來我們離開餐廳，帶著洪德基，在附近一棟辦公大樓三樓一間沒有招牌的酒吧，喝了一輪燒酒版深水炸彈。接著我們一夥人又去了四十一街的一間韓國夜店。一間間卡拉OK房鱗次櫛比，看起來就像是一片廣闊的養兔場，這些房間圍繞著中央的舞池，閃爍的雷射光線照射在舞池裡的年輕人身上，他們看起來都是有錢人家子弟，而且全部都是亞洲面孔。波登坐在一間可以俯瞰舞池的VIP包廂，身穿黑色T恤的年輕韓裔美國男子郭巴比（Bobby Kwak）是這間夜店的老闆之一，波登問了問他有關這邊顧客的情況。

「如果他們去市中心像是天幕（Marquee）那樣的夜店，他們會完全格格不入，」郭巴比向波登解釋。咚呲咚呲的電子舞曲震耳欲聾，他只好用非常大的音量說話。他指著波登說，「在這裡你才是少數族裔。」

波登說這群人正是他想要吸引到市集去的人。他一點也沒有興趣要迎合「金髮碧眼的老外」的喜好。相反地，他倒想給這些金髮碧眼的老外好好上一課，這個地方有足夠的正當性因為這樣的一群人而受到歡迎，而他們可以愛上這樣一個地方。

「這會有點難度哦，」郭巴比說，「最後你吸引到的都是亞裔美國人……」

波登堅決主張他也希望可以吸引在首爾長大的韓國年輕人，而不只是在紐澤西州李堡（Fort Lee）的韓國城長大的韓國年輕人。差不多是深夜兩點了。「所以他們離開這裡之後下一攤會去哪？」波登問。

郭巴比笑了出來，大聲告訴波登，「他們就會去你剛剛吃飯的地方。」

二〇〇六年夏天，波登飛往黎巴嫩拍攝一集以貝魯特為題的《波登不設限》。他計劃聚焦在這座城市國際大都會型態的夜生活，小口小口細細品嚐中東炸肉丸（kibbe），小口小口細細啜飲椰汁製成的亞力酒（arrack），在海邊夜店的氛圍中你一言我一語。他在這一集的旁白裡解釋，「所有人都在這裡經歷過一段──希臘人、羅馬人、腓尼基人。所以我知道這裡一定是個吃飯的好地方。」但有一天波登在街上溜達時，一列車隊從他身邊疾駛而過，車上飄揚的是真主黨（Hezbollah）的黃旗。車隊這行人正在歡慶真主黨部隊越境進入以色列的一次伏擊，他們殺死三名以色列士兵，還俘虜了另外兩名。隔天以色列向貝魯特發射飛彈，造成數十名平民喪生。最後波登和他的團隊待在皇家酒店（Royal Hotel），就在距離美國大使館不遠的小山丘上，打撲克牌消磨時間等待撤離。在這場因地緣政治而起的超現實意外事件中，他們可以從相對安全的酒店游泳池觀看戰爭的發展。

所有旅行都需要一定程度心血來潮的突發奇想，波登和他的攝影師就十分精通在飛行過程中重新構思節目內容。有一次他在西西里島海岸浮潛找尋海鮮時，一隻半結凍的章魚撲通一聲掉在他旁邊濺起水花，嚇了他一跳。章魚的主人是一位曬得黑黝黝的西西里人，他想討波登歡心，所以丟了一些魚到海裡讓波登可以在鏡頭前「發現」海鮮。這自然是嚴重違背了波登堅持真實（vérité）的信條。他勃然大怒，但決定把這一刻加進這一集裡，以達到搞笑的效果。（「雖然我不是什麼海洋生物學家，但起碼看到死章魚還認得出來。」）

在戰爭包圍之下的貝魯特絲毫沒有辦法剪接。但波登和他的製作人都覺得他們有故事想講，於是他們拼湊出一集節目，內容就是描述他們受困於這場衝突之下。在這集的節目裡，觀眾可看到波登的攝影師擔心回不了家，當地熟門熟路的地陪以及製作人則擔心至親的人身安全。其中一段旁白裡波登說了一句話，「這可不是我們來黎巴嫩要拍的節目。」在他此行來到貝魯特之前，無論他冒了多大的危險去了什麼地方，無論前途看來多麼渺茫，就算不是興高采烈的，他起碼也總是用充滿希望的旁白結束每一集。波登在貝魯特這一集的結尾說，「看看這些場景裡的我們……我們穿著浴衣閒坐在那裡，一邊做日光浴，一邊觀看著戰爭。如果說在這整趟的經驗裡有個什麼獨特的隱喻，你懂嗎，大概就是這個了。」

導演艾洛諾夫斯基（Darren Aronofsky）把波登的節目描述成一種「個人新聞寫作」（personal journalism）的形式，延續麥克爾維（Ross McElwee）在他一九八五年紀錄片《雪曼將軍的遠征》（*Sherman's March*）裡的作法，刻意讓拍攝電影的人透過自己個人的生命經驗，直截了當地逐步過濾出故事的全貌。貝魯特的一片海灘上，一排民眾手上緊緊拎著自己的個人財物，美國海軍陸戰隊引領波登和他的團隊登上一艘擁擠的美國軍艦。那個時間點的波登正處於一段新的戀情中。布希雅（Ottavia Busia）是希貝侯一間餐廳的店長，希貝侯居中牽線介紹她給波登認識。她和波登都是那種不停工作的人，但希貝侯料到他們可能會願意抽出時間享受一段一夜情。布希雅和波登第二次約會時，他們在身上刺了相配的廚師刀刺青。這一趟讓波登心煩意亂，八個月後波登從貝魯特回來，他們就開始談論生孩子的事。

「我們可以賭賭運氣，」布希雅告訴他，又有點猶疑加上後面一句，「但無論如何你的精子已經老了。」

他們的女兒艾芮恩（Ariane）在二〇〇七年四月出生，然後他們十一天後結婚。布希雅也是個柔術的狂熱份子，我和她聯繫時，她就提議我們在她和波登練習柔術的學校見面，那距離曼哈頓中城的賓州車站不遠。「我每天都會在這裡。」她說。布希雅今年三十八歲，她有一雙棕色的大眼睛，溫暖的露齒笑容，以及健身狂人才有的結實而隆起的肩膀。她盤腿坐在墊子上，穿了一件上面寫著「我們信仰柔術」（In Jujitsu We Trust）的黑色T恤，上面還飾有貓臉圖案的緊身褲。布希雅是在生完孩子後第一次嘗試武術，希望能夠減去一些體重，結果她很快就深深著迷於柔術，還勸說波登去上一對一課程。（她堅稱自己是用鴉片類的鎮痛藥維柯汀（Vicodin）收買波登。）「我覺得他一定會喜歡柔術解決問題的那個面向，」她告訴我，「這是一項非常講求智力的運動。」

多年前波登在印度北部拉賈斯坦邦（Rajasthan）拍過一集節目，那時他遇到了一位算命老師，告訴他日後會為人父。「那傢伙說的全是他媽的狗屁，」後來波登向其中一位製作人說起這件事，「我會是一個非常糟糕的父親。」但根據艾芮恩爸媽自己的描述，這孩子適應得非常良好。有一段時間，布希雅會帶上艾芮恩一同參與波登的某些旅程，不過當艾芮恩開始要上小學時，就不可能再這麼做了。有一次布希雅在半夜驚醒，意識到自己床上躺著一個陌生男人而嚇得花容失色。然後她翻了個身，才想起來身邊的就是波登；她完全忘記他在家。（去年波登大概只在紐約待了二十週。）

布希雅現在的體能處於巔峰狀態，她一直想去爬聖母峰。去年夏天，波登告訴我她睡在一個缺氧艙裡——一種模仿高海拔地區氧氣耗竭的裝置。「這個缺氧艙基本上就是在重建三萬兩千英尺的狀況，」波登說完聳了聳肩，「反正無論如何，不會有人坐在家裡等我定義他們的角色該做什麼。」

當我問起身為人父的身分，波登變得若有所思。「我的女兒怎麼過得那麼開心，這點我真的大吃一驚，」他說，「我不覺得我在自欺欺人。我知道我是一個充滿愛的老爸。」他頓了頓。「我有時候會不會希望在另一個替代宇宙（alternative universe）裡，自己變成大家長，永遠守護著那裡？兒女成群？孫兒們在身邊跑來跑去？是的，我覺得那樣挺不錯。但我非常確定自己做不到。」

也許波登寫過最動人的篇章是二〇一〇年的一篇題做〈我的目標是真的〉（My Aim Is True）的散文，那是胡斯托．托瑪斯（Justo Thomas）的人物傳略。這位一絲不苟的中年男子來自多明尼加共和國，每天一大清早他走下貝納丁餐廳的地下室，他在那裡準備了一整套鋒利的刀具，然後用心臟外科醫生擘兩分星的精準，分解七百磅的鮮魚。這些魚送來餐廳時，托瑪斯說，「還是閃閃發光，眼珠還清澈透明，魚鰓還是粉紅色，還是因為屍僵呈現硬挺，聞起來完全就是海水的味道」——「這歸因於他們捕魚的方式」，波登解釋，意思就是整批直接來自海洋。托瑪斯的工作是將每具魚屍分解成精緻的一小片，最後變成樓上餐廳盤中的美味佳餚；托瑪斯的手藝大都不為人所見，而波登這篇散文是對托瑪斯及其手藝各種精彩的細節，致上最溫暖的敬意。（「說來古怪，地下室的牆面上小心翼翼地覆蓋著全新的保鮮膜——就像連環殺手會在地下室做的準備一樣——這樣才能接住飛濺的魚鱗，接下來的清理也就可以比較迅速簡便。」）托瑪斯這一班輪值結束已經是中午了，波登邀請他在餐廳吃午餐。在貝納丁餐廳工作的六年裡，托瑪斯從來沒有以客人的身分坐在餐廳裡吃過一餐飯。波登用手比了比他們周遭的顧客，指出他們有些人在一瓶紅酒上花的錢，托瑪斯可能要花好幾個月才賺得到。「我覺得在生活中，他們給某些人太多東西，但卻沒有給其他人東西，」托瑪斯告訴波登。但他補充了一句，「要是沒有工作，我們就什麼都不是。」

就波登的看法而言，相較於烹飪，寫作這門藝術就沒那麼折騰人。「我覺得自己總是透過廚房這一面棱鏡去檢視我遇到的每一個人，」他有一次這樣對我說，「『好吧，你寫了一本好書，但你有辦法搞定早午餐的班嗎？』」寫作是件朝生暮死的事，他說。

比早午餐還要朝生暮死？我問道。

「三百份早午餐，沒有任何一份退貨。」他說，他的語氣堅毅，像是身經百戰的老兵身懷鋼鐵般的信念。「三百份班尼迪克蛋。沒有一份退回來。這是機械才有的精準。耐力。骨氣。這才是真的。」

每當波登講述自己的故事，他常常說得一副自己是在偶然之中獲得文學上的成功；但事實是，他花了好幾年時間嘗試從廚房出發寫出自己的一條路。一九八五年，其時小說家羅斯（Joel Rose）在發源於市中心區的文學季刊《在C與D之間》（*Between C & D*, 1983-1990）擔任編輯，波登開始寄送不請自來的手稿給羅斯。「容我用最簡單的話說明，我對於出版的強烈欲望是沒有限度的，」波登在投稿漫畫和短篇小說的求職信裡這樣寫，還特別說明，「雖然我不住在下東城區（Lower East），但對於這一區的景點，在過去這段時間裡我一直懷有一種很親密的熟悉感，儘管這感覺現在已經逐漸消退。」最後羅斯刊登了波登寫的一則故事，內容是關於一位年輕廚師想要弄到手一些海洛因，卻因為身上沒有新近的注射針孔瘀痕而被拒於門外。（「明明就有瘀痕好嗎！我身上的瘀痕都是以前的，那都是因為現在我要錄節目！」）

一九八〇年，波登在瑞文頓街（Rivington Street）買了他的第一袋海洛因，他做什麼事都是興致勃勃，所以很快就有了癮頭。「當我開始出現戒斷症狀時，我深深感到自豪。」他告訴我。毒癮就和廚房一樣，是一種邊緣的次文化，有自己的一套規則和美學。波登景仰小說家柏洛斯（William S. Burroughs, 1914-1997），所以海洛因對他來說有種特殊的誘惑力。他說一九八〇年時，他每天都在買毒品。不過最後他對癮君子的生活不再抱有幻想，因為他討厭任由別人擺布。「被人敲竹槓，一天到晚躲警察，」他細數往事，「我是個虛榮的人。我不喜歡我在鏡子裡看到的那個人。」波登最後採用了美沙酮（Methadone），但他對於這種替代療法帶來的屈辱頗感憤慨：未經許可不得離開所在城市，還得排隊在杯子裡撒尿採檢。差不多到了一九八七年，他一點也不拖拉二話不說就驟然戒掉海洛因，只不過後來反而有更多年的時間沉溺於古柯鹼。「我只不過是靠著古柯鹼讓自己的海洛因癮頭不再惡化下去，」他回憶當年。在兩次吸食之間，他偶爾會發現自己在地毯上翻找油漆的碎屑拿來吸食，懷抱著最卑微渺小的希望說不定那是快克的粉末結晶。波登的生活糟糕得一塌糊塗，他還記得有一次聖誕假期他鋪了張毯子坐在百老匯街上，把他最珍愛的唱片擺出來賣。

波登有可能是自吹自擂刻意誇大其詞，所以有時候我不免懷疑那些糟糕的歲月是不是真如他嘴裡說的萎靡沮喪。「有種癮君子是浪漫主義者，而另一種是標準的死硬派（hard-core）。」小說家羅斯的妻子芮娜荻（Karen Rinaldi）說，「我覺得波登比較像浪漫主義者。」普特科絲基在一封電子郵件中告訴我波登「是個非常戲劇化的人」。她在信裡寫說，「在事過境遷之後回首過去，那時確實如同槁木死灰。但當你置身其中，那就是你真實的生活。你努力度過每一天。」有一次波登和三個朋友一起搭計程車，他們剛剛在下東城吸食過海洛因。在車上他高談最近讀過的一篇文章，談及戒除毒癮在統計學上的可能性。「只有四分之一的人有機會成功，」他說。接下來是一陣尷尬的沉默。多年後在《廚房機密檔案》中，波登提到他成功戒毒而他的朋友卻沒有：「我就是那四分之一。」

一九八五年，波登報名參加了由文學編輯利許（Gordon Lish）帶領的寫作工作坊。「他非常認真看待這件事，」普特科絲基告訴我。波登在寫給羅斯的信中提到這次工作坊，稱其為一次扭轉乾坤的經驗，還談到「利許帶給他生活的改變」。（我打電話聯絡上利許，他印象中的波登是「一個方方面面都非常迷人的傢伙，長得很高」，不過對於波登的作品則一點也記不得了。）波登漸漸擺脫毒癮生活，認真清醒度日，約莫一九九〇年前後他結識了一位藍燈書屋（Random House）的編輯，預付給他一小筆稿費，讓他寫一部以餐飲界為背景的犯罪小說。寫作對波登來說從來就非難事；在瓦薩學院讀書時他幫同學寫期末報告交換毒品。寫小說對他來說並非煩惱的苦鬥，他說：「我根本沒有時間。」他每天天還沒亮就起床，在電腦前匆匆忙忙敲出新的一段故事，菸一根接一根抽，然後去餐廳輪班十二小時。小說《鯁喉》（*Bone in the Throat*）在一九九五年出版。（「兩百八十磅的薩瓦托・皮特拉（Salvatore Pitera）穿著粉藍色的慢跑服，戴著染色的飛行員眼鏡，走出法蘭克原創披薩店，來到春天街上。他一隻手上拿著一片披薩，但還太燙沒辦法馬上吃。」）新書巡迴宣傳的費用是波登自己出的，他還記得自己坐在加州北嶺巴諾書店（Barnes & Noble）的桌子後面，桌上疊著一摞書，人們走過時他還刻意避免眼神的接觸。結果那本小說和續作《退隱江湖》（*Gone Bamboo*）很快就絕版了。（此後好幾次重刷發行。）

一九九八年門廊餐廳在東京開設分店，老闆之一的拉雄尼（Philippe Lajaunie）請求波登蒞臨指導員工，為期一週。這一趟得飛十三個鐘頭不能抽菸，要如何安然度過實在讓波登憂心忡忡，不過降落在東京的那一刻，他的精神立刻振奮了起來。「這裡就像《銀翼殺手》裡的世界，」他在電子郵件裡告訴羅斯，「我嘴上說的是法語，耳朵裡聽的是日語，但腦子裡想的卻是英語，我的時差嚴重的可怕，瘋狂愛上冰涼涼的壽司，因為河豚的美味興奮不已，他媽的這一切搞得我眼花繚亂。」波登描述了一種興奮的感覺：走進一間他所能找到最不吸引人、看起來最人地生疏、最擁擠的餐廳，看到裡面某位用餐的客人似乎點了什麼好吃的東西，於是脫口而出：「請給我那個！」

羅斯與圖書編輯芮娜荻最近剛剛得子。羅斯給芮娜荻看了波登寫的郵件，波登字裡行間粗鄙的白話用語讓她大吃一驚。「你覺得他寫得出一本書？」她問。

「妳沒搞清楚狀況。」羅斯說。

寫作這一行或許一直以來都是波登計畫裡的一部分，不過根據普特科絲基的說法，電視這一行「在有人找上門來之前，從來就沒有真正在心裡盤算過這件事。」《廚房機密檔案》出版後不久，特娜莉亞和柯林斯夫婦就開始找波登討論製作節目的事。波登告訴他們自己本來就在計劃寫下一本書，內容是他周遊列國，遍嚐佳餚。如果他們願意花錢讓幾架攝影機跟在後面拍攝，又有何不可呢？普特科絲基對這件事則興趣缺缺。「在我開始拍攝電視節目後不久，她就開始覺得這嚴重到關乎婚姻的存亡，」波登說，「我的感覺是整個世界都敞開心胸歡迎我。我可以多看些東西。我可以多聞些東西。而我拚命還想要有更多更多。但這些在她眼裡就像癌症一樣駭人。」如果你看過幾集《廚子遊天下》，你偶爾會發現普特科絲基的身影徘徊在景框邊緣。她一點也不想出現在鏡頭前。她最近告訴我，她覺得最完美的名氣是像最高法院大法官那樣：「幾乎沒有人知道你長什麼樣子，但不管你想要預約什麼都可以預約到。」

有一段時間，波登試圖挽救他們的婚姻。他用拍攝電視節目賺來的外快改建了他們的公寓。但起不了什麼效果。「我是個有抱負的人，但她不是這樣，」他說，「我對於各種事物都抱著一探究竟的好奇心，但她是個滿足的人，我想她只要和我在一起就滿足了。然後每年去加勒比海一次。世界上有些東西是我想要的，即使為了得到這些東西必須真的傷害誰，我也心甘情願。」

波登用他今生「巨大的背叛」來形容與普特科絲基分手。普特科絲基在一封電子郵件裡告訴我，「我非常喜歡我們擁有共同的經驗，我認為這些經驗使我們的夥伴關係堅不可摧……我們一起經歷的事情真的多到不行，其中有很多不是那麼開心，其中也有很多是精彩愉快的。」她的結論是：「我只是沒有預料到成功會有那麼不好應付。」

在河內的啤酒館外，一株張燈結綵掛滿聖誕燈飾的樹下，一位肚腩肥厚的老婦，穿著寬鬆飄逸的條紋褲，用一把切肉刀打理著自己小小的烤狗肉攤。此刻波登正與丁煌靈（音譯，Dinh Hoang Linh）在這一帶放鬆放鬆。丁煌靈是位性情溫和的越南官員，二〇〇〇年波登第一次造訪河內，丁煌靈就是政府派來的隨行官員，從此他們也成為好朋友。這些年來，波登節目裡的食譜有了點微妙的改變。第一次去亞洲時，他還開玩笑說要吃「猴腦和有毒的河豚膨」。在越南一家叫做「森林風味」（Flavors of the Forest）的餐廳，波登被款待了一道佳餚：餐廳老闆抓住一條痛苦扭動身體的眼鏡蛇，像是解開拉鍊一樣用一把剪刀劃開蛇腹，猛然扯出仍在跳動的心臟，丟進一個小陶碗裡。「乾杯。」波登先說了這句，然後像吃生蠔那樣把蛇心一口吞下肚。縱使在接下來的幾季節目裡，波登吃了其他一些駭人聽聞的東西——在越南是熊膽汁，在馬來西亞是牛鞭湯，在納米比亞是還沒洗過的疣豬直腸——但凡有任何要他以嘔吐反射達到娛樂效果的提議，他都小心翼翼敬而遠之。當他剛開始主持節目，在一定程度上以聳人聽聞而譁眾取寵「就是做生意必要的成本，」他告訴我，後面還加上一句，「我才不會嘲笑這種方法。不管什麼方法，只要能讓泥菩薩過江的就是好方法。」（他語帶委婉，提到旅遊生活頻道目前有一個節目叫《古怪食物》（*Bizarre Foods*），就是專門做這些事。）

他從來沒吃過狗肉。當我指出我們置身在有小販賣狗肉的地方時，他說：「我再也不會因為這裡有什麼我就吃什麼。」現在每當有這類的款待呈現眼前，他的第一個問題就是，這是不是這個文化中普遍合乎禮俗的特色。「要是我發現自己在不知不覺間竟然成為湄公河三角洲（Mekong Delta）一間農舍的貴賓，雖然農舍裡的一家人不認識我，但拿出他們最好的食物招待我，而我是他們的座上嘉賓，所有的鄰居都在看我……那我會吃掉那隻該死的狗，」他說。「在冒犯的層級上，冒犯我的東道主——通常是極為窮苦的人，他把自己最好的東西拿出來招待我，因為對他來說面子在社群裡是極為重要之事——那對我來說敬謝不敏就會讓他面子掛不住。所以我一定會吃那隻狗。」

波登在其他方面已經軟化了。儘管他早就準備好源源不斷的標題做為引誘食品媒體上勾的挑釁——〈安東尼・波登：飛機餐與客房服務都是犯罪〉、〈安東尼・波登希望在南瓜香料的熱潮中一死了之〉、〈安東尼・波登拒絕與川普共進晚餐：「絕對他X的不要」〉——現在他常與自己以前訐譙過的人握手言和。在《廚房機密檔案》裡，他毫不留情公開羞辱電視廚師勒加西（Emeril Lagasse），好幾次提到他長得就像《星際大戰》裡毛茸茸的伊娃族人（Ewok）。後來他們碰了面，波登吃了勒加西做的菜，結果他收回所有自己說過的話而且向勒加西致歉。門廊餐廳前任老闆拉雄尼談到波登，就說「他是一個心地非常善良的人，不過他那種真心實意的善良卻是來自打從心底的憤世嫉俗，」拉雄尼繼而言之，「他已經接受每個人身上總會有什麼地方的零件斷線沒接好。這就是我們大多數的人缺乏之處——接受其他人斷線沒接好的地方就和我們自己一樣多。」英國作家貝克薇（Sarah Bakewell）在二〇一〇年發表了關於法哲蒙田（Michel de Montaigne）的專著《如何生活》（*How to Live*），波登拜讀之後，就把蒙田的座右銘刺在前臂上，這句古希臘文的意思是：「我再不決斷人。」（I suspend judgement.）波登曾經寫過一篇〈艾倫・李奇曼顧人怨〉（Alan Richman Is a Douchebag），嚴詞抨擊《紳士季刊》餐廳評論家李奇曼那種愛擺派頭的勢利調調，不過後來連他倆也算得上是朋友了。波登在為電視劇《劫後餘生》撰寫劇本時，有一場戲是這麼編的：有一位名叫艾倫・李奇曼的人造訪紐奧良一間餐廳，結果有人拿了一杯賽澤瑞克（Sazerac）調酒潑了他滿臉。波登邀請李奇曼扮演自己，李奇曼還真的答應了。

李奇曼指出，在速食休閒餐飲當道的時代，波登頌揚的「粗漢」（roughneck）料理具有巨大的吸引力。而波登也是這樣的環境的推手之一，其中紐約市最備受讚譽的餐廳是斑點豬，還有星級名廚布魯菲德在西村（West Village）的美食酒吧，大家都知道那裡的起司漢堡，簡樸實在，不講究花拳繡腿那一套。在這個程度上，從李奇曼和波登兩人的唇槍舌戰中，我們就可推斷出背後程度更為龐大的哲學性論爭，也就是美國人口味上專屬於自己的未來是什麼樣貌，而李奇曼欣然承認失敗。「我不知道有誰更像二十一世紀的人，」李奇曼告訴我，「他做事的方式。他說話的方式。他的瘋狂。他的粗俗。」

隨著《波登闖異地》走出自己的一條路，節目不再那麼全神貫注於食物，而更關心波登造訪之地的社會型態和地緣政治。特娜莉亞說這個節目是「人類學的事業」。柯林斯則告訴我，他們的任務指令愈來愈多是「不要告訴我你吃了什麼。告訴我你和誰一起吃飯。」接下來是波登，他開始敦促節目要減少他吃東西的片段，而要多放一些「輔助鏡頭」（B roll），拍攝他所造訪城市的日常生活。柯林斯說這已經成為波登的口頭禪：「多點輔助鏡頭，少點我的鏡頭。」

自造訪貝魯特後，波登還去了利比亞、加薩走廊以及和剛果民主共和國等地，試圖記錄百姓在暴力衝突之下如何繼續日常生活。至於有些觀眾抱怨這個節目的焦點變得愈來愈政治取向，波登的回應則是食物就是政治：大部分料理所反映的就是各種影響力的融合，同時也講述遷徙和征服的故事，每個味道都代表著一道歷史的沉積層。他還指出大多數關於食物的節目，都是以豐富的程度為前提，而他們所謂的豐富，就是世界上大部分地方都沒見過這樣的食物，如此而已。

節目的基調後來有所轉變，時機也非常恰巧，正是節目移到有線電視新聞網播出的時候。二〇一二年，這個電視頻道正著手應付有線電視新聞頻道常見的困境。「世界上發生重大事件，一時觀眾會成群結隊地湧入你的頻道，不過一旦事件結束，觀眾就消失得無影無蹤。」有線電視新聞網執行副總裁恩特莉絲（Amy Entelis）告訴我。這個電視頻道希望能創造一種「約定觀看」的模式：每週觀眾會固定追著看的原創節目。「波登的名字馬上就蹦出來。」恩特莉絲說。這真的是兩全其美的安排：頻道提供波登豐沛的資源和近乎完全的創作自由。「我從來沒有接到高層的蠢電話。」波登說。這個節目在收視率上大獲成功，獲得了五座艾美獎和一座皮博迪獎（Peabody Award）。讓人特別覺得詭異難解的是《波登闖異地》收視率最高的一集，居然是在二〇一三年波士頓馬拉松爆炸案後不久播出。這一集介紹洛杉磯，波登專程到韓國城拍攝。這一集拍得很棒，但沒有人相信這是收視率那麼好的原因。幾百萬人在線電視新聞網上密切注意搜捕的消息，還有這次攻擊事件帶來人心惶惶的餘波。所以到了週日大家都想放鬆心情。

人們視波登為供應商，供應他們可以暫時逃離現實的一種解脫方式，於此波登頗感自在；不過隨著節目的素材愈來愈嚴肅，對於伴隨而來的那分責任，波登就沒有那麼自在了。有一集是在寮國拍攝，波登和一個男人一起吃淡水魚和竹筍，這個人因為觸發了美國在戰時遺留下來的炸藥，因而失去一條胳膊和一條腿。在河內拍攝時，歐巴馬的一名參謀告訴他在寮國那一集播出之前，白宮的一些人根本不知道寮國未爆彈藥問題的嚴重程度。「那位參謀隨口說了一句，『所以我想你終歸是做了好事，』」波登回憶那一刻，「我有點不好意思。我覺得自己好像U2主唱波諾（Bono）。但我不想變成和他一樣。這終究是以我為主的節目。如果我對你說其實我懷抱某種使命，那我就是在唬爛你。我根本沒有。」不過儘管如此，波登很清楚大多數觀賞剛果那一集的觀眾對於那裡的衝突知之甚少。我不禁想起《每日秀》（*The Daily Show*）的主持人史都華（Jon Stewart），每當有人評述說許多年輕人都是從《每日秀》上獲悉新聞，他都會抗議說自己不過就是個說說笑話的喜劇演員而已，但這樣的抗議絲毫沒有說服力。波登的出版商哈彭說：「不管他喜不喜歡，他都已成為一位政治家。」

波登堅持事情並非如此。「我又不會去參加白宮的記者晚宴，」他說，「我也不需要整場對著季辛吉（Henry Alfred Kissinger, 1923-2023）陪笑臉。接下來他開始長篇大論抨擊季辛吉，說他在東南亞旅行時，親眼看到出席權力午餐的人群擁抱季辛吉，這畫面簡直讓他作嘔。「任何對季辛吉客客氣氣的記者，你懂嗎，幹去死吧，」他說，一股填膺的義憤漸漸高漲起來。「我非常相信道德有灰色地帶，不過要是說到那個傢伙的話，我個人認為他休想在紐約任何一間餐廳坐下來吃飯。」我指出波登對許多人也做出過斬釘截鐵的類似譴責，只不過最後還是言歸於好，也邀這些人共進晚餐。「但勒加西可沒有轟炸柬埔寨！」他說。

二〇一六年八月的一個早晨，我收到波登的電子郵件，告訴我他和布希雅要分居了。「我們的生活方式不會有太大的變動，因為多年來我們一直是各分東西自己過自己的，」他這麼寫，「還不如說有變動的其實是地址。」波登有種鬆了口氣的感覺，他告訴我：他和布希雅不再需要「假裝」。此前在我們的談話中波登曾經說過，布希雅追求柔術和其他興趣時那種不顧一切悶著頭向前衝的傻勁，與他自己是如出一轍，所以波登將此視為人生幸事。不過在電子郵件中他卻是這樣寫：「她是一個很有意思的女人。我佩服她的選擇。但我娶的是蘇菲亞．羅蘭（Sophia Loren）。她卻變成了尚克勞德范達美（Jean-Claude Van Damme）。」（後來我才知道，這是波登和布希雅之間長年開的一個玩笑，並非意在講什麼刺耳的話。）電子郵件裡波登還說他即將要宣傳一本名為《食慾》（*Appetites*）的新「家庭食譜」，想必會「帶來一些讓人難堪的採訪」。

波登的弟弟克里斯告訴我，波登初嚐走紅滋味的時候，他的心態就是，「我不知道自己能紅多久，所以我想在自己做得到時，盡可能多做一些。」每當有新的機會送上門來，他都會答應。波登認識布希雅的時候，他已經獲得了一定程度的讚譽和財富；有了這些他已經可以放慢腳步，但他沒有停止前進。《波登闖異地》每年依舊拍攝兩季。就算是坐頭等艙旅行，久了之後還是挺折磨人的，波登承認自己的行為舉止看起來還是像個年輕人，但他根本就不年輕了。「我想到了六十歲就正式算是老了對吧？」他在生日後不久對我說，「老爺車開始要散架囉。」然而電視明星是藉由習慣性的曝光打造與觀眾之間的聯結，停下來休息一下感覺起來有點風險。「這有點像電影《鬼哭神號》（*Poltergeist*）的情節，」過去和波登一起主持《味覺大戰》的勞森告訴我，「你被吸進電視裡，然後就永遠出不去。」

按希貝侯此時此刻所見，波登的節目「已經走遍整個星球！」而波登則說現在製作《波登闖異地》的樂趣在於重訪舊地，看看這些年來有那些改變——好比五年前的古巴與今天的古巴根本就是不同的國家。或者在於帶著全新的觀點重訪舊地——好比在最近以休士頓為題的一集裡，波登就決定他要「沒有白人出現」，而要讓這座城市看起來是「越南人、中美洲人、非洲人以及印度人的地盤」。波登的生活長期以來充滿著不連續，柯林斯告訴我，他的看法是這些不連續已經成為波登生活中的連續，彷彿時差就是他與生俱來的一種狀態。「我時常想，要是沒有這個節目他的日子到底要怎麼過下去？」製作人特娜莉亞說，「這與他的生活是如此密不可分——要是沒有這個節目，波登會是誰呢？」

多年以來，波登一直反覆做著相同的夢，夢境中他發現自己身處維多利亞時代的酒店，徘徊於陳設十分講究的走廊之間，卻遲遲找不到前台。一年前我問他這個節目還想繼續做多久，他回答，「直到不好玩的那一天。」九月間我在曼哈頓一家壽司店提出相同的問題，這一次他則是沉思良久。「我有全世界最好的工作，」他說，「如果我還是不開心，那就真是始料未及了。」越南這一集就要播出了，他為此甚感欣喜。有線電視新聞網方面希望這一集以歐巴馬與波登的會面為主導，不過波登向來都是一個但隨興之所至的人，所以這一集開始了將近四十分鐘之後他才帶進總統。他拿到他想要當做配樂的詹姆斯．布朗那首歌。（「我可能是撒了個小謊告訴電視台，我親自答應過總統，我們會拿到〈老大〉這首歌當做他這個臨演的背景音樂。」）越南之行結束後，波登參加了一場在曼哈頓舉辦的柔術錦標賽；他慘敗在一個非常強壯的人手下，這個人用殘暴的力道猛擰波登的頭，其兇惡之程度讓波登一度以為腦漿就要像包子餡一樣被捏爆出來。禍不單行的另一項屈辱，是波登離開比賽之後皮膚遭受某種感染，他說自己看起來，「就像鐘樓怪人卡西莫多（Quasimodo）。」（希貝侯對於柔術感到大惑不解：「柔術應該對身體有好處才對，但波登的身體似乎一直處於疼痛之中。」）

波登因此突然有了一個人靜一靜的念頭，所以他自我放逐飛去法國，獨自前往他兒時造訪過的牡蠣小村。他租了一棟大別墅，打算在那裡寫點東西。波登十分鍾愛「遺俗絕塵的流亡者」（misanthropic émigré）這個說法。「對我來說，《沉靜的美國人》是一本歡樂的書，因為主角福勒（Thomas Fowler）最後留在越南，和一個或許從來沒有愛過他的美麗越南女孩，一起吸食鴉片。」他告訴我。但在法國他卻發現自己什麼也寫不出來。他身上因為起了疹子又癢又腫，他的頭一陣一陣抽痛。由於自己的樣子看起來實在太嚇人，所以他只好像吸血鬼一樣等到天黑之後才離開別墅。最後波登終於找到一位法國醫生，開給他一批止痛藥和消炎藥。波登在衝動之下一口氣吞掉一週的藥量，然後才意識到自己已經三十六小時沒有吃東西了。於是他又開車到附近小鎮阿卡雄（Arcachon）的一家小餐館，點了義大利麵和一支義大利紅酒奇揚地（Chianti）。酒才喝了一半，他發現自己的汗水已滲出衣服。然後他就昏了過去。

波登醒過來時躺在地上，兩隻腳攤在餐廳裡，上半身則攤出去在街上。餐廳的一位侍者迅速搜遍他的口袋看看能不能找到駕照，就像是要辨別一具屍體的身分。波登的父親在五十七歲時因為中風猝死，波登因此時常慮及死亡；他不止一次告訴我，如果他的「胸部X光檢查結果不理想」，那他會很樂意重新回到海洛因的懷抱。空腹吃藥又酒喝太快雖只是一時愚蠢犯下的錯，卻讓他動搖了。圍觀的群眾嚇出一身冷汗，他站起來要大家放心他已經沒事了，然後驅車返回別墅，立刻給普特科絲基寫了一封很長的電子郵件。我問波登寫了什麼，他停頓了一下然後說：「你知道的吧，就是那種你想到自己可能要死了的時候會寫的東西。『幹我真的很抱歉。我很確定我表現出來的不是那樣。』我們很少聯絡——你知道，就只是那種很客氣的，但真的少之又少。『我很抱歉。我知道這無濟於事。說這些話也挽回不了什麼；過去的事情是無法補救的。但這並不代表我不記得了。並不代表我不知道自己做了些什麼。』」

人類學家喜歡說觀察一種文化，通常意同於以某種微小的方式改變之。類似的格言也適用於波登的節目。每當波登發現一間不起眼的小餐廳卻烹調出難能可貴的料理，他就會把這間餐廳標示在旅遊地圖上；不過這間餐廳最開始吸引波登的道地本色，卻也因此而被漂洗無遺。「這門事業注定要輝煌地失敗，」他直認不諱，「我這一行做的就是找出好地方，然後把這些地方搞得天翻地覆。」對於歡迎波登和他的團隊的餐廳來說，這種現象有顯而易見的好處。我們在一間壽司店吃的食物平凡無奇毫無讓人驚艷之處，於是波登不點魚，反而點了炸雞排試試，但他大部分都沒吃。當我們要離開時，波登和藹可親地應允了老闆娘自拍一張的要求，而我也親眼目睹了一段詼諧微妙的探戈：她巧妙地操控波登的身體到一個照片可以拍到餐廳招牌的角度（意在藉此製造一種含蓄的背書），波登則輕柔地把老闆娘轉到另一個方向，如此一來自拍的背景就會變成第三大道。波登與歐巴馬在河內共進晚餐幾天之後，我說到要順道晃過去那間烤肉米線餐廳。彷彿在緬懷什麼很久以前去過的店面，波登夢囈似地喃喃自語，「我想知道那裡現在是什麼樣子。」

我對波登的反應暗自發噱，但當我第二天造訪餐廳，餐廳還真的變了個樣。餐廳外面的告示牌用越南文標示著「烤肉米線已售完！」拉長脖子傻傻往裡看的來客還在店門口流連晃蕩就是不捨離去。餐廳老闆娘阮氏蓮（音譯，Nguyễn Thị Liên）在廚房裡，面帶微笑，汗流浹背，顯然不知所措。她與家人經營這裡已經幾十年了。她告訴我現在就算打烊多時了，河內的孩子還是會在晚上駐足店前拍照。

有一晚在越南，波登在一家麵店外面結束拍攝之後，輕鬆地邁著大步跨到對街我坐的地方。「想去兜兜風嗎？」他問我。劇組租了一輛藍色的偉士牌給他，波登告訴我想要見識河內唯有一途，就是坐在速克達後座上：「你要融入芸芸眾生之中——幾百萬輛摩托車在這座令人驚嘆的城市中穿梭，幾百萬個夢想幾百萬齣喜劇就正在這些摩托車上發生著，而你不過就是其中一輛摩托車上頭戴安全帽的另一個人——你會發現每一秒都是純粹的快樂。」我爬上他身後的座位。「我只有一頂安全帽」他說著就把安全帽遞給我。他催油的那一刻我根本連安全帽的帶子都沒扣好，然後我們就即刻陷入洶湧的車河之中。「這太讚了！」他撇過頭對著肩膀後的我大喊，繼續催油加速前進。「就是這些味道！就是這種車流！」路旁炊火製造的煙霧瀰漫食物的香氣，我們從煙霧中飛馳而過。有個女人的速克達後面載了一大捆綠色蔬菜，搖搖欲墜地保持著平衡，波登突然偏離車道閃避迎面而來的卡車，因此差點就撞上那個女人。改變動向的那一刻我們就朝著路邊的水溝衝過去，波登沒有減速，我腦中突然浮現一個念頭：不管怎樣這好歹也是種值得懷念的死法。

波登放慢速度以便向一位行人問路，那人指了路給我們，告訴我們要到大都會酒店就應該在還劍湖（Hoàn Kiếm Lake）附近左轉。還劍湖是一座綠樹成蔭的綠洲，湖中有一座小小的島；我們騎到還劍湖時，波登卻說，「我們走這條路好了，」然後隨即右轉。當我們疾駛進入另一條擁擠的大馬路，我緊緊抓住座位，我知道波登是故意轉錯彎。他在追求那種不確定的感覺，試圖迷失路線。

隔天早上，我和波登在大都會酒店的大廳碰頭，一起開車去河內的郊區。他在世界的任何一個角落都可以融入在地生活，從加德滿都到基輔，然後找到一間可以鍛鍊巴西柔術的健身房。「不管你去哪裡規矩都是一樣的，」他說，「我們先擊拳，然後在接下來五分鐘想辦法置對方於死地。」在當地一棟綜合體育館的二樓，我們找到一個設置了鏡子和軟墊的房間，充作鍛鍊柔術的場地。波登換上一件白色的毛巾佈道服，繫上藍色腰帶，向幾個年輕得多的越南人打招呼。

在接下來五分鐘的回合裡，他和每一個人練習實戰對打。波登曾對我解釋過柔術複雜的禮節——繫藍帶者可以要求繫白帶者對打，繫黑帶者可以要求繫藍帶者，但繫白帶者不能要求繫藍帶者。他向來熱愛廚房，因為那裡自成一個部落；而在柔術裡，他發現了另外一種教人汗流浹背筋疲力竭的活動，同樣擁有自己的等級制度和行話，還有一套局外人根本無從理解的符號和象徵語彙。我看著波登，繫著藍帶的越南對手年紀大概只有他的一半左右，波登的四肢糾纏在對手身上，他的腳趾伸展開來，眼球突出，手指緊握以抓住那個人的翻領。他們緊抓對方不放，在激烈的對抗中，他們用無傷大雅的玩笑話低聲逗弄對方；這當中有一種親密的感覺存在，就好像枕邊細語那樣。然後在猝不及防的瞬間，波登把那個人的身體翻轉過去，按死他的一隻胳膊，再把手肘彎曲成一個不自然的角度。那個人輕輕拍了拍波登的肩膀，波登鬆開這一次抓握。他們雙方解開糾纏，四肢懶洋洋地攤在地板上片刻，看起來就像一對死人。然後波登抬頭看了看計時器。這一回合的五分鐘還剩下將近一分鐘。他翻過身來跪著，與對手擊拳，然後重新開始。

■

本文於二〇一七年刊登於《紐約客》。二〇一八年六月八日，安東尼．波登結束自己的生命。

i．譯註：《樓上樓下》（*Upstairs Downstairs*）：英國電視連續劇，共播出五季（1971-1975），劇情描述愛德華時代倫敦伊頓廣場一棟別墅內，住在樓上的貴族一家與住在樓下的諸位家僕間發生的故事。故事內容橫亙二十七年（1903-1930），劇情的鋪陳也反映出這段時間英國社會經歷的重大變化與國際事件。《樓上樓下》還有兩季續集（2010-2012），由原故事結束的六年之後開始發展，以第二次世界大戰的爆發做為結束（1936-1939）。

謝辭

撰寫雜誌專文報導有個弔詭的命題：專文署名的位置只有一位作者之名，然而實際上這完全是一項群策群力集腋成裘方能成就的事業。《壞胚子》這本書裡的每一篇報導，都經過一雙雙鬼斧神工的巧手琢磨：編輯、事實查核人員、律師，還有編審。我首先要感謝的是我在《紐約客》（*New Yorker*）這批了不起的同事，他們不只判析我的見解核對事實真相，還檢查我用的隱喻是否過度雕琢，用的修飾詞是不是距離單字太遠可能產生誤解。人數之多我無法勝數，謹此特別感謝芮尼克（David Remnick）的領導與支持，還有以身作則的榜樣；也要感謝薇肯登（Dorothy Wickenden）、樊德（Henry Finder）、麥卡錫（Pam McCarthy）、佛利－曼德森（Deirdre Foley-Mendelssohn）、羅麥可（Mike Luo）、羅德（David Rohde）、拉帛（Natalie Raabe）、貝瑞許（Alex Barasch）和佛加特（Tyler Foggatt）。

本書裡每篇專文涉及的事實，都經過坎比（Peter Canby）的法眼監督。人們常說《紐約客》的查核過程，就像那些具侵入性的醫療手段一樣「聲名狼藉」，但我其實還蠻樂在其中的。在單憑一己之力工作幾個月之後，我總是心懷感激歡迎一位聰明睿智的同事加入我獨自奮戰的散兵坑，而且查核人員已經救過我的小命好幾次——我也從他們身上學到如何撰寫報導的寶貴經驗——次數已經多到我數不清了。查核人員萬歲。

律師對我來說的意義也是如此：有鑑於我筆下報導的主角，往往都希望我不要報導他們，所以我尤其享受與律師密切合作。歐珀蘭德（Lynn Oberlander）和柏托尼（Fabio Bertoni）都是極其精明幹練而且一絲不苟的人——而且他們總是淡定從容不會亂了方寸。在那些我不得不鼓起一點勇氣的時刻，在他們身上卻看到滿滿的勇氣，確實讓我信心大增。

然而，真正在這本書的雪泥上踏下鴻爪的是薩盧斯基（Daniel Zalewski）。是他在二〇〇五年首先接受我以自由撰稿人毛遂自薦，此後我們一直合作至今。這本書中許多篇報導最早都是他的構想，他對於報導題材能否達到引人入勝的效果，幾乎有一種近乎直覺的掌握能力，我從未遇過誰可以像他一樣。從最廣泛的概念層面到神經質的細節層面，他形塑了這一篇篇報導，使這些作品遠遠優於我一己之力所能造就的成果。我還要感謝琵德（Andrea Thompson Peed），書裡較早寫就的幾篇，是她與薩盧斯基一起努力而成。

雙日出版社（Doubleday）的湯瑪斯（Bill Thomas）是我另一個長年合作的編輯夥伴。這是我們合作的第四本書，從他身上我獲益良多，能與他共事是我天大的福氣。他勇敢無畏，敏銳精辟，品味無懈可擊；回首前塵十五年的寫作生涯，我與湯瑪斯同心協力挑選出這部書裡的報導，思緒每每至此都教我激動不已。我還要感謝雙日出版社的所有傑出的同仁，尤其是歌德史密斯（Michael Goldsmith）、道堤（Todd Doughty）、諾維克（Dan Novack）、道金斯（Khari Dawkins）、瑪虹（Emily Mahon）、馮塔拿（John Fontana）、史特娜（Ingrid Sterner）和梅西（Maria Massey）。

說到經紀人貝妮特（Tina Bennett），我還能多說什麼？我只能說她是最棒的。我真有福氣。我同樣深深感謝德羅伊（Anna DeRoy）和高克（Andy Galker），以及米謙達尼（Ravi Mirchandani）、格琳（Kate Green）、哈芮森（Grace Harrison）、莫嘉妮（Roshani Moorjani）以及倫敦鬥牛士出版社（Picador）的每一位同仁。感謝萊特（Molly Wright），還有莎頓（Karolina Sutton）、蔓德絲（Helen Manders）、波桑葵（Jake Smith-Bosanquet）和柯蒂斯．布朗經紀公司（Curtis Brown）的團隊。我要感謝許多好朋友與好同事，他們陪我磋商構想並審閱我的初稿，他們也介紹消息來源給我，他們還讓我在一趟一趟的報導旅程中在他們家打尖過夜。我也要感謝消息來源本身，他們之中有不少人是冒著一定的風險與我談話。感謝圖書館館員和檔案館館員，以及到每個地方採訪時的地陪和翻譯。感謝奧爾巴哈（Michael Shtender-Auerbach），他總說所有我最好的構想都是從他那兒得來的靈感，其實他這話也不是全無道理。感謝今年不久之前故去的愛犬蕭邦（Chopin），這部書裡的第一篇作品寫成之際，他還是一隻小狗。

一如既往，我要致上最深的感謝給我的父母珍妮佛・拉登（Jennifer Radden）和法蘭克・基夫（Frank Keefe），還有吾兒盧西恩（Lucian）和菲利克斯（Felix）。這份感謝也要給賈絲媞娜（Justyna）。二〇〇五年夏天，我剛剛通過律師資格考試，接受一家律師事務所開的條件準備去那上班。賈絲媞娜告訴我要不要緩一緩，都努力這麼多年了，我應該看看最後能不能找到為雜誌撰寫專文的工作，她可以先支付家裡的開銷幾個月沒關係。三個月後，我從《紐約客》接到第一份工作。賈絲媞娜一直忍受每篇作品寫作期間的風風雨雨，她為我解析接踵而來的法律威脅，建議我不要接下代筆墨西哥毒梟矮子古茲曼回憶錄的案子，而且當我在採訪的旅途之中，她總是重新整頓自己忙碌的職業生活，化身為一個單親媽媽。這本書獻給她。

國家圖書館出版品預行編目(CIP)資料

壞胚子：騙子、殺手、叛徒與無賴的真實故事／派崔克・拉登・基夫（Patrick Radden Keefe）作；王婉茜、汪冠岐、吳侑達、林熙強譯.-- 初版.-- 新北市：黑體文化，遠足文化事業股份有限公司發行，2024.2

面；　公分.--（黑盒子；23）

譯自：Rogues : true stories of grifters, killers, rebels and crooks.

ISBN 978-626-7263-40-2（平裝）

1. CST：犯罪　2. CST：報導文學　3. CST：美國

548.5952　　112016913

特別聲明：

有關本書中的言論內容，不代表本公司／出版集團的立場及意見，由作者自行承擔文責。

黑體文化　讀者回函

黑盒子 23

壞胚子：騙子、殺手、叛徒與無賴的真實故事

Rogues: True Stories of Grifters, Killers, Rebels and Crooks

作者・派崔克・拉登・基夫（Patrick Radden Keefe）｜**譯者**・王婉茜、汪冠岐、吳侑達、林熙強｜**責任編輯**・龍傑娣｜**封面設計**・徐睿紳｜**出版**・黑體文化／遠足文化事業股份有限公司｜**總編輯**・龍傑娣｜**發行**・遠足文化事業股份有限公司（讀書共和國出版集團）｜**地址**・23141新北市新店區民權路108之2號9樓｜**電話**・02-2218-1417｜**傳真**・02-2218-8057｜**郵撥帳號**・19504465遠足文化事業股份有限公司｜**客服專線**・0800-221-029｜**客服信箱**・service@bookrep.com.tw｜**官方網站**・http://www.bookrep.com.tw｜**法律顧問**・華洋法律事務所・蘇文生律師｜**印刷**・中原造像股份有限公司｜**初版**・2024年2月｜**定價**・550元｜ISBN・978-626-7263-40-2｜**書號**・2WBB0023